A GRAVEYARD OF EMPIRES

A WHOLE HISTORY OF WARS IN AFGHANISTAN

帝国的坟场

阿富汗战争全史

[著] 刘啸虎

台海出版社

图书在版编目（CIP）数据

帝国的坟场：阿富汗战争全史 / 刘啸虎著. -- 北
京：台海出版社, 2017.5
　　ISBN 978-7-5168-1375-1

　　Ⅰ. ①帝… Ⅱ. ①刘… Ⅲ. ①战争史－阿富汗 Ⅳ.
①E372.9

中国版本图书馆CIP数据核字(2017)第082672号

帝国的坟场：阿富汗战争全史

著　　者：刘啸虎

责任编辑：阴　鹏　　　　　　　　　装帧设计：指文文化
视觉设计：郭　娜　　　　　　　　　责任印制：蔡　旭

出版发行：台海出版社
地　　址：北京市朝阳区景山东街20号　　　邮政编码：100009
电　　话：010－64041652（发行，邮购）
传　　真：010－84045799（总编室）
网　　址：www.taimeng.org.cn/thcbs/default.htm
E－mail：thcbs@126.com

经　　销：全国各地新华书店
印　　刷：重庆大美印刷有限公司
本书如有破损、缺页、装订错误，请与本社联系调换

开　　本：787mm×1092mm　　　　　　1/16
字　　数：300千字　　　　　　　　　印　　张：24
版　　次：2017年8月第1版　　　　　　印　　次：2017年8月第1次印刷
书　　号：ISBN 978-7-5168-1375-1

定　　价：69.80元

前 言

世人眼中，阿富汗从不是一个普通的中亚山国。身为东西方丝绸之路上的要冲，独特的地理位置曾给这个内陆国家带来了融合东西方文化的荣耀，更带来了惨烈的战争与杀戮。而且，战争与杀戮至今未能平息。19世纪英属印度总督寇松勋爵有言："阿富汗就是一杯亚洲的鸡尾酒，它的战略地理位置决定了帝国、地区性大国和众多邻国都要来搅和一把。"雄才大略的俄国沙皇彼得大帝曾告诉后人——谁征服了阿富汗，谁就征服了世界。世界历史上那些伟大的征服者，比如亚历山大大帝、成吉思汗和跛子帖木儿，都曾到过这个"亚洲命运的十字路口"。近代以来，阿富汗更有一个令人毛骨悚然的绰号——"帝国的坟场"。

从19世纪大英帝国和沙俄帝国的"大博弈"开始，阿富汗便被置于帝国角逐的战场中央。经过三次坚忍的抵抗与血腥的战争，阿富汗最终击败了宿敌英国，实现了不屈的独立。独立后的阿富汗力图振作，在错综复杂的国际局势中寻求安身立命之道，却还是没能躲避另一个宿敌俄国。冷战的严酷背景下，阿富汗延续着不幸的宿命。1979年，苏联出兵入侵阿富汗，进行了长达9年的战争。与英国一样，苏联认定凭借自身的强大实力可以在阿富汗达到本国既定的战略目标。然而，阿富汗天造地设的自然与人文地理条件却成了"红色帝国"运行体制、政治理念和综合国力的试金石。有利形势保持不久，苏军便陷入了游击战的泥潭。经过漫长的9年，这场试图征服阿富汗的速决战变成了持久战，直至成为红色帝国的伤心之战。

战争结束，冷战随之落幕，"苏联"也成了一个历史名词。然而和平并没有眷顾阿富汗。内战爆发，各派军事强人为争夺上一场战争留下来的残羹冷炙而混战不休。这个已成焦土的国家，渐渐崛起了恪守伊斯兰传统教法的"塔利班"。"塔利班"让阿富汗在文化上倒退回中世纪,同时容留庇护了美国的死敌——"恐怖大亨"本·拉登。于是,"9·11"事件在改变了世界历史进程的同时,也给阿富汗带来了又一场战争。

这场战争一直延续到今天,成为美国历史上持续时间最长的海外战争。阿富汗的土地上,战争依旧,只是又换了一代人,又变了几个对局者。阿富汗令各种伟大的战略家感到头痛,人们说美国的阿富汗战争实际上是一场永无结局的战争。世人从不曾遗忘"帝国坟场"的可怕,更关注这个"亚洲十字路口"的安全,以及亚洲乃至全世界未来的命运。当下的时代充满变数,中国的崛起让"一带一路"逐渐成为世界历史的新选项;越来越多的人相信,这是接续阿富汗历史,重塑阿富汗未来的最佳选项。关于这一切,我们拭目以待。

目录 CONTENTS

第一章
血色山国

1. 征服者的传说

　　翻开世界地图，亚欧大陆的中央有一片棕色的桑叶形地区。这个地方叫阿富汗，它的完整发音是"Afghanistan"，意即"阿富汗人的土地"。阿富汗的国土面积约有65万平方公里，总面积比欧洲的法国多近10万平方公里（法国面积约54万平方公里），比法国和奥地利加起来还多约1.6万平方公里。作为西亚唯一的内陆国家，阿富汗不算小国。可惜，它被众多真正的大国包夹其中。阿富汗的西部与波斯高原一串湖泊相连，因而跟伊朗接壤，两国有长达820公里的边境线。阿富汗的东北角是名为瓦罕走廊的狭长地带，与中国新疆有75公里的边境线。如今阿富汗的北部是中亚三国，即乌兹别克斯坦、塔吉克斯坦和土库曼斯坦，那里从前属于苏联，再前溯则是庞大的俄罗斯帝国。阿富汗的东南部淹没在与巴基斯坦历史上从来没有分清过的一片模糊边境线中，两国共同边境长达2180公里。另外，阿富汗在东北方向的克什米尔地区还有120公里的边境线。

　　阿富汗跟伊朗接壤或许是真主的旨意，它们同属波斯高原，同样继承了多山的高地特色。可惜，阿富汗没有伊朗那惊人的石油储量，也不像伊朗那样拥有肥沃的土壤，能出产各种各样的瓜果粮食。与伊朗相比，阿富汗是真正意义上的山国，五分之四的土地上遍布着崇山峻岭和海拔5000英尺（1英尺=0.3048米）以上、岗峦起伏的"台原"，平地只有五分之一。据统计，阿富汗全国89.9%土地都在600米以上，首都喀布尔海拔高达1760米，重要城市加兹尼更达到2360米。喀布尔以东不远就是有名的开伯尔山口，地势十分险要，它是阿富汗通往巴基斯坦的重要关口。喀布尔以北则有著名的萨朗山口，它是贯通阿富汗南北的咽喉要道。

平原分布在阿富汗的西南和北部，其中很多是沙漠，或者与沙漠相差无几的沙碛荒原。灰色单调的沙海中，偶尔能见到闪烁水光的绿洲。北部平原位于兴都库什山与阿姆河之间，面积约11万平方公里，地势狭长，海拔相对较低。这里有牧草和水源，能产粮、棉，亦能放牧，出产的紫羔皮闻名于世。西南平原面积约13万平方公里，这个广阔的沙漠地带由两种沙漠组成：一种是沙砾沙漠，即雷吉斯坦（意即"沙境之地"）；另一种是黏土沙漠，即达什提·马尔戈（意即"死亡沙漠"）。整个平原炎热不堪，荒无人烟，横贯其间的却有阿富汗境内最长河流——赫尔曼德河。这条河沿岸绿洲片片，甚至还出产葡萄、石榴和核桃等。这些绿洲集中了阿富汗的大部分居民。

赫尔曼德河全长1300公里，由北流向西南，上游穿越高山峡谷，形成了一个天然蓄水库，尔后流入雷吉斯坦沙漠。它的流域面积占了阿富汗国土总面积的五分之二。阿富汗境内其实有为数不少的山地河流，只是多为源头或上游河段。每当春夏季节，高山的积雪融化，湍流直泻，水量勉强充足；秋冬季节，水量则陡然变小。所以阿富汗自古有民谚云："不怕无黄金，但恐无白雪。"除了赫尔曼德河，阿富汗其他的著名河流当属阿姆河、哈里河和喀布尔河。阿姆河发源于帕米尔高原，全长2620公里，其中1100公里成为阿富汗与塔吉克斯坦、乌兹别克斯坦、土库曼斯坦的天然边界。该河由东向西，水势上急下缓，很多支流由北向南流入阿富汗内陆，形成了科克临河和昆都士河两大主要支流；哈里河全长900公里，在阿富汗境内有650公里，东西流向，经赫拉特南部绿洲后北折，约有130公里成为阿富汗和伊朗之间的界河，最后流向土库曼斯坦的卡拉库其沙漠；喀布尔河发源于科伊玛扎尔山北麓，全长700公里，在阿富汗境内有460公里，由西向东穿越喀布尔和贾拉拉巴德平原后进入巴基斯坦，汇入印度河，最后注入阿拉伯海。喀布尔河的中下游河道可以通行木筏和驳船，这是阿富汗通往印度洋的惟一水路。

著名的兴都库什山脉，是世界上最大的山脉之一。它自东北向西南斜贯阿富汗全国，绵延1200公里，一路高低起伏，高大的山岭和狭长的河谷贯穿其中。山脉陡峭而荒凉，几乎没有树木。山岭绵亘，多悬崖峭壁，湍急的河流蜿蜒于深山峡谷中，最后汇入印度河，其中有些河谷成了波斯高原和印度河平原之间的交通要道。兴都库什山脉常年积雪，中国古代称之为"大雪山"。举目望去，那些被冰雪覆盖的圆锥形岩石山峰，在蔚蓝色的天空背景下闪闪发光。有人说，古波斯语中的"阿富汗"即"山上人"一词的延续。由兴都库什山脉及其支脉形成的中部山地，面积达41万平方公里，形成了阿富汗国土面积的主体。

兴都库什山脉决定了阿富汗的地理和气候，决定了古代阿富汗人的生存方式。阿富汗虽属于亚热带，但远离海洋，海拔又高，因而属于标准的大陆性气候。这里夏天异常炎热，冬天极度寒冷，昼夜温差变化剧烈。阿富汗每年7月前后最热，平均气温为25—30度；1月前后最冷，气温在0—5度。这里空气干燥，5—9月为旱季，10—4月为雨季，但平均降水量不足300毫米。阿富汗的旱季降雨量极为稀少，像坎大哈、赫拉特之类的地方夏秋两季根本无雨。不过，阿富汗春秋季节的气候较好，尤其是夜晚。即使在最热的季节，伴随落日余晖而来的往往也是凉爽之夜。在贾拉拉巴德，尽管夏季难熬，冬季却是温暖的。另外，在阿富汗的西部山区，每年6—9月多刮大风。刮风时，天空飞沙走石，地面酷热难当；每隔两三天就要持续刮三四天大风，周而复始长达4个月之久。人们称它为"一百二十日风"，又名"阿富汗热风"。

如此气候之下，阿富汗人以畜牧和农耕艰辛度日。耕地只占全国土地的0.2%，古代定居的居民大多集中在坎大哈、贾拉拉巴德和赫拉特的绿洲，牧民则每年做一次长距离的迁徙，夏季带着畜群向北移动，冬季再回南方。如果去今天的阿富汗，只要进入山区，就会看到在那贫瘠的山谷中到处都种植着亘古罪恶之花——罂粟。虽然毒品浸染了阿富汗遍布砺石的土地，让阿富汗人生来就要苦苦挣扎在生存线上，但阿富汗仍然有上天赋予它的资源——阿富汗有世界上最大的未开采综合性矿藏资源，目前已探明的资源主要有天然气、煤、盐、铬、铁、铜、云母及绿宝石等，仅探明的天然气就有10.6万亿立方米。阿富汗可能拥有世界上蕴藏量最丰富的铜矿，全球第五大铁矿脉以及储量4亿吨的煤矿。此外，阿富汗有一个独一无二的资源，那就是重要的战略地理位置。

在俄国沙皇彼得大帝看来，不论谁继承他的王位，都应该向南推进到君士坦丁堡和印度。"不管谁在那里统治，谁就将统治世界。"彼得大帝说，"当俄国可以自由进入印度洋的时候，它就能在全世界建立自己的军事和政治统治。"彼得大帝为他的后代设想了俄罗斯帝国南下的三条路线：一条是从黑海经土耳其的博斯普鲁斯海峡到地中海，第二条是从南高加索经伊朗到波斯湾，第三条就是从中亚经阿富汗到阿拉伯海。人们翻开地图就会发现，在这三条路线中，经阿富汗这条通道为最近。

彼得大帝的话无异于告诉世人——谁控制了阿富汗，谁就迈出了控制世界的第一步。所以，19世纪的英属印度总督寇松勋爵为阿富汗取了一个令人印象深刻的绰号，他说阿富汗是一杯亚洲的"鸡尾酒"，常常会引来很多国家的"搅和"。

最早的阿富汗人来自何方已不可考，阿富汗的历史则可上溯到古老的波斯帝国。公元前6世纪，波斯帝国的开创者居鲁士大帝远征中亚，阿富汗地区被并入波斯帝国版图。居鲁士以波斯高原西南部的小邦起兵，历经多年征战，击败米底、吕底亚和巴比伦三大强国，统一从中东到中亚大部，建立起从印度到地中海的庞大帝国。如同古希腊历史学家希罗多德所言："居鲁士亲自降服了（亚洲的）上半部地区，征服了每一个国家，不让一个逃脱。"彼时，阿富汗地区作为波斯帝国统治的东部重要地区，是帝国通向中亚和印度的桥梁。赫拉特、锡斯坦、喀布尔、坎大哈和贾拉拉巴德等地，都是阿富汗土地上波斯帝国的重要城市。

波斯帝国统治着人种繁多的东西方臣民，因此阿富汗的居民不仅要和波斯人、米底人交往，而且要跟美索不达米亚、埃及、印度以及小亚细亚的居民进行交往。阿富汗在这一时期最重要的变迁，是接受了古老的祆教（即"拜火教"或"琐罗亚斯德教"）。这种波斯帝国的国教从波斯传入阿富汗，再经阿富汗传入中亚，直至从中亚传入中国，成为除佛教之外传入中国最早的西域宗教。

几百年后，马其顿的亚历山大大帝横扫欧亚大陆，阿富汗地区在这场远征中又成了马其顿帝国的一部分。亚历山大大帝堪称是人类历史上最著名的人物之一，古希腊史学家阿里安曾说："就我自己来说，我想，在那个时候，没有一个种族、一个城市甚至一个单独的人，不接触亚历山大的名字和名声的。为了这个理由，我觉得，一个英雄，与普通人截然不同，没有神的委托，是绝不会降生到人间的。"亚历山大心怀常人无法想象的执着，征服了当时西方人已知的几乎整个世界。他在征服阿富汗时，相继修建了三座以自己名字命名的"亚历山大城"。亚历山大城是这位伟大征服者"世界帝国"思想的产物，亚历山大力图将东西方所有臣民都统一为一个民族，于是在他的远征军后面就出现了两种文化交往的景象：一种是希腊人和腓尼基人组成的商队，其中许多人在阿富汗定居下来，与当地人通婚；另一种便是新的城市在商道上拔地而起，战略和商业意义兼而有之。亚历山大由此控制了贯通欧亚的古代商路交通。

　　亚历山大以包括阿富汗在内的巴克特里亚地区为中心，北征粟特，南伐印度，战火始终不息。亚历山大继续推行自己"世界帝国"的理念，规定在自己的宫廷中采取波斯礼仪，行跪拜礼；他本人身着波斯的紫袍与王冠，将自己打扮成波斯皇帝的模样。战争形式的东西方交流逐渐被"入乡随俗"的文化交流所代替。公元前328年冬天，亚历山大通过半希腊半波斯的仪式，同巴克特里亚贵族奥克夏特的女儿罗克珊娜结婚。"罗克珊娜"意即"光明"，关于这次婚事至今在阿富汗流行着许多传说，很多阿富汗人仍喜欢给女孩起名为"罗克珊娜"。亚历山大按照马其顿的风俗，在结婚仪式上用剑切一块麦饼，同罗克珊娜各吃一口，东西方文化的交汇于此堪为鉴证。

　　亚历山大死后，帝国三分，巴克特里亚地区转属于东部的塞琉古王国（即中国古代史籍中所称的"条支"）。后世史家对王国的开创者塞琉古评价甚高，如阿里安即曾说："在亚历山大之后所有继承王权的人当中，唯有塞琉古成为最伟大的国王。他是最有王者之心的人，统治着亚历山大之后最广大的国土。"塞琉古还曾率军越过兴都库什山，进攻印度的孔雀王朝。极盛时期，塞琉古王国的疆域从地中海扩大到印度。孔雀王朝的一代名王阿育王也曾攻入阿富汗，在阿富汗境内留下了传播佛法、宣扬佛教的石柱敕铭。作为当时世界上最大的希腊化王国，塞琉古王国控制着东西方的丝绸之路，同时获取印度的香料和中国的丝绸，不断充实自己的经济。贸易的兴旺，成为沟通东西方交往的新动力。

大约公元前250年，位于阿姆河（即中国古代史籍中所称的"乌浒水"）与兴都库什山间的巴克特里亚地区发生了一件大事，总督狄奥多德脱离塞琉古王国独立，建立了希腊化的巴克特里亚王国。这个巴克特里亚王国，便是中国古代史籍中所称的"大夏"和"吐火罗"。公元前2世纪上半叶，巴克特里亚王国达到最强盛，曾扩张至印度。希腊、波斯、印度和中国四大文明，正是通过连接东西方的丝绸之路交汇于巴克特里亚这片得天独厚的土地。东西方的商人经过巴克特里亚，沟通了爱琴海、两河流域、波斯、印度、中国与西伯利亚的商路，让世界文化得以交融。西方学者有言："如果说欧洲的思想是通过巴克特里亚传到远东的，那么亚洲的观念也是通过这里和同样的渠道传到欧洲的。"异邦人盛传，这里遍地黄金。可惜，巴克特里亚后来因内乱而慢慢转向衰落。

公元前2世纪上半叶，正是中国的西汉王朝前期。原居住在中国河西走廊的大月氏（即西方人所称的"斯基泰人"）被匈奴所击败，只能西迁至阿姆河领域。公元前140—130年左右，大月氏征服了阿富汗地区，将巴克特里亚王国逐向南方。等到中国的东汉时期，大月氏分为休密、双靡、贵霜、都密、肸顿五部。公元1世纪，贵霜统一诸部，建立起强大的贵霜帝国。帝国的极盛时期版图一度西起咸海，东至帕米尔高原（即中国古代史籍中所称的"葱岭"），横跨中亚和印度半岛西北部，阿富汗地区几乎位于贵霜帝国版图的中央。值得一提的是，贵霜帝国尊崇大乘佛教。1—2世纪是东西方丝绸之路最活跃的时期之一，贵霜帝国地处丝绸之路的要冲，一时繁盛。丝绸之路的传统路线是通过波斯（即中国古代史籍中所称的"安息"）到赫拉特，再一路向南。由于安息国王心怀敌意，阻断丝绸之路的贸易，贵霜帝国打通了从巴克特里亚通往印度河三角洲的商路；商品由印度出海，经海上的丝绸之路通向阿拉伯，穿越红海，由埃及进入欧洲。

尽管创造了犍陀罗艺术的辉煌成就，3世纪之后，贵霜帝国还是陷入衰落，分裂为若干小国。5世纪上半叶，这些分裂的小国终于被从北方袭来的恹哒人所灭。恹哒是游牧民族，原居于中国新疆北部的阿尔泰山，一度臣属于柔然，罗马人称之为"白匈奴"。5世纪初，恹哒人西迁，以后相继征服中国的伊犁河流域、中亚的河中地区（即阿姆河、锡尔河中间地区）、阿富汗地区和印度西北部，还击败了萨珊波斯，成为一个令人生畏的强国。恹哒的统治中心就在今天的阿富汗境内。值得一提的是，恹哒重新尊崇袄教。唐代高僧玄奘在《大唐西域记》中记载道，恹哒王摩醯逻矩罗极力排斥佛教："乘其战胜之威，西讨健驮逻国，潜兵伏甲，遂杀其王，国族大臣，诛锄殄灭。毁窣堵波，废僧伽蓝，凡一千六百所。"阿富汗的佛教因而受到毁灭性的打击，犍陀罗艺术的辉煌再也没能恢复。

中国古代的史书中记载，恹哒人是勇敢的战士，风俗与突厥人十分相似。《洛阳伽蓝记》称，恹哒人"王者锦衣，坐金床"。出土的钱币也显示，恹哒人的统治者穿着富丽华美的服饰，其发饰和复杂的头饰酷似萨珊波斯国王阅兵时的装束。《北史·西域传》却又记载了恹哒人保留原始遗风的一面："兄弟共一妻，夫无兄弟者，妻戴一角帽，若有兄弟者，依其多少之数，更加角帽焉。"《梁书·滑国传》记载，这种角帽"刻木为角，长六尺，以金银饰之"。由此可见，恹哒人与其他游牧民族一样，对金银颇有需求。

萨珊波斯国王巴赫兰及其宫廷的奢华向来名声在外，一直吸引着掠夺金银欲望极强的恹哒人。恹哒出动大军越过阿姆河，进攻呼罗珊。巴赫兰为人机敏多谋，因喜欢捕猎野驴而有一个"巴赫兰·古尔"（"古尔"意即"野驴"）的绰号。他得知恹哒人袭来，竟置之不理，下令举行游猎，然后策马西去了，这使他的大臣们大为惊异。其实，巴赫兰·古尔从宫廷出走以后，行动十分隐蔽，迅速向东进发，每到一处即征集士兵，准备对恹哒人发动夜袭。他采用新奇的战术，用装满小石子的皮袋子系在战马脖子上。夜袭中，萨珊波斯骑兵发出惊天动地的声响，将恹哒人的马匹惊得狂奔乱跑。巴赫兰·古尔大败恹哒人，将恹哒人一路追过阿姆河，击杀恹哒王，迫使恹哒人求和。恹哒人被迫在合约中将边界定在巴克特里亚以西400公里处。尽管遭此大败，恹哒依然保持着中亚强国的地位。

恹哒与萨珊波斯的战争持续了多年。它们的战争实质上是控制东西方商路之争，是为抢夺丝绸之路而进行的战争。恹哒人掌握了陆路和里海沿岸的贸易港口，操纵着往来于波斯、拜占庭、印度和中国的贸易。567年左右，萨珊波斯与西突厥终于联合击灭恹哒，以阿姆河为界瓜分其领土，"吐火罗"这个名称也重新见于史籍。"吐火罗"并非严格意义上阿富汗的代称，它是以今天的昆都士为中心的阿富汗北部地区，位于帕米尔高原以西、阿姆河之南，是古大夏的故地。按照击灭恹哒后的协议，吐火罗被划归属波斯。过了大概一年时间，这里又被西突厥夺取。627年，西突厥的统叶护可汗派其长子在吐火罗建立了突厥人的王朝。657年，即中国的唐朝显庆二年，唐高宗遣右屯卫将军苏定方率大军攻灭西突厥，吐火罗的突厥王朝向大唐帝国称臣。唐朝在这里设置了月氏都督府。另外，此时在今天的阿富汗境内及其附近，还有若干臣属于吐火罗的小国，包括护密、护时犍（唐置沙州都督府）、罽宾（修鲜州都督府）、帆延（乌飞都督府）、诃达罗支（条支都督府）、骨咄（高附都督府）。

除此之外，唐朝还于662—674年间封流亡来唐的萨珊波斯末代国王之子卑路斯为波斯王，置波斯都督府于波斯东部与阿富汗境内。8世纪初，新近崛起的阿拉伯帝国势力进入这一地区，控制了吐火罗。阿拉伯人正是追击战败的萨珊波斯末代国王伊嗣侯三世（卑路斯之父）进入了阿富汗。如爱德华·吉本在《罗马帝国衰亡史》中所写："哈里发奥斯曼答应把呼罗珊的统治权给予第一个进入巨大而人口众多的国家，即古代巴克特里亚王国的将军。这个条件被接受了，这种嘉奖是受之无愧的；因为穆罕默德的旗帜已被插上赫拉特、梅尔夫和巴尔赫的城墙，这位胜利的将领既不停驻，也不休息，一直到他的汗流浃背的骑兵尝到乌浒河河水。"

阿拉伯人没想到，在阿富汗居然处处遇到顽强的抵抗。阿拉伯帝国的哈里发常常要增派军队，对不驯服的阿富汗人进行征剿。一些山区始终保持着独立的状态，比如巴尔赫到707年才最后停止战斗，坎大哈到9世纪才臣服于阿拉伯人，喀布尔更是阿富汗人不屈的象征。长达半个世纪的岁月里，阿拉伯大军进攻喀布尔不下九次，全部以失败告终。直到871年喀布尔依然保持着独立地位。

初步控制阿富汗后，阿拉伯军队继续东进。阿拉伯帝国向东，大唐帝国向西，两大帝国无可避免地在中亚发生了碰撞，那就是改变了世界文明史进程的怛罗斯之战。751年的怛罗斯之战，大唐帝国战败，从而丢掉了整个中亚。

怛罗斯之战后，葱岭以西的西域诸国尽皆归于阿拉伯人。在此之前，阿富汗境内拜火教、婆罗门教、佛教、基督教聂斯托利派乃至万物皆有灵的原始宗教等多种信仰并存。阿拉伯人的到来，让包括阿富汗在内的中亚地区逐渐伊斯兰化，直至今日。一千三百多年来，阿富汗人彻底接受了真主唯一、真主万能、穆斯林兄弟平等和分享彼此兄弟情谊的宗教价值观念。于阿富汗人而言，伊斯兰教赋予了他们在一个共同信仰下的凝聚力。阿富汗各部族原有的尚武精神，更是为宗教色彩的"圣战"所深化。阿富汗历代王朝，都奉伊斯兰教为国教，神职人员与政权的关系密切。与许多伊斯兰国家不同，阿富汗不但将先知穆罕默德神圣化，而且将他的门徒也神圣化，崇拜圣徒之风盛行。至于毛拉（即伊斯兰教教士），不仅是人们出生、婚娶、死亡仪式和宗教节日典礼的主持人，同时又是一个村庄乃至一个地区的教师、司法仲裁人和精神领袖。

随伊斯兰教信仰而来的，是阿拉伯语和完整的伊斯兰文化。新的统治者将阿拉伯语作为阿富汗的国语和标准语，而且阿富汗当地的方言也用阿拉伯字母拼写。阿拉伯语作为《古兰经》的语言，随着穆斯林们虔诚的诵读，与阿富汗当地方言渐渐相融合。至于吸收了埃及、希腊、美索不达米亚和波斯文化的伊斯兰文化，更是在阿富汗广为传播。如阿富汗史学家穆罕默德·阿里所言："要细致地追溯伊斯兰文化对阿富汗的影响程度是不可能的，但是它的影响无处不在，并且表现得栩栩如生，如诗如画。生活习俗、服饰风尚、烹调艺术、节日庆典、婚丧嫁娶，甚至日常生活的细节小事，都受到伊斯兰文化的熏陶。"伊斯兰文化同阿富汗当地文化接触，融合为新的文化，成为近代阿富汗文化的主要源泉；这种传播与融合本身，也正是古代东西方丝绸之路的意义所在。

2. 王朝的更替

821年，阿拉伯帝国阿拔斯王朝（即中国古代史籍中所称的"黑衣大食"）的呼罗珊总督塔希尔建立了塔希尔王朝，领有中亚、河中、阿富汗地区，名义上承认哈里发主权，但形如独立。塔希尔本是波斯人，先祖为阿拔斯王朝效力，世袭担任呼罗珊总督。他骁勇善战，在阿明与马蒙两兄弟争夺哈里发之位的战争中，为马蒙立下了汗马功劳，在战场上曾用左手击杀阿明麾下的大将。马蒙登上哈里发宝座后，赐予塔希尔"祖·叶米奈因"（意即"两手俱利者"或"双手将"）称号。塔希尔下令辖地的穆斯林在主麻日祈祷时不再为哈里发祝福，而提自己的名字，并在铸币上不再铸哈里发的名字，事实上宣告独立。这是阿拉伯帝国阿拔斯王朝地方势力割据并起之始。这个王朝信奉伊斯兰教逊尼派教义，实行伊斯兰教法，建立了不少清真寺、宗教学校和图书馆。塔希尔王朝的历代君主多爱好文学、艺术和科学，鼓励发展教育，他们的宫廷常常庇护和赞助诗人、学者。不过，他们同样支持河中地区的军事封臣萨曼家族摧毁拜火教和佛教，强推伊斯兰教。

867年，绰号"萨法尔"的阿拉伯帝国锡斯坦省军队统帅亚库布起兵，建立了萨法尔王朝。"萨法尔"意为铜匠，亚库布的父亲和亚库布本人少年时都曾以此为生。据说，亚库布是强盗出身，却怜悯穷人，宽待俘虏。871年，亚库布向阿拉伯帝国的哈里发写去信件，自称是哈里发的奴隶，请求哈里发允许自己亲自前往帝国首都巴格达向哈里发致敬。哈里发明白其中的威胁意味，一定要将亚库布留在远方，任命他为巴尔赫、吐火罗斯坦以及喀布尔地区的统治者。873年，亚库布率军攻占塔希尔王朝都城内沙布尔，俘获末代国王穆罕默德·艾布·塔希尔，塔希尔王朝从此灭亡。

塔希尔王朝的灭亡引起了阿拉伯帝国哈里发的极大恐慌。哈里发命令亚库布立刻撤军，但亚库布无视哈里发的命令，继续追剿塔希尔王朝的残余势力。875年，亚库布决定与阿拉伯帝国的哈里发一决胜负；他已经控制了中亚的大片土地，开始挥军西进。哈里发被迫再度宣布承认亚库布在巴尔赫、吐火罗斯坦以及喀布尔地区的权力，希望他撤军，但是已经没什么能阻止亚库布了。他几度与阿拉伯帝国开战，甚至曾一度远征巴格达，但始终未能成功。

亚库布后来与哈里发和解，名义上承认与阿拉伯帝国的隶属关系，在祈祷词和铸币上也都以哈里发的名义为号召；哈里发也承认了阿富汗萨法尔王朝的合法性，但萨法尔王朝并不向巴格达缴纳贡赋。亚库布临终时，哈里发派来使者探望。亚库布指着枕边的一柄剑、一块面包和洋葱对使者说："假如我大难不死，决定我们之间命运的就是这柄剑了。如果我战胜了，我将如愿以偿；如果我战败了，就只配吃面包与洋葱过活。既不是你，也不是幸运，都能战胜我这样一个习惯这般饮食的人。"亚库布在弥留之际表现出的英勇气概，就此流芳千古。

可惜，亚库布和他的后继者都未能挽救这个短命的王朝。不久，由军事封臣和地方将领建立的萨曼王朝在河中地区兴起。萨法尔王朝和塔希尔王朝争斗的结果，就是河中地区脱离控制，萨曼家族势力不断坐大。萨曼家族名义上是塔希尔王朝的封臣，但一直作为一个地方统治实体存在，不过在阿拉伯帝国体系中始终居于塔希尔王朝之下。塔希尔王朝君主作为阿拉伯帝国的埃米尔（即总督）可以铸造银币，萨曼家族的阿米尔（即税官）只能铸造铜币。塔希尔王朝灭亡时，阿拉伯帝国哈里发一面被迫承认萨法尔王朝的统治，一面将河中地区授予萨曼家族，任命纳斯尔·伊本·艾哈迈德为河中地区总督，避免了中亚全部沦陷于萨法尔王朝之手。

纳斯尔之弟伊斯迈伊尔（又译伊斯玛仪）·本·艾哈迈德是萨曼王朝的真正缔造者。874年，伊斯迈伊尔建都布哈拉。伊斯迈伊尔进入布哈拉城时，当地百姓为他举行欢迎仪式，按照突厥人的风俗，将金银洒在他的身上。布哈拉城内穆斯林主麻日祈祷词中不再赞颂亚库布的名字，换成了伊斯迈伊尔的兄长纳斯尔，从此宣告独立。兄弟两人不久爆发阋墙之战，伊斯迈伊尔最终于888年击败纳斯尔，取得了整个河中地区的霸权。伊斯迈伊尔于893年正式立国，名义上仍承认阿拉伯帝国哈里发的宗主权，仅向哈里发奉献贡物，报告军务。他效法古代波斯帝国与阿拉伯帝国哈里发的宫廷，建立了统一的行政和军事制度，确立了王朝与辖地的隶属关系。哈里发看准机会，积极挑拨萨曼王朝和萨法尔王朝的关系。898年，哈里发突然宣布将河中地区转而授予亚库布的弟弟、萨法尔王朝继任君主阿穆尔。阿穆尔于是要求伊斯迈伊尔归顺，伊斯迈伊尔的回答只有一个字："剑"。阿穆尔害怕了，放弃了对河中地区的权力，但伊斯迈伊尔执意开战。

900年，萨法尔王朝与萨曼王朝在巴尔赫附近爆发决战。萨法尔王朝大军惨败，阿穆尔沦为阶下囚。据说，阿穆尔的仆人为他被俘的主人煮了一块肉，当他离开锅子去取盐的时候，有条狗想抢这块肉，恰好锅柄落到狗脖子上，狗吓得跳起来，连锅带肉一起拖走了。阿穆尔见状，不禁哀叹："今天早上我的厨房还需要用四百头骆驼来驮运吃的，今天晚上吃的却仅用一条狗就统统拖跑了。"命运之流转，亡国之悲凉，溢于言表。阿穆尔被押往巴格达，交由阿拉伯帝国哈里发处死，萨法尔王朝仅两世而亡。

萨法尔王朝领有波斯大部、河中地区、阿富汗全境以及印度西部，统治中心设在呼罗珊。萨法尔王朝在中世纪是一个特别的王朝，由下层人民崛起的势力而建立，亚库布自己是铜匠，他的继承者阿穆尔则是驴夫和石匠。这是一个军事化的王朝，政权依靠庞大的军队支撑，国库收入多用于军队开支。宫廷和各地官员均由王室成员和波斯人充任，行政制度效法塔希尔王朝。萨法尔王朝同样尊奉伊斯兰教逊尼派教义，阿穆尔统治时又下令穆斯林在主麻聚礼祈祷时不再为哈里发祝福，而为他祈祷，并自称是"穆斯林的长官"。萨法尔王朝以波斯文为官方通用文字，宗教活动中用阿拉伯语，倡导学者用波斯语进行文学创作。值得一提的是，萨法尔王朝每年都会派兵保护去麦加朝觐的中亚和波斯的穆斯林，屡屡重金施舍麦加的圣寺，因而享有盛誉。萨法尔王朝灭亡后，仍有3个小邦相继统治锡斯坦，作为萨曼王朝的臣属存在，直至1002年被加兹尼王朝所灭。

　　新兴的萨曼王朝统治长达120多年，疆域包括阿富汗、河中地区和波斯大部。早在893年，萨曼王朝即大举发兵中亚，进攻突厥人的喀拉汗王朝。彼时萨曼王朝兵锋正盛，连续击溃突厥军队，相继攻克苏坎特、怛罗斯等城市，占据费尔干纳，迫使喀拉汗王朝将都城迁至喀什噶尔，这一事件的意义十分深远，它标志着中亚伊斯兰化的趋势已不可逆转，开启了突厥语族伊斯兰化序幕。极盛时期，北方的塔什干，东北方的费尔干纳，西南方的赖伊（即今伊朗首都德黑兰），都在萨曼王朝的统治之下，王朝的实际影响远至喀什噶尔。随着萨曼王朝的征服，伊斯兰教在河中地区和费尔干纳北部得到广泛传播，大量原本信奉萨满教与拜火教的突厥部落改奉伊斯兰教，中亚伊斯兰化在此期间完成。

　　萨曼王朝不仅崇尚征服和武功，同样崇尚文化。这个王朝的所有君主都致力于波斯民族的历史与艺术发展。萨曼王朝的都城布哈拉成为学术与文化的中心，昌盛程度足以与阿拉伯帝国首都巴格达相媲美。布哈拉兴建的宫殿富丽堂皇，是萨曼王朝的建筑珍品；规模宏大的皇家图书馆藏书丰富，收藏有《古兰经》珍本和各学科的手抄本，堪称学术宝藏。时人言，图书馆中收藏着"大多数人连书名也不知道的许多书籍，还有许多过去没有见到过，以后也未见到的其他书籍"。撒马尔罕兴建的大清真寺、伊斯兰经学院和天文台，亦是文化高度发展的象征。

萨曼王朝大力奖掖学术，招贤纳士。各方学者云集一度在布哈拉的宫廷，在那里求学、研究和著述。闻名于世的医学家兼哲学家拉齐、伊本·西拿（阿维森纳）、博学家比鲁尼、诗人菲尔多西、诗人鲁达基、历史学家巴勒阿米、艾布·苏莱曼等人均在萨曼王朝的庇护下从事过学术活动。比如著名的伊本·西拿，身具"百科全书式的知识"，据说试图将彼时的一切学问加以系统化。他既是一位伟大的哲学家，又以一位伟大的医学家而著称，另外还是一位诗人；他的《医典》曾对全世界产生过巨大的影响。

萨曼王朝赞美波斯文化，自命为波斯语及文学艺术的复兴者。王朝除通行突厥语和阿拉伯语外，还规定波斯文为官方通行文字，大力推广波斯语。诗人鲁达基等用波斯语进行文学创作，将伊斯兰教经典、科学和文学著作翻译成波斯语广泛流传。据说鲁达基最出名的一首诗，是应御从们之请，为劝说纳斯尔从赫拉特返回布哈拉而即席吟成。纳斯尔一听到此诗，深受感动，当即离开御座，跨上执勤御卫的马匹，疾奔布哈拉而去；他如此匆忙，竟顾不得换上马靴。

众所周知，伊斯兰教废除了诸多中古时代的陋习，但是并不彻底，蓄奴就被保留了下来。伊斯兰教对此做出了部分限制，即穆斯林不得奴役穆斯林。因此，古代穆斯林贵族的奴隶往往来自于异族的异教徒。在这个突厥人尚未完全伊斯兰化的时代，突厥人是奴隶的理想来源。由于奴隶贸易和战俘，大批突厥人成了奴隶。萨曼王朝在阿姆河各渡口设卡，对奴隶贸易征收税款，还设有固定的奴隶市场，世界各地的商人经丝绸之路云集于此，参与买卖突厥奴隶。经过训练的男性突厥奴隶被称为"古拉姆"，未经训练的称为"班达刚"。萨曼王朝给那些用于军中服役和官府供职的奴隶专门设立了学校，让他们学习。后来，"古拉姆"这个词成为"禁卫军"的代称，突厥人必须依靠军功才能改变自己的奴隶身份。一位成为"古拉姆"的突厥奴隶第一年要以马夫的身份服役，不准骑马，只能穿劣质的衣服；一年后，他可以拥有一匹马和一根鞭子；再过一年，他可以得到一束皮带；又过一年，他能得到一个箭袋和弓盒。以此类推，突厥奴隶一年一年服役，逐渐升职，待遇也会越来越好。到35岁，突厥人才可以被任命为总督。

如此，萨曼王朝渐渐倚重突厥人，突厥人成为禁卫军的最主要兵源；不少突厥人慢慢身居高位，参与萨曼王朝的军政机要。王朝后期，几任国王即位时皆年幼，宫廷实权尽归古拉姆禁卫军的突厥将军掌管，突厥将军成为各省的统治者，形同割据。这时喀拉汗王朝渐渐复兴，屡次击败萨曼王朝军队，重新占领了中亚部分地区。962年，身为突厥人的前古拉姆禁卫军将领、呼罗珊总督阿尔普特金据加兹尼城独立，称雄一方，建立加兹尼王朝。阿尔普特金与他的女婿苏布克提金屡经征战，逐渐占领阿富汗全境。999年，加兹尼王朝与喀拉汗王朝联合出兵，攻占萨曼王国都城首都布哈拉城。末代国王阿卜杜勒·马利克被俘囚禁，后死于狱中；他的国土被加兹尼王朝与喀拉汗王朝瓜分，萨曼王朝从此灭亡。

　　加兹尼王朝传王统达十六代，历时两百年。苏布克提金的儿子苏尔坦·马赫迈德统治时期（998—1030年），乃是王朝的极盛时期。马赫迈德东征西讨，999年联合喀拉汗王朝军队夹击萨曼王朝，攻陷布哈拉，灭萨曼王朝。接着，马赫迈德与喀拉汗王朝约定以阿姆河为界，平分了萨曼王朝的领土。1006年，喀拉汗王朝军队越过阿姆河，进入巴尔赫平原；正远征印度的马赫迈德回师北上，在巴尔赫平原用披甲战象大败喀拉汗军队，征服了花剌子模。马赫迈德又从波斯西部的布韦希王朝手中夺取赖伊和伊斯法罕，国势达到极盛。马赫迈德曾威胁布韦希王朝："要派出两千头战象将赖伊的泥土运到加兹尼去。"布韦希王朝的摄政王太后一度回复："我了解马赫迈德，而且知道他在未衡量一切危险之前，从来不会大动干戈。假如他发动进攻，征服了一位弱女子，这样的战绩有何光荣可言呢？假如他被打退了，他将遗臭万年，直到世界末日。"果然，马赫迈德直到1029年才进攻赖伊，攻占赖伊、伊斯法罕等省。

　　加兹尼王朝的领土包括中亚与伊朗的各一部分，印度河领域北部。具体来说，加兹尼王朝东起北印度、西至波斯西北部、北达阿姆河与咸海、南迄锡斯坦，是一个强大的军事帝国。加兹尼王朝成为当时亚洲疆域最大的王朝，也是自阿拉伯帝国阿拔斯王朝以来版图最大的伊斯兰国家。后来，马赫迈德开始使用"苏丹"这一称号，这是伊斯兰国家第一次使用"苏丹"作为君主的称号。

　　战争的间隙，马赫迈德还大力支持文化艺术事业。他以科学和艺术的保护人自居，用大量金钱修筑科学殿堂，邀请科学家和艺术家前来，还喜欢与学者们一起讨论学术问题。许多萨曼王朝庇护过的学者，在马赫迈德的庇护下继续从事研究和创作，如博学家比鲁尼兼数学家、哲学家、天文学家和梵文学家的身份于一身，仅著作的目录就达60多页，其人被称作"知识的海洋"。诗人菲尔多西用11年时间完成了著名的史诗《列王传》献给马赫迈德。尽管其中多有处马赫迈德歌功颂德，却并未得到应有的报酬。此时的菲尔多西已经是八十岁的老人，他自感遭到羞辱，极为恼怒。气愤之余，他就在澡堂里将马赫迈德给自己的赏银分给了澡堂茶役和卖果子露的小贩，然后写了一首精彩的讽刺诗作为这部不朽之作的序诗，据说足以抵消掉对马赫迈德的歌颂。多年后，马赫迈德为补偿自己的过失，派人送去6万金币和绶带，却正赶上诗人的葬礼；当驮运金币的大批骆驼进入城门时，菲尔多西的遗体正从这座城门出去安葬。诗人的女儿骄傲地拒绝了这笔奖赏。马赫迈德的宫廷中最有影响的是桂冠诗人——阿富汗巴尔赫人温苏里，他也是一位哲学家。马赫迈德对他极为尊崇，给他王子般的生活，据说有400个童仆为他服务，宫廷中几百位诗人和学者都尊他为领袖和大师。宫廷中还有著名的苏菲派诗人阿卜杜拉·安萨里，被称为"皮尔·伊·赫拉特"（意即"赫拉特之圣"）。

　　如同马赫迈德发给布韦希王朝的一封"求贤令"中所写的那样："我听说在你的宫殿里有几个有学问的人，他们在各自的学科领域都是无可匹敌的。你必须把他们送到我的宫殿里来，这样一来，他们才能得到无上荣光，我们才能依靠他们的知识和能力而名声远播。"由于马赫迈德的资助，加兹尼这个阿富汗并不繁华的城镇成为一个真正的文化艺术中心。虽拥有广阔的疆土和庞大的军队，马赫迈德却依然承认阿拉伯帝国哈里发的宗主权，自称"埃米尔"或"赛义德"。他被阿拉伯帝国的哈里发授予"雅明·艾德·通拉"称号，意即"国之右臂"，加兹尼王朝因而也被称为"雅明王国"。

　　马赫迈德是虔诚的穆斯林，统率阿富汗军队不断发动"圣战"，在位期间远征印度达17次。1001年的第一次远征中，马赫迈德在白沙瓦击败了印度统治者贾帕尔一世。他允许沦为阶下囚的贾帕尔一世用钱赎回自己的自由，但贾帕尔一世无法忍受战败和沦为俘虏之耻，自己爬上火葬堆，自焚于烈焰中。1002年粉碎锡斯坦的叛乱后，当地首领向马赫迈德屈服，尊其为苏丹。马赫迈德随即宽恕了他，任命他为自己的"御马长"。1018年，马赫迈德摧毁了印度西北部的波罗提诃罗王朝。一直到1026年，他先后占领旁遮普、克什米尔、木尔坦和信德等地的部分地区，兵锋远达恒河的卡瑙吉。

马赫迈德每到一处都下令焚毁异教寺院和偶像，大力兴建清真寺，确立了伊斯兰教在旁遮普的统治地位。远征索姆纳特时，当地的印度人笃信印度教的湿婆神，以轻蔑的笑声来迎接马赫迈德的大军。第二天，马赫迈德的大军全力攻城，攀上城墙，屠杀了成千上万的印度人。城中的湿婆神庙享誉全印度，供奉其中的巨大石雕"陵伽姆"象征着印度教的男性性力崇拜；马赫迈德以一个穆斯林的虔诚，亲自用铁矛捣毁了这座神像。神像捣毁后剩下的两块大石头被运往加兹尼，作为大清真寺入口处的阶石。据说当时印度的婆罗门们为了不让这尊神像被毁，向马赫迈德乞求，愿意出重金来赎买；马赫迈德断然拒绝，宣称自己是偶像的破坏者而不是偶像的出售者。结果，在这尊偶像掩盖的一个秘密洞窟内发现了许多财宝，价值比婆罗门们出的价钱多得多。这位"偶像破坏者"的虔诚，得到了真主的丰厚报偿。马赫迈德不但被称作"偶像破坏者"，还得到了"圣战者"的称号。

吉本在《罗马帝国衰亡史》中甚至如此写道："加兹尼的马赫迈德，最伟大的突厥王公之一，他在基督诞生后一千年时统治着波斯东部各省……这位穆斯林英雄，从来没有为寒冷的季节、峻峭的高山、宽阔的河流、荒凉的沙漠、众多的敌人及其可怕的战象队形而沮丧过。加兹尼的苏丹已经凌驾于亚历山大的远征近伐之上。"加兹尼王朝堪称阿富汗历史上最辉煌的王朝之一。

11世纪，加兹尼王朝因受到塞尔柱突厥人的打击而衰落，逐渐失去了波斯和中亚的领地。1040年，加兹尼王朝君主、马赫迈德之子马苏德一世大败于塞尔柱人之手。彼时的史家如此记载：

在敦达那根，塞尔柱人聚集了全部兵力，包围了（马苏德一世）国王的军队，占领了各个出口要道。马苏德摆好阵势准备战斗……敌人发出野蛮的嘶叫声，奋不顾身地从四面八方向前推进。这种不常见的冲锋方式竟使加兹尼的军队丧胆了；而且，不知道究竟是出于害怕还是不忠诚，几个将军在战斗才一开始便带着他们的全部人马投奔敌人去了。这位国王甚至在他的将军们变节时也毫不沮丧，英勇地驱马赶到战斗方酣的现场，他那种非凡的勇气，绝非其他君主能相比的。可是，他的努力是徒劳的，因为他举目四望，除了他亲自率领的那部分人以外，他的整个军队差不多都在飞速逃跑。国王就这样被遗弃了……扭转马头，踩翻敌人，手持利剑，为他自己杀开一条路。

马苏德一世无法抵挡塞尔柱突厥人，只得放弃加兹尼，撤出阿富汗，退往印度。他在退往印度途中遭遇政变，被叛乱者杀死。马苏德一世之子穆达德削平叛乱，击败塞尔柱突厥人，一度稳定住局面。尽管如此，仍无法挽回庞大的加兹尼王朝渐趋分崩离析的命运。11世纪末，加兹尼王朝一度复兴，但内有王位之争，外有塞尔柱突厥人进攻，王朝再度陷入颓势。

12世纪中叶，赫拉特与加兹尼之间的山区兴起了古尔王朝。"古尔"原是阿富汗赫尔曼德山谷与赫拉特之间的一座山名，这里地旷人稀，气候寒冷，海拔之高仅次于帕米尔高原。古尔王国的第一任国王库特布丁·穆罕默德曾臣属于加兹尼王朝，并与加兹尼王朝君主巴赫拉姆的妹妹结亲。当库特布丁因王位冲突而避居加兹尼时，巴赫拉姆听说库特布丁阴谋叛乱，遂下手将其毒杀。消息传到古尔，库特布丁之子赛夫丁兴兵为父王报仇，击败加兹尼王朝。巴赫拉姆逃往印度，赛夫丁遂将加兹尼并入古尔王国版图，自封为统治者。1148年，巴赫拉姆从印度卷土重来，击败赛夫丁。巴赫拉姆答应留赛夫丁一条活命，赛夫丁才敢向他投降。然而，据史家的描述，赛夫丁的下场却是这般凄惨：

这个不幸的俘虏，前额被抹成黑色，倒骑着一头母牛，脸对着牛屁股。他就这样，在众人的大声喊叫和辱骂声中到全城游街示众，以后又被酷刑拷打，他的头被割下来送给了塞尔柱苏丹桑伽尔。与此同时，他的宰相马吉德丁也被尖桩刺死。

赛夫丁的弟弟艾劳德丁决心为兄长报仇。1150年，艾劳德丁趁加兹尼王朝衰弱之际，给予这个仇敌以毁灭性的打击。古尔王朝军队三战三胜，击败巴赫拉姆，攻入加兹尼城。艾劳德丁下令将加兹尼付之一炬，大火和屠杀持续了七天七夜，这座文化名城中的高大建筑、精美花园、图书馆、王宫和学校就此化为灰烬，后来的考古发掘仅发现城中两座尖塔的遗址。艾劳德丁在附近的山顶一边欣赏这场浩劫，一边拨弄竖琴，吟诵着"让此地血流成河"的诗句。艾劳德丁试图博取"世界征服者"的美名，但后世却称他为"贾汉·苏吉"，意为"世界纵火者"。史书中有更可怕的记录："艾劳德丁离开时，大批最可敬的博学之士被锁链拴着押往菲留兹库赫，以点缀他的威风。到了目的地，他下令割开他们的喉头，用他们的鲜血和泥土，涂抹自己家乡的城墙。"巴赫拉姆再一次逃往印度，后来再度返回加兹尼。加兹尼王朝又苟延残喘了几十年。艾劳德丁病故后，其侄吉亚斯丁·穆罕默德继位，于1173年又一次占领加兹尼城，任命其弟希哈卜丁·穆罕默德担任加兹尼城和东部边界的总督。1192年，加兹尼王朝的末代君主霍斯鲁·马立克被古尔王朝处死，王朝的历史方宣告终结。

古尔王朝灭亡加兹尼王朝，很快据有阿富汗全境，占领了波斯、印度各一部。吉亚斯丁主要治理古尔王国本土，其弟希哈卜丁则致力于开拓疆界，继续向印度朱木拿河和恒河流域扩张。1190年冬，希哈卜丁率军向印度德里挺进，与当地统治者展开大战。希哈卜丁亲自率军从中央发起冲锋，与敌军主帅单独对战。他的铁矛打落了对方的牙齿，但他也被对方的标枪射中而受重伤。希哈卜丁深恐自己一旦跌下马去，全军会惊慌失措，遂主动退下阵来；一个年轻的突厥骑兵趁势骑到他背后，扶着他稳坐在马鞍上，这样，全军在未遭遇严重伤亡的情况下撤出。第二年，吉亚斯丁再率大军回印度报仇，在塔劳里战役中亲率1.2万名骑兵冲击敌阵，大获全胜。此战让古尔王朝取得了征服印度次大陆的胜利，伊斯兰教从此深入印度。古尔王朝遵奉伊斯兰教逊尼派教义，承认阿拉伯帝国阿拔斯王朝的宗主权，以"伊斯兰教的捍卫者"自居。

古尔王朝存在不过半个多世纪。同样是12世纪中叶，由突厥人建立的花剌子模国①在中亚逐渐崛起。1204年，花剌子模国王阿拉·阿德丁·穆罕默德（中国古代史书中称为"摩诃末"）与古尔王朝国王希哈布·阿德丁·穆罕默

---

① "花剌子模"在塞尔柱突厥人的语言中意即"太阳的土地"。

德于阿姆河畔爆发大战。古尔王朝获胜，乘胜攻掠花剌子模本土。阿德丁向西辽（西方人称为"喀喇契丹"）求援，借兵将古尔王朝赶出本土。同年9月，阿德丁率军在巴尔赫以西给古尔王朝以毁灭性的打击。1206年，阿德丁夺取了赫拉特与古尔山区；1215年，阿德丁攻取加兹尼，完成了对阿富汗的征服。赢得此战后，阿德丁给自己加上了"世界征服者"的尊号。此时的花剌子模北以锡尔河为界，东以帕米尔和瓦济里斯坦山区为界，西以阿塞拜疆、卢里斯坦和胡齐斯坦山区为界，囊括河中地区、大半个阿富汗和几乎整个波斯，国土面积相当于整个印度次大陆的大小。

3. 蒙古人的西征

古尔王朝灭亡后，花剌子模不甘于仅雄踞中亚，而是想成为伊斯兰世界的领袖。阿德丁结束了与西辽的臣属关系，与阿拉伯帝国哈里发反目，出兵向西征讨巴格达。一路上天寒地冻，加之山民部落不时袭扰，阿德丁的大军饱受损失，苦不堪言，只得撤回。他浑然不知，阿富汗古代历史上最恐怖的噩梦即将来临。马太·巴黎在《大编年史》中这样形容道："这一年，可憎的撒旦民族即鞑靼人不计其数的军队，从他们被群山包围的老家冲了出来，穿通坚硬岩洞，像魔鬼一般破门而出。他们渴望和吮饮着鲜血，撕碎、吞食狗肉和人肉，他们披着牛皮，穿着铁铠甲，他们坚强如钢，举世无敌。"在遥远的东方，蒙古人要来了。

阿德丁率军经内沙布尔回到布哈拉，在这里遇到了成吉思汗派来的三位使臣。统一蒙古各部的成吉思汗原本对这个西方大国知之甚少。通过与往来蒙古的花剌子模商人交谈，成吉思汗意识到，花剌子模可以成为蒙古在丝绸之路上重要的贸易伙伴。于是，他派去使臣，表达了蒙古欲与花剌子模和平相处的愿望。使臣向阿德丁献上了银锭、麝香、玉器和蒙古特产白毛毡袍，呈上了成吉思汗给阿德丁的书信。成吉思汗在信中说："我知道您实力强大，国土辽阔。您统治着大地上一个无边无际的国度，我深深希望能与您建立良好的关系。我爱您，就像爱我的儿子一样。您想必知道，我已经征服了中国，让北方的突厥诸民族臣服于我。我们的战士多如地上的蚂蚁，财富如银矿一般用之不竭，实在无须觊觎别人的国土。我所希望的，就是两个国家的臣民能够相互通商，这对两国都有好处。"

阿德丁在自己的宫殿里接见蒙古使臣。读过成吉思汗的书信，他表示，接受成吉思汗的提议，同意两国建立友好的关系，保证臣民通商贸易的安全。双方为此缔写了书面和约。当晚，阿德丁单独召见蒙古使臣马赫迈德，赐他一副名贵的宝石手镯，问他："成吉思汗自称征服了桃花石（古代中亚对中国北方的称呼），这是不是真的？"马赫迈德原为花剌子模人，所以才被成吉思汗任命为使臣。他耐心地对阿德丁说："如此重大的事情，怎么会是虚构？"阿德丁总算暂时安下心来。

1218年，三位花剌子模商人到蒙古做生意。由于运来的丝绸标价太高，成吉思汗发怒了。成吉思汗道："你们以为我们蒙古人没见过这类丝绸吗？"他下令将蒙古人拥有的华丽丝绸都展示给这三位花剌子模商人，让他们看到服气为止。花剌子模商人不敢再开价，便将货物无偿献给成吉思汗。成吉思汗心满意足，反而以比商人开出的更高的价买下了这些丝绸，还盛情款待他们，让他们住新白毛毡袍搭建的蒙古包。随后，成吉思汗要蒙古诸王和贵族都拿出一份自己的财产，各派一两个可信的仆人，组成商队跟随这三个商人回花剌子模，扬言要把花剌子模的宝贝全买回来。成吉思汗又给阿德丁送去一封信："你们国家的商人已经到了我们国家，现在我把他们送了回来。具体情况他们会向你汇报的。同时，我们也派了一队商旅随他们到你们国家采购珍宝。从今以后，随着我们关系和友谊的发展，那仇怨的脓疮可以挤除，骚乱反侧的毒计可以清除。"

成吉思汗派出的商队多达450人，全部是穆斯林。他们有500头骆驼，携带大批金银珠宝与货物前往花剌子模通商。进入花剌子模境内后，讹答剌城（西方人称"奥特拉尔"）的总督海儿汗见财起意，诬指蒙古商队为间谍，上报国王阿德丁，将蒙古商人与使节杀死，侵吞了货物与骆驼。只有一个拉骆驼的蒙古商人，由于当天到城外山民中做贸易，没有回城，躲过一劫。这个商人逃回蒙古，报告了商队被害经过。成吉思汗非常愤怒，冲出宫帐，飞马奔向附近的山顶，不饮不食，祈祷三天三夜，立誓复仇。后世史家如此记载：

　　他（成吉思汗）再也不能忍耐和平静了。他愤怒地独自登上山头，将腰带搭在脖子上，光着头，将脸贴到地上。他祈祷、哭泣了三天三夜，对主说道："伟大的主啊！大食人和突厥人的创造者啊！我不是挑起这次战乱的肇祸者！请佑助我，赐我以复仇的力量吧！"然后，他感到了吉祥的征兆，便精神抖擞、愉快地从那里走了下来，坚定地决定将作战所需的一切事情部署起来。

为集全力攻打金朝，避免经丝绸之路的贸易中断，成吉思汗决定先争取和平解决。他派出使臣，致书阿德丁，责其背信弃义，要求交出凶手。阿德丁拒绝了成吉思汗，他处死蒙古正使，剃光了两位副使的胡须，将他们押送出境。于是，成吉思汗将攻打金国的事全部托付给大将木华黎，亲自谋划征讨花剌子模。蒙古集结重兵，全力征伐花剌子模，成为让西方人闻风丧胆的"蒙古人西征"之始。1219年6月，成吉思汗率15万名蒙古大军来到了新疆阿勒泰地区额尔齐斯河上游，出征誓师。成吉思汗的契丹大臣耶律楚材记载下出征仪式的场面："车帐如云，将士如雨，牛马被野，兵甲辉天，远望烟火，连营万里。"

波斯诗人曾如此赞美蒙古人的勇悍与力量："他们都是神射手，发矢能击中太空之鹰，黑夜抛矛能抛出海底之鱼，他们视战斗之日为新婚之夜，把枪刺看成是美丽女子的亲吻。"剽悍的蒙古人兵分三路，向花剌子模展开攻伐。成吉思汗派二儿子察合台和三儿子窝阔台率一路，围困讹答剌；大儿子术赤率一路，进攻锡尔河下游诸城市；自己和小儿子拖雷取中路，渡锡尔河，直逼花剌子模的中心城市布哈拉。血战5个月，讹答剌等边界城市第一批被攻克，紧接着是布哈拉、撒马尔罕等名城。海儿汗被活捉，成吉思汗为了给被杀的商队和使臣报仇，下令将融化的银液灌进他的眼睛和耳朵里。

花剌子模王国拥兵40万人，但国家架构尚未成型，使得战斗力大打折扣。阿德丁出师迎敌，结果大军短时间内被蒙古人消灭殆尽。他无法再组织起大规模战役，只能调头逃跑，下令各城自行据守，全力抗敌。成吉思汗指示大将哲别、速不台率军追击阿德丁，命令他们要像猎犬一样咬住自己的猎物不放，即使猎物躲入山林海岛，也要像疾风闪电般追上去。1221年，蒙古大军攻占花剌子模国都玉龙杰赤（西方人称"乌尔根赤"）。蒙古人围城6个月之久，据说破城后7天屠杀了城内的120万人。蒙古人甚至将阿姆河引向玉龙杰赤城址，使其改道流入旧河道，让河水再一次泄入里海，彻底毁灭了这座城市。

阿德丁吓破了胆，总是不停问身边的大臣："我们能有什么办法让这场灾难过去呢？"他不顾王子扎兰丁的劝阻，从撒马尔罕逃入阿富汗的巴尔赫，准备一旦闻警就越过兴都库什山逃往更远的加兹尼；不久，他又改变主意，前往内沙布尔。听说蒙古大军逼近该城，阿德丁惶恐万状，再度逃跑。他逃到加兹尼，在此集结了3万大军。蒙古军队一路血洗花剌子模的消息传来，阿德丁震惊地喊道："难道安拉不爱护它的孩子了吗？为什么蒙古人在你的土地上会所向无敌？"新集结起来的军队士气马上跌到谷底，兵将纷纷逃跑。阿德丁最后躲到里海的一个小岛上，亲族全部落入蒙古人之手。阿德丁垂泪哭道："待我复兴之日，定要遵照正义之礼，报仇雪恨。"但他得了肋膜炎，最终死于心脏病。弥留之际，他将几个儿子叫到身边，说："非扎兰丁不足以光复故国。"他亲自给扎兰丁戴上佩刀，将花剌子模王位传给他；又命诸子发誓，保证对扎兰丁永远忠诚。阿德丁的葬礼寒酸至极，诸位王子只用衬衫裹了他的尸体便匆匆掩埋掉。

在蒙古兵的血腥屠戮下，花剌子模人残存无几。蒙古大军所到之处被劫掠一空，村庄和城市成为废墟，农田水利灌溉系统被破坏殆尽，肥沃的绿洲成了沙海，敢于反抗的居民被尽数屠戮，只有少数工匠被留为己用。毁灭玉龙杰赤后，蒙古大军继续西进，阿富汗遭到同样的命运。第一个遭受劫难的是巴尔赫。巴尔赫派出代表迎接蒙古大军，宣誓忠诚，还奉献了贵重的贡物，但成吉思汗认为在蒙古军队后方留下人口众多的城市对己不利，于是，他下令"调查户口"，将巴尔赫的居民统统赶到旷野，按百人和千人分为一群又一群，不分男女老幼，尽数屠杀。蒙古人纵火焚烧了巴尔赫的园林，摧毁了这座城市的壁垒、城墙、宅邸和宫殿。后来，成吉思汗从白沙瓦回师巴尔赫，发现这里还有许多难民。这些难民都是上次躲起来，藏在洞穴、墙角和地窖中，没有参加"调查户口"从而侥幸保住性命的。成吉思汗下令将这些人全部屠戮，推倒所有余下的城垣，再次扫清巴尔赫的文明痕迹。

紧接着是梅尔夫（蒙古人称之为"马鲁"）。梅尔夫是呼罗珊的一座绿洲城市，商业发达，贸易兴旺，盛产细棉，以蚕丝业闻名于世。这里文化同样兴盛，世人家喻户晓的故事集《一千零一夜》便是从这里诞生的。开战后，梅尔夫城内守军两次突围都以失败告终。不得已,梅尔夫守军投降。拖雷命令梅尔夫居民携带随身最珍贵的衣物出城。他命人在城外平野上设一金座,自己端坐于金座上。拖雷首先命令押上投降的守军,当着自己的面全部斩首。接着,他着手处理城中百姓。他命令将男人、妇女和儿童分开,史书中这样叙述道:

> 他们(指蒙古人)从丈夫怀中夺走多少美人儿!他们拆散多少姐妹和兄弟!多少父母因他们的清白女儿遭到践踏而发狂!""蒙古人传令,除了从百姓中挑选的400名工匠及掠走为奴的部分童男童女,其余所有居民,包括妇女、儿童统统被杀掉,不管是男是女,一个不留。

史书估计,梅尔夫有七十万以上的人口被杀。史家记录下了梅尔夫的惨景:"这些既不虔敬、又不信神的人(指蒙古人)在城里飘来荡去;这个罪孽深重又执拗倔强的种族主宰着居民,以致当地那些宫殿忽然从地球上消失了,好像一行行字句从纸上被抹掉了一般。而居民的家则成了枭鹰乌鸦栖息之所;枭鹰们在那里尖声怪叫,那些厅堂风声呜咽,热风阵阵。"屠城后,拖雷效法大哥术赤对玉龙杰赤的办法,又命令掘开灌溉梅尔夫郊外农田的河堤,将梅尔夫城淹没。繁荣的梅尔夫从此一片荒凉,只剩下一些小土堆,一些釉砖堆以及残破的墙垣。

接下来轮到内沙布尔。1220年11月,成吉思汗的女婿脱忽察儿为拖雷大军先锋,渡过阿姆河后攻取纳撒(今土库曼斯坦尼萨)等地。在围攻内沙布尔的战斗中,脱忽察儿中箭身亡。蒙古军队准备了弩炮3000具、投石机300具、投射火油机700具、攻城云梯4000架和炮石2500担,密布堆集内沙布尔城外,还挖掘地道多条。内沙布尔人抵抗数日,眼见蒙古军队攻城器具繁多,兵强马壮,知道城池终究难守,遂提出纳贡请降。拖雷痛恨内沙布尔人,要为姐夫脱忽察儿报仇,拒不接受投降。他斩使毁书,彻底断绝内沙布尔人的生机。随后,蒙古大军发动总攻,很快攻破了城门。蒙古人如潮水一样涌进城去,见人就杀;城中居民退入宅院,拼死反抗。攻守双方展开血战,街巷屋舍皆成战场。脱忽察儿的遗孀,成吉思汗的女儿秃满伦,向拖雷要了1万人马,亲自冲进城里;这1万蒙古人全为复仇而来,人畜尽杀以报驸马阵亡之仇。所有一切生灵，包括牛羊猫狗在内，都遭屠灭，据说只有躲在洞中的老鼠躲过一劫。蒙古人拆毁了这座城市，在城址上播种大麦，后来内沙布尔只得异地重建。后世更留下可怕的传说——为防止有人装死逃脱，拖雷下令砍下所有尸体的头颅，按男、女、儿童垒成了三座高塔。

1221年，拖雷率军占领赫拉特，继续屠杀居民，掠走工匠。随后拖雷与成吉思汗的主力会师，攻克阿富汗东北部的塔利甘。花剌子模王子扎兰丁开始在阿富汗境内节节抵抗。扎兰丁身材矮小，躯干不及中人。他的母亲是印度人，所以面容黝黑。虽其貌不扬，扎兰丁却膂力过人，骁勇善战。从父王阿德丁手中接过王位后，他离开里海，返回花剌子模重整军队。当地的突厥将领怕扎兰丁夺取自己的兵权，竟阴谋加害；扎兰丁得报，率亲信逃出，辗转到达自己的封地——阿富汗的加兹尼。他的岳父，前梅尔夫总督阿明灭里率军前来接应，喀布尔与古尔的部族首领阿黑剌黑等人也率军加入，他很快集结起10万大军。成吉思汗正围攻巴米扬，听说扎兰丁举兵相抗，便派大将失吉忽秃忽率一支3万人的偏师前去进攻。

3万蒙古军队一路南下，在加兹尼以北的八鲁湾川（今阿富汗查里卡东北）与扎兰丁爆发大战。战斗惨烈，扎兰丁的右翼徒步作战，虽被打散，援军一到又重新集结起来。直至夜幕降临，双方仍未分胜负。第二天清晨，失吉忽秃忽使用诡计，给每匹空闲的战马扎上一个皮制假人，让阿富汗人以为蒙古援军夜间到来；阿富汗人一见之下顿时气馁，将领们纷纷建议撤退。扎兰丁表现出过人的英勇，命令所有骑兵下马，各人将马缰绳系于腰带上，沉着等待蒙古人进攻。蒙古骑兵猛冲过来，阿富汗军队张弓攒射，矢如雨集；蒙古人被迫后退，准备重新组织冲锋。失吉忽秃忽挥军第二次冲来，扎兰丁突然吹响总攻的号角。阿富汗将士一听迅疾飞身上马，向蒙古军队反扑。阿富汗人凭借数量上的优势，拉开战线，将蒙古人团团围住。失吉忽秃忽命令部下视其军旗所向，冲突敌阵。但蒙古军队见快要被围遂陷入溃散，各自策马奔逃。战场上，溪涧冲沟纷错，蒙古骑兵奔至沟边，来不及收缰，马匹纷纷颠落。扎兰丁的骑兵稳骑马上，挥刀大肆劈杀。此战，阿富汗大获全胜，蒙古损失惨重，据说3万大军只逃出百余人。这是蒙古人西征以来的第一个大败仗。

进攻扎兰丁失手，成吉思汗在巴米扬城下也遭受重创。攻守双方用弓矢弩炮对射，一支弩箭从城中射出来，正中察合台之子、成吉思汗的爱孙。成吉思汗见爱孙战死，命令蒙古军队不惜代价，全力攻城。蒙古人破城后，用屠城的方式进行报复。成吉思汗下令："一物不取，一人不赦，让整座城市为我的爱孙陪葬。即使至于子孙之子孙，也不得使该地有生灵存在。"蒙古人将这里的一切生灵全部毁灭，从人类到牲口，甚至植物都斩尽杀绝。成吉思汗不许留下俘虏，哪怕孕妇腹中的胎儿也不得饶过，今后再不许活的生物居住在这个地方。巴米扬由此化为一片残垣断壁，被称为"废墟之城"。浩劫过后，成吉思汗给巴米扬取名"卵危八里"，波斯语即"歹城"。这里毫无生气，据说连动物也不敢接近，荒废了整整一个世纪。

成吉思汗亲率蒙古大军主力全速前进，杀向加兹尼。两天的急行军中，蒙古大军马不停蹄，军不及炊。来到八鲁湾战场时，成吉思汗命令失吉忽秃忽解说当初两军对阵的情形；失吉忽秃忽只好如实汇报当初厮杀的情况。成吉思汗听完，责备失吉忽秃忽指挥失当，不善于选择作战的有利地形。尽管他对失吉忽秃忽充满友爱，但仍严肃指出，失吉忽秃忽应对这次失败负责。另一边，扎兰丁麾下的部将们却因战利品分配不均而闹起不和。欢宴酒酣之际，阿明灭里和阿黑剌黑为争夺一匹蒙古骏马爆发争吵，阿明灭里用鞭子打了阿黑剌黑的头；扎兰丁偏袒自己的岳父，没有下令处罚阿明灭里。盛怒之下，阿黑剌黑带4万兵马连夜撤走。军队分裂，力量削弱，扎兰丁不敢迎战蒙古大军，只得主动放弃加兹尼，退向印度河流域。

十五天后，成吉思汗轻取加兹尼，将扎兰丁一路追到印度河畔。蒙古大军以印度河为依托，左右两翼包抄在河畔扎营的扎兰丁。蒙古人切断了扎兰丁的前后道路，将他围在核心。后人形容，蒙古人围成几重圈子，状若一把弓，把印度河作为弓弦。成吉思汗下令，手下兵将全力争先，务求活捉扎兰丁。扎兰丁兵马不足4万，派阿明灭里带领1万兵马为右翼，另派1万兵马担当左翼，自己率余下的1万多人为中军。扎兰丁如箭一样冲向迎面而来的蒙古骑兵，身后1万多人高声叫喊，杀向前去，双方立刻混战在一起。

扎兰丁在决战时奋不顾身，从右翼急攻到左翼，又从左翼进攻蒙古军队的中央；他一次又一次进攻，蒙古军队也步步紧逼。后来右翼崩溃，阿明灭里战死，扎兰丁活动的地盘越来越小，战场越来越窄，但他依然像雄狮一样战斗。彼时的诗人形容："他催马所至之处，鲜血掺和着尘土。"由于成吉思汗下令生擒，蒙古兵将对扎兰丁投鼠忌器。他每经一番血战退下来，便换一匹新马，跨马再度与蒙古人大战，然后再从突击中飞驰而回。

最终，扎兰丁力竭，军队损失殆尽，身边只剩700多人。眼看一切努力都落空了，他将家人一个一个抛进了印度河。另有说法，扎兰丁将妻子儿女集中到一起，对他们宣布："我已无力保护你们，与其让你们被蒙古人凌辱而死，不如死在我面前。"说罢，扎兰丁让亲人们喝下自己准备的毒酒。他最后一次看着亲人，说道："愿你们来世不要再生在帝王之家。"说罢，他令士兵把亲人们的尸体投进印度河。然后，他扔掉身上的甲胄，从两丈高的崖上纵马跳进河中。

扎兰丁以盾牌掩护后背，手执军旗，竟然泅渡过了印度河。成吉思汗见状，惊讶到用手捂嘴，为之叹服。蒙古兵将要跟着追入印度河，成吉思汗阻止了他们。扎兰丁的一部分残兵也跟着跳下水，向印度河对岸游去；另一部分残兵则留在此岸，没有下河。成吉思汗命令向跳下河的残兵放箭，将这些士兵射杀于水中，顺便命令将留在此岸的这部分阿富汗残兵也全部杀死。成吉思汗一再对儿子们说："为父者应该有这样的儿子！因逃脱水和火的双重漩涡，他将是无数伟绩和无穷风波的创造者。一个俊杰焉能不重视他？"他要求儿子们将扎兰丁作为英勇无畏的榜样学习，希望自己的儿子们有这样的才能。

此战，扎兰丁的军队全军覆没，妻儿家人无一幸免。战前扎兰丁下令将自己全部金银财宝投入印度河，战后蒙古人特意在河中寻觅打捞了很久。由于加兹尼是主动开城投降的，成吉思汗并未屠城。现在，他特意派窝阔台返回阿富汗，将全部加兹尼居民赶到城外，只留下工匠，其他人全部屠灭，顺带摧毁加兹尼城。成吉思汗本欲继续进兵，奈何气候不适，粮草不济，军中疾病蔓延，他只得率军返回了阿富汗。

为彻底消灭扎兰丁，成吉思汗又派出一路偏师渡过印度河继续追击，一度包围木尔坦。蒙古大军从印度河畔造木筏，木筏上满载弩石，沿河而下直至木尔坦。蒙古人的投石机开动起来，木尔坦城池大部被毁，城市即将投降。但炎热的气候不允许蒙古人多停留片刻，蒙古大军只能在烧杀抢掠之后匆匆班师。1224年，成吉思汗率蒙古大军离开阿富汗东归，继续南下进攻契丹和西夏。蒙古人退走，扎兰丁再度活跃起来；他在印度北部招兵买马，不断击败附近印度土邦的统治者，势力复振。扎兰丁的弟弟盖亚思·乌德丁在波斯西部的花剌子模故地，即呼罗珊和伊拉克—波斯边境一带称王，邀请他前去。扎兰丁遂率军西行，进入伊拉克境内。

扎兰丁派使者前往巴格达，向阿拉伯帝国哈里发借兵。他的使者替主人向哈里发转述道："我们赶到这里来的目的，是希望在哈里发的庇荫下避难，因为强大的敌人已经取得了胜利；他们统治着伊斯兰教的国家和安拉的奴隶们，无论哪一支军队都抵挡不了他们。如果我的请求获得垂青，能得到哈里发的帮助，获得他的支援，我将担负起抵抗侵略者的责任。"但哈里发与扎兰丁的父亲阿德丁早有宿怨，曾被阿德丁率军讨伐，所以拒绝了扎兰丁的要求。哈里发还派出2万人准备将扎兰丁逐出伊拉克。结果，扎兰丁亲率500名骑兵为诱饵，将2万人的阿拉伯帝国大军引入陷阱，尽数击溃。

扎兰丁挟此胜之威，向自己的弟弟盖亚思·乌德丁发动突然袭击，抢过王位，重新成为花剌子模国王。有故国情节的花剌子模人纷纷支持扎兰丁，有位诗人写诗赞颂扎兰丁："啊，生活莅临了；一切又变得那样欣欣向荣，那么迷人；这一切，全是伟大的君主，伟大的扎兰丁国王的恩赐。"呼罗珊许多城市随即响应，反抗蒙古人；一时间，阿姆河以西尽为扎兰丁所有。大批蒙古军队仍在花剌子模东部，扎兰丁深知实力无法与蒙古人抗衡，不敢进攻阿富汗，于是将进攻矛头转向北边的阿塞拜疆和格鲁吉亚。扎兰丁连战连胜，疆土向北方不断扩大，却渐渐引起伊斯兰教诸国的不满，陷入孤立。

成吉思汗逝世，窝阔台继承蒙古大汗之位。窝阔台不会让灭亡的花剌子模东山再起，遂于1228年派出3万大军渡过阿姆河，从波斯西部进军阿塞拜疆，进攻扎兰丁。扎兰丁清楚，以目前的兵力难以对抗蒙古人。他更清楚，投降绝无活路，只能拼死相抗。扎兰丁对大臣们说："这是落到我们身上的一场巨祸，倘若我们甘愿忍让和退缩，生存是不可能的。不管怎么样，最好是抵抗和坚持，若安拉保佑我们，我和你们都能获救！"扎兰丁从阿塞拜疆向伊拉克境内移动，整顿兵马，与蒙古军队正面相抗。他将军队分为左中右三翼，左翼交给自己的弟弟盖亚思·乌德丁，亲自统率中军；谁知开战后，盖亚思·乌德丁竟率左翼兵马逃跑，扎兰丁全军被蒙古人包围。扎兰丁奋勇冲杀，但在蒙古大军的进攻面前，手下军队仓皇溃逃。扎兰丁全军覆没，自己单骑突围，逃进一处山谷，侥幸生还。

蒙古人退走后，扎兰丁的实力又膨胀起来。他严肃军纪，提拔上次战役中奋勇杀敌的士兵，命令表现懦弱的将军穿上女人衣服去游街。事实上，扎兰丁的军队以残酷著称，据说与蒙古军不相上下。他们常把铁钉钉进俘虏的耳朵，以此取乐。扎兰丁无力与蒙古人再度抗衡，决心继续向格鲁吉亚和亚美尼亚等地开疆拓土。各小邦联合起来，共同抵抗扎兰丁。由于刚刚遭受蒙古人的打击，实力尚未恢复，扎兰丁的宰相进言："对方人数很多，不妨先观望一下。"扎兰丁愤怒地抄起笔盒砸到宰相头上："他们是一群羊，难道狮子还埋怨羊群多吗？"结果扎拉丁一路西征，一直攻入叙利亚境内。除被蒙古军队占领的波斯东部、阿富汗和中亚之外，近东其他地区都在扎兰丁的兵锋之下。

蒙古人无论如何也要摧毁扎兰丁，窝阔台大汗派侄子拔都完全消除扎兰丁这个威胁。听说蒙古人又来了，扎兰丁向所有邻邦发出求援信。他在信中写道："蒙古人人多势大，像蚂蚁和蛇一样，什么城池都抵抗不了他们。如果我被解决了，你们根本就无法对抗他们，我就像你们的亚历山大城墙一样。你们一定要来帮助我，让我们同心一意的消息传给蒙古人，这样我们的士气就会上升，蒙古人的士气就会下降。要是你们不出兵帮助我，你们将自作自受。"尽管如此，没有人出兵帮助扎兰丁。无奈之下，扎兰丁仓皇出逃。

逃跑途中的一天晚上，扎兰丁居住的宫殿屋顶突然陷落，差点砸中他。扎兰丁清楚这是不祥之兆，更加心灰意冷。由于对未来失去信心，扎兰丁从一个雄心勃勃的君主变成一个沉湎于酒色的人。也许他知道逃不过蒙古人的手掌心，剩下的日子里只能纵情声色。蒙古人穷追不舍，扎兰丁每逃到一个地方，蒙古人都会立刻追来。扎兰丁像他的父亲一样，一路狂奔，逃入土耳其边境的深山。1231年8月，一代雄主扎兰丁被一个库尔德山民不明不白地杀死在土耳其边境的迪亚别克尔山中。

其实没有人亲眼见到扎兰丁的死。这个库尔德山民穿着扎兰丁的衣服，带着扎兰丁的剑，在大街上招摇过市；扎兰丁的一个手下认出了这些东西，报告了官府。官府进行审讯，知道了事情的经过。他们命令这个库尔德山民带路去找杀死扎兰丁的地方，果然发现了一具认不清面目的尸体，随即草草挖坑埋葬。

作为蒙古人入侵时代，阿富汗最具传奇色彩的英雄，后世对扎兰丁的下落猜测纷纷。有人说，他是被自己的将领所杀；也有人说，他是被追击的蒙古军队所杀；更有人说，这身衣服是扎兰丁的，穿这身衣服的其实是扎兰丁的随从，至于扎兰丁本人，还在各处流浪。因为没有扎兰丁的确切消息，花剌子模故地后来又冒出很多自称扎兰丁的人。比如扎兰丁死后数年，有人传说扎兰丁未死，曾在数地见过扎兰丁本人；伊斯皮达尔有个人自称扎兰丁，蒙古驻军将领证实这是个冒充者，将之处死。扎兰丁死后22年，有一个旅行者，一身印度僧侣的装扮，孤身一人要乘船渡过阿姆河。这个印度僧侣告诉摆渡的船夫：
"我就是世人以为在山中被库尔德人所杀的花剌子模国王扎兰丁，当年被杀者实际上是我的马夫，我流落四方多年，此事尚不为世人所知。"摆渡的船夫将他诱至附近蒙古驻军将领处，把他出卖给了蒙古人。经过严刑拷问，这个印度僧侣至死不改变自己即是扎兰丁的说法。

蒙古人的入侵给阿富汗带来了深重的灾难。从赫拉特和巴尔赫，一直到坎大哈、加兹尼、锡斯坦和喀布尔，到处荒无人烟，文明开始萎缩，文化遭到毁灭。阿富汗人的反抗一直未曾平息，其中规模最大的是1226年赫拉特暴动。当时该城听说蒙古军队被东山再起的扎兰丁打败，立即全城暴动，杀死了蒙古人派驻的官员，消灭了蒙古驻军。赫拉特加固城墙，守城达半年之久。1227年，蒙古军队破城，将赫拉特城内外150万人屠杀殆尽，幸存者仅40人；蒙古军队一连数周四处搜寻，杀死每一个外逃的居民，将全部余粮付之一炬。蒙古军队退走后，幸存者们在清真寺中相会，史家哀叹："居民中能逃生者还不到千分之一。"从此，这座城市的居民人数始终未能达到蒙古人入侵前的十分之一。幸存者们在废墟上生活了近十年，直到1236年根据窝阔台大汗的命令开始重新移民定居，

蒙古人的屠杀，给阿富汗、波斯乃至整个中亚留下了恐怖而麻木的回忆。蒙古人第一次西征不仅毁灭了一个中亚大国，更让西方人见识到何谓彻底而全面的恐怖。史书有这样的描述："一个遍地富庶的世界变得荒芜，土地成为一片不毛之地，活人多已死亡，他们的皮骨化为黄土；俊杰被贱视，身罹毁灭之灾。""历史上从来也没有发生那么可怕的事，哪怕是接近这样的灾难也没有。""哪怕到了世界末日人类也不可能看到其他类似的灾难，不会

的。""即使是对抗救世主的恶人，也不过是消灭那些反对他的人，还会饶恕跟随他的人。然而，这些（蒙古）人对任何人都没有一点怜恤，他们残酷地杀害了妇女、男人和儿童，甚至切开孕妇的肚子，把里面没有出生的婴儿杀死。"

破城之后，蒙古人往往将城中居民全数驱赶到野外，按数量分配给每一名士兵，全部屠杀。有一名老妇人哀求道："不要杀我，只要你们饶了我的命，我给你们一颗又圆又大的珍珠。"蒙古士兵们住了手，向她要，她说："已经被我吞下了。"蒙古士兵立即剖开她的肚子，取出了珍珠。接着，蒙古人剖开了所有尸体的肚子，看看能不能再找到珠宝。

有一个幸免于难的人说：他躲藏在一间屋子中，透过窗户向外窥探时，看见蒙古人每杀一个人，嘴里都要喊"安拉，伊拉赫"（讽刺穆斯林的祈祷辞）。屠杀之后，蒙古人先把值钱的东西抢掠一空，然后将女人带走，扔在马背上，污辱戏弄她，嘴里仍然喊着"安拉，伊拉赫"，又笑又唱。当地人被蒙古人的凶悍所震慑，根本不敢反抗。有一个蒙古兵要杀戮一个俘虏，发现手中没有武器。他命令俘虏伏在地上，再去寻找一把剑。那个可怜人就老老实实趴在那里等死，根本不知道逃跑。

有人记载，18个当地居民在路上行走，一个蒙古兵朝他们走来。蒙古兵命令这18个人，每人把自己的手缚在背后，17个人居然都乖乖地服从了。有一个胆大的人说：蒙古人只是一个人，我们可以把他杀死后逃跑。其他17个人回答说，他们怕得厉害。他告诉同伴们，如果他们不杀了蒙古人，蒙古人就会杀了他们。其他人仍然没有一个人敢杀蒙古人。最后，还是那个胆大的人一刀把那个蒙古人杀了，其他人才得救。

此后，阿富汗一直在蒙古人的统治之下。阿富汗各地的部族首领纷纷归顺，蒙古人给归顺者封号，保留他们的统治权，同时派去蒙古达鲁花赤（意即"镇守官"）监督他们，向他们定期征税，确保他们执行蒙古大汗的命令。在被破坏的城市中，蒙古人实行了移民政策。比如仅剩下一个小村庄的喀布尔城郊，从前只有阿富汗人的部族居住，现在迁来了蒙古人和突厥人。这些移民对今天阿富汗民族的形成起到了重要作用。比如现在阿富汗国内第三大民族哈扎拉族，一般便被认为是蒙古人的后裔。

"哈扎拉"是波斯语，意为"一千"。其真实含义，便是我们熟知的蒙古"千户"，他们是蒙古人西征后留在阿富汗的驻屯军后裔。成吉思汗第一次西征时，即在阿富汗留下少量军队驻屯，后来蒙哥又以千户为单位派遣驻屯军到阿富汗。这些蒙古人的后代与阿富汗当地的波斯人、塔吉克人、突厥人通婚，融合繁衍，"哈扎拉"就成了他们的称呼，意指"千户"的后裔。根据欧洲旅行家的观察，直到十六世纪初，哈扎拉人还在使用蒙古语；之后的几百年间，他们不再使用蒙古姓名，蒙古语也被渐渐遗忘。现在哈拉扎人通用波斯语，但他们所讲的波斯语里仍夹杂不少蒙古语和突厥语词汇，与纯正的波斯语存在区别。而且，哈扎拉人保留着蒙古和中国传统的十二生肖纪年，他们居住的传统房舍与蒙古包一样，还是圆形的。从生理特征上看，哈扎拉人属于欧罗巴人种和蒙古人种的混合类型，具有蒙古人的体质特征：大脸盘，高颧骨，少胡须，斜眼角，看上去仍是鲜明的东方面孔。当然，由于长期与阿富汗当地民族通婚，这些特征已不算十分典型。

13世纪中叶，庞大的蒙古帝国分裂，四大汗国并立，名义上臣属于入主中国、建立元朝的蒙古大汗。成吉思汗之孙旭烈兀统治的伊利汗国，领土包括阿富汗、波斯、外高加索、伊拉克和小亚细亚东部等地。伊利汗国的统治下，阿富汗归属于依附蒙古的小政权库尔特王朝直接管辖。库尔特王朝以赫拉特为首都，统治古尔地方。它最早在花剌子模时期就是独立王国，后来又被成吉思汗分封了土地。由于参加过蒙古人对印度的远征，库尔特王朝被蒙古人授予了阿富汗许多城市的管理权。阿富汗的不少地方部族并不服从库尔特王朝，经过长年的征讨，库尔特王朝才得以统治加兹尼等地。其实库尔特王朝直接统治的地区只有赫拉特和古尔，其他地方都归臣服于库尔特王朝的当地部族首领统治。

13世纪末到14世纪初，伊利汗国向库尔特王朝大肆征税，蒙古征税官往往将税额提高10倍，甚至20倍。蒙古征税官来到时，阿富汗农民闻讯后常举家逃走，全村皆空。库尔特王朝具有强烈的独立倾向，拒绝朝见大汗，不肯向伊利汗国提供军队，更拒绝向伊利汗国缴纳贡品和赋税，直至杀死伊利汗国派来的征税官。伊利汗国屡次出兵进攻库尔特王朝，半个世纪中四次兵围都城赫拉特，两度破城。库尔特王朝则几度将赫拉特重建，不断恢复旧观。库尔特王朝的君主大兴土木重建清真寺，向穷人发放施舍，向托钵僧捐赠钱财，还推行伊斯兰教法，禁止酗酒和放荡行为，违者剃去胡子，戴上镣铐，勒令同奴隶一起劳动。1335年，库尔特王朝君主穆埃兹金按照古老的传统，下令在周五穆斯林主麻日的祈祷词中念诵自己的名字，不再为伊利汗国大汗祈祷，并在钱币上铸自己的名字，以示库尔特王朝的独立性。从14世纪中叶开始，伊利汗国陷入衰落，已经无力再统治阿富汗地区，只得听之任之。

4. 帝国的辉煌

14世纪的最后30多年，阿富汗和中亚其他地区又迎来了另一位强大的征服者，信奉伊斯兰教的突厥人帖木儿。"帖木儿"这个姓氏是蒙古语的变体，意为"铁"。帖木儿出身突厥人的家族，他的父亲是突厥世系的乌孜别克族巴尔拉斯部落贵族，母亲是布哈拉人。帖木儿的祖先曾做过蒙古四大汗国之一察合台汗国的大臣，到帖木儿这一代时，身为察合台汗国的地方诸侯，势力已然不小。帖木儿后来娶了西察合台汗国大汗的女儿，所以自称成吉思汗的后代，中国的《明史》中称他为"驸马帖木儿"。所以，帖木儿的梦想是恢复蒙古帝国的光荣，再度统一分裂的四大汗国，重现成吉思汗的霸业。

彼时察合台汗国正陷入分裂，汗国分为东西两部分，围绕汗位展开你死我活的争夺。西部的蒙古巴鲁剌思部占据河中地区，东部的蒙古杜格拉特部以今天中国新疆的阿克苏为中心，相互攻伐。帖木儿正是巴鲁剌思部贵族的代表之一，这个乱世为他的登场提供了舞台，他早年即因参与河中地区的混战而崭露头角。1347年，杜格拉特部首领在阿克苏拥立察合台后裔秃黑鲁帖木儿为东部的可汗，实际上开创了东察合台汗国的王朝统治。1354年，秃黑鲁帖木儿率部众16万人皈依伊斯兰教，这一举动对今天中国新疆地区伊斯兰化的最后完成产生了决定性的影响。秃黑鲁帖木儿年轻有为，决心重新一统察合台汗国。1360年和1361年，他的军队两度开进河中，击败各路诸侯；羽翼未丰的帖木儿只得归降，被任命为家乡的统治者，后又以顾问的身份协助秃黑鲁帖木儿的儿子管理河中。

秃黑鲁帖木儿实现了察合台汗国的统一，但为时甚短。帖木儿不愿屈居人下，很快弃职逃跑，开始了一段流浪和冒险生涯。他和自己的妻兄侯赛因合兵一处，四处漂泊。1362年，帖木儿在阿富汗南部漂泊时，接到锡斯坦当地统治者的求助，遂帮助镇压锡斯坦当地叛乱。帖木儿一口气将叛乱者盘踞的七座城堡攻下了三座，强悍的战斗力令统治者和叛乱者双方都感到恐惧——如果坐视帖木儿镇压叛乱成功，锡斯坦将成为他的天下。于是，双方联合起来，进攻帖木儿。帖木儿赢得了这场混战的胜利，却也在战斗中右手失去两根手指，右腿更中箭致残，从此终生跛行，因此他又得了一个"跛子帖木儿"（或"瘸子帖木儿"）的绰号。

帖木儿聚集力量，从阿富汗向河中地区发动反击。他连战连胜，赶走东察合台汗国的大军，又扫除其他竞争者，成为河中独一无二的主人。1370年4月，帖木儿按照蒙古人的习俗，在中亚名城撒马尔罕举行忽里台大会，确立了自己的统治。他统治的国家名为西察合台汗国，实为帖木儿帝国。帖木儿不是成吉思汗的后裔，他必须遵守只有黄金家族成员才能称汗的蒙古理念。帖木儿派人寻访到两位窝阔台汗国大汗海都的后人作为傀儡，本人只是自称"埃米尔"和"苏丹"。帖木儿先后娶了两位察合台汗国皇族的公主为妻，他十分满足于"古尔干"（来源于蒙古语的波斯语，意即"女婿"）的名号。如后世史家所言，帖木儿"因此联系上高门大族，他十分引以为豪地把这场联姻铭刻在他位于撒马尔罕城内的坟墓上"。

史家们特意指出，帖木儿"不是蒙古人，而只是突厥人"。他的帝国"文化是突厥–波斯的，法制是突厥–成吉思汗的，政教纪律是蒙古–阿拉伯的。"为了恢复蒙古帝国的统一与版图，重现成吉思汗的荣光，帖木儿一生东征西讨，四十余年从无败绩。如史家所言，"他的征服是一次连一次的，但没有在地理上的顺序，其进军是根据敌人压迫的偶然性"。"帖木儿的战争'总是在重新开始'。事实上，他不停止地把它重新开始。这些战争表现出不连贯的特点，给人以散乱的，甚至无头绪的印象。"四十年间，帖木儿7次攻打东察合台汗国，4次用兵花剌子模故地，四度兵锋西指，征服伊利汗国，而后北上进攻金帐汗国，南侵印度，西征小亚细亚，终于建立起一个仅次于蒙古帝国的庞大帖木儿帝国。鼎盛时期，帖木儿帝国的疆域以中亚的乌兹别克斯坦为核心，从今天的格鲁吉亚一直延伸到印度，囊括中亚、西亚和南亚的各一部分，领土扩张到波斯、小亚细亚、外高加索、伏尔加河流域、西伯利亚、中国的天山地区、花剌子模和印度北部。阿富汗也在帖木儿帝国的统治之下，帖木儿特意将都城从撒马尔罕迁到赫拉特。

1370年，帖木儿进攻巴尔赫，这是他侵入阿富汗的开始，当时的直接目的，是追击与自己反目的患难妻兄侯赛因。侯赛因出兵抵挡帖木儿惨败，被迫在巴尔赫投降，被帖木儿处死。这一年，帖木儿自号"沙希布·吉兰"，意即"吉星相会之主"。帖木儿的军队相继攻取阿富汗各地，于1381年将赫拉特团团包围。由于久攻不下，帖木儿转而诱降，允诺不害民，不毁经；赫拉特居民相信了帖木儿，开城投降。但帖木儿一进城即索取巨额赔款，迁走数百名贵族和毛拉，连赫拉特的铁城门也被拆走。帖木儿下令拆毁赫拉特的城墙，禁止重新修建。1383年，赫拉特居民发动起义，被帖木儿之子米兰沙镇压。帖木儿军队继续残酷征剿古尔山区的库尔特王朝，同时对坎大哈、喀布尔等地大肆烧杀，城市的保卫者尸骨成山。1389年，库尔特王朝最终灭亡。帖木儿军队所到之处，即为帝国直接占有；军队未到之处，也宣布为帝国的属地。蒙古人入侵后部分恢复起来的阿富汗，又遭到帖木儿这个新征服者的破坏。

　　帖木儿无久居之地，他保持着游牧军事贵族的习俗，在马背上度过了一生。凡敢于抵抗他的军队，不论城镇乡村，均被化为废墟。帖木儿的武士们会用战败者的颅骨堆起高高耸立的尖塔，做成盛放美酒的酒杯。征服波斯时，由于横征暴敛，伊斯法罕爆发起义，杀死了帖木儿的税吏；帖木儿随即下令大屠杀，将成千上万死者的颅骨筑起尖塔。攻克萨布扎法尔时，他更用活的俘虏、石块和泥土垒成尖塔。在设拉子城外，帖木儿遭到穆扎法尔王朝猛将满速儿王子的猛攻。满速儿率数千重装骑兵发起冲锋，两度击中帖木儿的头盔。满速儿最后被帖木儿的儿子沙鲁哈杀死，沙鲁哈将满速儿的头颅扔在自己父亲脚下，高声道："愿您所有敌人的头颅，都像这个骄傲的满速儿的头颅一样，放在您的脚跟前！"穆扎法尔王朝的诸王子，除了两个在从前的宫廷倾轧中被自己的亲人弄瞎眼睛之外，余者都被帖木儿处死。正如史学家吉本所说："帖木儿就这样灭绝了这刚毅勇猛的民族中所有的男子，声称这是他对一个敌人的英勇深表敬意。"

　　远征印度，则是帖木儿内心积蓄已久的复仇之战。当年察合台汗国的东、北、西三面都是其他蒙古汗国，要扩张领土只能南下印度。从13世纪下半叶开始，察合台汗国军队连年进攻旁遮普，屡遭惨败。数千名被俘的蒙古士兵，连同他们的指挥官——察合台的王子们被缚送到大象的巨足下被踏死。

史家有言："蒙古人对印度，对它的气候和对这里的大象，留下了痛苦的记忆。"百年之后，帖木儿与他的将军们商讨有关入侵印度的问题，后者鉴于事关重大，且与印度相距遥远，一致反对这个计划。谁知帖木儿居然从《古兰经》中找到了真主的启示："先知啊！同那些异教徒和不信教者作战吧！"帖木儿吟诵了这句诗后，各种反对意见都鸦雀无声。

1398年，帖木儿继承察合台诸汗的传统南侵印度，而当年的对手德里苏丹国已不复先前的强盛。帖木儿渡过印度河，一路势如破竹，在朱木拿河畔击溃印度军队。帖木儿下令四周挖掘深沟，将大批水牛拴在一起，系在钉有铁钩的三叉桩子上，组成障碍物。然后，曾令察合台王子们丧胆的印度战象在火攻下逃散了，人们形容"那些庞然大物的战象就如黄牛一般被赶走"。帖木儿的军队开进了德里，跟着便是大屠杀和洗劫。史家记载："有些士兵得到了一百五十名奴隶、男人、妇女和儿童，便把这些人带出城去；而一些娃娃兵每人也分到二十个奴隶。其他掳获品，诸如宝石、珍珠、红宝石、钻石、纺织品、带子、金银器皿、钱币、盘子以及种种古玩珍奇，真是不计其数。"帖木儿胜利进军一直推进到恒河，最后重新渡过印度河，经阿富汗北返，身后留下一片饥荒和混乱。

1399年，帖木儿再次出征格鲁吉亚，一路攻入小亚细亚。西瓦思（即今土耳其锡瓦斯）进行了顽强的抵抗，最后投降时，帖木儿下令将四千名阿尔明尼亚（即今亚美尼亚）士兵活埋，据说他还"让他的骑兵在妇女和儿童身上踩踏"。帖木儿此次出兵的直接目的是驱赶自己的宿敌、札剌亦儿王朝君主艾哈迈德，埃及的马木路克王朝却为艾哈迈德提供避难。1400年，帖木儿率大军横扫叙利亚，年底在大马士革城外击溃埃及军队；1401年初，帖木儿饱掠之后退出了大马士革。

这时，堪与帖木儿匹敌的对手终于出现，奥斯曼土耳其帝国苏丹巴耶塞特一世从小亚细亚迷漫的硝烟中现身。他是塞尔维亚和保加利亚的征服者，1396年9月25日，他在尼科波利斯（今保加利亚北部洛维奇大区的尼科波尔）附近一举击欧洲各国十字军骑士组成的联军，获得了"耶利迪里姆"（Yildirim），意即"闪电"的称号。他统治的奥斯曼帝国向东推进，吞并了安纳托利亚的一系列小邦，丢失了领地的酋长们纷纷去投靠帖木儿，招请这位同是突厥人的帖木儿大帝来干涉小亚细亚局势。自负的巴耶塞特一世有勇力挑战帖木儿的尊严，他收留了帖木儿的敌人——土库曼黑羊王朝的国王卡拉·优素福。帖木儿写信要求巴耶塞特一世交出艾哈迈德，这种违反穆斯林传统的行为遭到断然拒绝。巴耶塞特一世回信开头即骂道"让那头名叫帖木儿的贪狗知道"，这彻底激怒了帖木儿，两强之间的一场恶战不可避免。

1402年7月20日，帖木儿与巴耶塞特一世在安卡拉东北的奇布卡巴德爆发会战。双方参战兵力达100万人，帖木儿大军约60万人，人数占优势，还配有32头印度战象。早晨6时，双方列阵完毕。帖木儿大军有14万名轻重骑兵；重骑兵是主力，人马皆披铠甲，配备弓、战斧、长矛、弯刀；轻骑兵人马都没有甲胄，携带2—3张弓、3个巨大的箭袋和1把短弯刀。帖木儿把主力摆在两翼，布置了预备队。按照奥斯曼土耳其军队的习惯，巴耶塞特一世把军队分成三个部分，即左、中、右三个军团。

会战开始，奥斯曼军队左翼的塞尔维亚骑兵身披重铠，猛攻甲胄薄弱的帖木儿军队右翼。巴耶塞特一世怕中了帖木儿惯用的诱敌之计，命令塞尔维亚骑兵撤回。帖木儿军队随后反扑，攻入奥斯曼军队阵地。奥斯曼军队右翼是来自小亚细亚诸国的军队，看到自己的主人都在帖木儿麾下，纷纷倒戈投敌，帖木儿军队掌握了战场主动权。战至下午，情况愈发紧张，巴耶塞特一世的儿子苏莱曼·查拉比放弃阵地逃之夭夭。左翼人数越战越少的塞尔维亚骑兵率先被兵力源源不断的帖木儿军队击溃，塞尔维亚的斯提芬公爵率余部撤出战斗。其时天气酷热，奥斯曼军队的饮水补给线被断，饥渴难耐，大势已去。巴耶塞特一世身边只剩下1万名杰尼萨里禁卫军，他们仍顽强抵抗直至黄昏。66岁的跛子帖木儿亲自投入战斗，率领骑兵发动了最后的冲锋。夕阳西下时，战事结束，杰尼萨里禁卫军死伤殆尽，巴耶塞特一世突围时坐骑中箭，落马被俘，只有斯提芬公爵率塞尔维亚骑兵余部突出重围。巴耶塞特一世被押至帖木儿的大帐，忍受战败的耻辱；他被囚禁起来，因自尊心受到致命打击而引发精神错乱，于第二年死去。

帖木儿继续向西掠取奥斯曼帝国的土地。1402年底，帖木儿攻占由圣约翰医院骑士团固守的士麦拿。守城的欧洲骑士全部被剑砍死，他们的首级被装上停泊在港口中的两艘欧洲船舶，抛入爱琴海。在当时的欧洲人看来，帖木儿的胜利"不但延缓了拜占庭帝国的灭亡，而且也暂时解除了奥斯曼帝国对欧洲的威胁。因此，欧洲人甚为欢迎帖木儿的胜利"。帖木儿的武功赫赫令欧洲人震惊，一如英国诗人克里斯托弗·马尔洛在《帖木儿大帝》中所写的那样："从察合台汗国到帖木儿帝国，我们将你引进那威严的军帐营，你就会听到这位斯基泰人帖木儿，以惊人的言词恫吓全世界，用他的征服之剑去惩罚那些王国……"

1404年夏天，帖木儿回到撒马尔罕，在那里为他的孙子们举办婚礼，大开庆功酒宴，庆祝自己那至高无上的胜利。他还抽空视察了自己原先下令修建的许多建筑物和花园。两年前，失去耐心的帖木儿派人刺死了多年来忠实充当傀儡的海都曾孙，从此"放弃使用傀儡大汗，以掩饰他们实现权力的惯例"。帖木儿一生的梦想是建立一个中央集权的军事大国，完全控制丝绸之路，打通从中国到阿富汗、波斯直至欧洲的商道，并封锁里海和波罗的海沿岸的商道。心怀恢复成吉思汗荣光的野心，帖木儿将下一个目标瞄准了东方富庶的中国。

帖木儿对彼时中国明朝的情况颇有了解。早在1387年他便第一次遣使向明朝纳贡，此后常常派使者来华，通商贸易，刺探情报。1404年11月，帖木儿率20万装备精良的大军从撒马尔罕出发，向锡尔河进发。那年的冬天异常寒冷，大军在锡尔河遭遇大雪，河面开始结冰。帖木儿在河岸上驻扎了足足50天，等河冰冻结实。帖木儿的前锋部队于1405年新年翻越天山，1月6日推进至伊犁河。当日地球、土星、水星连珠，巫师占曰不利兵主，帖木儿心情大坏；但他还是渡过锡尔河，并命令前锋加紧进军，务必在3月初拿下蒙古斯坦，自己则暂时留在讹打剌。帖木儿的前锋部队于2月下旬推进至别失八里（今新疆吉木萨尔县北破城子），此处离大明帝国西部边界重镇哈密卫只剩400公里。

冰天雪地和占卜凶兆没有阻止帖木儿的行动，不可预知的疾病却侵袭了他。中世纪的穆斯林生活并不像后来那样充满禁忌，含酒精的饮料是允许喝的，葡萄酒更是常见。据说，自从到达讹打剌，帖木儿一直痛饮，不仅喝葡萄酒，他还喝阿拉克烧酒——中东和远东地区的一种烈性酒，通常从发酵的棕榈汁、大米或糖蜜中提取。2月11日当晚，阿拉克烧酒突然将帖木儿的体温烧了起来，而且越烧越高。亚欧非三大洲最优秀的医生围绕在他的身边，但全都束手无策。2月18日，帖木儿在病榻上长眠不起。据说，帖木儿生前最后一句话是："不要向敌人示弱！拿紧你们的……剑！"东征中国计划，随着帖木儿的死一道烟消云散。

帖木儿留下的是一份庞大却难以坐享的遗产，如后世史家所言："他是游牧民中的野蛮派，他从北印度到叙利亚建立了一个荒凉的帝国。他在建筑上的奇癖是用头盖骨堆成金字塔。他去世时，没有留下任何足以表征他权势的东西，只留下一个恐怖的名声和一片荒废而凄凉的国土以及波斯的一小块贫瘠的领土。"令人惊奇的是，帖木儿并非一个只知征服与杀戮的武夫；他虽目不识丁，却能与第一流的伊斯兰学者讨论宗教教义、历史和应用科学，而且嗜好下棋；他不仅擅长统兵作战，而且熟悉外交，非常老练地同远邦近邻谈判。他统治的时期，正是阿富汗发生深刻变革的时期；一些以军事为职业的阿富汗部族开始出现，阿富汗人开始从游牧逐渐走向农耕定居，还有一些部族从战乱的阿富汗南迁到北印度甚至恒河流域建立政权。

帖木儿死后，他的后人为权力混战不休。他的第四个儿子沙鲁哈获得胜利，登上王位，定都赫拉特。沙鲁哈和他的长子乌鲁格以及后来的几代继承人，被誉为中亚阿富汗和波斯历史上最有文化修养的统治者。沙鲁哈是艺术家、诗人和学者的保护者，他倾注全力建设赫拉特，让赫拉特又一次成为中亚历史上的文化中心。而且，赫拉特作为丝绸之路的重要贸易城市，在阿富汗境内占有头等地位。帖木儿王朝从赫拉特向中国、印度甚至莫斯科公国派出使臣，其他国家的使臣和商人也来到这里。东方的奢侈品、丝绸、瓷器和细呢料，阿富汗的红宝石、黄玉、绿松石和天青石，都集中在这里。赫拉特周围有星罗棋布的小镇和居民点，一个小镇的集市上就设有1200个摊位。后世的巴布尔曾说："全世界都没有像赫拉特这样的城市。"

到沙鲁哈的儿子这一代，如史家所言："（乌鲁格）不仅和学者交谈——而且自己也从事科学研究，特别是天文学，在伊斯兰历史上很少有这样的例子：汗本人就是学者。"1420年，乌鲁格在撒马尔罕建造了一座当时世界上最先进的天文台，亲自率领一批学者观测了1019颗星辰，根据所得的丰富资料在1447年编制了《新古尔干天文表》。这是16世纪以前水平最高的天文表，为世界天文学界所使用；人们称他为"天文学家国王"。同时，在文学、诗歌、美术、音乐、史学、医学、建筑等方面，帖木儿王朝群星璀璨、成就斐然，以至于西方史学界毫不吝啬地把"帖木儿帝国的文艺复兴"这样崇高的赞美赠给他们。

15世纪中期以后，帖木儿帝国每况愈下，内有鱼死网破的王朝斗争，外有土库曼黑羊王朝、白羊王朝和乌兹别克汗国的步步进逼。帖木儿的曾孙阿布-赛义德在撒马尔罕继承王位，曾一度满怀信心要中兴帖木儿帝国，但只成功合并了阿富汗境内一些帖木儿王子割据的领地。1469年，阿布-赛义德在阿拉斯河附近被土库曼白羊王朝军队击败，阿布-赛义德被俘后遭处死，帖木儿帝国从此失去对波斯的统治。史家叹息，阿布-赛义德"是帖木儿后裔中企图恢复从喀什到外高加索的帖木儿帝国的最后一人。他的失败多是因为族人的不断叛乱而非外来敌人的入侵，他的失败也是帖木儿事业的失败。"趁帖木儿帝国诸王不断内讧之际，乌兹别克汗国首领昔班尼率军南下，于1500年夏攻占布哈拉。

争夺撒马尔罕时，帖木儿的六世孙——封地在中亚费尔干纳的王子扎希尔丁·巴布尔起兵相抗。1501年，昔班尼在萨里普尔和阿克西两次战役中打败了年青的巴布尔，将他逐出中亚。昔班尼占领撒马尔罕，将那里定为乌兹别克汗国新的首都。乌兹别克军队紧接着击败了呼罗珊等地的帖木儿诸王，于1507年5月下旬攻陷赫拉特，辉煌的帖木儿帝国至此宣告灭亡。

巴布尔才是阿富汗历史新的开创者。他无处立足，只好率军南下阿富汗，于1504年10月占据喀布尔，取得了一块根据地。印度的古老谚语说："唯有成为喀布尔的君主的人，才能成为印度斯坦的皇帝。"征服喀布尔后，巴布尔写道："喀布尔这个地方，位于世界上人口稠密的区域，四面为高山环绕。入冬，所有的道路被封闭，长达五个月之久，仅有一条道路例外。异教徒的强盗出自山中隘道，充斥了这条道路。这个地方遍地都是石头，外人难于进来。"喀布尔地区有限的资源无法供养一支大军，他于1507年又占领坎大哈。至于阿富汗人，巴布尔观察后这样说道："当在战争中陷入穷境时，他们用牙齿咬着草来到他们的敌人面前，好像在说，'我就是你的牛。'"

不久，昔班尼进攻喀布尔，巴布尔被迫向南亚撤退；幸好昔班尼因本土发生叛乱而撤回撒马尔罕，巴布尔才得以返回喀布尔称王。1510年12月，昔班尼南下波斯的呼罗珊一带，准备配合兴起于亚洲西部地区奥斯曼帝国苏丹塞利姆一世，东西夹击新兴的波斯萨法维王朝，却兵败阵亡。昔班尼的头骨被波斯人制成镶金酒杯，他的头皮被塞满麦秸送往土耳其以示炫耀。

　　巴布尔趁机向波斯人赠送礼物，要求与萨法维王朝结盟，借以恢复在中亚的势力。波斯人同意了他的要求，巴布尔十分感激。借助波斯军队的援助，巴布尔于1511年10月收复了撒马尔罕和布哈拉。史家形容，开始时双方胜负不分，后来乌兹别克人抵挡不住，开始撤退。在巴布尔的命令下，"步兵冲下山来，一面大声喊叫：哈！哈！发出一片震耳的轰响。"最后巴布尔的军队发动冲锋，夜以继日地追击乌兹别克人。乌兹别克人被逐出布哈拉，撒马尔罕的驻军闻风而逃。巴布尔进入撒马尔罕城时，"那种壮观和华丽，真是空前绝后。天使们高声喊道：'和平进来了！'而人民则感慨地说道：'感谢真主，宇宙之主。'"

　　可惜，巴布尔不久就被反攻的乌兹别克人打败。巴布尔的敌人高兴地形容："乌兹别克人的步兵开始从各个角落发出他们的箭支，因而不久伊斯兰之爪扭断了那些异教徒和不信教者的手，而宣布胜利属于真正的信仰。"巴别尔时年三十岁，承认这是自己最后一次失败。他"已把失望的脚，踏进沮丧的马镫上"，再度退往喀布尔。巴布尔成了一个流浪者，此后三年的生活正如他在自传里所说："像在棋盘上一样，在格子之间移来移去。"收复故土的梦想破灭了，巴别尔把注意力转向南方，开始计划在印度进行新的冒险。

　　动荡不定的战争生涯，锻炼了巴布尔的军事才能，使他特别富于冒险精神。巴布尔在同波斯军队并肩作战时学会了使用火器，又在同乌兹别克人的作战中学会了运用侧翼进攻的战术。他组建了一支受过高度训练的骑兵，他本人就是一个出色的射手。这些条件让他在后来征服北印度的战争中处于有利地位。在中亚地区的不断失败，使巴布尔放弃收复故土的梦想，转而准备征服南亚。1516—1519年，巴布尔整编军队、生产火器，伺机进攻印度。

　　当时的印度，德里苏丹国的政权已经崩溃，北印度处在南迁的阿富汗人建立的洛迪王朝统治下。年轻的洛迪王朝第三代君主伊卜拉欣性情暴虐，杀戮廷臣殆尽，引起国内强烈愤恨，统治摇摇欲坠。1519年，巴布尔发动第一次征服印度的战争，翌年又远征旁遮普。这位雄心壮志的国王决定南下征服从阿富汗南部直到旁遮普和印度全境的广大土地。关于这次出征，巴布尔写道："我以为我看到了一个新世界。花草不同、树木不同，野兽是另外一种类型，鸟类则有不同的羽毛，游牧部落的风俗习惯也属于另一种类型。我感到非常惊奇，的确有不少值得令人惊讶之处。"

原旁遮普总督莱特·汗因不满伊卜拉欣残暴和不断剥夺自己的权力而归顺巴布尔，巴布尔遂以帖木儿继承人的名义占领旁遮普。1524年，巴布尔通过开伯尔山口，横渡杰卢姆河和杰纳布河，进入拉合尔。在莱特·汗等人的合作下，巴布尔继续向德里方向推进；后因莱特·汗倒戈，巴布尔战败，不得不退回喀布尔。巴布尔的征服并不顺利，但他写道："在远征近伐和开拓疆土的雄心的鼓舞下，我绝不因一两次挫败就无所作为，懒闲地瞻前顾后。"

1525年11月，巴布尔率领一支1.2万人的军队，再次攻入印度西北部的旁遮普地区，大败莱特·汗。1526年初，巴布尔继续向德里进军。他说："我把我的脚踏进决心的马镫里，手中拿着新任真主的缰绳，出兵进攻易卜拉欣……他在战场上的兵力据说是10万人，并有将近1000头战象。"事实上，年轻的洛迪王朝君主伊卜拉欣亲率大军4万人，从德里出发迎战。1526年4月21日，两军在德里北帕尼帕特遭遇，发生了著名的第一次帕尼帕特战役。

巴布尔的兵力比洛迪君主少，眼见部下面露惧色，他对部下们说，对面那个孩子的进攻挤成一团，退却不讲章法，凭这点就不可以同乌兹别克人和波斯人的军队相提并论。帕尼帕特一带地势平坦，适于使用骑兵和运用侧翼进攻战术。战斗开始时，密集的洛迪王朝大军向巴布尔进攻，结果为巴布尔的火器提供了极好的射击目标。巴布尔事先早已建立了坚固的中央阵地，用牛皮束带将炮车拴在一起，借炮车加强了防线，又在每两门炮之间修筑了胸墙，以掩护使用火枪的步兵。巴布尔的火器将洛迪王朝的军队牵制在了一道漫长的防线上。然后，他命骑兵迂回到敌军侧翼，出其不意地发动攻击。

受过训练的骑兵与火器的有效配合，使巴布尔获得了辉煌的胜利。洛迪王朝大军遗尸1.5万多具，伊卜拉欣战死。巴布尔写道："鉴于我虔信必然得到安拉的佑护，全能的安拉没有让我过去所经受的那些艰难困苦白白被浪费掉，而是让我击败了我最可怕的敌人，使我成为印度斯坦这个高贵国家的征服者。"帕尼帕特之战是一个转折点，为巴布尔征服整个北印度奠定了基础。德里和阿格拉随即被占领。1526年4月27日，大清真寺的礼拜仪式上，巴布尔自行宣布为"印度斯坦皇帝"，以德里作为他的新首都。德里苏丹国在印度320年的统治结束了，莫卧儿帝国①从此建立。

攻陷德里后，巴布尔仍要对付两个方面的敌人，即占据恒河平原的阿富汗人和南方的拉吉普特人。巴布尔一面派儿子胡马雍进攻东方，将势力扩张到比哈尔境内；一面亲率大军同美华尔（今印度拉贾斯坦境内）的拉吉普特人作战。拉吉普特人是天生的武士，信奉印度教，骁勇善战，富于牺牲精神，远比没落的洛迪王朝军队强大。其首领拉那·桑伽自称是太阳的后裔，一生身经百战，负伤70余处，是公认的英雄。他得知巴布尔留在印度建立帝国，立即同阿富汗人结成联盟，组织了一支8万人的军队开赴阿格拉。1527年3月，巴布尔同拉吉普特同盟在阿格拉以西的坎努进行决战。战前，巴布尔发表了著名演说。他砸碎金杯，对自己的部下道：

谁来到生命的宴席上，他就必须在席终以前，从死亡之杯里饮一口。凡是到达千古不朽的旅店的人，必然有一天不可避免地要离开忧伤之家——这个世界。宁为荣誉而死，不愿含辱而生！全能的安拉一直对我们是慈祥的，现在我们置身于这样的危机中，假使我们在战场上阵亡，我们也是无愧为英烈殉道而死；假若我们能幸存，我们将作为安拉的事业的复仇者，胜利地站起来！

巴布尔最后道："拥有荣誉，即使我死了，我也感到满足。我的身体既然属于死神，那么请让荣誉属于我。"这次演说使巴布尔的军队又一次团结起来，士兵们纷纷按着《古兰经》发誓："从此绝不会想临阵脱逃。"经过10小时的激烈战斗，拉吉普特人抵挡不住莫卧儿帝国大军的猛烈炮火，饮恨败北。1528年，巴布尔以重大的代价夺取拉吉普特人堡垒钱德里，尽杀守军。

同年，胡马雍在奥德为阿富汗人击败，巴布尔由钱德里前往奥德支援他。1529年，巴布尔取道阿拉哈巴德、贝拿勒斯（今瓦拉纳西）、加齐帕尔，

---

① "莫卧儿"又作"蒙兀儿"，是"蒙古"一词受到波斯语读法影响的转音，巴布尔一直表示自己是蒙古人的后裔。

向东方进军，占领了整个比哈尔。1529年5月6日，巴布尔的军队在炮火掩护下，强渡阿格拉河，再次运用侧击战术消灭了盘踞在孟加拉的阿富汗人，赢得了第三次也是他最后一次重大的胜利。巴布尔接着又回军西进，歼灭了据有拉合尔的阿富汗部族叛乱。到此时为止，巴布尔已经征服整个印度斯坦，完全建立起庞大的帝国。

巴布尔晚年还试图越过温德亚山，进一步征服南印度和西印度，但未能如愿。1530年12月26日，巴布尔患疟疾卒于德里，其子胡马雍继承莫卧儿帝国皇帝之位。遵照巴布尔生前愿望，他葬于阿富汗喀布尔郊外一个自己亲手培植的花园里。纪念他的颂词写道："这位王子具有各种德行以及无数良好品质，尤其是勇敢与人道超乎其他一切之上……他精通音乐以及其他艺术。事实上，他家族中没有一个人能像他那样多才多艺。他的种族中也没有任何人完成过那样惊人的伟业，或者经历过他那些奇特的冒险事迹。"

莫卧儿帝国雄踞北印度，阿富汗是巴布尔起家的根本之地。之后波斯的萨法维王朝从西方攻来，在阿富汗同莫卧儿帝国展开了最激烈的角逐。16—18世纪，阿富汗处于莫卧儿帝国和萨法维王朝的占领与争夺之中，停滞、衰落和黑暗是经常用来形容这个时期阿富汗的词汇。这期间阿富汗爆发了提出新宗教教义的"罗尼沙特运动"，以及哈塔克部族首领胡什哈尔汗·哈塔克领导的起义，莫卧儿帝国在阿富汗的统治不断动摇。

多少个世纪兵火不息的历史，让阿富汗成为一个混血的国家，波斯人、蒙古人、阿拉伯人都在这片土地上留下了自己的血脉。不同民族的语言单词至今仍在阿富汗的文化中留下了强烈的印记。经过多年的战争与民族融合，阿富汗形成了几大民族——普什图人、塔吉克人、乌兹别克人以及哈扎拉人。当然，与所有原始聚落依靠血脉联系的族群一样，不同的民族那时候还只是一个历史称谓，每一个民族内部都有极为复杂的部族；这在一定程度上也影响了后来阿富汗的历史进程，那时候阿富汗还没有国家的概念。

5. 阿富汗的诞生

萨法维王朝占据阿富汗的西部，莫卧儿帝国占据阿富汗的东部，都没有力量将对方赶出去。双方争夺的焦点，乃是处于力量夹缝之间的阿富汗重镇坎大哈。对莫卧儿帝国而言，喀布尔和坎大哈是印度的两扇门，喀布尔这扇门通向奥斯曼土耳其帝国的领地，坎大哈这扇门通往波斯；对萨法维王朝而言，坎大哈不仅是从西南方向进入喀布尔的大门，而且还控制着到印度的重要路线。正是由于坎大哈在商业和军事上的重要意义，使得该地从16世纪开始，成为波斯萨法维王朝与印度莫卧儿帝国之间争夺的对象。

居住在坎大哈附近的阿富汗部族众多，有吉尔扎伊、阿卜达利等。他们保留着部族内部的军事组织，政治归属十分不稳定，时而支持莫卧儿帝国，时而支持萨法维王朝，这为两国对坎大哈的争夺增加了新的变数。1540年，莫卧儿帝国皇帝胡马雍在曲女城战役中被比哈尔的阿富汗人部族首领舍尔沙击败。舍尔沙在北印度建立起由阿富汗人统治的苏尔王朝，胡马雍被迫流亡波斯和阿富汗，莫卧儿王朝在印度的统治暂告中断。胡马雍向萨法维王朝寻求避难，受到波斯国王塔赫马斯普一世的热情接待。波斯国王答应提供军队，帮助胡马雍重新夺回王位，同时向对方提出改宗伊斯兰教什叶派、割让坎大哈等条件。胡马雍无奈，只得在文书上签字，等于承认自己接受了什叶派信仰。

1545年，胡马雍借来萨法维王朝的军队，进攻坎大哈和喀布尔。坎大哈被围五个月后放弃抵抗，守将把宝剑挂在脖子上，出城向胡马雍投降；喀布尔随即也被攻克。1555年，胡马雍重征印度平原，占领德里和阿格拉，恢复了莫卧儿帝国在印度的统治，夺回了失去的皇位。然而，胡马雍却没有履行诺言，非但没有将坎大哈送还给波斯国王，还将波斯人从坎大哈要塞中驱逐出去。从这时起，坎大哈陡然成为萨法维王朝与莫卧儿帝国互相攻伐的理由。

尽管胡马雍背信弃义，但塔赫马斯普一世在位时期的波斯内外交困，自身统治岌岌可危。所以，萨法维王朝对莫卧儿帝国占领坎大哈一事暂时保持了沉默。1556年，胡马雍去世。据说胡马雍对星相学兴趣极浓，当时正在藏书馆的屋顶上观察金星运行，意欲择吉日发布重要命令，从屋顶走下台阶时，突然失足跌了下去，摔伤后脑，两天后去世。胡马雍死后，莫卧儿帝国势力在阿富汗遭到削弱，这为波斯收回坎大哈提供了良机。1558年，塔赫马斯普一世出兵夺取了坎大哈。胡马雍的继任者阿克巴非常恼火，中断了与萨法维王朝宫廷的往来。

这位阿克巴即是世界历史上赫赫有名的阿克巴大帝。他是1542年胡马雍被比哈尔的阿富汗人打败，向西撤退，途经阿马尔科特（在今印度拉贾斯坦境内）时所生。胡马雍流亡在外，阿克巴被寄养在喀布尔的叔父家里。据说阿克巴幼时未受到良好的教育，却锻炼了一副强壮的体格。胡马雍夺回失去的德里皇位时，宣布阿克巴为合法继承人，指派他为旁遮普总督，以大臣培拉姆汗等人作他的保护人。胡马雍死后，德里又被阿富汗人部族首领辛姆率军夺去。在培拉姆汗等人的帮助下，阿克巴在卡拉瑙尔的一个花园内举行了登基典礼。阿克巴遂成为莫卧儿帝国皇帝，年仅13岁。当时，少年阿克巴的莫卧儿帝国徒有其名，北印度大部分地区还在阿富汗人的苏尔王朝统治下。

　　1556年，阿克巴和培拉姆汗向德里进军。当时双方力量对比悬殊，阿富汗人有骑兵5万名、战象1000头、大炮51门；莫卧儿军队仅有骑兵1万人，但骑射精良。1556年11月5日，两军在德里北90公里处的帕尼帕特发生激战。30年前阿克巴的祖父巴布尔正是在此大败阿富汗人，因而这次战役被称为第二次帕尼帕特战役。战斗开始时，莫卧儿军队受战象猛力冲击，显得有点慌乱，但侧翼进攻战术很快奏效，莫卧儿军队的骑射也发挥了极大作用。战斗中，一支流箭射穿了辛姆的一只眼睛，阿富汗人顿时惊恐万状。战役的结果，阿富汗人死伤惨重，辛姆被俘。据说，当辛姆被带到阿克巴面前时，培拉姆汗请求将他杀死，阿克巴不同意。于是培拉姆汗抽出自己的宝剑，砍下了辛姆的头。

　　第二次帕尼帕特战役的胜利，使莫卧儿帝国军威大振，随即攻下德里。阿克巴的保护人培拉姆汗曾为莫卧儿帝国立下汗马功劳，但他专权骄横，残酷迫害非穆斯林廷臣，受到群臣反对。逐渐成长起来的阿克巴不愿受到他的束缚，遂采取果断措施，宣布解除培拉姆汗的宰相职务，强迫他去麦加朝圣，亲自掌握了大权。阿克巴巩固了自己的统治，马上开始对周围地区大规模用兵。他有一句名言："一个帝王应该专心于征略，否则，他的邻国就会起兵打他。"

　　当时，阿克巴面临的主要敌人是印度西部拉贾斯坦境内的拉吉普特人。他用怀柔和军事征服的两手政策对付他们。1567年10月，阿克巴出兵讨伐拒不臣服的拉吉普特人，围攻要塞齐图。这次围攻持续了4个月，阿克巴在这次战役中表现出高度的指挥才能。他下令围绕齐图城挖了一条很深的壕沟，用来掩蔽士兵；命士兵每人手持可转动的盾牌，用来遮挡敌人刀箭；他在城外筑起一座很高的建筑物，俯瞰全城，指挥战斗。最后，莫卧儿军队用炮火猛轰城堡，阿克巴亲自射死守将查马尔，攻陷齐图，守城的拉吉普特士兵全部战死。阿克巴为这种顽强的抵抗所激怒，进城后大肆屠杀。1570年，阿克巴又攻占另外两个拉吉普特要塞，基本上解除了拉吉普特人的威胁。1572年，西部古吉拉特王国发生内乱，巴布尔趁机出兵平乱，将其纳入莫卧儿帝国版图；不久，这里再度发生叛乱，远在千里之外的阿克巴率3000名骑兵回师平叛，一举打垮数万叛军。1575年，孟加拉王公宣布脱离莫卧儿帝国独立，阿克巴赶往孟加拉平定了叛乱；同年，阿克巴收复比哈尔。不久，驻扎在这里的军队哗变，阿克巴用了三年时间才镇压下去。1585—1587年，阿克巴兼并克什米尔。1587年，西北地区的阿富汗部族骚扰喀布尔，阿克巴两度出兵，扫平敌人。1591年，阿克巴侵入信德南部。1592年，阿克巴征服逃到奥利萨的阿富汗人残部。到这时为止，阿克巴不仅恢复了巴布尔时代莫卧儿帝国的疆界，还把疆域扩张到西印度。

与波斯萨法维王朝的关系方面，1576年塔赫马斯普一世去世时，阿克巴不顾礼仪，连一名使节也没有派往波斯宫廷。等到接连占领喀布尔和信德，阿克巴再一次产生收复坎大哈的念头。1591年，萨法维王朝军队与乌兹别克人交战正酣，统辖坎大哈和赫尔曼德河沿岸地区的萨法维王子，因担心无力抵挡乌兹别克人的攻击又得不到本国军队的支持，遂逃至阿克巴处避难，将坎大哈及周围地区一并献给了阿克巴。阿克巴重获坎大哈，大大巩固了印度斯坦西北部的统治。阿克巴去世时，莫卧儿帝国东起布拉马普特拉河，南至戈达瓦里河，西至喀布尔，北抵克什米尔，疆域庞大。

萨法维王朝的一代英主阿巴斯一世于1587年登上波斯王位。在位初期，迫于国内形势困扰，阿巴斯一世对莫卧儿帝国夺取坎大哈一事采取了默认的态度。直到17世纪20年代，阿巴斯一世运用各种手腕加强了王权，成功消除了奥斯曼帝国和乌兹别克人对波斯的长期威胁，开始考虑收回坎大哈的问题。此时的莫卧儿帝国已是阿克巴之子贾汗吉尔在位。起初，阿巴斯一世在与贾汗吉尔的来往信件中暗示对方应该将坎大哈归还萨法维王朝，莫卧儿帝国皇帝对此毫不在意。见此情形，阿巴斯一世派遣使臣就坎大哈问题前往莫卧儿帝国宫廷进行商谈，遭到冷遇。见此情形，阿巴斯一世决心采取军事行动。1622年春，阿巴斯一世动身前往呼罗珊，假借狩猎之名突袭坎大哈，迅速包围该城。莫卧儿帝国在坎大哈的防御十分薄弱，只派驻了5000名骑兵，且当时守军毫无防备。情急之下，贾汗吉尔试图与乌兹别克人结成联盟，共拒波斯军队；但乌兹别克人无意与萨法维王朝为敌，贾汗吉尔的希望落空。贾汗吉尔转而向自己的儿子胡拉姆（即后来的莫卧儿帝国皇帝沙贾汗）求助，后者却因为担心其他兄弟与自己争夺权力而拒绝远离印度的中心城市。

围城开始后仅三星期，坎大哈城门就被波斯军队的火炮击毁，城墙也被炸破。1622年6月23日，莫卧儿帝国守军投降，坎大哈重归波斯统治。随后，阿巴斯一世派使臣给莫卧儿帝国皇帝贾汗吉尔送去一封言辞友好的信件，试图消除两国隔阂，避免关系恶化。他在信中称，自己将坎大哈当作来自"亲如生命一样的兄弟"的一件礼物。忙于弹压王子叛乱的贾汗吉尔出于无奈，只好听任波斯军队占领坎大哈。

1629年，乌兹别克人乘阿巴斯一世去世之机，出兵包围坎大哈。驻守坎大哈的萨法维总督闻讯，不战弃城逃走，率兵投奔德里，投靠莫卧儿帝国皇帝沙贾汗。1634年，沙贾汗连续三次出兵，借助越来越强大的炮火，终于将乌兹别克人赶出坎大哈。赶走乌兹别克人后，沙贾汗随即将该城纳入莫卧儿帝国的统治。他也效法阿巴斯一世，向波斯国王萨非写去一封言辞友好的信件，对派兵攻占坎大哈一事表示歉意，但是这次萨法维王朝没有罢休。1647年，波斯国王阿巴斯二世下令派兵收复坎大哈。1648年，萨法维王朝军队包围了坎大哈城。经过交手，莫卧儿帝国军队惨遭失败，波斯军队于1649年占领坎大哈，随后修筑堡垒，加固城防。沙贾汗不甘心就此失去坎大哈，先后于1649年、1652年和1653年组织了数次反攻，均被萨法维王朝军队击退。自此莫卧儿帝国已经无力夺回该地，萨法维王朝拥有整个呼罗珊、锡斯坦和俾路支。从这时起，一直到萨法维王朝灭亡，坎大哈一直属于波斯版图。

两大强国在争霸，阿富汗也在觉醒。1709年，阿富汗普什图人吉尔扎伊部族在米尔维斯·霍塔克领导下，在坎大哈起义，反对萨法维王朝的统治。米尔维斯趁大部分萨法维王朝驻军外出征税、坎大哈城内空虚之际，猝然起事，在宴会上杀死萨法维王朝的总督和亲信，宣布独立。萨法维王朝先后三次从波斯派出军队前来征讨，都以失败告终。米尔维斯始终没有称王，阿富汗人将称他为"坎大哈亲王"和"民族军队将军"，他统治坎大哈的时期被后世称作

"霍塔克王朝"。霍塔克王朝的建立对阿富汗其他各地是巨大的鼓舞。1716年，普什图人另一部族阿卜达利部族在赫拉特举行反波斯起义，建立了另一个阿富汗人国家。

两个阿富汗人的当地王朝本可以联合起来共抗莫卧儿帝国和萨法维王朝，但它们却彼此不能相容，长期互相攻伐。这种情况下，霍塔克王朝还是一度攻入波斯境内，在伊朗历史上留下了"阿富汗人入侵时期"这一篇章。米尔维斯于1715年11月逝世，王位由弟弟阿卜杜勒·阿齐兹继承。1717年，阿卜杜勒·阿齐兹因与萨法维王朝议和而遭受吉尔扎伊人反对，他们拥立米尔维斯之子马赫迈德。马赫迈德杀死阿卜杜勒·阿齐兹取而代之，成为吉尔扎伊人的领袖。1720年，马赫迈德打败阿卜达利人，基本控制了整个阿富汗，随即将矛头指向萨法维王朝。

1722年，马赫迈德率阿富汗军队大举进攻波斯。马赫迈德的军队越过锡斯坦的沙漠，攻陷波斯重镇克尔曼。3月，马赫迈德在戈纳巴德战役中击败萨法维王朝军队，攻陷首都伊斯法罕，大肆洗劫。此时的萨法维王朝国王侯赛因为人随和，对政事不热衷。他酗酒，将政务交给自己的姑婆（前任国王萨非的女儿），自己常居后宫，不理政事。面对绝境，侯赛因宣布退位，马赫迈德加冕成为波斯国王，阿富汗霍塔克王朝正式入主波斯。

马赫迈德即位后，原本对侯赛因礼遇有加。但侯赛因的儿子塔赫马斯普二世出走逃至加兹温建立了政权，并于1722年11月称王。马赫迈德出兵击败塔赫马斯普二世，迫使塔赫马斯普二世出走，阿富汗军队占领加兹温。1723年1月，加兹温城中居民再度起义，阿富汗军队退兵。马赫迈德唯恐兵败的消息影响自己统治波斯，遂设计诛杀了一众波斯官员及贵族，株连而死者达数千人。这时，奥斯曼土耳其帝国和俄罗斯人乘机南下，侵占波斯领土。面对连串失败，马赫迈德变得抑郁多疑。1725年2月，马赫迈德听闻侯赛因儿子萨菲米尔扎逃走，当即下令屠杀侯赛因在自己手上充当人质的所有儿子。除了两名年幼的王子被侯赛因救下，其余王子全部被杀。1725年4月22日，阿富汗将领们放出遭幽禁的马赫迈德堂兄弟阿什拉夫，拥立阿什拉夫为王。三天后，马赫迈德因精神错乱而死。阿什拉夫起初颇为优待侯赛因，侯赛因也将女儿许配给他，使阿什拉夫能更合法地统治波斯。1726年，奥斯曼帝国打着恢复侯赛因统治的旗号，进军伊斯法罕。阿什拉夫遂下了狠手，杀掉侯赛因，送他的首级至奥斯曼帝国军营以作回应。

1728年，效忠于塔赫马斯普二世的波斯将领纳迪尔看准时机起兵，不断打击阿富汗人。他攻入阿富汗境内，先后两度血洗赫拉特。与阿什拉夫交战时，他令阿富汗人真正见识了何为近代化军队。利用仿欧式军制编练的新式战法以及引自欧洲的先进火器，纳迪尔成功以2.5万人的兵力击溃两倍于己的敌军，斩首1.2万级。初尝败绩的阿什拉夫试图在科瓦尔山谷伏击纳迪尔，被纳迪尔一眼识破，再度遭遇失败。1729年11月，纳迪尔率3万兵力来到伊斯法罕城下，阿什拉夫率军出城迎战，结果第三次被打得一败涂地。4天后，纳迪尔成功夺回伊斯法罕，屠杀了留在城中的数千阿富汗人。

到1730年，纳迪尔占领了阿什拉夫在设拉子的最后据点。阿什拉夫再度逃亡，最后被一个俾路支人部落杀死。阿富汗人已经被逐出波斯，纳迪尔顺势又展开了对奥斯曼土耳其帝国的战争。他亲率大军进攻巴格达，兵锋指向高加索，对奥斯曼帝国的军事行动取得了巨大成就。纳迪尔早已控制了萨法维王朝的朝政，于1732年将塔赫马斯普二世废黜，立其6个月大的儿子阿巴斯三世为波斯国王，自己实际上行使国王的权力。

1736年，纳迪尔的拥护者召开大会，要"把波斯的王冠赐予会议认为最值得佩戴的人"。纳迪尔的心腹们放出话来，纳迪尔用他的利剑打败了波斯的敌人，从而恢复了和平，但是他被这些战事弄得筋疲力尽，只想隐退。拥护者们回答，他们希望的国王就是纳迪尔，因为"他已使这个被敌人玷污过的王国的历史洗刷一新"。这样的一幕戏重演了三四天后，纳迪尔终于答应登上王位。以傀儡身份被他操纵多年的旧主塔赫马斯普二世和儿子阿巴斯三世被安置到呼罗珊一带。最后，这个放羊娃出身的波斯将领在一座特意修造的大厅里加冕成为波斯国王，开创了阿夫沙尔王朝①。

纳迪尔是彼时波斯与阿富汗关系中一位关键性的历史人物。他出身贫苦，当过放羊娃、奴隶和土匪，机智过人又手段狠辣；从奴隶到国王，他或许

---

① "阿夫沙尔"是纳迪尔出身的部落名，意即"红头"。

是中亚历史上出身最卑贱的统治者。有人这样形容纳迪尔："一位年近四十、自幼即在武职中长大的人；他永远是英勇的，而且又是位有才智的人；他率直而又真诚，对勇武者善加奖励，但对有条件抵抗而不抵抗的逃跑者则处以极刑。"登上王位后不久，纳迪尔即率8万大军攻向坎大哈。霍塔克王朝的最后一位君王侯赛因无力同纳迪尔在战场上周旋，只得闭门固守。纳迪尔经过仔细侦察，发现坎大哈设防坚固，如无重炮，难以攻占，乃决定采取封锁战术。他环城修筑了一圈堡垒，每隔100码设有岗楼，将坎大哈团团包围起来。他还下令在坎大哈东南两里之处修建一座屯兵的新城，命名为"纳迪尔拉巴德"。

围城战长达一年，纳迪尔的军队攻占了城外的石守望塔，在塔顶架设大炮，控制了坎大哈城堡的大部分。接下来，得到了守军每周五要去清真寺做礼拜、仅留下一小部分人值守的情报，纳迪尔下令对坎大哈城外重要的布尔吉-依-达达炮台发动总攻。炮台当即被攻占，纳迪尔步步紧逼。无奈之下，侯赛因只得开城投降。纳迪尔命令将坎大哈居民全部迁往纳迪尔拉巴德，然后将坎大哈夷为平地，霍塔克王朝自此灭亡。

虽然征服了赫拉特和坎大哈，阿富汗人的反抗依然是纳迪尔的心头之患。坎大哈陷落一年后，新的起义就爆发了。更重要的是，纳迪尔的雄心壮志远非一个阿富汗所能容纳。如后人评价纳迪尔的那样："我们发现一个人，他的诞生和身世不甚清楚，以致难以查考；他以坚毅决心把他曾为自己苦心擘画的各种机会引到这样一个结局……他孜孜不倦地把他的计划付诸实行，直到像他以前的其他伟大征服者一样；他在亚洲已令人望而生畏，并成为东方的无可怀疑的仲裁者。"早在1737年5月坎大哈围城战还在进行时，纳迪尔就派使者前往莫卧儿帝国首都德里，致函莫卧儿帝国皇帝穆罕默德，指责莫卧儿帝国包庇藏匿逃亡的阿富汗人。莫卧儿帝国扣押了使臣，打算看坎大哈围城战的结果才做定夺。结果拿下坎大哈后，纳迪尔马上向北进军，在加兹尼以南越过莫卧儿帝国边界。莫卧儿帝国控制下的加兹尼、喀布尔和白沙瓦等地望风而降，纳迪尔写信安抚当地的统治者："你不用着急，只要尽到殷勤好客的义务就行了。"

1739年1月，纳迪尔率军渡过印度河，直抵拉合尔城下，击败莫卧儿帝国的1.5万军队。莫卧儿帝国皇帝穆罕默德召集各地总督和酋长带兵参战，集结起一支数量惊人的大军开往卡尔纳尔，打算与纳迪尔决战。纳迪尔率军依靠浮桥穿过满是鳄鱼的河流，也来到了卡尔纳尔。此战，纳迪尔身边的兵力为5.5万人，莫卧儿帝国大军超过30万人，还有数千头战象。

纳迪尔知道战象会造成巨大灾难。他命令士兵建造了许多木制平台，每个平台两边各有两只骆驼，木台上涂满石脑油。战场上纳迪尔看准时机，下令士兵点燃木台，让骆驼向敌人的战象冲去。印度的战象遇到带火冲锋的骆驼，掉头向莫卧儿军队跑去。莫卧儿军队立刻被自家的战象踩得血肉模糊，溃不成军。纳迪尔乘机率军随后掩杀，大获全胜，30余万莫卧儿帝国大军全军覆没。据波斯人声称，此战斩首3万级，莫卧儿军队互相践踏死者不计其数，纳迪尔的损失只有区区2500人。

莫卧儿帝国皇帝穆罕默德被迫亲自前往纳迪尔的军营求和。3月，纳迪尔的军队开进莫卧儿帝国都城德里。纳迪尔骑着马，走在以100头大象为先导的游行队伍前面，以胜利者的姿态入城。他住进莫卧儿帝国皇帝的宫殿，军队接管了整个德里。他下令铸造钱币，上面刻有这样的铭文："王中之王、星宿幸会之主的纳迪尔，是凌驾于全球所有苏丹之上的苏丹。"

不过几天，德里居民就发起了暴动。有传言称，纳迪尔毒死了莫卧儿帝国皇帝穆罕默德。德里居民纷纷起来袭击三五成群的波斯和阿富汗士兵，印度贵族也趁机杀死守卫他们府邸的波斯卫兵。暴动持续通宵，据说有三千多名波斯和阿富汗士兵被杀。天亮之后，纳迪尔向自己的军队发布命令，德里人在哪里杀死了我们一名士兵，就将那里的男女老幼统统杀光。他以屠杀的方式镇压暴动，屠杀从早上八点一直持续到下午三点，据说大约20万名德里居民被杀，数千妇女被强奸，纳迪尔的军队还掠夺了价值2000万卢比的财物。屠城之后，纳迪尔封闭所有粮仓，实行宵禁。如有人胆敢逃出城，一经抓获当场割掉耳朵和鼻子。饥饿的德里居民集体恳求纳迪尔给他们留条活路，纳迪尔最后同意德里人去其他城市买粮。

这番屠掠中，纳迪尔最重要的战利品当属莫卧儿帝国沙贾汗的孔雀宝座，以及堪称莫卧儿帝国镇国之宝的两颗巨大钻石——"光之山"与"光之海"。"孔雀宝座"的名字来自它的外形，宝座后方立有两只孔雀造型的饰品，孔雀的尾羽开启，以蓝宝石、红宝石、祖母绿、珍珠和不同宝石作为装饰；这尊富丽堂皇的宝座在后来的几百年里一直是波斯国王的帝王王座。而"光之山"的故事更为传奇。印度有句谚语曾如此警告："拥有这颗钻石的男人将拥有全世界，但也会厄运上身，只有神或女人戴上它才能平安无事。"据说纳迪尔最想从莫卧儿帝国得到的就是这颗美钻。遍寻无获之际，有一名后宫妃嫔暗示他，钻石藏在莫卧儿帝国皇帝穆罕默德的头巾之中。当纳迪尔检查莫卧儿帝国皇帝的头巾并从中找出这颗钻石时，钻石的大小和光辉使他大吃一惊，忍不住大叫了一声"光之山"，这颗钻石即由此得名。"光之山"后来辗转被英国人得到，献给了英国国王。如今这颗著名的钻石镶嵌在英国女王的王冠上。

5月，纳迪尔撤出德里时，他带回了总计上千名泥瓦匠、铁匠、木匠和石匠，准备在波斯和阿富汗建造一座像德里一样的城市。由于从莫卧儿帝国掠夺得来的战利品过于丰富，以至于纳迪尔从印度班师后一连三年都不用向国内征税。利用从远征中掠夺来的财富，他大兴土木，鼓励文化，使波斯和阿富汗又呈现出萨珊波斯那黄金时代的繁荣景象。

随着领土的扩张，权力的膨胀，纳迪尔开始变得残暴，乃至嗜杀成性。他依靠恐惧统治自己的军队，最喜欢的武器是战斧。同时，纳迪尔熟练地掌握着人事的任免，他有惊人的记忆力，据说能够记住自己见过的每一个人。纳迪尔牢牢掌握着全国的财政，他清楚地知道各省所征集上来的赋税，因此他的士兵能够得到及时和丰厚的报酬。纳迪尔酷爱宝石，并且有33个妻妾。他的野心不亚于帖木儿，有人形容："这位新的尼布甲尼撒由于自己的胜利而变得丧心病狂了。他说，'我认为，征服整个印度并不困难……我用一只脚走路，我就拿下印度；假使我用两只脚走路，我将征服全世界。'"

晚年的纳迪尔越发偏激残暴，动辄杀人，据说常常派遣刺客刺杀不合他意的大臣；他征收大量苛捐杂税，引得民不聊生，引发了频繁的反抗。纳迪尔的亲信中形成了反对他的阴谋集团，他察觉到这一点晚了一步。纳迪尔还没来得及动用自己亲信的阿富汗人兵团铲除阴谋，阴谋分子抢先动手了。这些阴谋分子都是纳迪尔麾下波斯禁卫军中的将领，听到传闻说纳迪尔私下与乌兹别克人、土库曼人和鞑靼人达成协议，将对波斯将领进行屠杀，于是决定先下手为强。1747年6月的一个晚上，呼罗珊城下的兵营里，几个阴谋分子勒死中军大帐外的哨兵，径直进入了帐篷。侍寝的妃子摇醒了纳迪尔，他一跃而起，连忙拔出宝剑，却被帐篷绳索绊倒。行刺者先砍掉了纳迪尔的一只手，又砍掉了他的脑袋。军营中一片混乱，指挥阿富汗人兵团的将领艾哈迈德·汗率部强行从波斯近卫军的阻拦下通过，只看到纳迪尔的无头尸体躺在血泊之中。纳迪尔遇刺身亡，不但结束了他在波斯的统治，而且成为阿富汗人军团由波斯转战回坎大哈的契机；军团指挥官艾哈迈德也成为著名的杜兰尼王朝的开创者。

艾哈迈德出身阿卜达利部族的萨多扎伊家族，父亲是赫拉特省的总督。1738年纳迪尔率军攻占坎大哈，艾哈迈德投入纳迪尔的麾下。纳迪尔很赏识这个少年，命令他组织一支阿卜达利骑兵作为自己的近卫军。艾哈迈德不负众望，屡建战功，被纳迪尔擢升为麾下阿富汗人兵团的指挥官。纳迪尔称赞艾哈迈德是最优秀的人才，拥有多种天赋。艾哈迈德与纳迪尔相处，耳闻目睹，学到了指挥军队和治理国家的才能。纳迪尔遇刺后，国家分崩离析之际，艾哈迈德率阿富汗人军团参加了在坎大哈召开的支尔格大会，即阿富汗各部族首领会议。会议由巴拉克扎伊部族首领哈吉贾马尔主持，目的只有一个——选举新的阿富汗国王。

会议上，各部族首领之间产生了严重的分歧。各部族都推出了自己的人选，争论八天，毫无结果；每个人都大声提出自己的要求，强加于会议。艾哈迈德一连八次出席这样喧嚣的讨论，既没有提出要求，也没有发表任何意见。眼见激烈的争论可能引起分裂，甚至会引发军事冲突，受各部族尊敬的苏菲派托钵僧沙巴尔沙被会议指定为仲裁人。沙巴尔沙站起身来，大声疾呼说："何必这样喋喋不休呢？真主已经创造了艾哈迈德·汗，他比你们任何人都要伟大得多，他属于所有阿富汗家族中最高贵的家族。因此，要支持真主的杰作。不然，等着瞧吧，真主会发怒的！"

艾哈迈德成了阿富汗各部族首领们相互妥协的产物。会议上最有影响的哈吉贾马尔率先撤销自己的要求，转而拥立这位年仅25岁的萨多扎伊酋长。互相竞争的部族首领们都放弃了自己的人选，一致拥立在整个会议中都保持沉默的艾哈迈德为国王。在崇尚年长者的阿富汗传统社会中，艾哈迈德显得过于年轻；惟其如此，争夺王位的强者们知道自己不会失去原来的权力。强大的贵族总希望坐上国王的宝座，但在难于实现的情况下，他们只希望国王既不会威胁到自己的利益，又会为自己在对外征战中带来好处。而且，艾哈迈德是阿萨杜拉汗的直系后裔。阿萨杜拉汗是萨多扎伊家族的族长，这个家族是当时普什图人中最突出的家族。艾哈迈德也是一位有魅力的军事统帅，手下有四千兵马。况且，在纳迪尔死后的混乱中，艾哈迈德成功夺取到纳迪尔的部分金库，这为他打下了良好的经济基础。

于是，沙巴尔沙指着一个土台，对艾哈迈德说："这就是你的国王宝座吧！"他再向艾哈迈德头上撒了一把麦子，用一把麦草编成王冠，戴在艾哈迈德头上，说："愿它像真的王冠一样！"简朴的加冕仪式象征着艾哈迈德将为阿富汗带来丰收与繁荣。在所有与会者的拥护声中，艾哈迈德成为真正意义上阿富汗人第一个自己的国王。他带领与会者做出了脱离波斯独立的决定，创建了阿富汗人的第一个伊斯兰教王朝，即萨多扎伊王朝，定都坎大哈。加冕仪式上，沙巴尔沙宣布艾哈迈德为"巴达沙·杜尔-依-达乌兰"，意即"国王，时代的珍珠"；艾哈迈德自己则只用"杜尔-依兰-杜兰"（意即"珍珠中的珍珠"）的称号，以示与其他部族首领处于平等地位。"杜兰尼"的意思是"珍珠"，后人称他为"艾哈迈德·沙①·杜兰尼"，所以他的部族阿卜达利人改称"杜兰尼人"，萨多扎伊王朝也被称作"杜兰尼王朝"，即"珍珠王朝"。

如前文所言，当时在阿富汗地区，除普什图人外，还散居着乌兹别克、塔吉克等多个民族，新成立的阿富汗王国杜兰尼王朝仅仅控制着兴都库什山脉以南的部分地区。艾哈迈德一生都在战火中度过，他南征北战，平定国内叛乱，打败波斯人，实现了阿富汗的统一，确立了国家制度，并开始扩张。他首先任命自己的侄子鲁克曼留守坎大哈，然后亲自率军夺取了坎大哈以西的加兹尼和喀布尔，控制了兴都库什山的主要山口。艾哈迈德率军所到之处，望风披靡。他向波斯军队宣布，如果投降，波斯人可以得到与阿富汗人同等的待遇。于是，加兹尼仅一战即被攻下，城防坚固的喀布尔则未经流血直接归顺。阿富汗军队冲过开伯尔山口，占领了白沙瓦。占领白沙瓦，是杜兰尼王朝巩固的第一步。从坎大哈到白沙瓦，艾哈迈德初步消除了莫卧儿帝国对阿富汗的威胁。

---

① "沙"意即"国王"。

1748年，艾哈迈德渡过印度河，第一次攻占了拉合尔。3月11日，艾哈迈德率阿富汗军队与莫卧儿帝国军队在曼努普尔附近爆发大战。阿富汗军队仅1.2万人，莫卧儿军队多达6万，还有强大的火炮支援。战斗开始后，艾哈迈德以3000名骑兵猛冲莫卧儿军队的前锋，虽重创敌人，却也在莫卧儿重炮的轰击下伤亡惨重。激战中，莫卧儿帝国宰相卡鲁姆丁被阿富汗人的炮弹击毙，他的儿子、莫卧儿帝国西北总督米尔·曼努则顽强地守住了阵地。莫卧儿军队左翼的拉吉普特人被阿富汗军队的火炮打得溃不成军，四散逃命；阿富汗人紧紧追击，夺取了莫卧儿军队的辎重。这时，莫卧儿军队集中起1700多名火枪手，全力突袭阿富汗军队的炮兵阵地。印度人的一阵阵排枪，打死许多阿富汗士兵，终于拿下了阿富汗炮兵盘踞的山丘。莫卧儿军队随即发动总攻，关键时刻阿富汗人缴获的辎重却发生意想不到的变故。战利品中，一些满载火箭的大车发生爆炸，火星四溅，引燃了阿富汗炮兵的火药。1000多名阿富汗炮兵当场被烧死，阿富汗人全军惊溃。艾哈迈德在战场后方的堡垒中坚持用火枪战斗，一直坚守到夜幕降临后才撤退。莫卧儿军队根本未能预料到这次意外的胜利，直到五天后才开始追击。

1749年，艾哈迈德再次进攻旁遮普，大获全胜。莫卧儿帝国西北总督米尔·曼努求和，割让印度河西北的信德，承诺每年向阿富汗纳贡，印度河以西的土地尽在艾哈迈德掌握之下。由于后方生变，侄子鲁克曼在坎大哈叛乱，急于回师的艾哈迈德接受了这一条件。1750年，他又出兵向西攻打波斯，攻克赫拉特、内沙布尔和马什哈德。内布沙尔经过一年围困才攻陷。到冬季来临时，艾哈迈德一度被迫撤退，途中上千士兵被活活冻死，连火炮和辎重也被迫丢弃。据说他手下的一位将军，曾经破开一头又一头的骆驼肚子，裹着毯子爬进温暖的躯体，这才保住了性命。第二年再度进攻内布沙尔，艾哈迈德铸造了一门攻城巨炮，据说可以发射500磅重的炮弹。由于太过巨大，大炮发出第一炮后随即炸裂。但大炮的威力太过惊人，城里的波斯守军马上宣布投降。

回师过冬后，1751年，艾哈迈德再次攻入印度，征服旁遮普。米尔·曼努硬着头皮前来与艾哈迈德和谈。他一到，艾哈迈德就问："如果你俘获了我，你打算怎么办呢？"米尔·曼努回答："我将会砍下你的脑袋，把它送给皇帝。"艾哈迈德又问："那我该如何处理你呢？"这位无所畏惧的总督回答说：“如果你是个商人，就把我卖了换取一笔赎金；如果你是个屠夫，那就宰了我；但是，如果你是一位君主，那么就会宽恕我。”艾哈迈德对这样的回答十分高兴，他拥抱了米尔·曼努，赠给米尔·曼努一件华丽的长袍、一件羽毛头饰和自己缠着的大缠头。最后，米尔·曼努被重新任命为总督。无奈之下，莫卧儿帝国皇帝只得将旁遮普和木斯坦割让给这位阿富汗的胜利者。

1752年，艾哈迈德迫使克什米尔臣服，令布哈拉汗国纳贡屈服。此时，他的宰相瓦利汗已经征服了兴都库什山以北的许多城市，包括巴尔赫、迈马纳等地，将阿富汗的领土推进到阿姆河沿岸，阿姆河以南地区尽归杜兰尼王朝所有。现今阿富汗的领土疆域，就此大致确定了下来。

1753年，米尔·曼努死去，其妻拒绝缴纳贡金，艾哈迈德随即又一次出兵印度，再次攻占拉合尔。这一次他没有撤兵，而是一直向莫卧儿帝国的中心区域前进，1756年，艾哈迈德终于攻陷德里。艾哈迈德下令对德里大肆洗劫，与当年纳迪尔的所作所为一模一样。据说仅在莫卧儿帝国新任宰相家里，阿富汗军队就抢到数不清的珠宝，包括200个真人一样大小的金烛台。为了凑够莫卧儿帝国皇帝阿拉姆吉尔二世被迫答应的巨额赔款，阿富汗军队对德里居民挨户搜查，威逼利诱，拷打处死，各种酷刑无所不用其极。许多德里人由于交不出钱而服毒自杀，许多身受酷刑而死，甚至已经交过税的人也要挖房掘地，德里城中没有一个人能逃脱这场灾难。阿富汗军队最终劫取了1.2亿卢比，有人估计战利品价值其实高达3亿卢比。班师时运送战利品的牲畜构成了一支庞大的队伍，大象、骆驼、驴子和牛达到2.8万头。征服与劫掠为艾哈迈德带来了惊人的财富，旁遮普人言道：“只有吃下的东西，才算自己所有；其他不论何物，都属于艾哈迈德·沙。”

艾哈迈德仍然保留了莫卧儿帝国皇帝阿拉姆吉尔二世，任命自己的儿子帖木儿为德里总督，并让帖木儿娶了阿拉姆吉尔二世的女儿，实际控制该地区。但是，艾哈迈德甫一回师，叛乱顿时蜂起。锡克人立刻在阿姆利则起兵，马拉塔人则夺取了旁遮普。很快，帖木儿也在一次暴动中被赶出德里。到1757年底，阿富汗势力已经被彻底赶出了印度。

面对这一失败，艾哈迈德号召整个伊斯兰世界对信奉印度教的马拉塔人和信奉锡克教的锡克人发动“圣战”。1759年，艾哈迈德第五次重返印度，同马拉塔人和锡克人作战。马拉塔人出了名的强悍善战，17世纪伟大的马拉塔人领袖希瓦吉曾领导马拉塔人与莫卧儿帝国顽强对抗了35年，一次次击败莫卧儿军队，把马拉塔人的96个部族整合成强大而独立的军事联盟。此次艾哈迈德深入北印度，连败北方的马拉塔人部族；马拉塔人联盟首领巴拉吉二世不敌，只得西撤防守。

1760年，马拉塔人诸邦联盟派出大军，包括400头大象和大批火炮，北上与艾哈迈德争夺北印度的控制权。1760年11月1日，两军在帕尼帕特形成对峙局面。这是历史上的第三次帕尼帕特战役了。马拉塔人的统帅是巴拉吉二世之侄萨拉希夫·拉奥·巴奥，手下有4.5万人马；艾哈迈德则有6万人，而且装备的大炮比马拉塔人的更精良。两军对峙两个半月，马拉塔人给养不继，巴奥遂于1761年1月14日命令全军发起攻击。

马拉塔人将缠头的两段散开飘着，脸上涂抹番红花油，象征不是胜利就是死亡。战斗一开始，马拉塔人即发出排炮和火箭，但炮弹多半从阿富汗军队阵列越顶而过。马拉塔人展开勇敢的白刃冲锋，瓦里汗指挥的阿富汗军队右翼被迫后退。眼见阿富汗人的中央已经暴露，巴奥亲率近卫骑兵杀入缺口，突破阿富汗骑兵阵列；阿富汗骑兵突遭袭击，马匹来不及迈步，纷纷绊倒。阿富汗人的情况十分危急，马拉塔人有获胜之势。阿富汗军队左翼快速推进，并发射火箭，总算击破了马拉塔人的队形。

艾哈迈德保留了一支主力军，他深知只有将最后的预备队在最后时刻投入战斗才能取得胜利。艾哈迈德召集一切可以作战的人员，给右翼派去1万骑兵，指示负责右翼的瓦里汗以密集队形发起冲击，同时命令其他部队向两翼发起进攻。下午两点，马拉塔人筋疲力尽，加之空着肚子，终于被阿富汗人扭转了战局。在火炮的打击下，马拉塔人陷入绝境。史家记载道："顷刻之间，马拉塔全军好像着了魔似的，都转过身去，飞快地从那个堆满了尸体的战场上逃跑。"巴奥殊死拼搏，相继有三匹坐骑被打死，仍像狮子一样战斗到底，最终阵亡。阿富汗人在月光下追击残敌，马拉塔人的小马很快被阿富汗人的土库曼快马追上，付出了成千上万生命的代价。第二天，马拉塔人筑有战壕的营地被攻破，男子均被斩首，妇女和儿童均被卖为奴隶。有目击者说，马拉塔人的尸体被垒成32堆，每堆约100人、500人、700人直到1000人不等；在三四个地方，每堆达到1500人。还有人说，马拉塔人出征的军队和非战斗人员加起来高达35万人，罹难者高达28万，还有无数人死于逃跑途中的追杀。巴拉吉二世不久即忧伤而死，马拉塔人联盟的霸权从此衰落。

第三次帕尼帕特战役，阿富汗人虽大获全胜，却也因损失较大而没能在印度站住脚。战后不久，艾哈迈德迫使莫卧儿帝国再度割让土地，又掳掠了大量财富，再一次扶植了一位傀儡皇帝，然后班师返回坎大哈。在后世看来，此战最重要的意义在于，事实上摧毁了印度面对英国入侵时惟一一支可能进行有组织抵抗的力量，使得英国东印度公司在随后一百年内逐步控制了印度。正如马克思的一段话："大莫卧儿人的无限权力被他的总督们打倒，总督们的权力被马拉塔人打倒，马拉塔人的权力被阿富汗人打倒；而在大家这样混战的时候，不列颠人闯了近来，把所有的人都征服了。"

虽然彻底摧垮了马拉塔人，北印度的战事并未就此平息，旁遮普境内锡克人的游击战术让阿富汗人不胜其扰。众所周知，按照教法要求，人人留长发、蓄胡须、带钢镯、配短剑、穿短裤的锡克人是天生的强悍战士。杜兰尼王朝经济落后，依赖农牧业。对外贸易中，阿富汗虽有布匹、靛蓝、宝石、天青石等商品输出，但毕竟不堪支撑常年征战，直接影响了艾哈迈德的对外战争。由于国家贫困落后，阿富汗军队缺乏坚实的经济力量做后盾。1762年之前，在两军对垒的堂堂之阵中，阿富汗军队几乎每战必胜。阿富汗军队一鼓作气击溃对手，军需与损失短时间内可以得到补充，为进一步的战争做好准备。但面对擅长游击战争的锡克人，阿富汗军队却好像钻进了一张冲不破的大网，左冲右撞无法脱身。前来围剿的阿富汗大军一出现，锡克人便钻进深山，伺机进攻；阿富汗军队东奔西跑，试图找锡克人决战，锡克人却又在他们的视野中消失了。阿富汗军队久战无功，人困马乏，供应告急，只得掉头回国。1762年、1764年、1766年和1769年，艾哈迈德先后四次进军旁遮普，试图镇压锡克人，都没能完全成功；他大骂锡克人就像苍蝇一样令人讨厌，却还是一筹莫展。

艾哈迈德试图用屠杀让锡克人屈服。1762年2月5日的旁遮普大屠杀，一天之内1万锡克人被杀，锡克教圣城阿姆利则甚至几乎被全毁。而锡克人等艾哈迈德撤走，马上重新攻占拉合尔，以拆毁和亵渎清真寺的方式来加以报复。阿富汗军队在同锡克人的战争中只能有所失而不能有所得，贫穷的国家也不允许它的军队纠缠于这种旷日持久的战争；加之北方的布哈拉汗国虎视眈眈，艾哈迈德最终只能选择妥协。他无可奈何地做出决定，保留对白沙瓦的控制权，承认锡克人的首领为当地总督，阿富汗在拉合尔的官员反倒成了锡克人总督的仆人。随后锡克人就占领了拉合尔，将阿富汗人逐出了旁遮普。从这时起，旁遮普不再属于阿富汗领土的一部分，也不再是阿富汗进攻德里的前进基地。

1770年，艾哈迈德率军北伐布哈拉汗国，布哈拉汗国献出传国之宝"克尔卡-伊-穆巴拉克"（传说中伊斯兰教先知穆罕默德的斗篷）求和。于是，艾哈迈德在城下和布哈拉汗国达成和议，正式确定以阿姆河为两国国界。又一次征服波斯的马什哈德时，艾哈迈德的鼻子上长出肿瘤，不得不回师。以后的几年里，艾哈迈德的鼻子渐渐烂掉，只得镶了一个金鼻架。1773年，宣布正式迁都喀布尔后，伟大的阿富汗民族的国父，九次入侵印度半岛的旁遮普，大肆掳掠德里，奠定了阿富汗现代国家基础的国王——艾哈迈德·沙·杜兰尼死去了。他的身后留下了一个觉醒的阿富汗民族和一个曾经辉煌的王国。

杜兰尼王朝在全盛时期，疆域东起印度半岛的旁遮普、西至里海、南临阿拉伯海、北包巴尔赫，成为18世纪世界上仅次于奥斯曼土耳其帝国的第二大伊斯兰强国，与印度的莫卧儿帝国相抗衡多年。对外征战时，艾哈迈德显露出强硬的本色，周边名城屡遭洗劫，各地人民都认为他是一个不折不扣的暴君，反抗不断。艾哈迈德通过支尔格大会统治阿富汗，除了少数对外事务需要统一之外，他并不过于干涉阿富汗各部族的内部事务。由于他在波斯和莫卧儿宫廷中获得了大量财富，所以对各部族也没有横加勒索，反而常用慷慨的赏赐维系他们的忠心。

少有的几次例外，比如1749年初，从印度胜利归来的艾哈迈德差点遇刺，只是行刺前几分钟阴谋败露而凶手未能得逞。为以儆效尤，艾哈迈德处死了几个策划阴谋的部族首领，并从每个参与阴谋的部族中挑选10人处以死刑。一般艾哈迈德对叛乱处理比较宽容，因为他顾忌血亲复仇在阿富汗的影响，每杀死一个人等于播下了一颗仇恨的种子。不到万不得已，他不愿对人处以死刑。

在艾哈迈德的统治下，阿富汗本土基本保持着和平，经济与文化也有所进步。阿富汗人将艾哈迈德视为民族英雄，阿富汗国父，尊称他为

"Baba"，意即"父亲"。有如艾哈迈德本人的墓志铭所镌刻的那样："艾哈迈德·沙·杜兰尼是一位杰出的国王。他劝善惩恶，赏罚分明，以至狮子和牝鹿都能平安无事地相处在一起。他的敌人们的耳朵不断被他征服的声音震聋了。"

隐患也正从其中出现。没有紧密政治和经济联系的阿富汗，只有靠不断对外战争的胜利才能存在和发展。打了胜仗，征服更多地方，掠回大量财富，就可以招募更多军队，因而战斗力更强。如此往复循环，阿富汗国家像滚雪球一样越滚越大。一旦军事失利，这个国家就要崩溃。

而且，杜兰尼王朝治下的阿富汗处于部落联盟的状态，部族首领和各省总督拥有巨大的独立性。比如修建新坎大哈城的征地过程，就堪为这方面的例证。如前文所言，坎大哈城是当年波斯的纳迪尔侵入阿富汗、围攻坎大哈时所建——即"纳迪尔拉巴德"；破城之后，纳迪尔命令将坎大哈居民全部迁往新城，将旧的坎大哈城夷为平地。这座坎大哈城被视为奴役的象征，艾哈迈德决定修建一座阿富汗人自己的新坎大哈城。开始他选中了一块属于巴拉克扎伊部族某部落的土地，但这个部落不愿在自己的地盘见到新的都城，拒绝了国王的要求。后来，艾哈迈德发现巴拉克扎伊部族的另一块土地也很适合建立新都，因为这里可以引河水入城，却又遭拒绝。最后是与艾哈迈德同族的阿查克查伊部族不忍看到国王一再受窘，出来解围，主动提出愿提供建城用地，建立新都的旨意才得以实现。

地方总督则更是难以控制，彼时史家有言："中央政府对总督寄托的全部希望，就是维持省内的和平与秩序。除省内的开支外，按时把国家税收缴纳中央国库。"至于山间的每一个村落，"是一个有组织的团体，一个小共和国，自给自足，几乎拥有村民所需要的一切。它是一个自成体系的世界，近于独立，对外部关系漠不关心。"在部落社会中，只有毛拉的言论被虔诚的穆斯林视为安拉的旨意而深信不疑。毛拉的作用与部族首领相差无几。而且，毛拉们交游广泛，影响所及，远远超出部族之外。

无论如何，阿富汗历史上，杜兰尼王朝是第一个让所有阿富汗人生活在同一个国家中的王朝，阿富汗人的民族意识有了空前的发展。"阿富汗"一词不再只用来界定所有普什图人部族，而是成为生活在阿富汗这片土地上各民族所组成的国家名称。不幸的是，艾哈迈德死后，由于没有严格的王位继承制度，他的儿子们同室操戈，25个儿子之间展开了残忍的混战，盛极一时的阿富汗王国骤然衰落；王室内讧和各部族之间战事不断，地方势力迅猛发展，巴尔赫和信德等行省总督相继独立。1800年，杜兰尼王朝的反对者们推翻了艾哈迈德之孙、帖木儿之子查曼的统治，立其弟舒佳为国王。企图逃跑的查曼被抓回喀布尔，刺瞎双眼，长期囚禁。3年之后，查曼历经磨难，逃往印度，在英国人的庇护下活了50年。临死前，查曼绝望地喊道："喀布尔！喀布尔！同喀布尔相比，克什米尔算什么！我永远也见不到祖国了！"

舒佳即位后，同自己的兄弟、赫拉特总督马赫迈德展开了激烈的权力斗争。到1809年，马赫迈德率部攻陷喀布尔，自立为王。舒佳几次图谋复辟，都遭失败，被投入监狱囚禁。他最终放弃卷土重来的努力，与自己的兄长查曼一样，靠英国人的年金资助度日。马赫迈德的统治依赖于巴拉克扎伊部族的力量。巴拉克扎伊部族首领法什汗自封为宰相，和他的20个兄弟一起掌握着杜兰尼王朝的实权。法什汗的这些兄弟分任各地总督，最小的弟弟多斯特·穆罕默德担任禁卫军司令。彼时的阿富汗人称："法什·阿里（即法什汗）很快在整个中亚声名远播，深孚众望，特别是阿富汗人给予他最大的赞扬；反之，对待国王则极度轻视。"

1816年，波斯军队重新征服呼罗珊，随即向赫拉特挺进。赫拉特总督菲鲁兹不得已向喀布尔求援。法什汗命令多斯特·穆罕默德率军"护送"菲鲁兹去喀布尔，自己掌握了赫拉特的军队。这边法什汗在赫拉特指挥军队击败了波斯人，那边却再生变故。由于菲鲁兹向喀布尔借兵时没有缴纳贡赋，多斯特·穆罕默德自行掠走了他的财产，还冒犯了菲鲁兹的妻妾家眷，扯下了她们的珠宝腰带。这些妻妾中，有一人还是国王马赫迈德的妹妹。菲鲁兹到达喀布尔后，向国王马赫迈德哭诉自己的财产遭到抢劫，自己的妻妾被侵犯，这让自己受尽侮辱。马赫迈德勃然大怒。马赫迈德之子卡木伦是宫廷中另一位实权人物，早年由于法什汗的意见而未能取得总督职位，一直对这位宰相怀恨在心。在他的怂恿下，马赫迈德下令惩罚法什汗。卡木伦受命前往赫拉特，将浑然无知的法什汗逮捕，活活挖出了法什汗的双眼。

法什汗的兄弟们随即在各地举起叛旗，卡木伦的军队却一触即溃，纷纷投奔到叛乱者一方。马赫迈德亲自率军在加兹尼与叛军大战，也遭遇失败。卡木伦率军来到加兹尼与父王会合，随军将法什汗带来，用活剥皮的酷刑当众处死。后来加兹尼也无法固守，父子只好退往赫拉特，勉强保住在那里的统治。父子两人又相互争夺起统治权，马赫迈德1829年暴卒于赫拉特，卡木伦1842年被他的宰相所杀。杜兰尼王朝在血腥的内争中宣告终结。

第二章
抗英战争

1. 殖民的时代

阿富汗分裂为赫拉特、坎大哈、喀布尔、白沙瓦和克什米尔等独立的君主国，进入了纷乱的内战时期。信德和俾路支完全断绝了同阿富汗的关系，锡克人占据了旁遮普，北方的布哈拉汗国越过阿姆河将巴尔赫据为己有，曾辉煌一时的杜兰尼王朝就这样崩溃了。一如马克思1857年在《对波斯的战争》中所说：

在1747年纳迪尔死后波斯处于一片混乱时，产生了艾哈迈德·杜兰尼领导的独立的阿富汗王国……这个拼凑得极不牢固的王国在它的创建人死后就瓦解了；它又重新分裂为原来的各个组成部分，即独立的、各有其自己首领的、互相之间干戈不息的阿富汗部族，这些部族只有在必须共同对付波斯的场合下才不得不联合起来。

西方史学家亦有言：

阿富汗王国的历史，就是一系列变革的历史。这个国家很少能不动干戈而得到休养生息——刀剑很少闲放在剑鞘中。

1835年，多斯特·穆罕默德在内战中获胜。他以喀布尔为基地，统一了四分五裂的国家，成为阿富汗新国王。辉煌而痛苦的杜兰尼王朝已经是历史名词，一个新的王朝——巴拉克宰王朝即将崛起。1837年，多斯特·穆罕默德在喀布尔加冕，并没有按照传统采用"沙"（意即"国王"）的称号，而是自称"埃米尔·乌米·穆米宁"（意即"信士们的领袖"），或称"大埃米尔"。

此时，欧洲人来了。正当多斯特·穆罕默德雄心勃勃准备恢复光荣的阿富汗王国之际，英国和俄国同时开始了从南北两端向阿富汗的渗透。从另一个角度上来说，正是多年来阿富汗王国对印度的入侵和自身的内乱，使得英国有了这种机会。英国人早在1600年就开始进入印度，建立起东印度公司；1757年，印度开始沦为英国的殖民地。虽然经过英法七年战争击败了法国人，但英国在印度的地位并不巩固，印度大片土地仍保留在大大小小的土邦王公手中。艾哈迈德对印度的反复入侵，马拉塔人的衰落，为英国扫清了障碍。英国国会相继通过《调整法》和《印度法》，规定统治印度的最高权威是英国政府而不是东印度公司，英国人的力量陡然增强。韦尔斯利侯爵任印度总督期间，英国在印度迅速扩张。印度南方和莫卧儿帝国都城德里落入英国之手，中部各土邦被英国采取分化政策各个击破，随后英国用武力取得对印度西北部的统治，离完全控制印度只剩一步之遥。对于英国而言，彼时正是夺取阿富汗这个事关亚洲命运的十字路口千载难逢的好机会。征服阿富汗，可以北击俄国柔软的西伯利亚腹地，东进中国矿产丰富的新疆，西钳占有地利优势的波斯高原，还可以一马平川杀向奥斯曼土耳其帝国、阿拉伯半岛和未来的巴尔干火药桶。

与此同时，阿富汗北方的俄国正值它扩张最疯狂的时期。因为地理和气候的原因，俄罗斯帝国自始至终都在寻找向南通往不冻大洋的出海口。1546年的莫斯科公国仅仅只有24万平方公里，而到了20世纪初，俄国竟然通过吞并波罗的海沿岸地区、黑海沿岸地区、远东地区和乌克兰，将领土扩大了整整100倍，达到了惊人的2400万平方公里。1775年，在俄土战争中取得对奥斯曼土耳其帝国的胜利后，俄国又把目光转向南方，目标正是曾经辉煌过的波斯帝国及其历史的附属地阿富汗。从1804—1828年，俄国处心积虑，击垮了波斯，迫使波斯签订了奇耻大辱的《土库曼恰依和约》。此后一个多世纪，来自北方的威胁如同泰山压顶，压迫了波斯150年。现在，俄国和英国同时瞄准了亚历山大、成吉思汗和帖木儿都曾到过的亚洲十字路口——阿富汗。

多斯特·穆罕默德直接的威胁，来自强大起来的锡克人。1833年2月，英国人庇护下的阿富汗杜兰尼王朝前国王舒佳，争取到了锡克人的支持，又开始了复辟的努力。1834年，舒佳率2万多锡克军队翻山进入阿富汗，包围坎大哈。多斯特·穆罕默德写信给英国政治代表克劳德·华德，询问舒佳是否受到英国的支持。华德答复说，英国赞赏舒佳的努力，但无意积极干预。多斯特·穆罕默德得知这一消息，马上出兵痛击舒佳。生性懦弱的舒佳躲在安全的地方远远观战，不仅没有带队发起最后的冲锋，反而惊惶万状地从战场上逃跑了，把胜利送给了多斯特·穆罕默德。

1837—1838年是阿富汗对外交往的多事之秋，英国人、俄国人、波斯人、锡克人全部走上前台，在白沙瓦和赫拉特展开了错综复杂的活动。恰逢新的英属印度总督奥克兰勋爵上任，多斯特·穆罕默德得到消息，给奥克兰勋爵写去贺信，在信中向英国人控诉了锡克人的侵略。多斯特·穆罕默德提出，应该以印度河作为界河；为了换取这个让步，他答应放弃阿富汗对克什米尔的权力，将其让给锡克人。奥克兰勋爵的回答却是，英国政府的惯例是不干涉其他独立国家的事务，但他要求多斯特·穆罕默德将被锡克人侵占的原杜兰尼王朝领地白沙瓦的合法统治权交给自己的敌人。他还表示，打算派某些绅士来阿富汗宫廷商讨商业问题。多斯特·穆罕默德意识到，英国人拒绝了自己的要求，阿富汗必须从俄国和波斯寻求支持。

由于在与波斯的战争中取胜，获得了对中亚地区竞争优势的先手，俄国实质上是率先开始了征服阿富汗的第一步——操纵波斯国王穆罕默德入侵阿富汗的赫拉特。外高加索领土沦丧于俄国之手后，波斯一直企图占领赫拉特以弥补损失。彼时的赫拉特归杜兰尼王朝残余势力统治，卡木伦尚在王位之上。俄国支持波斯的行动，劝多斯特·穆罕默德不要干涉波斯对独立于巴拉克扎伊王朝统治之外的赫拉特用兵。1837年11月，由俄国教官训练的波斯军队3万余人包围赫拉特。波斯的行动和俄国的态度，使以印度为根据地向中亚扩张势力的英国感到震惊。英国外交官亚历山大·伯恩斯随即被英属印度政府任命为驻阿富汗的使节，企图促使多斯特·穆罕默德同英国人建立反对波斯及俄国的同盟。

伯恩斯受到了盛大的欢迎，骑在一头大象上和多斯特·穆罕默德之子阿克巴汗并肩进入喀布尔。谈判过程中，阿富汗方面要求英国人承认自己有收复白沙瓦的权利，英国人予以拒绝，谈判无法取得进展。多斯特·穆罕默德转向俄国，接见俄国特使维特凯维奇。多斯特·穆罕默德在给俄国沙皇的信中写道："假使证明我不能抵抗那个恶魔般的部族（指锡克人），我自己必须同英国人联合。这样，他们将取得统治整个阿富汗的权利。"

与此同时，波斯军队困坐赫拉特城下，久攻不克。早在波斯军队入侵之前，赫拉特人已经得到消息，波斯人对"中亚的谷仓"的侵略已经迫在眉睫。赫拉特人将城外12里以内的村庄全部烧毁，所有大麦、小麦连同饲料和牲畜都集中到城里。城外的防御工事经过了加固，护城壕也进行了清扫和加深。英国方面为探察阿富汗局势，从英属印度向赫拉特城内派来一名年轻中尉做观察员。这个英军中尉名叫埃尔德雷德·璞鼎查，他在英属印度任职的叔叔是一个中国人都很熟悉的角色——参与负责印度殖民事务达40年之久的亨利·璞鼎查。几年后，亨利·璞鼎查受命全权指挥第一次中英鸦片战争，代表英国在中英《南京条约》上签字，成为首任英国驻香港总督。

波斯军队有3万多人，拥有强大的火炮，于1837年11月开始围城。波斯国王穆罕默德为了鼓舞士气，下令将抓到的第一名阿富汗俘虏在自己面前用刺刀戳死。波斯火炮设在城西一片坍塌的房屋废墟上，大肆轰击倒塌的胸墙。意志坚决的阿富汗人不仅修好被毁的工事，并且还在后方修筑了新的防御工事。围城战第一个月结束后，璞鼎查在日记中写道："波斯人已经消耗了几千发炮弹，但与开火时相比，无甚进展。"

严冬季节里，围城之战一直拖延下去，胜负难分。波斯军队的将领们彼此不合，相互拆台，幸灾乐祸。阿富汗人则常在夜间冲杀出来，袭击岗哨，捣毁正在修建的波斯工事，杀死波斯士兵和民夫。璞鼎查一定程度上充当了军事顾问的角色，为赫拉特守军出谋划策。1838年2月，璞鼎查甚至作为卡木伦的使节，出城访问了波斯军营。波斯国王穆罕默德对璞鼎查以礼相待，但是告之他：直到自己有一支军队驻扎经赫拉特的城堡，否则自己是不会感到满足的。4月，英国公使麦克尼尔来到赫拉特，在赫拉特城和围城的波斯军营中展开斡旋。俄国公使西蒙尼奇伯爵也加紧活动，鼓励波斯国王穆罕默德坚持攻城。麦克尼尔与西蒙尼奇由此发生冲突，波斯国王选择站在俄国人一边。麦克尼尔随即与波斯断绝外交关系，离开波斯军营。他代表英国政府向波斯表示最强烈的不满，声明英国认为，波斯占领赫拉特是一种"敌对行为"。

6月24日，俄国军事顾问团团长比洛夫斯基将军组织总攻，波斯军队从赫拉特五个不同的地点同时发动攻击。波斯人在四个地点被击退，但其敢死队在第五个地点拼死前进，攻占了城壕和其他工事，赫拉特城防终于被围攻者突破。据英国人的资料记载，接下来的事情，璞鼎查发挥了巨大的作用。沮丧的阿富汗人三五成群地往后撤退，指挥守城的宰相雅尔·穆罕默德也灰心丧气，正在飞奔逃跑。璞鼎查抓住这位宰相的手臂，骂他是怕死鬼，把他拖到被打开的城防缺口处。最后，璞鼎查终于如愿以偿地看到，这位发了狂的宰相痛打那些退却中的阿富汗人。阿富汗人为了逃避雅尔·穆罕默德的拳打脚踢，掉过头来冲向破城的波斯敢死队。这下反过来轮到波斯人惊慌失措，丢下打开的缺口，撤了下去。赫拉特守住了，双方都死伤惨重。比洛夫斯基在战斗中被打死，多名俄国顾问负伤。

危机依然严重，雅尔·穆罕默德无法恢复阿富汗人的士气。围城的波斯军队也失去了斗志。双方供应匮乏，赫拉特城中发生了饥荒，连围攻一方的军营里也被可怕的饥饿笼罩。1838年8月，英国人的外交照会送到波斯军营。赫拉特久攻不下，又有英国入侵的传闻，波斯国王穆罕默德只能答复道："我们同意英国政府的全部要求。我们不愿打仗了。假若不是为了友谊的关系，我们不会放弃对赫拉特的围攻。"就这样，9月8日，垂头丧气的穆罕默德跨上自己的坐骑，波斯军队以维持英波友谊为遁词，全部撤退。

意想不到的是，此战成就了璞鼎查的名声。宰相雅尔·穆罕默德在给奥克兰勋爵的信中写道："虽然璞鼎查中尉没有立即宣布自己的身份——在政府中没有自己的官职——可是，他的勇气与决心从没有松懈过。他亲临岩石崩裂的城缺口处，在敌人每次冲杀时都在现场，在勇敢的大道上从来没有裹足不前……因此，波斯人再三提出的唯一要求，就是把璞鼎查中尉从赫拉特遣返。"英国媒体大肆宣扬，将璞鼎查称为"赫拉特的英雄"。

另一边，阿富汗的危机正在逼近。与多斯特·穆罕默德的谈判无法取得进展，舒佳又一次被当作政治傀儡推向了阿富汗。1838年5月，英国在拉合尔与舒佳、锡克人签订三方协议：舒佳承诺放弃对锡克人土地的一切要求，锡克人答应帮舒佳夺回阿富汗王位，英国人则表示，英国政府成为该条约的一方，"这就好比是牛奶中加上了糖"。英国人承诺，将为锡克人和舒佳提供金钱和军官。但是，锡克人不久改变了立场，不愿看到舒佳统一阿富汗，更不愿看到英国势力的扩张。锡克人最后时刻拒绝出兵，甚至拒绝英国人过境。1838年10月1日，英属印度总督奥克兰勋爵签署《西姆拉宣言》，陈述了英国介入阿富汗的若干理由。该宣言称，为了确保印度的福祉，为了保证印度北部的安全，英国必须在印度西部边境有一个可靠的盟友。所以，英国要支持舒佳重夺阿富汗王位。英国征服阿富汗的第一次尝试，就这样开始了。

由于锡克人拒绝英军横穿旁遮普，英国远征军的行进路线是朝西南方开进，通过巴哈法尔普尔和信德，直插印度河，顺河而下，在布库尔渡过印度河；从印度河起，行军路线转向西北，至锡卡尔普尔，经过博朗山口到达基达，然后从这里越过霍贾克山口，到达坎大哈。这条路线，跟上次舒佳复辟未遂时出兵的路线大致相同。

远征军中，英国殖民军有1.7万多人（80%为印度土兵，英国军官和士官约占20%），是主力军，由孟买的英军司令约翰·克安尼爵士指挥。随军的商贩、仆人、后勤人员多达3.8万人。彼时英国人回忆：

（英属）印度军队的供应系统来自一个庞大的、由许多商铺组成的流动城市，这些商铺都是靠人背马驮地跟着军队……各团的商人和经纪人给士兵们提供主食；在市集上修理鞋子和各种装备。许多必需品，不管合法与不合法，除了作战物资和装备以外，都可以从跟随军队的小商小贩那里买到……那些管理店铺、安置帐篷等的大量随营人员，使卫生问题难以控制。所以，当霍乱一来，就席卷了所有营地。

舒佳的雇佣军有6000人，包括临时征集的6个步兵营、2个非正规骑兵团和一支马驮炮兵队，人员组成包括廓尔喀人、印度人和旁遮普的穆斯林，由英国军官指挥。1839年4月，从印度开来的远征大军经长途跋涉到达基达，而后越过霍贾克山口侵入阿富汗西南部。阿富汗巴拉克扎伊王朝的军队只有1.5万人，装备落后，无力抵挡英军进攻。即便如此，俾路支人、卡卡耳人和阿查克查伊人等部族还是展开了游击袭扰，造成了英军的供应困难和牲畜损失。一路上，动辄几十公里的岩石和砂石磨破了英军运输牲口的蹄子，弄得皮烂肉绽；稀疏的草地和被沿途倒毙的骆驼给污染的水，引起了许多疾病，炮队驮马和骆驼伤亡严重。但英军一路势如破竹，很快占领坎大哈，进逼喀布尔。在艾哈迈德陵墓旁的清真寺里，舒佳加冕为阿富汗国王。

7月21日，英军进军加兹尼，爆发了激烈战斗。由于驮马损失和对前景估计乐观，英军将大部分火炮留在了坎大哈，轻装前进。等到抵达加兹尼，英军才发现加兹尼城墙高达70尺，且有很深的护城河环绕，如无火炮，难以攻克。由于供应已经匮乏，必须保护补给线，克安尼爵士拒绝了绕过加兹尼、直取喀布尔的建议，下令攻城。

有当地被收买的阿富汗奸细提供了一条宝贵的情报——虽然加兹尼大多数城门已经被堵塞，但通往喀布尔方向的城门依然敞开，据说是留作城内守军的出击口。孟加拉工程兵亨利·杜伦德中尉奉命带领爆破队去炸开这座城门。英国的资料如此叙述：

晨星高挂在苍穹，拂晓前的第一道红光正透出地平线，这时爆破队就踏上了他们的征途。他们在万籁俱寂中，由工程兵杜伦德率领着，推进到工事的一百五十码之内，突然城墙上问起口令。一声枪响，一声大叫，说明爆破队被发现了。守军立即进入警戒状态；他们的火枪手从防卫物后面飞快地射击，而一道道蓝光突然发自城垛顶端，把通往城门的过道照得雪亮。虽然，只要从横在桥边，离桥仅有手枪射程二分之一距离的低矮的外部堡垒发出一阵扫射，就会把工程兵和他们的人员全部消灭掉，但是，说来奇怪，城垛的每一个口子都在射击，而他们过桥时却并未被那个低矮堡垒中射出的哪怕一粒子弹射中。工程兵皮特和十三团的一小队人守在这个堡垒的出击口，准备击退剑手的任何突击。没有受到那个低矮堡垒的一剑击，一粒子弹，城垛的密集火力也没有使一个人员遭到伤亡，杜伦德终于到达城门口。在放下装有引线头的第一袋炸药之后，人们一个接一个地紧擦着城墙角边，排成单行上来，放下他们的炸药，然后有如来时一样向后撤退。这一切都是在工程兵麦克里奥德亲眼看着和照管之下进行的。

由于火口没有立即引燃，时间耽搁了一些，但是终于一股大火与烟柱从城门上空升起，跟着是一声低沉猛烈的爆炸声，证明炸药爆炸了。之后跟着又有延误，皮特的号兵被打死了，纵队主力的号兵误吹了退却号。幸而这个错误迅速得到了纠正，突击队欢呼着冲进城门，纵队主力跟了上来。加兹尼于1839年7月23日在略有伤亡的情况下被强攻下来。

8月初，英军开赴喀布尔。情急之下，多斯特·穆罕默德向与其一直保持密切联系的俄国驻喀布尔公使求助。没想到，一向对多斯特·穆罕默德有求必应的俄国公使却以天寒地冻、路途遥远为由一口回绝。多斯特·穆罕默德又以做舒佳的宰相为条件，向英军求和，也遭拒绝。英国人提出，多斯特·穆罕默德应该去印度，将那里当作自己"荣誉的避难所"；多斯特·穆罕默德表示拒绝接受。

眼见英军兵临喀布尔城下，多斯特·穆罕默德手持《古兰经》，向卫戍部队呼吁抵抗。卫戍部队却丢下营地，纷纷逃跑。多斯特·穆罕默德无可奈何，只好弃城逃往巴米扬，再从巴米扬逃到北方的布哈拉，等待东山再起。英军随即在阿富汗建立起舒佳傀儡政权。在喀布尔的入城仪式上，大街小巷飘起了米字旗，舒佳被英国军官前呼后拥，英国公使麦克诺顿走在舒佳前面。英国人控制了阿富汗的外交、军事和部族事务，舒佳名义上掌管阿富汗的民政和司法，但他的财政支出完全来自印度国库，人们说麦克诺顿才是阿富汗真正的国王。

5000多名英军驻扎在喀布尔和坎大哈，贾拉拉巴德和加兹尼也有英军重兵把守。根据英国人记录的驻军状况，少将威罗贝·卡通爵士指挥第13轻步兵团、第6轻野战炮兵中队（有火炮3门）和第35印度土兵团驻守喀布尔；第48印度土兵团、第4旅和第2骑兵团驻守贾拉拉巴德，第16印度土兵团、1个骑兵大队和舒佳的部分雇佣军驻守加兹尼；诺特少将指挥第42、43印度土兵团、第2营第4炮兵连、两个骑兵大队以及舒佳的部分雇佣军驻守坎大哈。这些驻军很快与阿富汗当地人爆发了冲突。为防止多斯特·穆罕默德卷土重来，舒佳的军队派出一部分兵力，携带野战炮前往巴米扬，于冬季在那里驻防。当地的哈拉扎人拒绝向他们出售自己为数不多的饲料，因为哈拉扎人自己的牲畜也要靠这些饲料过冬。强买不成，负责当地政治事务的英国官员洛德竟然下令攻击。攻击者放火焚烧了这些饲料，那些可怜的哈拉扎人被活活烧死或击毙。英国人将驻军一路推进到兴都库什山北坡，由于激起了当地反抗，不断遭到攻击，又不得不撤回来。

英国人对局势隐隐担忧："一个傀儡国王；一种听凭外国人摆布，与阿富汗人的感情格格不入的，因而被人憎恨的民政管理；一个使节，即真正的国王，依靠闪闪发光的英国刺刀来进行统治，能够把他那不管如何残酷或令人不满的措施强加于人；一支庞大的军队，它的消耗使粮食涨价，并使一个十分贫穷的国家的资源消耗殆尽——当英国军队全胜造成的道义上的印象在阿富汗人的心目中还是新鲜和深刻的时候，这些就是没有立即按照良好的信用和良好的政策撤出英国军队造成的不可避免的伴生物。"果然，阿富汗人的反抗并未停止，阿富汗各地掀起了大规模的暴动。比如吉尔查伊部族一度切断了坎大哈与喀布尔之间的交通，英军出兵讨伐，效果不大。最后经过谈判，英国公使麦克诺顿只得同意付给吉尔查伊部族每年3000英镑的补助金，以换取道路的畅通。其他部族纷纷起而反抗。阿富汗无尽的山地和错杂的沙漠，都让英国人叫苦不迭。阿富汗部族武装借助熟悉的地形，灵活机动使用战术，袭击英军哨所，切断英军交通补给线，收复城镇。英军在阿富汗部族武装的打击下，士气不断低落下去，每天担惊受怕。

据英国人的观察，多斯特·穆罕默德在阿富汗依然拥有巨大的号召力："喀布尔的居民对他们的新君主完全是漠然视之，对他的即位毫无欢迎或满意的表示。显然，他们心中眷恋着如今漂泊在兴都库什山那边的昔日君主。"果然，1840年9月，多斯特·穆罕默德逃出布哈拉。他的坐骑因疲惫不堪而倒下，他用墨汁染黑了自己的胡须，从边境蒙混过关，逃回了阿富汗。多斯特·穆罕默德从库尔姆地区的乌兹别克人中招募了一支6000人的军队，一路向巴米扬挺进。途中，不少驻防的阿富汗士兵纷纷携带枪支弹药倒向自己的前统治者。进攻巴米扬时，多斯特·穆罕默德也曾一度败北。英军的炮火给密集的乌兹别克骑兵以重创，将其击溃，多斯特·穆罕默德凭借胯下的一匹快马才得以逃脱。但他说："我就像一把木勺子，你可以把我扔来扔去，但我不会受损伤。"他又重新组织起军队，在11月普尔汪达腊的交锋中大败印度骑兵。当时，印度骑兵望风而逃，丢下英国军官们与多斯特·穆罕默德的军队死战。结果英国军官死伤惨重，那个英国官员洛德也死于此战。此战引起阿富汗全国震动，麦克诺顿忧心忡忡地说："阿富汗是火药桶，多斯特·穆罕默德就是点燃它的火柴。"伯恩斯干脆劝告麦克诺顿将英军全部撤回喀布尔。

出乎所有人的预料，多斯特·穆罕默德对自己并无信心。他认为，自己虽能击溃印度骑兵，可是还无法击败英国人，大胜之后不如体面地向英军投降。多斯特·穆罕默德骑马前往喀布尔，与麦克诺顿会晤。麦克诺顿携副使乔治·劳伦斯骑马出城相迎。会晤中，多斯特·穆罕默德戏剧性地抓住麦克诺顿的手，放在自己的前额和嘴唇上，以示臣服。乔治·劳伦斯回忆："多斯特的外表未免有些令人失望，竟与我过去想象的大不相同。他是一个身强力壮的人，有着一个尖尖的鹰钩鼻子，两道弯曲的眉毛，和灰白的络腮胡子，他的胡须显然好久没刮了。"

多斯特·穆罕默德受到了英国军官们礼貌的款待。如同麦克诺顿在一封信中写道："舒佳国王对我们没有提出任何要求的权利。我们没有参与剥夺他的王国，却赶走了从来没有冒犯过我们的多斯特，来支持我们的政策，因此，他已成为我们这种政策的牺牲品。"1840年11月22日，多斯特·穆罕默德在英军卫队的"护送"下离开喀布尔，前往印度。他被软禁在加尔各答，一边领取英国人的年金，一边注视局势的发展。

阿富汗境内的反抗连续不断。1841年春，大规模的西吉尔查伊人暴动令英国人震惊。他们在卡拉特-依-吉尔查伊附近攻击魏默尔上校率领的英国殖民军，这些勇敢的部族战士一次又一次地发起冲锋，都被印度土兵的步枪火力和大炮的葡萄弹丸击退，战场上尸横遍野。6月，杜兰尼人越过赫尔曼德河向英军发起攻击，被英军击败。东印度公司机密委员会写信给英属印度总督奥克兰，认为应该放弃对舒佳的支持，撤出阿富汗："我们宣告我们决定了的意见——这位复辟君主在未来许多年内还需要英国军队，以便在他的领土内维持和平，并防止外来侵略。我们还必须说，试图用这样一小支军队，或者仅仅凭英国驻扎官的影响来完成这些任务，我们认为，将是最不明智的和最轻率的。我们宁愿完全放弃这个国家，并坦率地彻底承认，而不要这样的政策。"相反，英国公使麦克诺顿却对阿富汗局势感到满意，他在信中写道："这个国家从丹城到比尔谢巴是完全平静的。"

局势在进一步恶化。英军的暴行和英国官员的暴政，不断激怒阿富汗人民。他们互相指责，争吵不休，驻坎大哈的英军司令官诺特少将抱怨："一千零一个政客败坏了我们的事业，把英国人的喉管暴露在复仇的阿富汗人的刀剑之下。"英军放荡的生活，亵渎圣陵的行为，甚至奸淫阿富汗妇女，更激起公愤。大批英国人涌入物产匮乏的阿富汗，造成了严重的通货膨胀。舒佳作为英国人的工具，都因处处受制而盼英军早日撤离。英国人甚至怀疑，舒佳和他的大臣们秘密在各地煽动暴乱，"他由于强加在他身上的制度而感到愤怒，他会经常向这个破烂的双重政府的机器丢些碎石头"。

各地的反抗愈演愈烈，道路受阻，喀布尔渐渐有成为孤城之势。英国素有一句名言："钱袋策略一经停止，刺刀策略就开始了。"1840年，为了缓和局势，英国当局一度推广金钱贿买政策——不仅仅是吉尔查伊部族，而是向每个阿富汗部族每年提供3000英镑补助金。如此，局势稍有缓和，但是英国在军事上对阿富汗部族武装始终没有解决办法。1841年9月，由于财政紧张，英国当局决定停止向阿富汗各部族发放补助金，这彻底引爆了局势。

当时，麦克诺顿已经被任命为孟买总督，他准备将英国驻阿富汗公使的职务移交给伯恩斯，自己回英属印度赴任。这时传来了东吉尔查伊人全面起义的消息，经由贾拉拉巴德通往印度的交通线被切断。英军将领赛尔的一个旅原本已奉命返回印度，如今被重新召回阿富汗去打通道路。他在甘达马克留下一部分驻军，于11月收复了贾拉拉巴德。赛尔的主力刚走，甘达马克的阿富汗部族武装就向英国驻军进攻，当地英军被迫丢弃辎重和两门大炮，撤往贾拉拉巴德，交通线再度中断。而大雪纷飞，气候高寒，让驻守坎大哈的诺特少将也无法出兵，只能坐守孤城。

赛尔和诺特两路英军受阻，不能用甘达马克和坎大哈的英军援助喀布尔，喀布尔在防务上出现了薄弱环节。二十几位阿富汗部族首领开始联合起来，在喀布尔郊外准备起义。而喀布尔郊外的英军军营布防一直饱受诟病。这处军营长1000码、宽600码，位于靠近库希斯坦的大道的一块低洼地上，四周被堡垒和小山环绕控制着。但这些堡垒既未被占领，也未被拆毁。英军军营的胸墙低矮，可以纵马一跃而过。除了这些缺点之外，军需库设置在离军营边缘相当远的一座小堡垒里，从军营到军需库之间有一些堡垒和带墙的院子，都不在英军的控制下。军营与重要的巴拉·喜塞尔要塞之间，还被喀布尔河隔开了。军营的选址和修建由英军将领威罗贝·卡通爵士负责，他于1840年冬天离开喀布尔，在贾拉拉巴德将职务移交给埃尔芬斯顿将军。当时他如此对埃尔芬斯顿说："你在此地将无事可干。到处都是和平。"

喀布尔城内谣言纷起，阿富汗人口口相传——所有部族首领将被逮捕押往伦敦，舒佳国王命令要杀死所有异教徒。一切渐渐达到临界点。1841年11月1日，号召起义的传单甚至发到了伯恩斯手里。伯恩斯见势不妙，打算撤回印度，但为时已晚。11月2日，喀布尔猝然爆发全面起义，各地部族武装举行联合反攻。怒不可遏的喀布尔人手持各种原始的武器，冲向预定目标。

起义者占领了伯恩斯的官邸，伯恩斯和他的随员被愤怒的阿富汗人砍成碎块，英国金库里储存的1.7万磅黄金被起义者瓜分一空。舒佳的雇佣军被缠在狭窄的街道上，遭到痛击。起义者当晚占领了喀布尔，第二天开始进攻城外的英军军营等据点。英国人惊呼："阿富汗全国居民都拿起武器反对我们了！"

如部分英国军官事先担心的那样，由于工事薄弱、守卫力量不足和距离太远，英军军营很快被阿富汗人攻克。起义者果然占领了军需库和英军军营之间的那些堡垒和带墙院落，军需库被围困起来；英军经过抵抗，只得放弃军需库中所有物资，从地下通道逃走。前沿地区的恰里卡尔据点由一团英军廓尔喀士兵驻防，此前大放异彩的埃尔德雷德·璞鼎查中尉负责指挥。当地阿富汗部族首领借与璞鼎查会晤的机会，突然发难，一刀砍倒了璞鼎查的助理，随即向恰里卡尔据点发动进攻，断绝了据点的水源；英军坚守了一段时间，因饥渴难耐被迫撤离，最后只有身受重伤的璞鼎查和另外一名军官活着与英军主力会合。加兹尼附近的英军据点也遭到同样的攻击，结果是驻防英军无一生还。战至9日，阿富汗起义者攻占了喀布尔至巴拉·喜萨尔要塞间的全部据点，大批阿富汗部族武装纷纷来到喀布尔汇合。

1841年11月10日，多斯特·穆罕默德之子阿克巴汗率领的部族武装进入喀布尔。阿克巴汗意志坚强，遇事果断，被称为"阿富汗的幸福与光荣之星"。从英军进入阿富汗之日，他就开始与英国人周旋；他参加了加兹尼之战，后来去布哈拉组织骑兵，随父王在普尔汪达腊勇挫英军。阿克巴汗反对父王多斯特·穆罕默德向英国人屈服，遂退入山区，重整队伍。1841年10月，他进军巴米扬，与英军反复战斗，现在又来到了喀布尔。于是，阿克巴汗被一致推举为抗英武装力量的领袖。危局之下，设在巴拉·喜塞尔要塞中的英军司令部里一片混乱。驻喀布尔英军司令埃尔芬斯顿将军主张立即将军队撤到贾拉拉巴德，待印度的援军到达后，重新占领喀布尔，麦克诺顿则打算以谈判来拖延撤军，分化起义者，等待援军从印度到来。经过激烈的争吵，英国当局最后同意采用麦克诺顿的计划。

在麦克诺顿看来，年仅25岁的阿克巴汗缺乏政治经验。麦克诺顿试图用金钱收买阿克巴汗，承诺给他120万卢比的现金以及每年20万卢比的年金；麦克诺顿还许诺让阿克巴汗成为舒佳的宰相，如有条件甚至可以让阿克巴汗成为阿富汗国王。他送给阿克巴一支手枪和一辆豪华马车作为见面礼。阿克巴汗口头应承下来，接受了麦克诺顿的手枪、马车、现金和书面签字。他邀请麦克诺顿参加起义者首领会议，准备在会上对付麦克诺顿。送走了麦克诺顿，阿克巴汗将这些证据拿给其他部族首领看；阿富汗各部族首领明白了英国人的诡计，纷纷同意按阿克巴汗的布置行事。

1841年12月23日，圣诞节前一天，阿富汗抗英起义军首领会议正式召开，参会的阿富汗代表和英国代表各6人。会上，阿克巴汗讲完开场白，突然揭露麦克诺顿的计划。阿富汗起义者按事先的安排动手，参加会谈的数名英国代表被杀，尸体还被拖出去游街，摆到市场上公开展示。麦克诺顿在反抗时被阿克巴汗亲自开枪击中，被愤怒的阿富汗人活活砍成碎块。几名英国代表被迫骑着马，各自跟在一名阿富汗部族首领后面，方得以逃脱。有一名英国代表的马绊了一跤，他摔落下来，随即也被扑上来的大群阿富汗人砍成碎块。

杀死麦克诺顿后，阿克巴汗代表与会的16名阿富汗部族首领，向英国人提出5项要求，包括英军必须立即撤出阿富汗，大炮除保留6门外须全部交出，向阿富汗人移交全部弹药，移交金库所有现金，交出所有已婚军官和他们的妻子作为人质，直到多斯特·穆罕默德和其他俘虏被放回来为止。埃尔德雷德·璞鼎查警告英国人，好战的阿富汗人靠不住，他们不会轻易放英国人离开，英军只能杀出一条路撤往贾拉拉巴德。但英军将领们告诉他，现在无计可施。最终英国人除不接受人质条件外，被迫签字同意撤军。

2. 地狱般的撤军

1842年1月6日，喀布尔的英军开始撤退。天气寒冷，到处白雪皑皑，拥有4500名战斗人员和1.2万名随营人员的英军踏上了充满危险的撤退之路，从海拔6000英尺的喀布尔撤往130英里以外的贾拉拉巴德。严酷的自然环境，罕见的天寒地冻，匮乏的食品药品，以及交错的山峦、纵横的奇峰、盘旋的道路、刺骨的寒风，一切都成为英军的可怕敌人。英军毫无斗志，意志消沉，随营人员无不惊惶万状。第一天的行军走了不过5英里，后卫部队又不断受到阿富汗吉尔查伊部族武装的骚扰，午夜2点钟才到达宿营地。

第二天，英军也没有走多远。英军准将谢尔顿恳求司令官埃尔芬斯顿，趁吉尔查伊人集结起全部力量之前，火速通过危险的必经之路胡尔德–喀布尔峡谷。埃尔芬斯顿却有其他考虑：英军人困马乏，而且阿克巴汗在协议中答应在英军撤退途中提供食物和取暖的木柴。所以，他决定全军暂停前进，准备夜间通过峡谷。

行军两天两夜后，英军中许多人手足冻坏，体力耗尽，失去作战的能力，而撤军途中，又不断遭到阿富汗人的袭击。吉尔查伊部族没有参加同英军的谈判，自称不受5项条件的限制。英军一出城，这些阿富汗战士立刻抄起他们的"杰撒伊"，在马背上，在峻峭的山脊上，一路尾随猎杀英国人。所谓"杰撒伊"，是阿富汗人对土制步枪的称呼。这基本上是阿富汗山民们利用手头的技术，土法上马造出来的特色武器，枪机和扳机组件全是从废弃和缴获的英军"棕贝斯"步枪上拆下来的。阿富汗人又在枪上加装附件，提高了步枪的射程和精度。"杰撒伊"的枪管细长，使用能够保证气密性的填装弹药。"杰撒伊"射击时，一般需要展开枪管下的铁叉；铁叉插入地下，以此来支撑长长的枪管。这种步枪的有效射程可达457米，而英军"棕贝斯"步枪的最大射程才不过137米。阿富汗人不依不饶地尾随在英军后面，用他们的"杰撒伊"对英军——"点名"。如恩格斯曾写道的："寒冷、冰雪及粮食不足的情况，就像拿破仑从莫斯科撤退时一样。但是使英国人提心吊胆的不是离他们相当远的哥萨克，而是装备有远射程大炮和占据着每一个高地的顽强的阿富汗狙击手。"

阿富汗人在英军的必经之路克胡尔德–喀布尔峡谷两侧设伏，怪石嶙峋的陡坡间遍布"杰撒伊"。英军冒着两侧岩石间倾泻而下的弹雨，强行通过山谷，场景惨烈。手持"杰撒伊"的阿富汗山民居高临下，肆意射杀英国人。有幸存的英国人回忆道："这个可怕的狭道全长有5里光景，它被两侧高峻的山脉封闭起来，在这个季节，太阳只能从隘道的险峻的峭壁中透入一线瞬时即逝的阳光。一股山涧急流冲向路中央……水边上结着厚厚的冰凌，冰凌上又积着泞滑不堪的雪堆……我们得在这条小河上过来过去达28次之多……对方向先头部队猛烈开火，先头部队中还有一些妇女同行……她们策马向前，首先受到敌人子弹的袭击……赛尔夫人胳膊上受了轻伤……人们向敌人火力最密集处挺进，那种屠杀的景象真是令人害怕。一瞬间，到处惊恐万状。成千上万的人都想找到逃命之所，急急忙忙冲向前头，把辎重、武器、弹药、妇女和儿童全都扔了，此刻除了自己的性命以外，他们什么都顾不上了。"最终，英军抛尸3000多具才得以通过峡谷。

时值严冬，加之攀上海拔更高的地区，活着通过峡谷的英军中又有许多人死于饥寒和冻伤。晚上英军扎营休息，许多人躺下后就再也站不起来了。晚上天降大雪，英军的处境更加绝望。到早上拔营继续撤退时，地上留下大片的死尸。埃尔芬斯顿接到阿克巴汗表示愿意提供给养和护卫的信，再度下令停止前进。结果这一举动进一步削弱了英军的实力。按照阿克巴汗的建议，英军留下了妇女、儿童和负伤的军官，由阿克巴汗"照管"，实际成为俘虏和人质。前文提到的赛尔夫人就此成为阿富汗人的俘虏，她回忆道："路上堆满了血肉模糊的尸体，全是赤身露体的；数一下有58名欧洲人……土人则不可胜数……这种景象是可怕的；一阵阵血腥味令人作呕；尸体堆得那么密密层层的……"

按照英国军官的回忆，1月10日，幸存者们继续前行，前进又被阻止在"两座大山的突出的峭壁之间的峡谷里……阿富汗人安稳地占着有利地势，开始发起攻击，当部队缓慢地挨近这个致命的地点时，他们朝着挤成一团的队伍倾泻出一片毁灭性的火力……各士兵步兵团的最后一批残部，就在这里被打散和消灭了，金库以及所有剩余的辎重均落到敌人的手中。"

过去这一关，英军残部只剩了200多人，凭着求生的意志，他们强撑着向贾格达拉克峡谷前进。一路上，英军继续反复遭到阿富汗部族武装的袭击。埃尔芬斯顿和谢尔顿再度去找阿克巴汗谈判，希望保住英军残部的性命，结果被阿克巴汗扣押，成为事先所说的人质。1月12日，英军残部到达贾格达拉克峡谷。这条峡谷海拔6240尺，英国人形容："这个可怕的狭道约有2里长，窄极了，四周被险峻的高山所包围。这条路有一个相当大的上斜坡，在接近坡顶的时候，发现有完全遮盖着狭道的、由带刺的橡树的枝杈构成的两座坚固的障碍物挡住了去路。"经此一关，只剩了最后约20名英国军官和45名英国士兵挣扎着向甘达马克前进。

这些最后的英军分成两小队，其中一队留下来殿后。他们离开大路，在左侧高地构筑了简单的阵地。这些英军只剩了20支步枪，每支枪只剩两发子弹。从甘达马克方向来了大批阿富汗部族骑兵，招手示意这些英国人下山谈判。双方在接触中发生冲突，一名阿富汗战士要收缴一名英军士兵的步枪，被英军士兵开枪打死。谈判随即破裂，一波又一波的阿富汗骑兵冲向这些英军残兵，将他们全部杀死。

最终，英军残部及随行人员和家属1.6万人，最后只有1名身负重伤的军医活着回到贾拉拉巴德，报告了英军全军覆没的消息。这位名叫威廉·布莱顿的英国军医也差一点做了"杰撒伊"的枪下鬼，子弹打坏了他的佩剑，击伤了他的坐骑。马克思在《印度史编年稿》中以简约的文字记录了这一幕：

1842年1月13日，贾拉拉巴德（阿富汗东部毗邻巴基斯坦边境的一个重要城市）城墙上的哨兵们眺望到一个穿英国军服的人，褴褛不堪，骑在一匹瘦马上，马和骑手都受了重伤。这人就是布莱顿医生，是3个星期以前从喀布尔退出的1.5万人中唯一的幸存者。他因饥饿而濒于死亡。

另有人如此记述：

从贾拉拉巴德城堡的高墙上望去，一名眼尖的英国军官率先发现了不速之客：他骑着一匹脏兮兮的、精疲力竭的战马穿过荒芜的平原，在山口勒住缰绳。救援队冲出城门，确认来者仅有这孤零零的一个人，他的脸被割伤，破烂的制服上血迹斑斑。当被问到"部队在哪里"时，助理医师威廉·布莱顿有气无力地回答："我就是全部。"时间定格在1842年1月13日，三年前兵发阿富汗的英军，只剩下这位30岁的苏格兰人。

这名军医回忆道："情况一团糟。我被从马上拖下来，一柄阿富汗战刀砍在脑袋上，若不是把木制弹匣藏进了帽子里，我必死无疑。结果，我幸运地只丢掉了一片头皮。意识到第二刀砍来，我挥剑还击，混乱中斩断了攻击者的几根手指，双方都不愿恋战，各自扭头逃窜。"一名身受重伤的骑兵把战马让给了布莱顿。后者发觉，残余的人马都已精疲力竭，只剩最后的20名军官和45名士兵。英军残兵分成两队，一队殿后，一队继续前进。黎明时分，继续前进的一队再度陷入重围，英国人一个接一个倒在了距贾拉拉巴德尚有16英里的法特哈巴德，只有布莱顿逃出生天。他如此描述自己的艰难旅程："我继续孤身前行，突然看到约20名男子举着武器冲来。我吃力地策马飞奔，用嘴咬紧缰绳，左右开弓挥舞佩剑，硬闯了过去。紧接着，一个持枪的家伙朝我射击，佩剑被打成两截，只剩下15厘米长的护手。"

仿佛神灵护体般，布莱顿再次逃脱，只有5名阿富汗骑兵在身后穷追不舍。他如此描述自己的拼死奋战；"对方挥刀的刹那，我举起剑柄向他的头部砸去，躲闪中，他只砍到了我的左手背。左手既然残废了，我换右手抓住缰绳……或许是以为我打算掏枪，对方突然掉转马头撤走了。事实上，我已手无寸铁，看到影子就害怕，仿佛随时会从马鞍上跌下来。"多亏贾拉拉巴德城墙上那位眼尖的军官，布莱顿医生成为英军中惟一的生还者。"除了头和左手，我的左膝中了一剑，一颗子弹射穿了裤子，擦伤了皮肤。"他在病榻上留下的笔记显示："遗憾的是，那匹救了我性命的战马，被牵到马厩后便停止了呼吸。"

英军的魏尔德准将和乔治·波洛克将军一度从白沙瓦出兵接应贾拉拉巴德，都因恶劣的天气而半途折回。英军将领赛尔清楚撤离无望，遂坚守贾拉拉巴德。赛尔驱逐了城中所有阿富汗人，四处搜集木料加固工事，白沙瓦也派出骆驼商队为他送来三个月的粮食。赛尔截获了阿克巴汗写给贾拉拉巴德附近阿富汗部族首领的信件，内容是号召穆斯林向异教徒发动"圣战"，并承认是自己杀死了英国公使麦克诺顿。2月19日，贾拉拉巴德居然发生地震，新修的防御工事被毁；阿克巴汗率军来到贾拉拉巴德城下，英国人的危险一时迫在眉睫。赛尔拼命督阵，总算重新修好了工事。后来杜兰尼人全面进攻坎大哈，一度将城门焚毁；英军用粮包堆成工事拼死抵抗，击退了阿富汗部族武装的进攻。加兹尼的四百多名英国驻军则遭到全面围困，粮食饮水断绝。英军指挥官帕尔麦上校被迫向阿富汗人投降。按照与部族武装的协议，英军要被护送到白沙瓦；但出城投降后，四百多名英军落到了愤怒的阿富汗人手里，全部被杀。

英军的全军覆没，在英国国内引起轩然大波。早在1841年10月，辉格党内阁倒台，罗伯特·皮尔担任首相，即任命埃伦波洛为英属印度总督，前去接替奥克兰。埃伦波洛1842年2月抵达印度，3月即写信说：

面临阿富汗人民的普遍的敌视——这已经带有一种宗教的和全民的性质——很明显，要收复阿富汗，假如这是可能的话，一旦遇到来自西部的侵略，哪怕只能构成一种软弱的源泉，而不是力量的源泉，而且很清楚，当前政策所依据的那种基础，也已经不存在了。

他进一步写道：

究竟应采取什么方针，完全应以军事考虑为依据。立即考虑各驻防军的安全问题……最后，重新树立我们的军事声誉，办法是对阿富汗人给予一些显著的和决定性的打击，以便让他们，还有我们自己的臣民和同盟者明白，我们有力量去惩罚那些犯了暴行并违背了自己信誓的人们；我们最后撤出阿富汗，并非由于保持我们地位的手段存在什么缺陷，而是因为我们满意地认为，我们所拥立的国王——正如我们错误地想象的那样，未曾得到他所复位的那个国家的支持。

4月，损失严重的英军准备撤出坎大哈。阿克巴汗的威望不断升高，也渐渐引起其他阿富汗部族首领的忌惮。各首领留舒佳坐在王位上，继续充当傀儡。阿克巴汗向舒佳施加压力，要他带自己的军队来贾拉拉巴德城下与自己会合。舒佳几经踌躇，只得照办；途中，他被阿克巴汗的兄弟查曼汗杀死。与此同时，波洛克率英军打通了从白沙瓦到贾拉拉巴德的交通线，增援了贾拉拉巴德。阿克巴汗作战失利，自己也负了伤，双方不断僵持。6月，舒佳之子法什·贾恩被立为阿富汗国王，阿克巴汗担任宰相。7月，英军加强了兵力之后，在波洛克的指挥下向喀布尔进发了。

波洛克深知阿富汗"杰撒伊"射手们惯用的战术，他不会将自己的部队送上门去给阿富汗山民当靶子。当这次英军通过胡尔德-喀布尔峡谷时，波洛克下令侧翼部队抢占峡谷两侧的制高点。等隐蔽在山坡上的阿富汗人向通过山谷的英军发起攻击时，意外地发现英军居然钻到比自己更高的位置上，居高临下向自己开火。通过胡尔德-喀布尔峡谷后，阿克巴汗与英军在德辛爆发战斗，再度失利，喀布尔北面的大门被打开。与此同时，得到增援的诺特重整旗鼓，率2个炮兵中队、2个步兵团、5个孟加拉营和一部分骑兵，从坎大哈北上，自南面进攻喀布尔。英军再度攻陷了加兹尼，英国国旗又从加兹尼城堡的守望塔上升起。诺特下令用缴获的阿富汗大炮鸣礼炮，并替前番全部被杀的英国守军报复，将加兹尼城堡夷为平地。他还执行了英属印度总督埃伦波洛的命令，把加兹尼王朝国王马赫迈德陵墓的大门拆走。然后英军继续向北进攻，一路烧毁阿富汗人的村庄，从南面抵达喀布尔城下。

1842年9月，英军重返喀布尔。波洛克率军一路通过喀布尔城，到达巴拉·喜塞尔要塞，在那里升起英国国旗。法什·贾恩向英国人投降，被英国人承认为阿富汗的合法国王。英军在喀布尔展开报复，将当初驻阿富汗公使麦克诺顿被砍成碎块的尸体公开展示的市场炸毁。英军在喀布尔城内烧杀抢掠三天，数千名阿富汗人被杀。英国人辩解道，一开始并没有公开劫掠的命令，只是一听到市场的爆炸声，英军"竟大声叫嚷说喀布尔已经撒手不管，可以任意抢劫了。两个营地的人历时冲入城内，其结果是这座城几乎完全毁了"。

整个阿富汗局势依旧危机四伏，反英情绪高涨。喀布尔城中的英军并不安稳，晚上不敢走出军营；南面的山区，阿富汗部族武装十分活跃；北面的库希斯坦，集结着随时出没的阿克巴汗军队；从喀布尔到贾拉拉巴德的交通线上，吉尔查伊人的袭击活动越来越频繁。英军解放了俘虏营（前驻喀布尔英军司令埃尔芬斯顿已经由于情绪沮丧懊恼引起旧病复发，死于俘虏营中），收容了当初没来得及从喀布尔一起撤走的印度残兵，带上法什·贾恩全家，于10月12日主动撤回印度。回师途中，英军还不忘摧毁了贾拉拉巴德的城防工事。

等到1842年11月，英军全部撤回时，英军及英属印度军队总计损失3万多人，军费支出达1.5亿英镑。这次战争后，英国否认自己入侵阿富汗，声称仅为了支持合法的舒佳政府，"以对抗外国干涉以及反对派的捣乱"。这种对战争结论的宣言，无疑意味着英国不会放弃对阿富汗的控制。不过，考虑到惨重代价，此后的36年内英国没有再对阿富汗发动入侵。

英国人释放了多斯特·穆罕默德，让他回到阿富汗，重登王位。多斯特·穆罕默德让阿富汗避免沦入如印度一般的下场，获得了内部整合的机会。他重新统一了阿富汗，收复了阿姆河与兴都库什山之间的广大地区，击败了再度入侵的波斯人，削平杜兰尼王朝残余势力，将长期分立的坎大哈和赫拉特也统一在版图内。阿克巴汗担任父王的宰相，颇有建树。1845年，他被一个印度医生毒死，年仅29岁；时人怀疑，这个印度医生是英国间谍。"阿富汗的幸福与光荣之星"陨落了，阿富汗人用许多诗歌来赞颂他的功绩，至今这些诗歌还在阿富汗流传。1863年6月，多斯特·穆罕默德病逝于赫拉特，那天是他收复赫拉特之后的第13天。阿富汗人爱戴这位国王，民谚有云："难道多斯特·穆罕默德死了，连正义都没有了吗？"

另一方面，多斯特·穆罕默德于1855年与英国人签订了《白沙瓦条约》，承诺尊重英国东印度公司的领土，以东印度公司"的朋友为朋友，以它的敌人为敌人"。1857年1月，他又与英国人签订了补充条约，加强了双方的联系。根据这个补充条约，由3名英国军官组成的使团于1857年初到达了坎大哈。不久，印度民族大起义爆发，坎大哈总督将此事报告给多斯特·穆罕默德，附带提到有关所有在印度的英国人尽数被杀的传闻时，问道："我把这三个军官的脖子割断好不好？"多斯特·穆罕默德答复说："那没有用，我很了解这些英国人。传说在印度的英国人全被杀死，这可能是真的。但是，他们将成千上万地从大海彼岸来到，重新征服那个国家。最好不要管这三个人。"多斯特·穆罕默德显然对英国人的实力有很清醒的认识。

多斯特·穆罕默德死后，阿富汗再度陷入内战。他共有16个儿子，分别由5个妻子所生。多斯特·穆罕默德生前指定第三子希尔·阿里为王储。这位王储一登上王位，11个兄弟就同他展开了争夺王位的斗争。尤其是阿明、萨里夫联手反对希尔·阿里的战争，骨肉相残，残酷至极。希尔·阿里的儿子穆罕默德·阿里与自己的叔父阿明展开了一次单独的战斗，叔侄之间进行着厮杀。两人拔剑对刺，都受了剑伤。接着，叔父用手枪打死了侄子，他自己又被侄子的卫兵杀死，两人倒毙在彼此相距仅仅几步远的地方。接下来的事情，后人如此记述：

战斗结束了，当阿明的尸体被士兵们抬来给希尔·阿里看时，胜利的喜悦让他说话的嗓门也格外高了。他大声叫道：扔掉这条死狗，让我的儿子来向我祝贺胜利！他的侍从不敢把他儿子也被打死的消息告诉他，只是默默地把尸体抬来了。他又大声叫道：那条死狗又是谁？当发现抬来的原来是自己的儿子时，他万分悲痛，立即撕碎了身穿的长袍，并往自己头上撒土。

突如其来的沉重打击，让希尔·阿里疯疯癫癫，不断呼唤着自己爱子的名字，重复说自己是"儿子致死的罪人"。眼见希尔·阿里陷入精神失常的状态，阿富汗国内战乱再起。他的侄子、多斯特·穆罕默德的长孙阿卜杜尔·拉赫曼率军占领喀布尔，立自己的另一位叔叔阿兹姆为国王。1869年，希尔·阿里重新振作起来，得到英国的武器和金钱援助，推翻了阿兹姆，赶走了阿卜杜尔·拉赫曼，重登国王宝座。

希尔·阿里颇有远见卓识，他创建了阿富汗正规军，建立了翻译局，将西方的英文军事著作翻译成普什图文，用货币税替代了土地税中的实物税，修缮道路，开办邮政业务，印制邮票，设立长老会议，为公共福利事务提供咨询，甚至还于1873年创办了阿富汗历史上第一份报纸，波斯文报纸《旭日》。由于内乱和外患，希尔·阿里的计划未能完全实现。尽管如此，希尔·阿里依然堪称阿富汗近代化的先驱人物。

王位继承问题，同样是希尔·阿里的败笔。希尔·阿里的儿子亚库布几次强迫父王承认自己为王储，均未果。1870年9月，眼见继位无望的亚库布带着自己的小兄弟阿尤布逃出喀布尔，进入波斯所属的锡斯坦。亚库布在给父王的信中写道："由于生命受到压抑，我出逃了。看在安拉和先知的面上，别打扰我。我是不顾一切的，即便你来，你从我这里也得不到什么好处。"积蓄了力量后，亚库布从波斯出兵，于1871年5月攻下了赫拉特。希尔·阿里只得任命亚库布为赫拉特总督，又给他捎去口信："我已经有了退位的想法，而且已经摆脱了世俗的事务。根据我自己的旨意，特将统治权委托给你。"亚库布回复说："我对我的过失早已恍然大悟，我已完全放弃了统治的念头，仅想侍奉陛下，以赎罪过。假使陛下杀了我或是将我囚禁起来，我在来世也将认为这是一个光荣。"但希尔·阿里还是将亚库布诱至喀布尔，加以软禁。1873年11月，希尔·阿里立自己的爱子阿卜杜拉·贾恩为王储。阿尤布举兵叛乱，企图营救亚库布，失败之后只得再度逃往波斯。

阿富汗内部动荡不宁，外部环境更日趋严峻。19世纪70年代，英俄两国在阿富汗南北两翼不断进行扩张，将势力边界向前推进到直接与阿富汗领土接壤，对阿富汗构成了新的直接威胁。尤其是俄国，几十年来相继吞并塔什干、布哈拉、撒马尔罕、希瓦等地，将边界向南推进了8万多英里，领土一直扩张到阿富汗边界上。精神状态略加恢复的希尔·阿里打算借与英国人结盟制衡俄国。他几次与英国人谈判，希望建立防御同盟，均遭英国人拒绝。他明白，英国人并无帮助自己的诚意，目的只是为了控制阿富汗。特别是1876年英国占领阿富汗东南毗邻的重镇昆塔，希尔·阿里意识到："英国人在我的官邸后门部署了岗哨，以便在我睡梦时破门而入。"

英国和俄国在阿富汗问题上的冲突，随着俄土战争的爆发而空前尖锐。英国认为，俄军兵临君士坦丁堡，关乎世界霸权的归属。英国不惜摆出与俄国一战的架势，俄国也积极备战，不相让步。俄国军方认为，印度是英国战略防御的薄弱环节，占领印度会给英国致命打击。按照俄军的计划，如果入侵印度，将从喀布尔、梅尔夫和克什米尔三路南下。为此，1878年5月，俄军在土耳其斯坦动员3万人，同时加快中亚道路的修建，并在阿姆河畔屯兵3万人。阿富汗的外部环境一时空前紧张。

3.迈万德的血战

1878年6月，依托屯于阿富汗边境的雄兵，俄国使团来到阿富汗。俄国特使斯托莱伊托夫将军提出要求，欲与阿富汗签订同盟条约。为寻求庇护，希尔·阿里接受了俄国提出的条约草案，于8月正式与俄国结为同盟。彼时的英国首相是迪斯累利，他的保守党政府带有强烈的反俄色彩。迪斯累利将对抗俄国的使命交给了1876年就任英属印度总督的李顿勋爵。李顿有一套"小物体总被大物体吸引的理论"。按照他的理论，"如果阿富汗不被英国吸引，肯定会被俄国吸引。在两个有同等引力的物体之间，运动着的那个物体的引力总要大于那个不运动的物体的引力"。意思简单明确，"运动着的"俄国必然要吸引"不运动的"阿富汗，阿富汗在英国和俄国之间不可能保持平衡关系，英国的责任就是尽快将阿富汗这一俄国人的工具粉碎掉。俄国使团的出现引起了李顿的愤怒，他要求机会均等，要求阿富汗接受以尼维尔·张伯伦为首的英国使团。

希尔·阿里将俄国看作可以信赖的盟友。由于已经与俄国结盟，希尔·阿里拒绝了英国使团来访。英属印度政府向希尔·阿里寄去信件，语含威胁："假如殿下匆匆拒绝现在向你坦率伸出的友好之手，将总督阁下的友好意愿当作毫无价值，迫使他把阿富汗看成已经自动脱离同英国政府的联盟和支持的一个国家，那将使总督感到实在的遗憾。"李顿要求，阿富汗不得与俄国保持关系。1878年9月，张伯伦使团在上千英军的护送下出发前往喀布尔，遭到阿富汗人的阻拦，被迫退回白沙瓦。11月，英国向阿富汗发出最后通牒。等不及希尔·哈里的答复，李顿便决定用战争的方式，解决英国与阿富汗的冲突，从而打击俄国在亚洲的势力。于是，英国人表示不能容忍阿富汗与俄国结盟，随即以使团遭拒为借口出兵进攻阿富汗。

希尔·阿里按照同盟条约向俄国求援，俄国却要求阿富汗与英国议和，原因是俄国目前无法援助。俄国特使斯托莱伊托夫将军写来信件：

沙皇陛下把你当作兄弟，而你在阿姆河彼岸也应该表现出同样的友谊和兄弟手足之情……沙皇陛下希望你不要让英国人进入你的国境，而是像去年那样用欺诈、哄骗的手段去对付他们，直到目前寒冷的季节过去为止；那时全能的上帝的旨意会向你显现出来——那就是说，俄国政府将会前来帮助你的。

跟第一次抗英战争时一样，俄国人又一次出卖了阿富汗。希尔·阿里等不到俄国人的援助，英国人的大炮已经轰开了阿富汗的大门。1878年11月，英国殖民军3.5万人分三路入侵阿富汗。南路英军向坎大哈推进，一路未遇抵抗，于1879年1月8日轻取该城；中路英军在派瓦尔山口受阻，马上迂回到阿富汗军队侧后，迫使其后撤；北路英军在开伯尔山口遭阿富汗军队炮火猛烈轰击，前进受阻，但当夜阿富汗军队奉命撤退，英军顺利占领了贾拉拉巴德。南路英军占领坎大哈后，进逼喀布尔。阿富汗大片国土沦丧，希尔·阿里听从俄国人的建议，逃出喀布尔，继续不断向俄国求援。临离开喀布尔之前，希尔·阿里将亚库布释放出狱，任命他为摄政。

希尔·阿里逃到巴尔赫后，继续与俄国代表谈判，甚至准备到圣彼得堡去见俄国沙皇。当时俄国的战略重点在欧洲，不愿在阿富汗与英国摊牌。权衡再三，俄国以出卖阿富汗为代价，换取了与英国签订《柏林条约》，获得了瓜分没落帝国奥斯曼土耳其的权利；然后，俄国断然拒绝出兵阿富汗。得不到俄国的支援，心力交瘁的希尔·阿里陷于绝望，不久病死异乡。英国人对此倒是心满意足，有人特意写诗：

当我一想到希尔·阿里长眠在墓中的时候，

他是怎样被出卖，心肠欲碎，死在异教徒的朋友和敌人之间，

英国人把他从王位上赶走，他的客人——俄国人却耻笑他，

我对报复已是心满意足了，我看到上帝的旨意是再好也没有了。

希尔·阿里之子亚库布继承了王位。迫不得已，亚库布于1879年5月同英国人签订了《甘达马克条约》。《甘达马克条约》内容包括阿富汗不得同其他国家直接交往，向英属印度割让土地，英国保留对开伯尔山口等重要地方的控制权，英国向阿富汗国王及其继承人支付年金，用武器、金钱和军队援助阿富汗等等。7月24日，路易·卡瓦格纳里爵士作为英国使节进驻喀布尔，监督《甘达马克条约》的执行。卡瓦格纳里是在卫队护送下进入喀布尔的，受到了英国官员们的隆重接待。他骑着一头大象，在一片礼炮和英国驻军的敬礼声中进入喀布尔，在巴拉·喜萨尔要塞设立了公署。

路易·卡瓦格纳里爵士成了亚库布的太上皇，控制着阿富汗的内政、外

交、军事和财政。英国使团的到来又一次给喀布尔带来了灾难，这里物价飞涨，阿富汗居民的生活急剧恶化。一个外国使团在首都主宰一切，加之《甘达马克条约》激起了阿富汗人一片义愤，局面大有一触即发之势。亚库布不断警告路易·卡瓦格纳里，直言人民有可能进攻他的公署。卡瓦格纳里却认为总体情况平稳，9月2日还在电报中说"一切都好"。阿富汗王国的军队曾与英国人的卫队爆发过争吵，卡瓦格纳里劝告自己的卫队："沉住气，会叫的狗不咬人。"谁知，路易·卡瓦格纳里仅仅进驻喀布尔6个星期零5天，即电报发出的第二天，9月3日，阿富汗局势再次失控。

这一天是阿富汗王国喀布尔卫戍部队的发饷日，已经被欠饷3个月之久的阿富汗部族雇佣军士兵被告知无饷可发。从赫拉特开来的这些阿富汗士兵共有6个团，其中3个团要求发饷。他们要求补齐3个月的欠饷，却被告之最多只能补1个月。阿富汗士兵代表向英国使团请愿，卡瓦格纳里认为事不关己，拒绝干预。请愿演变成暴动，索饷的阿富汗士兵们用石头砸英国军官，冲入英国使团公署，用石头到处乱砸。英国卫队开枪镇压，大批阿富汗士兵倒在冰雹一般的子弹下。

起义就此爆发，来自附近城乡的阿富汗人潮水般涌入巴拉·喜萨尔要塞，捣毁修理厂、炮兵辎重场和弹药库，所有阿富汗士兵和平民一起进攻英国使馆公署。最终，英国使团公署被焚毁，以路易·卡瓦格纳里为首的英国使团和卫队全体人员都被杀。亚库布深恐引火烧身，不敢出动军队，只作壁上观。英属印度总督李顿哀叹："如此耐心仔细地组成的这个政策之网，已被粗暴地撕破了。我们现在还得去织一个新网，但是我担心这是用无疑更差的材料织成的一个大网。"

英军迅速动员散布在阿富汗各地的兵力，集结起2个步兵旅、1个骑兵旅和1支炮兵队，共有5400人，22门山炮和野炮，由英军将领罗伯茨指挥，向喀布尔开进。10月12日，英军再度占领喀布尔，全力报复阿富汗起义者。对自己命运失去希望的阿富汗国王亚库布仅带着2名随从来到英国军营，宣布退位。他说，自己的一生是可悲的一生，自己宁可留在英国军营当一个割草人，也不愿再当阿富汗国王了。英国人宣布，亚库布自动退位，阿富汗成为一个没有政府的国家；英国将主导阿富汗的政治进程，对阿富汗的未来做出安排。

罗伯茨成了喀布尔的实际统治者。他在自己的官邸外公开绞死了49名阿富汗起义者，逮捕了近百人，还下令在喀布尔城区实施戒严，在郊外焚毁参与反抗的村庄。阿富汗人用反抗作为报复，炸毁了英军两座军火库，喀布尔郊外的农民抗交粮食和税款。起义又一次遍及阿富汗全国，各地的阿富汗部族以加兹尼为基地，对喀布尔形成包围。起义者在喀布尔周围转战，神出鬼没，让英军疲于奔命，被称为"喀布尔的秋千"。

各部族武装在喀布尔城外不断集结，数量上占绝对优势，罗伯茨无法抵挡。他只能将英军从喀布尔城和巴拉·喜塞尔要塞撤出，据守希尔·阿里时代营造的谢尔普尔要塞。12月15日，阿富汗部族武装收复喀布尔，开始合围谢尔普尔要塞。12月23日拂晓，阿富汗部族武装向谢尔普尔要塞发动总攻。举行完宗教仪式后，被激发了宗教狂热的阿富汗战士排成密集队形，冲向谢尔普尔要塞。面对英军的步枪和火炮，他们遭遇惨重伤亡。阿富汗人随身只携带一两天的干粮，无法长期坚持进攻；英军从白沙瓦派来援军，罗伯茨里应外合，用骑兵和炮兵给阿富汗起义者以重创，迫使阿富汗部族武装退出喀布尔。

1880年4月初，英军将领唐纳德·斯图尔特率8000名英军从坎大哈开往加兹尼，准备镇压吉尔查伊人的反抗。离开坎大哈不久，英军侦察兵报告，大量阿富汗部族战士在英军右侧相距若干英里，平行前进。4月14日，英军穿过许多低矮山头，道路傍山蜿蜒有一段距离，然后向东绕过山头而去。英军侦察兵发现，此处绵延2英里左右的前线都有阿富汗部族武装坚守。

英军继续向前推进，忽然大炮开火了，大批阿富汗部族战士如滚滚而来的浪潮冲下山，遍布英军的两翼内外。与此同时，大批阿富汗骑兵威胁到英军的左翼和后方。阿富汗骑兵最初向英军左翼发起冲锋，将向山上冲锋迎战的孟加拉第19步兵营击退。阿富汗部族战士狂热而英勇地向前进逼，无论是英军的大炮连续射击还是步枪密集火力都无法阻止他们小跑前进。情况最严重的时刻，英军的增援部队赶到前线，大炮和步枪的火力将成百的阿富汗部族战士打倒。阿富汗人的冲锋终于被击溃，沿着西边的山头转移，又落到了英军重炮火力射程之内。战斗持续了一个小时，英军的"停火"号声才响起。英军皇家炮兵的汉密尔顿中尉参加了这次战斗的全过程，他记录下了自己的经历：

唐纳德·斯图尔特爵士从来没有想到，敌人会掌握这样的主动权。正是因为这个缘故，我们的炮队奉令在大约有1500码的地方建立阵地，先不开火，等步兵组成战线……我们刚刚卸下炮车，准备投入战斗，忽然发现黑压压一片敌人勇敢地大步冲下来了。这时我们才发现，他们是在一道水沟掩护下的一条很长战线的中央部分。他们散开两翼向前推进，很快摆成一个半圆形开始包围我们。你将看到我们该有多么迅速才能调整我们的射程。在我们开火射击大约5分钟后，野战炮队的第四号炮迅速在我们的左侧进入战斗，同时到达的2个炮兵护卫连开始在第四号炮的左方迅速连续发射。加在一起，总共有12门野战炮，打得十分出色。2个连的人虽然把许多敌人打翻在自己面前，但是他们的推进却一点也没有被遏制住……我们不得不往后撤退，直到建立了新的阵地以后，2个炮队才很快扫清了正前方的敌人。我们离开那里时，大批可怕的尸体堆积在地上。

英军估计，对阵的阿富汗部族武装以吉尔查伊人为主，多达1.5万人，最终阵亡1000人以上。英军继续前进，于4月21日攻占加兹尼，5月2日到达喀布尔，巩固了对这两座城市的控制。

但是，阿富汗遍地是抗英的部族武装活动，英国人占领喀布尔和加兹尼，只能保住从白沙瓦到喀布尔道路两侧的狭长地带。英国人甚至形象地称阿富汗是一个危险的"捕鼠夹"。英属印度总督李顿对英军笼中困兽的处境深感忧虑，要英军采取一切办法，尽快从阿富汗这个"捕鼠夹"中撤出来。这一想法是迪斯累利内阁政策的体现，英国首相迪斯累利曾呼吁："我的勋爵们，印度的锁钥不是赫拉特或坎大哈。印度的锁钥是伦敦。"

罗伯茨提出，应该采用英国统治印度的老办法，对阿富汗"分而治之"。具体说来，由英军主力驻扎在喀布尔，在坎大哈建立一个由傀儡统治的附庸国，赫拉特交给波斯，巴尔赫半俄国化。这个计划还没来得及实施，1880年4月，迪斯累利的保守党在大选中失败，格拉斯顿的自由党内阁上台，决定在阿富汗实施新政策。1880年8月，英国人将从前被希尔·阿里逐走的对手和侄子、多斯特·穆罕默德的长孙阿卜杜尔·拉赫曼扶上阿富汗国王的宝座，条件是由英国掌握阿富汗的对外政策。阿卜杜尔·拉赫曼经历丰富，一直颇具野心。当时他刚从流亡数年的撒马尔罕返回阿富汗，得到阿富汗许多部族的支持。

阿卜杜尔·拉赫曼的兄弟、前赫拉特总督阿尤布，反对英国控制阿富汗外交，决心宣布"圣战"，从英国人扶植的傀儡希尔·阿里（与其父王同名）手中夺取坎大哈。他率军从赫拉特出发，向坎大哈发动远征。阿尤布远征坎大哈的消息如野火一般到处传播，大批阿富汗部族武装自发集结到阿尤布旗下，有些阿富汗雇佣军携带武器弹药主动投奔阿尤布。阿尤布原本就有8500多人，兵力随着一路前进而不断扩张。1880年7月，阿尤布的2.5万大军即将在坎大哈附近的迈万德与英军准将伯罗斯指挥的一个旅遭遇。阿尤布试图避免与英军决战，直扑坎大哈。他在右翼部署了骑兵警戒，以阻击南面英军的行动。伯罗斯接受的任务是在通往坎大哈的路上，对阿尤布的军队发动攻击，阻止他向坎大哈或者加兹尼前进。这使得英国人在战役中处于被动地位，他们不得不更靠近敌人，监控其行动，以便选择适当的时机、地点和战术，拦截纵队行进中的阿富汗军。

英军的意图是前往赫尔曼德河河岸，阻止阿尤布的队伍渡河。双方遭遇时，该部已在赫尔曼德河集结完毕。英军这个旅包括2个骑兵团，即第3孟买轻骑兵团和第3信德骑兵团；2个孟买土著步兵团，即第1孟买步兵团（掷弹兵团）和第30孟买步兵团（雅各布来复枪兵团）；英国第66步兵团；第2孟买工兵连的半个连；皇家马拉炮兵B旅的E炮兵连。英军总共有2600多名英印官兵，6门9磅的加农炮以及3000多名后勤运输的民伕。英军队伍非常庞大，除了标准的补给品，还携带了大量额外的武器弹药和足够维持30天的粮食。军官们带的用具和装备也没有受到限制。驮运行李辎重有大批牲畜和脚夫，另外还有许多非战斗人员，包括厨子、担水夫、裁缝、仆人和抬担架的民伕等。坎大哈的统治者希尔·阿里指挥的一支阿富汗大军也加入到了英军中。

英军奉命不得越过赫尔曼德河，然而从坎大哈来的希尔·阿里的军队已经过了河。这是一年中最为炎热的时候，由于几乎干涸，河流已不再构成任何的阻碍，很多地点都可以通过。来自坎大哈的阿富汗军队推进过了赫尔曼德河，在河对岸占领了阵地。当混合编组的英军等待着阿尤布的军队到来时，坎大哈的阿富汗军队步兵和炮兵部队发生了哗变，转而加入到阿尤布麾下。大多数的阿富汗骑兵仍旧保持着忠诚。可是等到希尔·阿里和他的财物被护送到英国军营后，这些骑兵也散伙了，直奔坎大哈而去。英军越过赫尔曼德河对叛军进行了追击，夺回了火炮，不过山地行动困难，牵引火炮的马匹未能找回。伯罗斯用夺回的滑膛炮编组了1个特别炮兵连；由于缺乏牵引的马匹，他只能为每门炮留下50发炮弹，其余的炮弹扔进了赫尔曼德河的深水坑里。

赫尔曼德河现在无险可守，阿尤布几乎可以从任何地方随意通过。英军在与坎大哈的军队会合后，人数上差不多同阿尤布的军队相等，但阿尤布大军得到了哗变部队和阿富汗百姓的支持。因此，伯罗斯向胡什克–依–奈胡德方向撤退，以避锋芒。7月17日，伯罗斯接近了胡什克–依–奈胡德。同日，阿尤布的骑兵到达了伯罗斯原先在赫尔曼德河的位置。伯罗斯离坎大哈有3天的路程，如果他退入坎大哈的要塞，阿尤布的军队可能会从坎大哈迂回夺取加兹尼，切断喀布尔与坎大哈之间的联络交通。伯罗斯决定坚守阵地，在阿尤布的主力接近之前，击败其前哨人马。

随着阿尤布的前锋抵达赫尔曼德河东岸，双方都加强了侦察搜索。由于这一地区的反英运动日益高涨，英军中校奥利弗·圣约翰领导的情报网遇到的困难越来越多。英军每日向桑格布尔、加尔马卜（分别在胡什克–依–奈胡德西北和北方22公里）和南面的阿尔甘达卜河派出的侦察兵可以确保对通往坎大哈要路的及时监控。尽管战役爆发的三四天前，英军就已经察觉到了小股阿富汗起义军在桑格布尔、加尔马卜和迈万德的存在，但伯罗斯和圣约翰还是未能确知阿富汗人的行踪。事实上，阿尤布大军的前锋7月25日就到了加尔马卜，同日该部的许多先遣小分队抵达迈万德。次日，阿尤布在英军巡逻队刚刚离开之后，就到了桑格布尔。

7月26日，英军间谍报告：阿尤布的前锋部队在迈万德，兵力为3500名正规步兵、2000名骑兵、34门加农炮、1500名哗变的士兵和3500名跟随而来的志愿者。此外，英军间谍还报告，阿尤布大军主力将在7月27日接近迈万德。

伯罗斯不相信情报中关于敌军规模和敌军主力到来时间的估计。英军花了整整一晚上时间来拆卸他们的固定营地，到第二天清晨出发时已经疲惫不堪。7月27日一早，英军开始朝北面的迈万德方向运动。英军的队伍在通往迈万德的道路上蜿蜒6英里多。间谍们遭遇了英军行进的纵队，证实阿尤布的主力距离迈万德有6英里，大约2小时的路程。阿富汗人的行军速度是被辎重拖累的英军的2倍。现在后撤已经太晚了，而且还不得不防范阿尤布绕过坎大哈，英国人决定发起攻击。著名的迈万德会战就此打响。

上午7时，第3孟买轻骑兵团的1个中队协同2门火炮率先离开了营地。英军旅部和第3孟买轻骑兵团的其余部队连同2门火炮在前哨后面保持着500码的距离；步兵带着滑膛炮兵和工兵，以平行纵队行进在整个队列的中间。第3信德骑兵团和2门火炮，以及保护着缓慢移动的行李辎重的步骑兵混合组成的后卫部队走在队伍的后面。

阿尤布的主力人马于当天上午离开桑格布尔，分几路纵队向迈万德运动，骑兵和马队掩护右翼，步兵以团纵队在左侧运动。阿富汗马拉炮兵的24门火炮和用骡子牵引的6门山炮随同步兵行动；大批阿富汗战士从不同的方向奔向迈万德。上午10时，英军在水源地停留了一个小时。据侦察报告，阿尤布的先头部队已经占领了迈万德，他抢先一步制胜于伯罗斯。当两军相遇时，他已经跨越过了伯罗斯的正前方。阿尤布现在控制着通往坎大哈的捷径，伯罗斯要主动向他进攻，遂下令向前推进。夏日炎炎，英军官兵个个难受，出发前连早饭也没吃。

当日酷热，临近中午的时候气温达到华氏120度，浓雾中视野超不出1英里。英军接近玛赫穆达巴德村时，越来越多的情报显示，阿富汗军队正在距英军先头部队6到7英里处从西向东横向运动。伯罗斯决定在阿富汗人行军途中与之交战。他把行李辎重留在了玛赫穆达巴德，纵队在一片被数个峡谷割裂的荒原上向西北转向。村子的远端有一个大峡谷，15—25英尺深，50—100英尺宽，朝东北方向延伸。再往北，一个略狭窄些的峡谷向西北延伸，不久这里将成为阿富汗步兵的藏身之地。

当英军纵队转向左侧时，中尉麦克莱恩领着位于前哨的皇家马拉炮兵的2门火炮迅速越过峡谷，直抵荒原。他占据了一个超过峡谷约1英里的射击阵地，在1700码的距离上开火。10时45分，麦克莱恩炮击了阿富汗人队伍的中间或是后卫部队；另一个马拉炮兵排也到了，在距峡谷大约200码处占领了阵地。英军纵队开始展开，在前哨炮兵背后排成两行，掷弹兵在炮兵连的左侧，4个连的雅各布来复枪兵在右侧，第66步兵团在最右端。4个雅各布来复枪兵连留做预备队；特别滑膛炮连在皇家马拉炮兵左后方构筑阵地；各骑兵团在纵队的左后方展开；一支步骑兵混编的分队负责保护辎重。

尽管英军抢先开火，步兵纵队也展开成战斗队形——这是在遭遇战中获胜的两个关键——但却丧失了战术上的主动权。率先开火的炮兵由于火炮数量有限以及能见度极差，收效甚微。他们在开阔地形上投入防御，也使先于敌人展开队形所取得的战术上的优势丧失，那样无异于把战术机动权转交给了阿富汗人。伯罗斯的选择包括在阿富汗人得以展开或沿玛赫穆达巴德村旁的峡谷进行防御前，在其纵队侧翼进行一次大胆的突击。英军所选择的队形既无法进攻，也不能支撑防守。

阿尤布大军在英军靠近玛赫穆达巴德时，察觉到了敌方的行动。当英军纵队向左转向展开战斗队形时，阿富汗人相应地向右转。阿富汗炮兵迅速投入战斗，纵队前哨则开始转向，从迈万德方向折回。阿富汗人展开后，发现英军整队布防，把侧翼暴露在外面，极易遭到攻击。阿尤布决定用展开的骑兵向他的右侧攻击敌人暴露的侧翼，步兵向左侧运动，以借助峡谷的掩护。他将各步兵团居中展开，并命令30门火炮占领阵地，在左翼的中央排成一列。尽管步兵、骑兵和炮兵各不相同，阿尤布的军队仍以相同的步调展开成战斗队形。地形有利于阿富汗步兵威胁英军右翼，而英军左翼较开阔的空间更便于机动，是骑兵行动的理想战场。主力在中央展开，可以稳定战线。

英军火炮第一次开火后大约30分钟，阿富汗炮兵进入射程，开始轰击英军展开的战线。随着更多阿富汗火炮的到来，他们进入5个火力位置，对英军阵地瞄准射击。第66团和雅各布来复枪兵由于躲在一个小土丘后面，受到了部分保护。他们在炮兵决斗的时候遭受的打击轻微，而皇家马拉炮兵连、掷弹兵和处于最左侧的2个雅各布来复枪兵连则毫无依托，受到了沉重打击。阿尤布不仅掌握着比英军数量多的火炮，他的6门后膛装阿姆斯特朗大炮也比英军的要重。阿富汗的火炮打得非常之准，以至于传言是俄国炮手在操炮。英国人承认，炮战对阵相互轰击中，阿尤布的大炮胜过英国人的大炮。有英国军官回忆：

他们的炮兵射击得非常出色；他们的大炮轰击我们的两侧并直接扫射我们，他们的火力是集中的。我们完全被敌人压倒了，虽然我们继续不断地开火，可是我们的大炮看起来无法制止他们的炮击。他们的6门阿姆斯特朗炮能够发出比我们重得多的炮弹……他们在不断推进，包抄了我们的两翼。

炮击持续了大约半个小时，阿富汗步兵和骑兵在距英军阵地约800码的地带展开战斗队形。这时已至正午，阿富汗人在英军第66步兵团的阵地前发起了步兵的首轮攻击。在宗教情绪和爱国热忱的高度激发下，大批身穿白衣的虔诚穆斯林勇士带头冲锋。这些阿富汗战士武器贫乏，仅有些土造的或是陈旧的欧洲步枪，很多人只带着刀剑、长矛，或干脆徒手跟随着队伍。相比之下，英军第66团装备着"马蒂尼-亨利"步枪，英军中的印度步兵装备老式的"斯奈德"步枪，骑兵装备"斯奈德"马枪。"马蒂尼-亨利"步枪展现了英军在科技上的优越之处，这种口径.45的武器最大有效射程400码，每分钟可以射击15到20发。来自喀布尔的阿富汗军队装备着1853年式"恩菲尔德"前膛装步枪，每分钟可射击2—3发；来自赫拉特和坎大哈的阿富汗军队装备的是当地仿造的"恩菲尔德"和"斯奈德"步枪，最大有效射程300码；沿途加入的阿富汗战士装备的是些古老的燧发步枪（可能是在第一次英阿战争中夺取的），或是原始的"杰撒伊"，最大有效射程在50到80码，每次射击需要2分钟。英军火力强大，阿富汗人手中的原始步枪和刀矛根本无法与英军的"马蒂尼-亨利"步枪相比。阿富汗人潮水般的一轮轮冲击均未能奏效，损失惨重。

英军阵地在1200码的位置进行连级齐射，在这个距离上，阿富汗战士根本就不能还以有效的射击。与此同时，伯罗斯从滑膛炮兵连调了2门12磅的榴弹炮增援第66团。按照英国的资料，英军在3个小时的激战中射出了382881发子弹，几乎每分钟打2000发，这在19世纪的战争中可以说是极其强大的火力了。强大的火力成功遏制了阿富汗人排山倒海般的攻击，他们只得暂时在英军右翼的对面占据峡谷隐蔽。

在英军左翼，阿富汗骑兵以散兵队形威胁英军暴露的侧翼。伯罗斯命令掷弹兵把他们左侧的2个连略微后撤，并投入他全部的步兵预备队，以拉长战线。另外，他还将那2门12磅榴弹炮从右翼召回到中央阵地。加强后的英军火力迫使阿富汗骑兵后退，并与英军保持800码的距离，即退到"斯奈德"步枪和骑枪的射程外。其间，阿富汗炮兵将阵地前移，以便更接近敌人，阿富汗步兵以纵队方阵逼近英军中央阵地。由于阿富汗炮兵转移阵地减缓了炮击，伯罗斯决定攻击阿富汗步兵，将其展开的战斗队形打乱。正午过半的时候，伯罗斯指令掷弹兵和左侧的2个雅各布来复枪兵连前进500码，用步枪火力齐射粉碎敌方即刻就将发起的攻势。但英军仅仅移动了200码就受到了重炮的轰击，被迫停止，转入防御。

此时，阿富汗步兵已经到达距英军阵地仅半英里的位置，来自赫拉特的阿富汗步兵各部队面对掷弹兵团，来自喀布尔的阿富汗步兵部队则对敌雅各布来复枪兵团。英军指挥官命令部队用步枪火力击退阿富汗人即将发起的进攻。当赫拉特兵距英军阵地800码时，掷弹兵团进行了一次团火力齐射，造成了阿富汗人的重大伤亡。尽管发动了数次猛攻，暴露在枪口下的赫拉特兵无法继续前进，被迫退到"斯奈德"步枪的有效射程之外。喀布尔兵对雅各布来复枪兵团的攻击遇到了同样的情况，被迫停止。

接下来是战役中最为严峻的时刻，阿尤布等人着手重组一支主力军，准备再次投入攻击。阿富汗人伤亡巨大，众多伤者急需救助。许多部族武装打算把他们受伤和死去的同伴从战场上撤下去。全军经过长途行军后疲惫不堪，饥渴难耐。当时正值炎暑酷热，阿尤布军队阵地的水源被英军控制，战士们口渴至极，呼吸困难；有些人发生了动摇，打算要撤退了。这时，许多阿富汗女人来到战场上，救护伤员，稳定军心。一个名叫穆拉莱的阿富汗少女，取下面纱作为旗帜向战士们挥舞，唱起了激励斗志的歌谣：

> 亲爱的小伙子，倘若你在迈万德不敢战斗，
> 对着真主起誓，你便要落个懦夫的不好名声。

这清凉如泉水的歌声给了阿富汗人很大鼓舞。穆拉莱的英雄事迹传诵一时，她是阿富汗历史上第一位杰出的女性。至今喀布尔城中心东方市场里，有一座迈万德纪念碑，就是特意为纪念穆拉莱而立。士气高涨之下，又一支庞大的阿富汗主力军组织了起来。阿富汗人重新调整了部署，包括让炮兵前移更接近前线，加强主攻英军中央阵地的步兵兵力，威胁英军侧翼以转移敌注意力。正当阿富汗主力军重新部署之际，大批骑兵云集，威胁到了在玛赫穆达巴德村

的英军辎重队。整个战役中，这种威胁牵制了相当数量的英军步骑兵。

13时，掷弹兵团对面，阿富汗主力军集结完成。阿富汗战士穿过峡谷，运动到了英军的后方。13时30分，英军滑膛炮兵连由于没有了炮弹，开始撤退，这影响了左翼印度步兵的士气。当英军战线经受着阿富汗炮兵持续的轰击时，英军在左翼击退了阿富汗骑兵。阿富汗人完成了进攻前的重组，炮兵抵近到英军阵地前500—600码，有些甚至更近。阿富汗战士们已经将军旗插到了英军第66团阵地的700码内。

14时到14时30分，阿富汗军队的炮火减弱了。英军以为阿富汗人的炮弹打光了，然而这不过是全面进攻的前奏。14时30分，大批阿富汗战士从侧翼的峡谷中蜂拥而出，直扑英军中央阵地和左翼。赫拉特兵冲击掷弹兵团，喀布尔兵攻打雅各布来复枪兵团。大批悍不畏死的穆斯林勇士冲锋在前，其中一些人还身披白色的裹尸布。英军曾经遏制住阿富汗人冲锋的步兵火力，此时根本无法阻挡如此密集的进攻。左侧的2个雅各布来复枪兵连承受了巨大的压力，他们的军官都被打死；阵地被突破，部队溃向掷弹兵团，而掷弹兵团则面对着几乎阿富汗军队四分之一的兵力。在这时的距离上，"斯奈德"步枪和骑枪就远不如阿富汗人的近战武器有用了。

就在左翼濒临崩溃的时候，皇家马拉炮兵连开始撤退，阿富汗人缴获了2门火炮。炮兵的后撤导致了掷弹兵团和雅各布来复枪兵团的溃退，败兵退向第66团左侧的连队。正当英军战线迅速崩溃之际，伯罗斯下令进行骑兵冲锋。反击行动并未能稳住阵脚，英军骑兵在反击中使用骑枪代替了刀剑，严重地削弱了打击力度。而且一开始英军骑兵就被分散使用，在关键时刻无法集中发挥作用。骑兵们反击失败，退向玛赫穆达巴德村。

英军第66团一面在浅滩的掩护下躲避阿富汗人的炮弹，一面连续不断向阿富汗人开火。当溃散的印度步兵败退到第66团阵地时，英军战线完全崩溃。部分英军绝望地试图在混乱中重新组织起来，停止败退。第66团残部组织了一次不成功的抵抗，大约100名士兵在一个果园里进行了最后的战斗，结果全部阵亡。事后英军指挥官的报告称：

我根据阿尤布军中一位校官的意见获悉如下情况。当时他在现场，第66

团曾有一批人，据他估计是100多名官兵极其坚决地进行了抵抗。他们被阿富汗的全部军队包围起来，一直奋战到只剩下11个人，伤亡巨大。这11个人从花园内冲杀出来，一直战斗到死。

英军第66团最后幸存的军官希亚辛什·林奇少校曾写下了第66团的战斗经过，起先颇为自豪：

战斗一打响，敌人的骑兵就已准备向我们发起冲锋，看来他们十分可畏，骑姿雄伟。我们像往常一样准备对付骑兵。当他们相当逼近时，麦克迈什给他们一排子弹，一下子打得人仰马翻。就在一片混乱中，我们开始一个个地对准他们射击。有些骑兵还冲到我们跟前，但他们的密集火力已经垮了，他们已失去速度。马匹害怕刺刀冲刺。当他们向着我们的刺刀冲来时，我们就刺杀马匹和骑兵，我亲眼看到他们从我们左边骑到右边，我们的刺刀也跟着转向他们。他们再也没法向我们冲锋了。

关于战斗的最后一幕，林奇少校写下了自己狼狈逃生的过程：

负伤后，我越过了干渠——水早已被放走了——来到了一个果园，我们的弟兄们正傍着一堵厚泥墙顽强抵抗。这时，敌人的炮火不断轰击我们，前面一大段墙被轰塌了，我看到阿富汗人手持旗帜和在午后阳光下闪闪发亮的长刀向前挺进。我卧倒在地上，感到非常难受。这时，皇家马拉炮队那四门炮中最后一门炮从我身旁往后撤退。施莱德上尉一看见我，便停住炮车，把我搁到靠近炮车轴的座位上。我记得，大炮经过轰击后还是那样热烫，我连用皮靴也不敢去碰一碰它。

幸好阿富汗人的追击并不紧，他们不约而同地只注意去掠夺辎重车量和补充饮水。这段回忆中提到的那位施莱德上尉如此写道：

在广阔的沙漠上，到处可以看到人们三五成群地向后退却……炮车上挤满了无可奈何的负伤的官兵，可真是活受罪……最后总算来到了河边；这时正是上午11点钟，走了32里才算离开战场。

就是在河边，英军总算等来了援军，免于了全军覆没的命运。

迈万德之战是英国维多利亚时代重大的军事灾难之一。英军阵亡1700多人，丢失7门大炮、1000支步枪、2400多头运输用的牲畜和200多匹战马，以及大批弹药（约28万发步枪子弹和450发炮弹）。阿尤布的军队损失亦有数千人。作为日不落帝国的荣耀，英军具有良好的纪律和训练水平，并可得到一个有组织的后勤体系的保障。他们的对手，阿尤布麾下的阿富汗反英武装，仅是一群临时集结的战士，训练水平、武器装备和组织形式参差不齐，他们联合起来仅只是为了对付共同的敌人。令人震惊的是，英军居然就惨败在了这群"乌合之众"手下。除了抗英，没有任何东西能够担保这支队伍可以长期待在一起。战役结束后，数以千计的穆斯林勇士带着伤者和死者纷纷返乡，或者仅仅庆祝了一下胜利就离开了。

说来有趣，迈万德战役能广为世人所知，著名的福尔摩斯系列侦探小说恐怕居功不小。柯南·道尔笔下，大侦探福尔摩斯的助手华生医生作为军医曾经在阿富汗服役，在迈万德会战中被阿富汗人的燧发火枪击中，负伤后回国治疗。书中的描写，即使现在看来还是十分真实可信：

这次战役给许多人带来了升迁和荣誉，但是带给我的只是不幸和灾难……在这次战役中，我的肩部中了一粒捷则尔（即"杰撒伊"）枪弹，打碎了肩骨，擦伤了锁骨下面的动脉。若不是我那忠勇的勤务兵摩瑞把我抓起来扔到一起驮马的背上，安全地把我带回英国阵地来，我就要落到那些残忍的嘎吉人（即穆斯林战士）的手中了。创痛使我形销骨立，再加上长期的辗转劳顿，使我更加虚弱不堪。于是我就和一大批伤员一起，被送到了波舒尔的后方医院。在那里，我的健康状况大大好转起来，可是当我已经能够在病房中稍稍走动，甚至还能在走廊上晒一会儿太阳的时候，我又病倒了，染上了我们印度属地的那种倒霉疫症——伤寒。有好几个月，我都是昏迷不醒，奄奄一息。最后我终于恢复了神智，逐渐痊愈起来。但是病后我的身体十分虚弱、憔悴，因此经过医生会诊后，决定立即将我送回英国，一天也不许耽搁。于是，我就乘运兵船"奥仑梯兹"号被遣送回国。一个月以后，我便在朴次茅斯的码头登岸了。那时，我的健康已是糟糕透了，几乎达到难以恢复的地步。

迈万德战役的惨烈，由此可见一斑。迈万德战役的一项直接后果，是让英国人认识到山地民族的剽悍善战。从此英国开始集中征召印度北部所谓战争民族的锡克人、旁遮普人和廓尔喀人入伍，这便是时至今日英军中依然存在的廓尔喀步兵团的由来。更重要的是，英国人认识到，在阿富汗用军事手段是无法解决问题的。他们理解了那首古老的阿富汗诗歌：

> 阿富汗的青年已经染红了他们的双手，
> 好像苍鹰在猎物的血泊里染红了爪子一样；
> 他们雪白的剑支闪耀着艳红的血色，
> 犹如夏日盛开的一圃郁金香。

于阿富汗人而言，这是一次辉煌的胜利。喀布尔市中心的迈万德大街上至今耸立着雄伟的迈万德战役纪念碑。纪念碑是绿色的，四周有四尊大炮，象征着英勇的阿富汗人民击败外敌侵略的光荣历史。挟迈万德战胜之威，阿尤布乘胜向坎大哈进军，将坎大哈团团包围。

英国人从喀布尔派来由罗伯茨指挥的援军：3800多名英国官兵、1.2万名印度士兵和36门大炮。英军在坎大哈外围巴巴·瓦里山脉下的皮尔·帕马尔村前与阿富汗人对峙。罗伯茨观察地形，知道依靠正面进攻去占领崎岖的巴巴·瓦里山脉，必将招致重大伤亡。他决定声东击西，正面佯攻巴巴·瓦里山脉，实际集中攻击阿富汗人的左翼，即皮尔·帕马尔村和村中那些带有院墙的果园；负责佯攻巴巴·瓦里山脉的英军第3步兵旅在掩护英军营地的山丘背后右侧摆开阵势，担任主攻的第1、第2旅部署在左侧；英军骑兵在左翼后方排成队形，四处活动，以威胁阿尤布军队的后方，堵截阿尤布去往赫尔曼德河的退路；坎大哈的军队则时刻准备里应外合。

上午9时，英军炮兵开始向阿富汗战士扼守的巴巴·瓦里山脉主峰发射45

磅炮弹。佯攻吸引了阿尤布军队的注意力，英军第92山地团和第2廓尔喀团顺势攻占了皮尔·帕马尔村。罗伯茨回忆道：

在向前推进的头一个阶段，阿富汗人在巴巴·瓦里山脉下面的山丘地区集结了很大的兵力，显然是冲着我们的大炮来的。可以看到他们的领袖正鼓动他们这样做，他们有一部分人冲下山了，但主力部队显然拒绝冲下来，继续留在山顶上。阵地被打乱时，他们立刻退却了。

皮尔·帕马尔村的陷落，打开了通向阿尤布军队围城工事和军营的道路。英国军官怀特少校回忆道：

敌人占据着他们营地前方的一个阵地，并有一道长沟作良好的天然战壕；这道长沟的左边就是敌人的阵地，一直延伸到一个居高临下的土丘，从这个土丘可以直接射击到向上通往阵地的那条长沟……在长沟的后面有一座四方形的围墙，墙内集中了相当多的敌人。他们的两门大炮架在围墙的正左方……我鼓励部下发起一次冲锋，结果他们完成得很出色。在通过旷野时，有五六个人被打死，但终于夺取了敌人的大炮和阿尤布的最后一个阵地，我也感到心满意足了。

溃败的阿富汗战士钻进果园和花园，不见了踪影。有带围墙的果园和村子作为掩护，英军骑兵无法追击。英国人称，1200多名阿富汗战士阵亡，英军缴获大炮30门，包括迈万德战役中被阿富汗战士缴获的2门英军皇家马拉炮队的火炮。经过此战，英军总算击败了阿尤布，保住了坎大哈。

但这样的局势已经无法维持下去了。身处"捕鼠夹"中，英国人再次同阿卜杜尔·拉赫曼申明妥协性的协定，同意阿富汗内政自主，外交受英国控制。1881年4月，坎大哈被移交给阿卜杜尔·拉赫曼政权。4月21日正午，英国国旗在三十一响礼炮声中降落。一周后，英军放弃了征服阿富汗的打算，全部撤出阿富汗。第二次失败的阿富汗战争，让英国人付出了2亿英镑的物资损失和3000名士兵生命的代价。

4. 国王的改革

英国人撤走，照例又是内战。阿尤布不甘心屈居阿卜杜尔·拉赫曼之下，于1881年7月率1.2万人的大军击败了阿卜杜尔·拉赫曼的王家军队，占领了坎大哈。阿卜杜尔·拉赫曼在回忆录中写道：

第一，当时没有钱来支付军饷和政府其他费用；第二，没有武器、弹药或军需品……我从前曾经说过，我最初继承喀布尔王位时，我的日子并不好过。相反，我到处遇到各种各样的困难。这时，我首先开始认真对付我自己的亲属，我自己的臣属以及我自己的人民。我刚在喀布尔安顿下来，还没有时间作军事准备，忽然发现我自己不得不去打仗了。

阿卜杜尔·拉赫曼远比阿尤布高明，他看准了阿尤布出兵坎大哈、造成赫拉特后方空虚的弱点，采取了突袭赫拉特、决战坎大哈的战略。他派出一路奇兵轻而易举地占领了赫拉特，让阿尤布前方军心不稳。8月，他率大军从喀布尔出发，在坎大哈城下与阿尤布决战。阿卜杜尔·拉赫曼回忆：

整整两个小时内，战斗十分剧烈，而且不分胜负……我的军队开始从两侧后退一些，但位于中央的主力部队由于我亲临督战，倍受鼓舞，打得很出色。当我向前冲去时，阿尤布的部队开始露出怯懦的迹象，我原先四个团的步兵——在吉里什克挫败后已投向阿尤布——便改变了自己的主意。在我统治以前，受过训练的士兵们通常都有这样的习惯，即他们一看到此方强于彼方时，便离开弱者而投靠强者。因此，这四个团看到胜利正转向我方，立刻就向着同我军苦战中的阿尤布军队开火了。

阿尤布军队被击溃，阿卜杜尔·拉赫曼取得了坎大哈战役的胜利。

阿卜杜尔·拉赫曼大肆屠戮阿尤布的余党，他写道："一个曾指控我为异教徒的毛拉，这时竟藏在先知的长袍下。我下令说，他这只恶狗是不应该留在圣洁的庇护所的。说罢就把他从屋里拖出来，我亲手把他宰了。"英国人据此以阿卜杜尔·拉赫曼的口吻写下诗句：

那些冥顽不灵的毛拉们曾对我侧目怒视，整日播道祈祷；

他们发誓赌咒，死盯着我的进军，直到我把阿尤布打得狼奔豕突；

他们只相信经书条文，殊不知国王的选择者是利剑；

如今二十人早已沉默和僵硬，因为我已经替天行道。

失去了根据地的阿尤布先是逃到波斯，1888年又流亡到英属印度，靠领取英属印度政府的养老金了却残生。如此，从1881年到1901年，阿富汗终于进入了继1863年之后，本国历史上又一次难得的统一时期。

阿卜杜尔·拉赫曼统治之初，阿富汗依旧地方群雄分立。阿卜杜尔·拉赫曼自己后来在回忆录中写道：

每一个部族和村子的每一个毛拉和首长，总是自以为是一个独立的国王……他们的暴虐和残酷是令人发指的。砍下男男女女的头，放在烧红的铁板上，欣赏这些人头活蹦乱跳，这就是他们爱开的一个玩笑。

事实上，阿卜杜尔·拉赫曼本人的统治同样铁腕而残酷。这与自己的堂弟、阿富汗土耳其斯坦总督伊萨克汗宽厚温和的统治方式形成了鲜明的对比，人心开始渐渐归于伊萨克汗。早年伊萨克汗曾与阿卜杜尔·拉赫曼一同流亡，阿卜杜尔·拉赫曼开始统治的头一年即任命伊萨克汗为土耳其斯坦总督，对着《古兰经》起誓，给他绝对的信任。阿卜杜尔·拉赫曼说："我丝毫不会考虑他的不忠，我曾把最好的步枪和武器交给他使用，因为他面对着俄国边界。"

1886年，阿卜杜尔·拉赫曼身患重病，随后有谣传说他病死。伊萨克汗遂自立为王，铸造钱币，举兵叛乱。

1888年9月，阿卜杜尔·拉赫曼的王家军队与伊萨克汗的军队进行了决战。伊萨克汗的精锐部队所向披靡，王家军队纷纷败退。就在即将分出胜负的关键时刻，一个极偶然的事件改变了战局：一支王家骑兵奔向伊萨克汗临阵指挥的山头，准备向他投降；伊萨克汗却以为这是一支直捣黄龙、前来活捉自己的奇兵，赶紧只身逃走。主帅逃跑，伊萨克汗的军队顿时慌作一团，四散奔逃，王家军队就此大获全胜。伊萨克汗流亡到了布哈拉和俄国，阿卜杜尔·拉赫曼对被俘的叛乱者予以了最严厉的惩罚。许多伊萨克汗部下的军官被绑在炮口上，活活轰成肉酱；成百上千被俘的士兵被挖去双眼，他们的亲人都被卖为奴隶。阿卜杜尔·拉赫曼凭借如此血腥的手段镇压了叛乱，维护住了阿富汗的统一。

接下来，阿卜杜尔·拉赫曼继续以军事手段削平地方势力。他相继平定不肯臣服的吉尔查伊人和哈扎拉人，征服卡费里斯坦（意即"异教徒的土地"），将其改名努里斯坦（意即"光明之地"）。虽然统治残暴，但阿卜杜尔·拉赫曼是阿富汗近代史上最有远见卓识的领袖人物之一。到1901年10月去世前，在长达21年的统治中，他全力维护阿富汗的统一，建立起一套中央与地方的管理体系。1886年，他将吉尔查伊部族强制从阿富汗中南部迁徙到兴都库什山以北。吉尔查伊人离开祖居的故土，来到陌生的新环境，很难再有力量反抗阿卜杜尔·拉赫曼。吉尔查伊人从前是反杜兰尼派，迁到北方后，处于塔吉克人、乌兹别克人和土库曼人等非普什图民族的包围中，反而对属于同族的杜兰尼人亲近感增强。强制迁徙政策不仅为阿卜杜尔·拉赫曼清除了一个敌人，还为他争取到一个支持者。

阿卜杜尔·拉赫曼又聘请外国专家，引进外国工业机器，建立工厂，改组军队，进行了轰轰烈烈的"洋务运动"。他用征兵制取代了传统的募兵制，规定每八名村民中要抽一人来服兵役，军服和给养由村子负担。他特别优待军队，文职官员的薪金不一定能准时领到，但军人的薪金必须按时发放。每个团必须配一名毛拉，一名医生。他还设立了军官学校。统治的最后几年，阿富汗已经有10万大军，包括100个步兵团、24个骑兵团和拥有近千门各种火炮的5500多名炮兵。在他的努力下，造币厂、皮革染制厂、熔铁炉以及其他工厂逐渐在喀布尔四周建立起来了。据说有这样一个笑话，说肥皂厂开工时，一些贫苦的阿富汗人竟然嚼吃肥皂，感谢他们的国王给他们吃这种新鲜味美的甜肉。尤为重要的是，阿卜杜尔·拉赫曼试图以伊斯兰教构建政治合法性和国家认同，超越因地域、民族、部落等因素造成的分裂。正是在阿卜杜尔·拉赫曼统治时期，阿富汗作为现代民族国家才渐具雏形。

尽管如此，彼时的阿富汗依然是一个贫穷落后而愚昧的国家。时人写下自己的见闻："在坎大哈，乞丐、残疾人、畸形人、衣衫褴褛和肮脏不堪的男人、女人和小孩们，或站或跪或坐在人们脚旁的尘土里和泥坑里。"没有供水系统，城市脏乱不堪。第二次抗英战争期间，英军在占领的坎大哈建造了公共厕所，不久停用。直到阿卜杜尔·拉赫曼统治末期，喀布尔才建造了公厕。至于医疗，头痛发热要请理发匠来放血；被蛇咬伤的人常送到圣地，靠安拉保佑；人们相信，毛拉送来的护身符可以驱邪治病，哈里发阿里的圣祠可以治疗聋哑、眼瞎和各种疾病。阿卜杜尔·拉赫曼建立了阿富汗近代第一所医院，却遭到当地医生和毛拉们的反对，说欧洲医生用的药都是毒药，结果人们害怕被毒死而不敢去医院。传染病暴发是阿富汗社会的大灾难，为减少传染，商铺关门，士兵们疏散到乡间，连国王阿卜杜尔·拉赫曼一家也只能躲入山区。预防的方法是烧硫磺、火药和烟草，净化空气。穆斯林纷纷去清真寺诵《古兰经》，进行祈祷，消灾免难。

至于外交，阿富汗始终处于英国和俄国"大博弈"（The Great Game）的中心，如何处理与这两大帝国的关系，决定着近代阿富汗的命运。阿卜杜尔·拉赫曼不但有以前的历史可鉴，而且有自己的亲身体验作为依据。他曾在俄国流亡多年，又深受英国咄咄逼人的压力，所以，他将阿富汗面临的严峻形势，比作"两头狮子之间的山羊"。他说："阿富汗是一个小国，它就像两头狮子之间的一头山羊，或是像夹在两块磨石之间的一粒小麦。这样的小国，怎么能够立于两磨之间而不被碾为齑粉呢？"

阿卜杜尔·拉赫曼深知，任何轻举妄动都会给他的王国带来致命的伤害。他曾说得更加形象："阿富汗像在湖中央游动的天鹅一样，白毛狗（指俄国）从北面威胁它，红毛狗（指英国）从南面威胁它。"阿卜杜尔·拉赫曼要在夹缝中寻求生存，同两大帝国同时保持友好关系是最好的选择。早在即位前给英国人的信中，阿卜杜尔·拉赫曼就提出："使阿富汗人永远置于两大强国的光荣保护之下。"

具体而言，阿卜杜尔·拉赫曼同样明白两大帝国争霸的格局不允许阿富汗完全不偏不倚。《甘达马克条约》将阿富汗的外交事务交由英国人控制，正是阿卜杜尔·拉赫曼借英国势力遏制俄国在中亚攻势的第一步。尽管阿卜杜尔·拉赫曼多次与英国意见不合，但一直以来与英国合作以制衡俄国，始终是他外交政策的出发点。阿卜杜尔·拉赫曼明确表示："由于英国人民的友谊，任何人都不可能动摇我们的王朝，只要我的子孙依然服从于英国政府。"英国政府曾颁发给阿卜杜尔·拉赫曼巴斯大十字勋章，他接受勋章时说："我将佩戴这枚勋章奔赴战场，出现在俄国人面前。"

针对英俄两国的扩张势力有在阿富汗迎头相撞的趋势，阿卜杜尔·拉赫曼将夹缝中求生存的原则化为一个具体的设想：将阿富汗变为一个受英国保护的"缓冲国"。英国为阻止俄国势力南下，也同意这一方案。19世纪80年代，英国和俄国就中亚势力范围问题展开反复谈判，尤其是在阿富汗北部和东部边境划界问题上矛盾尖锐；双方互相无法接受对方的条件，俄国不惜再度以武力威胁，准备南下出兵赫拉特。1884年2月，俄国占领距离赫拉特仅200英里的梅尔夫；5月，英国、俄国、英属印度三方组成联合委员会，讨论阿富汗北部划界问题。英国和英属印度方面的委员正赶往会合地点时，俄军却对驻扎在潘迪绿洲的阿富汗军队发起进攻；当地英国人逃走，400名阿富汗士兵战死，俄国随即宣布潘迪绿洲是自己的领土。

这轮新的英俄危机中，英国首相格拉斯顿的立场相当强硬。他在英国国会呼吁："谁是挑衅者是一件极端重要的事情。我们只知道这是俄国人发起的一次攻击。我们得知阿富汗人在生命、精神和声誉方面均遭损失。我们知道这个打击已经损坏了一位君主——我们保护下的同盟者——的名声和权威，而他没有犯任何罪。我要说的是，事情到了这个地步，我们不能合上这本书说'我们不再看它了'。我们一定要竭尽全力在这件事上使正义得到伸张。"格拉斯顿要求英国国会批准拨款1100万英镑的军费，并宣布俄国一旦向赫拉特推进即构成"开战理由"。最终，这场英俄危机以阿富汗–俄罗斯边界最后议定书的签订作为终结。1888年阿俄边界的勘定，暂时阻止了俄国势力对阿富汗北部领土的渗透。

北部边界问题解决，在阿富汗东部边界，尤其是阿富汗与中国接壤的帕米尔地区，俄国又加快了扩张步伐。阿卜杜尔·拉赫曼要求英国干预，英国却只关心用"缓冲国"阿富汗将俄国和印度隔离开来，无论如何也不能让俄国领土与英属印度领土接壤。英俄抛开最重要的当事国阿富汗和中国，擅自就以帕米尔问题为核心的阿富汗东部边界问题展开谈判。1895年，英国和俄国达成协议，划定了在帕米尔地区的势力分界。英国俨然以阿富汗的主人自居，要求阿卜杜尔·拉赫曼服从俄国的条件，让出部分领土；英国还要求阿富汗接受狭长的瓦罕走廊地带。瓦罕走廊本属于中俄交涉地区，英国和俄国为了自己的利益，私自决定了这一地区的归属。阿卜杜尔·拉赫曼不愿接受这样的条件，只是在英国答应提供5亿卢布的特别补助年金后，才勉强同意对瓦罕走廊进行名义上的统治。如此，英俄两国围绕阿富汗的争夺暂时告一段落。

紧接着，英国人又将目光投向阿富汗南方，阿富汗与印度的边界地区，盯紧了那里普什图人的土地。普什图人酷爱自由，英勇善战，虽居住在阿富汗境内，却并不服从国王的管理。英国人两次发动征服阿富汗的战争，均遭遇以普什图人为主的阿富汗抗英武装顽强抵抗，强悍的普什图人让英国人深感畏惧。19世纪80年代后期开始，英国人一直向这里扩张势力，企图控制各个独立的普什图部族。英国人不惜违反《甘达马克》条约的规定，打通科贾克山隧道，将基达铁路从老恰曼延伸到新恰曼。阿卜杜尔·拉赫曼称英国人的这一行动是"将一把锥子戳进阿富汗的肚脐眼里"。英国人随后占据了克什米尔。面对英国的威胁，阿卜杜尔·拉赫曼支持普什图各部族的抗英行动。英印当局对阿富汗实施武器禁运，阿富汗则封锁基达车站，阿卜杜尔·拉赫曼甚至拒绝接受英国人的补助金。但是在英国加大压力的情况下，阿卜杜尔·拉赫曼还是屈服了。

1893年9月，英印当局向阿富汗派来了外交使团。外交使团为阿富汗和英属印度划定了一条分界线。该分界线由当时的英属印度当局外务大臣莫蒂默·杜兰德主持起草，因而以其名字命名，这便是著名的"杜兰德线"。杜兰德作为英国国王全权代表，与阿富汗国王阿卜杜尔·拉赫曼的两位全权代表具体划定了这条边境线。这条长达2640公里的边境线将普什图人聚居的普什图斯坦地区一分为二，一半位于英属印度境内，另一半位于阿富汗境内。这部分英属印度领土后来被巴基斯坦所继承。至今，普什图人一半生活在巴基斯坦控制的边界一侧，另一半在阿富汗边界一侧。被"杜兰德线"分割的普什图斯坦地区，直到今天依然是阿富汗与巴基斯坦两国之间难以解决的问题。当然，"杜兰德线"是否有效，一直受到争议。自"杜兰德线"出台以来，阿富汗的18届政府中只有4届政府接受该划界协定。

谈判过程中，阿卜杜尔·拉赫曼即曾表示："如果你们（指英国人）把这些地区与我们同族同教的边境人民割裂出去，将有损于我在臣民心目中的威望，将削弱我的地位。而我的被削弱，也将有害于你们的政府。"他在喀布尔举行的宗教人士会议上呼吁边界各独立的部族进行"圣战"，驱逐异教徒的占领；他还写了号召"圣战"的小册子，在普什图斯坦地区秘密散发。1897年6月，普什图人爆发反英大起义，阿富汗境内部族乃至阿富汗军队士兵都有参加。英国人指责阿卜杜尔·拉赫曼与之关系密切。阿卜杜尔·拉赫曼辩解说，参加暴动的阿富汗人是晚上偷越边境过去的，"边界如此广阔，谁能防得住呢？"

普什图人的反英大起义历时一年之久。英国人虽镇压了起义，仍有4万多名英军驻扎在普什图斯坦地区。1899年，寇松勋爵出任英属印度总督，开始撤走英军，代之以当地部落武装。1901年，寇松在当地设省，将普什图斯坦地区分为英国人直接管辖区和自由部落区，这种分而治之的政策暂时缓和了普什图斯坦地区的紧张局势。

5. 最后的独立

1901年10月1日，阿卜杜尔·拉赫曼中风去世。临终时，他依然对英国人通过划定"杜兰德线"夺去阿富汗大片领土和三分之一人口的行径愤慨不已。他的长子哈比布拉在和平的氛围中继位——宰相将阿卜杜尔·拉赫曼的王冠戴在哈比布拉头上，宣布他为"埃米尔"；亲王们和大臣们一致赞同，一一跟他握手，并向他效忠。这是阿富汗王国建立以来第一次和平的权力转移，应该归功于阿卜杜尔·拉赫曼这位被称作"锡拉吉-乌尔-麦勒特-瓦-艾德-丁"（意即"民族与宗教之光"）的伟大人物。后世认为，阿卜杜尔·拉赫曼凭借再度统一阿富汗的功绩，足以与建国者艾哈迈德·沙并列。

哈比布拉是一个性情温和的开明君主。他努力稳定阿富汗国内局势，从阿富汗社会的闭塞中看到了新思潮从域外涌来的阻力所在。他主动向英属印度总督寇松写信示好："我的责任就是一举一动都要合乎我尊敬的父亲所固有的那种作风，我将以他的朋友为朋友，避开他的敌人。"寇松遂邀请哈比布拉访问印度。哈比布拉说："（英属印度总督）阁下的邀请信，词句是这么友好，殷切盼望同朋友会晤，所以，我毫不犹豫就接受了。"访印期间，哈比布拉检阅了英国军队，参观了英国在印度建立的近代工业，考察了英国皇家海军舰队，大开眼界。在孟买，这位阿富汗国王形容大海是一个"大水池"。他在那里安排了大炮射击演习，亲自用一门10寸口径的大炮瞄准5000码以外的移动靶进行射击。哈比布拉登上英国军舰，参观了轮机间，观看了舰炮操演，事事问得仔细。他亲自发射了一枚鱼雷，命中了移动靶；最后还施放了一颗水雷。薄暮时分，他观赏了舰队五光十色的灯影。结束了访问，哈比布拉还特意发给英国路透社一份签名电：

以真主的名义，1907年3月7日发自贾姆鲁德。在我从印度访问归来重新进入阿富汗境内之时。

在印度长达六十四天的访问，使我这样的愉快，以致无法用语言表达出来。印度政府、总督阁下、总司令以及印度的其他军官和民政当局对我都表示亲切友好，所以，我觉得他们全都是朋友。

我可以这样说，这次短期访问印度期间，我为阿富汗政府和我本人结识的真实朋友，较之我待在阿富汗的二十年内所能结识的还多。

回国后，哈比布拉大力修建道路，延长电报线，引进现代机器。他是阿富汗宫廷欧化的积极倡导者，聘请外国工程师建造了阿富汗第一座发电站，为王宫和喀布尔的主要建筑装上了电灯。他喜欢汽车，到第一次世界大战爆发时已经拥有不同品牌的私人汽车57辆。由于这个嗜好，他特别关心从喀布尔到"杜兰德线"的公路桥梁建设。他喜欢摄影，特意进口照相机，还鼓励足球、板球、网球、高尔夫球和曲棍球等欧洲体育运动，组织比赛，为优胜者发奖。

虽然仰慕欧洲风情和现代化的生活，哈比布拉比起他的父亲却更加强硬，在同英国的交往中始终坚持独立原则。他反对同英国商谈新条约，拒绝英国将铁路修进阿富汗。1905年3月，阿富汗与英国的新条约签字。在哈比布拉的坚持下，英国承认他是"阿富汗及其属地的国王"。这只是指内政而言，外交上阿富汗仍然没有独立自主权。1907年，欧洲大陆的政治空气逐渐紧张起来，英俄两国建立了军事同盟。为进一步协调国家利益，英国和俄国缔结了重新划分中亚势力范围的协约。俄国在波斯获得了较大利益，作为交换同意让阿富汗保持"在俄国势力范围之外"。这标志着俄国暂时退出了对阿富汗的争夺。

第一次世界大战爆发后，1914年8月24日，哈比布拉在喀布尔宣布对英国保持中立的友好政策。1915年3月给英属印度总督的信中，哈比布拉写道：

只要至高无上的真主恩赐的阿富汗政府继续得到安全与和平，我今后仍将一如既往地恪守我同卓越的英国政府之间的友好条约和协定。愿真主保佑，在我力所能及的范围内，我绝不会让愚昧无知和目光短浅的人们的虚伪的想法，置于我的国家的利益和福利之上。

1916年1月，他在致英国国王的回信中再次重申："我很感激陛下深信由真主恩赐的阿富汗政府的中立，陛下为此曾向我表示谢意和欣慰。将来，只要阿富汗不遭到危害或损失，至高无上的真主恩赐的阿富汗政府还将继续保持中立，并将满意地和尊敬地珍视陛下政府的友谊。"

另一方面，奥斯曼土耳其帝国对英国宣战，土耳其苏丹、伊斯兰世界的哈里发向全体穆斯林发出"圣战"呼吁，也在阿富汗国内激起了强烈的反响。德国外交使团和土耳其使团经过波斯来到阿富汗，试图以金钱和武器援助为诱饵，吸引阿富汗参加对英国的"圣战"。初到阿富汗的德国使团一度对前景表示乐观，德国使团在信中写道：

如果有携带机枪的大约一千名土耳其人和我们的远征队已经开到这里的话，我们相信把阿富汗拖进战争是很有可能的。也许我们将发现，开始时必须组织一次政变。由于道路均被敌人扼守，由宪兵队伴同我们的远征队从伊斯法罕开到边界上那是绝对需要的。

精明的哈比布拉采取拖延谈判战术，既不与英国发生冲突，也不同国民的反英情绪相对抗。他的真实意图，是观望欧洲战场上的变化，根据战争形势的发展决定阿富汗该如何站队。对德国和土耳其使团，哈比布拉表示愿意同他们合作，同时又强调自己的困难，另一边还不断将谈判的情况通报给英国人。

德国外交使团的成员哀叹："第一天，埃米尔说，他是拥护我们的；第二天，埃米尔又说，他是反对我们的。"1916年1月，哈比布拉表示愿意同德国结盟，条件是得到10万支步枪、300门大炮和价值2000万磅的黄金。在当时的情况下，德国根本无法满足哈比布拉的要求。德国使团曾两度决定要离开，哈比布拉却又给他积极的保证，从而把他们挽留下来，但回头就撤销了那些保证。1916年，欧洲战局的天平向英国方面倾斜，德国和土耳其使团相信进一步的谈判不会有任何结果，只得撤出了阿富汗。

德国和土耳其使团的使命失败，让哈比布拉完全站在了英国一边。他发表了《告伊斯兰教长老会议诏书》，号召他们对英国忠诚。这时印度与阿富汗边境的马苏德部落爆发反英起义，哈比布拉命令阿富汗军队不得协助起义者，甚至要阿富汗军队配合英军行动。马苏德起义因而遭到镇压，这在阿富汗国内引起了普遍的愤怒。爱国者不能宽恕哈比布拉对同胞的背叛行为，普通阿富汗人也谴责自己的国王叛国卖教，甚至由此发生了对哈比布拉的未遂行刺。

1916年，哈比布拉向英国人提出，战后的"和平会议"中应该有阿富汗代表参加。1919年2月，战争结束两个多月后，哈比布拉再度给英印当局写信，要求巴黎和会承认阿富汗的"绝对自由、自由行动和永久独立"。他还没有收到答复，变故就猝然发生。1919年2月20日，阿富汗国王哈比布拉从贾拉拉巴德王宫出发去拉德曼山区打猎。次日凌晨，一个无名刺客潜入国王的帐篷。哈比布拉在熟睡中被刺客用手枪打穿了头颅。这一事件标志着阿富汗的历史又翻开了新的一页。

早年为稳国内局势，哈比布拉曾宣布自己的弟弟纳斯鲁拉为王位继承人。如今，陪伴国王出猎的纳斯鲁拉立即在贾拉拉巴德宣布即位，得到了许多大臣的支持。哈比布拉的第三个儿子、喀布尔总督阿马努拉则起来争夺权力，在首都宣布称王；他激烈抨击纳斯鲁拉未能及时追捕刺客，承诺提高军饷。阿马努拉的支持度顿时高升，连纳斯鲁拉等人都被迫向他效忠。阿马努拉任命从前支持纳斯鲁拉的穆罕默德·纳迪尔为国防大臣，阿卜杜拉·昆都斯为首相，马赫迈德·塔尔齐为外交大臣，只有纳斯鲁拉被指控教唆刺杀哈比布拉国王，被终身囚禁。1919年2月28日，阿马努拉正式加冕为王。加冕典礼上，他不是向毛拉们，而是第一次向国家和军队发表公告：

光荣高贵的国家啊！勇敢的军队啊！当我的伟大的国家正给我加冕之际，我大声疾呼地向你们宣布：阿富汗王国无论对内对外都应该自由，这就是说，世界上其他独立国家的政府的各种权力，阿富汗也应全部具有。

阿马努拉将争取阿富汗的完全独立作为自己的第一目标。他向英属印度政府写信，要求重新修订1905年的阿英新约，遭到英国人的拒绝。另一面，阿马努拉以灵活手段展开独立外交，联络了十月革命后建立的苏俄。苏俄急欲打破列强封锁的外交僵局，宣称奉行废除帝国主义不平等条约、支持民族解放运动的外交政策。1919年3月，苏俄致电阿马努拉，宣布承认阿富汗王国的独立与主权，成为世界上第一个承认阿富汗独立的大国。阿马努拉致函列宁和加里宁，提出两国建立友好关系，也得到积极答复。与苏俄建交，使阿富汗得到了一个潜在的强援。阿马努拉清楚自己掀起了一场风暴，且时机有利。如他自己在信件中所写：

英国人由于欧洲的战争而心乱如麻，因而没有力量来进攻阿富汗人。印度人民对英国人的暴政和压迫也是万分不满。他们只要找到机会，就会毫不犹豫地起来反抗，因为在英国人的手里他们的心血已被吮吸殆尽了。

1919年5月，阿马努拉在喀布尔伊赫加德清真寺召开大会，宣布对英国人发动"圣战"。他向阿富汗国民发布了"圣战"的公告：

我的虔诚和勇敢的国家啊！我的忠诚的雄狮般的军队啊！高贵的声望、光荣、勇敢和顽强，就是你们固有的素质。爱国主义、虔诚和德行，就是你们的天性。

我现在向你们全体——朕的忠诚的臣民们宣布，那个奸险诡诈的英国政府，长期以来一直耍弄着恶魔般的阴谋诡计，把许多可耻的压迫强加到我们头上。

我要求我的虔诚而勇敢的王家军队努力奋斗，竭尽你们最大的力量，我同时要求我的忠实的臣民不惜他们的生命和财产，踏着真主的道路献身于"圣战"！

下面的阿富汗人随即热烈地呼喊道："雅·马尔格·雅·雅思提克拉尔！"①

英国与阿富汗之间的第三次战争就此爆发。当时印度河以北可以投入作战的英印军队，总数多达34万人，装备包括飞机。一方面大批久经第一次世界大战锻炼的英军仍在海外服役，另一方面驻印英军也饱经各种问题的困扰。英国的官方记录称："英籍人员已开始退役，在无人接替的情况下大批返回英国去了。各技术部门缺乏熟练工人和机械师的情况特别显著。整个印度部队暂时缺乏效力了……而且自从1914年8月以来，大批印度籍官兵第一次被批准休假。"过去只能从英国本土获得的飞机零部件、铁路机车和军需品早已消耗殆尽，因缺乏运输船只而无法得到迅速补充。运输畜力，特别是骡子的来源完全中断，甚至在野战部队也不得不使用非常蹩脚的小马。由于疾病的原因，骆驼也很缺乏。不过，英国人在印度西北边境修建了完备的公路，军粮储备也很充足。

英军情况不佳，阿富汗人则更加弱小。阿富汗军队总数不过6万人，装备无非陈旧的步枪、火炮和刺刀。这场战争乃是一场勇气与意志的较量。5月3日，阿富汗军队总司令赛里·穆罕默德率先下令进攻，仅进入英属印度领土不远。英军紧急派援军乘坐卡车赶来，阿富汗军队被迫撤回。5月9日，英军开始反攻，进入阿富汗境内。5月11日，英军攻占巴格，阿富汗军队遭遇重大伤亡，英国皇家空军以飞机轰炸扫射溃散的阿富汗军队而获得胜利。第二天，英军轰炸达卡要塞，迫使阿富汗军队撤往贾拉拉巴德，英军随即占领达卡。面对英军的反攻，阿富汗军队分三路在开伯尔、瓦济里斯坦和坎大哈三个方向抗击英军。鉴于此前两次战争的教训，英军这次没有深入阿富汗境内，战事主要在边境地区进行。

东线方向，纳迪尔召集了一支由3.5万人组成的部落武装，于5月14日兵分三路向英军发动攻势。5月24日，纳迪尔的弟弟瓦里汗率军攻占了英军在瓦济里斯坦的两个据点，26日又占领了英军在该地的司令部所在地托奇；纳迪尔的

---

① 意即："不自由，毋宁死！"

另一个弟弟马赫迈德先后占领了卡尔佩和瓦纳；纳迪尔亲率第三路大军，沿着一条不适于野战炮通过但驮着大炮的大象和骡子可以通行的道路，于5月26日到达塔尔城下。

按照英国人的描述，塔尔要塞的工事只是为防备仅持有步枪的阿富汗部族武装而建，如今临时加固，分设内外两道防线，由4个印度步兵营、2门山炮和2门3英寸口径战壕榴弹炮防守，从该要塞东北300码的一口井中取得饮水供应。阿富汗军队占据优势，有3000名步兵，2门3.8英寸口径的克肟伯野战榴弹炮和7门小口径的克肟伯马驮炮，另外还有大批赶来为纳迪尔助战的部族武装。战斗开始后，阿富汗军队的火炮射程超过了英军的火炮射程，炮弹给英国人的要塞造成了不小损失。英国皇家空军的两架飞机对阿富汗人的炮兵阵地进行了轰炸，才让塔尔要塞得到了片刻喘息。5月28日，阿富汗人的炮弹击毁了要塞内的汽油池、弹药库和粮仓，无线电收发站也因起火而暂时无法使用。当天早晨，阿富汗军队占领塔尔的村镇，继续向要塞发起攻击。塔尔之战是阿富汗第三次抗英战争中的重要战役，此战阻止了英军向贾拉拉巴德继续推进，对白沙瓦的英军构成了直接威胁。由于6月3日双方签订停火协议，阿富汗军队才停止了进攻。

南线方面，5月29日，英军包围边境地区的斯平-巴尔斯克要塞。英军用大炮轰塌要塞城墙，两个步兵旅冲入防御工事，阿富汗守军全部战死。坎大哈省长闻讯，竭力阻止当地驻军司令下达动员令。首相昆都斯抵达坎大哈，径直解除了坎大哈省长的职务，亲率阿富汗军队和部族武装出击，占领了英军据点巴格拉，切断了英军的水源，威胁到设在基达的英军指挥部。停战协议的缔结同样终结了南线的战事。

"杜兰德线"边境两侧普什图部族的抗英起义此起彼伏，印度的反英民族解放运动也不断高涨。战争爆发之初，白沙瓦的阿富汗邮政局即大量散发由阿马努拉签名、激励全体穆斯林向英国人发动"圣战"的宣言书，以及有关德国已经重新采取军事行动、印度已经发生革命的传单。紧接着，阿富汗邮政局长与印度革命委员会共同谋划，准备在白沙瓦城内发动起义，破坏英军的流动仓库，纵火烧毁火车站和兵营。英军事先得知了情报，突然包围白沙瓦城，关闭城门，逮捕了阿富汗邮政局长和其他革命领袖，提前镇压了起义。后院起火，加之苏俄的外交支持，让英军在战场上无法获得有效的进展。英军动用飞机参战，结果却使这场战争的无望结局更加直观：

　　瞩目俯视，尽是一些硬纸板似的棕色土山。那些土山外形并不庞大，而岩石豁露之处，仿佛就在这硬纸板上出现了点点黑斑。在开伯尔上空，我首先注意到的就是地面轮廓不够细致……在山头移动的任何东西都难于辨别。那些土山正是利用这种依稀难辨作为掩护，无怪乎飞机的用处很小。就是在五百尺上空，一个观察员要发现埋伏在光秃秃的山顶上的大批部族人民，也是很困难的。

　　不过，英国飞机的参战还是给阿富汗人造成了巨大震撼。飞机出动，在战场上对阿富汗军队进行轰炸扫射，帮助英军取得了几次胜利。5月中旬，英国皇家空军对贾拉拉巴德进行了集中轰炸，该城的军事区大半被炸毁，整列的军队也遭到轰击。就在这一片慌乱中，附近的部族百姓趁机抢劫了武器、弹药和金库。有来自印度的目击者形容自己所见："一两架飞机来到了贾拉拉巴德上空，一连轰炸了几个小时，有两枚炸弹就在离我住处几码的地方爆炸了。这次轰炸无论在市区还是在军事区都引起了惶惑和混乱……逃跑的士兵们想要超过他们的将军，将军则想要超过他的士兵。"5月24日，英国人轰炸了喀布尔，炸弹落在阿马努拉的王宫和喀布尔的兵工厂。又有印度目击者说："上午6时，一架飞机第一次在喀布尔上空出现……有3门大炮从山顶向它开火，军民们用许多步枪和少数无聊的手枪进行射击。飞机消失后，城中立刻发出一片喧嚷，表明公众已陷入恐怖，以及在几分钟死一般的沉寂以后的骚动。为了安慰这些惊慌失措的群众，军乐队立时奏起乐来，有一个团就在这十分不平常的时刻被带到阅兵场待了几分钟。"

　　阿富汗人开始惶惶不安，要求国王停战。英国人也因军事行动受挫、印度局势不稳而认为终止战争是唯一的选择。阿马努拉提出，停战的前提是英国承认阿富汗的独立。经过谈判，阿马努拉同意签署停战协议，双方军队自边界各自后撤20公里。6月3日，阿马努拉宣布停火。1919年8月，经过一个月的谈判，英国与阿富汗在印度的拉瓦尔品第草签和约。合约规定，英国和阿富汗维持原有边界（即"杜兰德线"），英国获得对开伯尔山口两段边界线的裁定权，并暂时中止阿富汗进口军火在印度的过境权和对阿富汗提供的补助金。英国首席谈判代表汉密尔顿·格兰特爵士在信中承认："阿富汗在内政和外交事务方面，正式地自由和独立。"

1921年，英国和阿富汗正式签订了条约。两年的谈判中，英国人原本对条约内容仍多有坚持，谁知阿富汗随即于1920年批准了与苏俄的友好条约作为回答。这对英国有如一道晴天霹雳，英国只得做出让步，尽快与阿富汗签约。英阿条约规定，正式承认阿富汗"内政和外交独立的一切权利"；同意阿富汗进口物资在印度的自由过境权，在对英属印度当局怀有"善意"、并不威胁后者的情况下，可以进口武器；任何一方在边界地区进行军事行动前须通知对方；双方同意对方在自己的领土上设立对方的公使馆、领事馆和贸易机构，阿富汗可以直接在伦敦开设公使馆。阿富汗也同意在原则上接受英国人划定的开伯尔山口以西边界。英国从此正式承认阿富汗完全独立的国家地位。

阿富汗历经三次战争，终于在与英国的抗争中赢得独立。阿马努拉宣称要用利剑实现阿富汗独立的梦想最终得以实现。阿富汗人每年举行庆典，纪念阿富汗的独立。喀布尔建起一座独立纪念碑，碑座上是一头用铁链拴着的狮子，代表大英帝国。纪念碑的含义直白：这头狮子已经上链，再也不能用牙齿和爪子来威胁阿富汗了。

就此简要回顾了阿富汗的历史。如前文所言，阿富汗重要的战略地理位置是其独一无二的资源。这里是东西方贸易往来的十字路口，是丝绸之路上多种文明的融汇之地。伊斯兰教、祆教、佛教都经这里传播，所以这里才能出现巴米扬大佛与伊斯兰新月并举的奇观。实际上，世界上很少有像阿富汗这样的国家，各个部族各自为政，但又统一在一个国王脚下。也很少有像阿富汗这样的国家，在伊斯兰文明即将衰落之际脱颖而出，又从未真正成为西方列强的殖民地，始终保持着不屈的独立。

阿富汗是一个需要人们保持敬意的国家，一如阿富汗诗人克鲁亚丁·哈代姆的名篇：

如美玉，镶嵌在中亚细亚的高山之巅，

沐浴过数千年的春风秋雨，
我们在这万山丛中光辉璀璨。
我们的历史充满了英雄的传奇，
啊，我是阿富汗——阿富汗！
我为自己的民族自豪自信，
无际的云彩诚是我们的利剑闪光，
闯来的一切魔鬼都要被赶出家园，
历史证明我们像那玉柱擎天，
啊，我是阿富汗——阿富汗！

第三章
苏联入侵

1. 政治的悲剧

　　成功获得独立后，阿马努拉展开了全方位的外交。阿富汗对英俄两国始终怀有戒心，阿马努拉大力发展与在本地区没有殖民传统的德国、意大利及土耳其、伊朗等伊斯兰邻国的关系。阿马努拉从土耳其聘请了军事顾问来为阿富汗训练军队，又与伊朗签订了互不侵犯条约，阿富汗、土耳其、伊朗三国从此形成了一种特殊关系。

　　在改革派人物马赫迈德·塔尔齐等人的辅佐下，阿马努拉开始推行全方位的国家改革。一位曾访问过阿马努拉的印度人说："他（阿马努拉国王）与一个出版《锡拉吉–乌尔–亚喀巴》（意即《新闻之光》或《新闻火炬》）的新闻工作者、一个举世无双的人物马赫迈德·塔尔齐的女儿结了婚。塔尔齐对创建现代阿富汗建树极大。他曾多年居住国外，年轻的国王受这位岳父的巨大影响。开创现代化的阿富汗的功劳部分地归之于这位马赫迈德·贝格·塔尔齐。"当初哈比布拉被暗杀后，马赫迈德·塔尔齐第一次见到阿马努拉时，两人拥抱在一起，塔尔齐对阿马努拉说："不要哭泣，现在是行动的时候了。"在他的鼓舞下，阿马努拉夺取了王位。现在又是经由他的辅佐，阿马努拉推行起全面的改革。

阿马努拉颁布阿富汗王国宪法，宣布阿富汗王国改政体为君主立宪制，下令所有识字的阿富汗人投票选举产生第一届阿富汗国民议会。国民议会设立立法会议，由国民议会投票选出的150名议员组成，每年在喀布尔开会八个月。上下两院的阿富汗王国议会自此而来。阿马努拉广泛改革司法和经济制度，大建工厂，以阿富汗尼取代卢比成为新的国家货币。他广建学校，力图以世俗教育代替宗教教育，兴办报纸、电影院、剧院和博物馆等文化事业，开始采用公历，规定在会计和医生处方中使用阿拉伯数字，要求阿富汗王国政府官员一律穿西服戴礼帽，不得头戴传统的羊皮帽和头巾，将休息日从星期五改为星期日，星期五仍为宗教日。在欧洲人的观察下，阿富汗"正在成为一个现代国家，公路交通已经得到改造，有一支训练有素的军队以及出类拔萃的学校，议会制最近也被采纳。在亚洲的中心，一个全新的国家正在形成中。"

　　改革的同时，阿马努拉趁十月革命后苏俄国内战争之机，出兵中亚，打算在中亚建立一个强大的伊斯兰国家。可惜，与所有积弱国家的民族主义领袖一样，他犯了一个错误——太想在一夜之间把国家变得富强。尤其是建立区域性伊斯兰大国的梦想，毫无悬念会激怒北方强邻，招致未来的报复。更不用说他的改革措施在阿富汗国内得不到广泛支持。由土耳其顾问为阿马努拉草拟的行政法规，被毛拉们宣布为非法；阿富汗百姓见到喀布尔城里的外国顾问、医生和工程师就感到气愤；阿富汗军队不受重视，军饷不足，中级以上军官普遍从在欧洲和喀布尔受过现代军事教育的阿富汗青年中提拔，招致老派军官不满，军心不稳。1924年，这一度激起了霍斯特"瘸子毛拉"阿卜杜拉领导的叛乱。阿富汗军队历时一年才平定叛乱，阿马努拉改革的决心却始终没有动摇。

　　1927年12月至1928年7月，阿马努拉国王夫妇出访了印度、埃及、意大利、法国、比利时、瑞士、德国、英国、波兰、苏联、土耳其和伊朗共十二个国家。在印度，他特意发表演说，竭力敦促宗教界要宽大容忍，特别警告自己的穆斯林听众不要被"那些无知的毛拉"引入歧途。欧洲各国在阿马努拉国王来访时，纷纷出动飞机为他护航，邀请他参观阅兵，授予他勋章。尤其在英国，阿马努拉受到英国皇室成员的欢迎，拜谒了第一次世界大战阵亡将士纪念塔和无名英雄墓。然后，这位阿富汗国王陛下观看了英国皇家空军的表演，在卢尔沃斯观看了英军坦克演习，还访问了伍尔威治的兵工厂和康伯利的皇家军事学院。在朴茨茅斯，阿马努拉登上英国皇家海军"胜利"号和"虎"号军舰参观，又乘坐一艘悬挂阿富汗国旗的潜艇出海。王后和随从们则乘坐另一艘军舰驶出港口。突然，潜艇在王后面前沉入海底，让她深感震惊。直至她接到阿马努拉国王发来的电报才如释重负："我在海底向您致以最良好的祝愿。"阿马努拉被邀请向靶船发射两枚鱼雷。他亲自按下发射按钮，随后接到信号说两发皆命中，一时无比高兴。他还访问了英国皇家海军，观看了驱逐舰、潜艇和飞机的各种表演。

在苏联，阿马努拉国王受到了加里宁的欢迎，观看了苏联红军的各兵种合同演习。加里宁还赠送他2辆苏联产的拖拉机作为礼物。在土耳其飞机、军舰的护航下，阿马努拉到达伊斯坦布尔，检阅了土耳其军队仪仗队和约50名在土耳其军事学院深造的阿富汗青年军官。土耳其领导人凯末尔设宴款待阿马努拉国王时，提到了阿富汗和土耳其两国人民的共同起源以及争取独立的光荣斗争，还赞扬阿马努拉国王所从事的改革工作。阿马努拉致答谢词时表达了自己对土耳其的敬慕心情，并宣称："我们两个姊妹国家都有着相同的政策和相同的义务。阿富汗准备履行这些义务。"

欧洲国家发达的文明，世俗化后的伊斯兰国家快速的发展，都给阿马努拉留下了深刻的印象。回国后他连续五天发表演讲，详述了自己访问的经过，提出了阿富汗未来应采取的政策纲要。演说完毕时，阿马努拉国王同自己的臣民代表：一个士兵、一个官员、一个平民和一个学生亲切拥抱。他决心当阿富汗的凯末尔，从而与毛拉们矛盾重重。苏利亚王后（马赫迈德·塔尔齐的女儿）在欧洲未戴面纱出现于社交场合的照片，在阿富汗国内引起轩然大波，王后受到毛拉们最不利的批评。她回国后又不戴面纱出席了宴会，更是火上浇油。阿马努拉刚回喀布尔不久，就有一个毛拉的代表团在等候他，抗议王后和贵妇们在大庭广众之下不戴面纱。阿马努拉在答复中指出，阿富汗农村本来就没有妇女戴面纱。毛拉们说，贫苦的农妇们要干活，怎么能戴面纱。阿马努拉接着回答说，等到农妇们戴上了面纱，那时王后在公众面前也会把脸蒙起来的。毛拉们听了，气急败坏地离开。不久又有人散布谣言，说国王计划从欧洲买机器用死尸制造肥皂。阿富汗全国纷纷传言："国王已经背叛了安拉和伊斯兰教！"

阿马努拉国王不顾一切障碍，以激情和勇气继续强力推进自己的改革。1928年9月，他将阿富汗军队的强制服役期限由两年增至三年，取消所有免役权，此外下令在全国征收附加税，要求每个成年男子缴纳5阿富汗尼，每个官员缴纳一个月的薪金，用来向外国购买武器。他坚称一夫多妻制是腐化的主要原因，任何政府官员如娶第二个妻子就必须辞职。他甚至还在1928年11月颁布命令，要求喀布尔居民和到首都访问的阿富汗人都必须穿全套西装。这个略有些荒诞的敕令颁布后，有人索性就沿路搭棚摆摊，向去喀布尔的乡下人出租西装。据说阿马努拉还亲自扯掉阿富汗人头上的缠头，这些人虽身穿西装，仍舍不得扔掉他们心爱的头饰。马赫迈德·塔尔齐忧心忡忡道："阿马努拉修建了一座漂亮但是没有基础的纪念碑，抽掉一块砖它就会倒塌。"

1928年11月，灾难果然降临。阿富汗东部楠格哈尔省的辛瓦里普什图部落开始了叛乱，烧毁了贾拉拉巴德的王宫和英国领事馆，提出了废黜国王的要求。附近部族纷起响应，阿富汗军队主力调往东部，首都喀布尔只剩了少量国王禁卫军和军校学生。来自北方的枭雄哈比布拉趁机率军奔袭喀布尔。哈比布拉是塔吉克人，人称巴洽·沙库，意即"挑水夫之子"，因其父为挑水夫而得名。他年轻时即远走他乡到白沙瓦谋生，因为偷窃坐过牢，在阿富汗军队中当过三年兵，1924年霍斯特叛乱时携枪出逃，靠拦路抢劫和勒索商队渐成气候。他一路奔袭喀布尔，不断有阿富汗正规军倒戈加入，喀布尔的大门向入侵者敞开。1929年1月13日夜，哈比布拉率部偷袭成功。阿马努拉国王眼见军队背叛了自己，宣称"完全出于自愿"，逊位于长兄伊纳雅图拉，与大臣们乘车逃往坎大哈。伊纳雅图拉困守喀布尔内城，身边只有一些家仆，倒戈投到哈比布拉旗下的阿富汗炮兵开炮轰击城堡。伊纳雅图拉无路可走，只得跟叛军谈判，于18日乘英国飞机前往白沙瓦。阿马努拉国王十年的统治就此终结，惨淡经营多年的改革遂告夭折。

攻占喀布尔后，哈比布拉自封为"埃米尔·哈比布拉·汗·加齐"，一面废除阿马努拉的改革措施，一面大肆搜捕前王朝官员和富商巨贾，榨取钱财扩充军队，喀布尔城内一片恐怖气氛。普什图人无法容忍一个塔吉克人的政权，苏联等国也不肯承认哈比布拉（苏联坚信英国是叛军的幕后支持者）。阿马努拉在坎大哈组织起一支军队，反攻喀布尔，却在加兹尼被忠于哈比布拉的部族武装打得大败。这位心灰意冷的前国王携家人前往印度，之后到意大利开始了流亡生活。他终生未能再返回阿富汗，1960年逝世于瑞士苏黎世，后归葬贾拉拉巴德；马赫迈德·塔尔齐则流亡土耳其，于1933年病逝，被埋葬在俯瞰博斯普鲁斯海峡的一座小山上。

彼时在法国尚有一位重要人物注视着阿富汗局势的一举一动。他就是阿富汗王族成员、第三次英阿战争中的英雄、前国防大臣和阿富汗军队总司令穆罕默德·纳迪尔。1924年纳迪尔被外派法国担任大使，后因患肋膜炎退居法国尼斯养病。他让人用担架将自己抬上一艘邮轮，辗转回到了阿富汗。纳迪尔召集起第三次英阿战争中曾与自己并肩作战的胞弟哈希姆、瓦里和马赫迈德，组织部落武装，展开反攻，两次进攻喀布尔均告失败。1929年10月10日，瓦里率军经过三天的激战，终于收复喀布尔——瓦里从此被称作"喀布尔的征服者"。纳迪尔以胜利者的姿态进入喀布尔，受到喀布尔百姓的热烈欢迎。喀布尔百姓和部族武装敦促纳迪尔接受阿富汗王位，被纳迪尔拒绝；部族武装大声叫嚷说，如果他拒绝，他们就散伙回家，这才扭转了局面。纳迪尔从此登上了阿富汗王位。

纳迪尔乘胜追击，在库希斯坦的旷野活捉了哈比布拉。11月3日，一代枭雄哈比布拉与他的17名部下被行刑队处以枪决，阿富汗恢复了和平。据说在场的每一名部族战士都朝哈比布拉的尸体开了一枪，以后人人可以吹嘘："我也帮着杀了这个'挑水夫之子'。"

1929年的内战为时不长，但给阿富汗带来严重的后果。彼时的历史学家写道："贸易和农业破坏严重，人民半饥半病，许多人衣不蔽体，四处乞食，村庄被遗弃，房屋遭焚毁，数以千计的人流离失所。"学校关闭了，国家没有军队和警察，国库空无一文，叛乱与平叛中崛起的宗教和部族势力不允许阿马努拉式的改革重新登场，决心以武力粉碎任何类似企图。相反，有识之士则欢迎纳迪尔，希望他恢复业已中断的改革。

纳迪尔拥有和前任国王一样的改革之心，只是少了几分不切实际的锋芒。他清楚了解国内的政治现状，主张以渐进的方式建立现代阿富汗。1930年9月召开的阿富汗大国民议会确认了纳迪尔的国王地位，由此建立了阿富汗历史上最后一个王朝，即穆沙希班王朝。由于一脉相承的传统，历史上一般将巴拉克宰和穆沙希班这两个王朝归为一个王朝统称。出使西方的经验给纳迪尔国王带来了开阔的眼界，这在国民绝大多数是文盲的阿富汗无疑拥有很大的优势。如此，他的现代化改革效果明显。

1931年，纳迪尔国王主持制订并颁布了著名的阿富汗1931年宪法，确立了现代阿富汗的国家体制。1931宪法参照了1923年的阿马努拉宪法及土耳其、伊朗和法国等国的宪法。新宪法规定，阿富汗的官方宗教是哈乃菲教法学派，阿富汗国王必须是哈乃菲派穆斯林。王位永远属于纳迪尔家族，国王有权任免宰相、大臣和其他官员，拥有宣战、缔和之权，紧急情况下可以直接颁布法令。首相对国王负责，地方政府从属于国王和内阁，首相组织内阁时必须得到国王批准。于是，纳迪尔任命瓦里为首相，任命马赫迈德为国防大臣。宪法规定了阿富汗的两院制议会，上院即国民议会，有立法创始、审议权和质询权，议员由民选产生。下院权限同上院，议员由国王任命。立法须经两院批准，然后由国王签字。作为阿富汗特有的政治机构，大国民议会在危急时刻召集，决定有关内政外交的重大问题，它拥有高于宪法的权力，成员来源广泛。这部宪法塑造出一个现代阿富汗的框架，成为阿富汗近现代历史上的一座里程碑。

颁布新宪法的同时，纳迪尔加紧粉碎国内的反对势力，主要是不满普什图人统治的其他民族反叛和一些普什图部族的对抗。到1931年底，全国叛乱均为国防大臣马赫迈德平定。1932年11月27日，纳迪尔国王发布著名的《十点政策宣言》，阐释了自己的施政原则。他提出，阿富汗政府须建立在伊斯兰法律原则的基础上，严格禁止酒精饮料，建立军事学校和近代化兵工厂，维持阿马努拉国王同外国建立的外交关系，修复电报电话线路、改建道路、征收拖欠的税款、发展对外贸易、促进公共教育、改组大国民议会，等等。纳迪尔渐渐显示出不同于阿马努拉的外交风格。他疏远了与苏联的关系，但仍设法与苏联签订了新的中立条约和互不侵犯条约。反之，阿富汗与英国的关系大有改善。纳迪尔在位期间接受的唯一外国援助，就是1931年英国提供的1万支步枪和18万英镑现金。

此举遭到阿马努拉国王时期大臣贵族们的反对。他们指责"英国已悄悄侵入了阿富汗"，主张阿马努拉回国复位。亲阿马努拉派中实力最强大的，当属贵族豪门恰希家族。纳迪尔国王遂将恰希家族的两个重要人物，阿富汗驻苏联大使古朗姆·纳比和他的兄弟、阿富汗驻德国大使古朗姆·萨迪克先后召回国。1932年11月8日，古朗姆·纳比回国不久，遭指控牵涉进企图让阿马努拉回国复位的叛乱阴谋。纳迪尔国王当面斥责纳比谋反，将此案草草结案，纳比被处以死刑。结果王室与亲阿马努拉派之间的关系演变成一场暴力连锁冲突。1933年6月，一个号称抗议英国控制阿富汗边境部族的阿富汗留学生，在柏林刺杀了纳迪尔国王的长兄、阿富汗新任驻德国大使穆罕默德·阿齐兹。阿富汗政府随即枪决了一批被认为与此有关的在押犯人。1933年9月，一名阿富汗中学教师闯入驻喀布尔的英国使馆，企图刺杀英国公使。刺客被捕后供认，自己希望能杀死英国公使，迫使英国再度武装干涉阿富汗。又一批犯人被阿富汗政府处决，据信这摧毁了阿马努拉在阿富汗国内的最后一批主要支持者。然而这远不是暴力的结束，更大的灾难还在后面。

　　1933年11月8日，在王宫庭院里为学生授奖的仪式上，纳迪尔国王正停下来为一个学生祝贺新婚，坐在紧后面座位上的刺客猛然把那个学生推到一边，向国王开了枪。刺客是古朗姆·纳比16岁的儿子，他特意选在父亲一周年忌日这天实施复仇行动；他成功了，纳迪尔国王当场中弹身亡。事发后数小时，惊魂未定的纳迪尔国王独子穆罕默德·查希尔就被推上了阿富汗国王的宝座。查希尔年仅19岁，此后二十年权力实际执掌在先后担任首相的两位王叔，哈希姆和马赫迈德手里。

　　1933年到1946年，是哈希姆任首相的时期。他以"第三国主义"的外交政策，应对第二次世界大战的国际风云。阿富汗努力与英国、苏联等国保持正常关系，还于1934年与美国建立了外交关系。轴心国看重阿富汗的重要战略位置，不断在阿富汗拓展势力。德国设法参与阿富汗境内各种水电站、工厂和道路建设，还从事地质勘探；1936年，阿富汗曲棍球队和体育官员参加了柏林奥运会，成为希特勒的座上宾。德国不断渲染阿富汗人是雅利安人的后代，希望在两个民族间架起一座精神之桥。德国和意大利间谍渗透到阿富汗与印度的边境地区，煽动当地部族的反英情绪；来自远东的日本人也不甘落后，在喀布尔开设贸易公司，协助参与赫尔曼德河水利工程，还接收了一批阿富汗留学生。直到20世纪80年代，有几位阿富汗政府高官依然能说一口流利的日语，常令世人大为惊奇。但是，当第二次世界大战爆发后，阿富汗宣布中立，坚决希望与同盟国保持友好关系。阿富汗同时驱逐了来自同盟国和轴心国的非外交人员，避免了英苏对阿富汗的潜在借口。

这十多年间，阿富汗经济获得了显著的发展。阿富汗大量经营紫羔羊皮出口，确立了自己在世界紫羔羊皮市场上的重要地位。1934年，阿富汗国内第一家银行——国民银行成立；1935年，阿富汗政府首次发行纸币，银行也成立了专营紫羔羊皮、棉花和羊毛出口的公司。放任主义的自由经济被视为这一时期阿富汗经济的特征，阿富汗似乎一步步迈向现代。然而，第二次世界大战结束后，阿富汗经济明显恶化。1946年阿富汗农业歉收，导致了历史上第一次进口粮食。物价暴涨，失业增加，激进的阿富汗知识分子甚至提出了结束王权、建立民主的要求。一潭死水的山国出现了新的洪流。

1946年5月，走投无路的哈希姆被迫宣布辞职，以"自由亲王"之名著称的王叔马赫迈德接任首相职位。"自由亲王"采取了制定七年经济发展计划的方式重振阿富汗经济。可惜，通货膨胀虽得以缓解，紫羔羊皮价格下跌带来的外贸问题却始终无法解决。20世纪50年代初，七年计划终宣告破产。政治上，"自由亲王"进行了大胆的"自由主义议会实验"。1949年初，阿富汗举行了历史上第一次自由的议会选举，大批自由派人士进入国会。他们在议会中就王国预算、官员腐败和美国贷款等问题向政府提出尖锐质询，经电台直播，影响巨大。1947年创建的喀布尔大学也成立了学生会，提出了新闻自由的问题。1951年，阿富汗政府通过新的出版规定，允许发行私人报刊，取消新闻检查。多家私人报刊随即出现，围绕这些报刊形成了祖国党、觉醒青年党和人民党三大政党。民主运动高涨，阿富汗政府渐渐难以控制。喀布尔大学学生会被取缔，各私人报刊相继被封闭。1952年4月举行的议会选举中，自由派人士无一当选。反对派遂在喀布尔组织了阿富汗历史上第一次大规模抗议示威，结果数十名参加者被捕。阿富汗的第一次"自由主义议会实验"以失败而告终。

外交方面，战后中亚格局发生了天翻地覆的变化。1947年印巴分治，宣告了英国在印度次大陆长达两个世纪殖民统治的结束，印度和巴基斯坦两个国家诞生。作为战前"第三国外交"的延续，阿富汗想方设法加强与美国的关系，希望用美国来填补英国撤出后的真空。1948年，阿美关系升格为大使级，阿富汗在美国设立大使馆。不过，彼时美国对阿富汗兴趣不大，拒绝提供军事援助。在美国看来，在该地区须倚重的遏制苏联力量的主要国家是土耳其、伊朗和巴基斯坦，而不是与苏联有着漫长边境线、与巴基斯坦存在边界纠纷且防御力量薄弱的阿富汗。所以，美国无意过多卷入阿富汗事务。

阿富汗与巴基斯坦的边界纠纷，就是"杜兰德线"留下的普什图斯坦问题。从30年代开始，普什图斯坦的民族主义运动就与印度甘地的非暴力不合作运动同步。英国宣布印巴分治方案后，阿富汗要求允许印度斯坦西北边境诸省区（包括普什图斯坦）在加入印度或巴基斯坦的公投选择之外，有加入阿富汗或独立的选择，遭到英属印度当局拒绝。1947年的公投遭到许多普什图人的抵制，投票结果是大多数人支持加入巴基斯坦，该结果阿富汗表示不予承认。阿富汗与巴基斯坦关系迅速恶化，边境冲突和宣传战不断，巴基斯坦对阿富汗商品过境实施禁运；两国各自召回驻对方大使，美国从中调解但毫无结果。阿富汗与巴基斯坦的关系恶化，与苏联的关系却开始复苏。两国签署贸易协定，苏联允许阿富汗商品经本国领土国境，还协助阿富汗进行国内工程建设。

阿富汗王国高层的权力斗争依然激烈。1953年9月，查希尔国王的堂兄，中央军团司令穆罕默德·达乌德亲王连同其他王室成员发动政变，逼马赫迈德亲王辞职。9月20日，查希尔国王正式任命达乌德为阿富汗王国首相。从1953年9月到1963年3月，达乌德一直任阿富汗首相，成为阿富汗内外政策的决策者和实际实施者。这个时期，在阿富汗当代史上被称为"达乌德的十年"。

达乌德的父亲是1933年遇刺的阿富汗驻德国大使穆罕默德·阿齐兹。达乌德早年留学法国，后进入喀布尔军事学院学习，与自己的堂弟穆罕默德·查希尔同窗。他们在家里又常一起听叔父哈希姆讲述阿富汗的历史与政治现实状况。达乌德后来历任南方数省的省长兼驻军司令，获上将军衔。他曾是马赫迈德内阁中的内政和国防大臣，因政见不合而辞职，是王室中有名的少壮派。达乌德一方面竭力维护传统的中立外交政策，并用"巴·塔拉非（普什图语中"不偏不倚"之意）政策"来加以命名。他在1955年一次答记者问时说："中立的定义不言自明，阿富汗不想跟随任何军事集团。"

另一方面，达乌德却大力引进苏联的军事和经济援助。执政的10年里，达乌德曾4次访问苏联和去苏联治病，两次邀请赫鲁晓夫访问阿富汗，还主持成立了"苏阿友好协会"。从1956年8月开始，阿富汗从苏联及其他东欧国家获得了T-34坦克、米格-17战斗机等武器装备。苏联协助修建和扩建了马扎里沙里夫、信丹德和巴格拉姆附近的空军基地,军事教官和顾问更是源源进入阿富汗。美国国务院顿感阿富汗在"走向共产主义",一位驻喀布尔的美国外交官曾颇粗暴地对达乌德说,阿富汗"将在几年内跌进共产主义的阴沟"。因为跟苏联走得太近,达乌德获得了一个绰号——"红色亲王"。

其实达乌德很精明,他是用这种方式"刺激"美国援助的增加。鉴于越南局势的发展,美国不武装阿富汗这样小国的理由也不复存在。于是,阿富汗同时从美苏两国获取援助,一时成为两个超级大国竞争的舞台。美国驻阿富汗大使亨利·拜罗德言道,阿富汗乃是"经济上的朝鲜",即大量获取苏联援助的国家,美苏两国经济冷战的热点地区。

在经济政策方面,达乌德大受苏联计划经济影响,制定五年计划,以国家主义推动阿富汗经济发展。达乌德打算继续当年阿马努拉国王失败的社会改革。他鼓励妇女去掉面纱,创办男女合校,实行男女在政治、职业和社会地位方面平等。1959年8月25日,在阿富汗独立节的庆祝会上,达乌德和他的副首相、王族成员、高级军官的妻子、女儿们出现在观礼台上。这些妇女都没有戴面纱。这个破例的行动使喀布尔市民大为吃惊。他任命妇女做播音员,派阿富汗妇女代表团出席亚洲妇女大会,派一名妇女参加联合国的阿富汗代表团。征得家长同意后,达乌德让40个六年级女学生进入陶瓷厂和男工一起劳动。他为妇女在医学、理工、法律、语言等各类学校学习创造条件,还让她们去国外受高等教育。达乌德说:"世上无难事,只要努力,总会取得成绩。"

达乌德的十年中,最大的外交危机仍然来自"杜兰德线"和普什图斯坦问题。1955年,巴基斯坦政府把西部诸省区(包括普什图斯坦)合并为一个省,即所谓"一体化计划";达乌德发表声明,表示坚决反对。巴基斯坦认为这是阿富汗干涉本国的内政,反应强烈。双方互相指责,发展到兵戎相见,边境冲突再度爆发。埃及、伊朗、伊拉克、沙特阿拉伯、土耳其等国都曾出面调解,但未能解决两国边界纠纷。1961年,两国宣布断交。从1961年到1963年,达乌德主动宣布封锁两国边界。阿富汗是内陆国家,对外贸易多半要依靠巴基斯坦的港口运转。边境封锁让阿富汗经济蒙受了巨大损失,从而引起国内不满。更重要的是,查希尔国王已经长大,对自己堂兄的施政愈发担心。

穆罕默德·查希尔是阿富汗的末代国王。少年的查希尔曾在喀布尔上中学，1924年随父去法国，在巴黎读书。留学期间，他迷上了西方文学和古罗马历史，一心想当一位研究文化和历史的学者。他尤其酷爱法国文学，还喜欢打猎、绘画、摄影等。然而，历史过早地将国家的重担放到了他的肩膀上。1930年，他回国修习伊斯兰教教义并在军事学院学习。1931年，他从喀布尔步兵军官学校毕业，同年与霍梅拉王后结婚。1932年，年仅18岁的查希尔被父王任命为国防副大臣，后来又担任过代理国防大臣和代理教育大臣。1933年11月8日他因父王遇刺而接过王位时，年仅19岁。在法国留学期间的所见所闻，以及随同父王巡视阿富汗国土时的切身感受，使查希尔自感了解应该如何治理这个王国。他无法接受堂兄达乌德的治国方式。

　　1963年，查希尔和达乌德的君臣不和明朗化了。达乌德是一个专断独裁、不容异议的家长式人物，他发展个人权势使查希尔深怀疑惧。他们两人在政见上的分歧发展到政治上的决裂。查希尔不同意达乌德的对外政策，反对达乌德同巴基斯坦搞僵。1963年，查希尔趁阿富汗同巴基斯坦断交之机，将达乌德赶下台。查希尔国王用"王室成员不得参政"的修改宪法条款，迫使达乌德辞职。辞职后，达乌德发表了《告国人书》，"向普什图斯坦的同胞们致以最诚挚的同情"，"希望普什图人民胜利地实现他们神圣的民族愿望"。

　　查希尔国王亲掌政权的时代，正是冷战形势错综复杂的20世纪60年代中期。他希望减少对苏联的依赖，加强与美国的关系。1963年9月，国王夫妇首次出访美国，受到隆重接待，随后美国副总统、国务卿相继访问阿富汗。然而，由于深陷越南战争泥潭，国际形势不利，美国对阿富汗的援助持续下降。相反，阿富汗与苏联的关系持续紧密，难以分离。1963年10月，以勃列日涅夫为首的苏联政府代表团来访。会谈中，苏联与阿富汗双方均表示，"满意两国间现存的、基于互敬互信的关系"，并宣称"决不允许对苏阿友谊睦邻关系的任何破坏"。苏联也对阿富汗的普什图斯坦政策表示"理解"。1965年8月，查希尔国王访问苏联，两国将阿苏中立和互不侵犯条约再延长十年；苏联继续向阿富汗提供各种援助，阿富汗则努力试图与苏联保持距离，坚持"巴·塔拉非政策"。查希尔国王努力与美苏之外的世界发展关系。值得一提的是，早在1955年1月，阿富汗即同中华人民共和国正式建立外交关系。1960年8月，阿富汗与中国签署了《中阿友好和互不侵犯条约》。1963年11月，两国在北京签订了边界条约。1964年10月，查希尔国王和霍梅拉王后访问中国；这次访问中，查希尔国王赠送给周恩来总理的银錾花嵌蓝宝石四足椭圆盒，在中国被保存至今。应该说，查希尔国王可称为中国人民的老朋友了。1963年以后，中国开始向阿富汗提供经济援助，并一跃成为主要援助国之一。

查希尔国王时代最重要的变化其实是在内政方面。查希尔国王一亲政，立即任命了一个委员会，制定了一部自由主义的新宪法。穆罕默德·优素福出任首相，同样是阿富汗历史上平民第一次出任首相一职。1964年10月，大国民会议通过新宪法，由国王签署生效。新宪法在维持国王最高权力的同时，强调三权分立，第一次授予妇女选举权与被选举权，规定实行直接的无记名投票，而且强化政教分离，未规定哈乃菲教派为国教，仅称以它指导宗教仪式，司法方面更规定在没有相关世俗法的情况下才实施伊斯兰法。这部宪法标志着阿富汗王国"新民主"的序幕正式拉开，阿富汗走入了由查希尔国王本人主导的"宪政十年"。

然而，"宪政十年"却是阿富汗政局长期动荡不宁的十年。从1963年到1973年的10年中，阿富汗王国更换了5届首相，平均两年发生一次内阁危机。达乌德似乎无声无息地蛰居了整整10年，实际上却在积蓄力量，等待时机。阿富汗政局动荡，并非来自传统的右翼保守宗教势力，而在于苏联操纵、以"共产党"革命面目出现的阿富汗人民民主党。阿富汗人民民主党创建于1965年1月，该党纲领规定，党的任务是"为取得反帝、反封建的民族和人民民主革命的胜利，为夺取政权，建立一个劳动人民的国家而奋斗。党的最终任务是在阿富汗社会的多民族条件下，创造性地运用马克思列宁主义革命的普遍规律建立社会主义国家"。它的主要领导成员是前阿富汗官方巴赫塔通信社处长努尔·穆罕默德·塔拉基、阿富汗国民议会议员巴布拉克·卡尔迈勒和另一位阿富汗国民议会议员哈菲佐拉·阿明。

塔拉基是普什图人，生于加兹尼一个贫穷的农牧民家庭，因家境贫寒，小学毕业就辍学。15岁的塔拉基到水果公司当差，但他勤奋上进，到喀布尔大学夜校学习，成绩优良。后来他成了公司驻印度孟买代办处职员，在那里第一次接触到共产主义思想，并结识了几名印度共产党党员，经常与他们探讨了社会正义和共产主义价值观。塔拉基回国后开始从事文学和新闻工作，成为一名知识分子。他进行小说和诗歌创作，撰写评论政治的文章，成为闻名全国的作家和诗人，在阿富汗青年和知识界中有广泛的影响。他的作品还被翻译成俄文。在苏联，他的作品被视为体现了科学社会主义的主题，被誉为"阿富汗的高尔基"。塔拉基后来去莫斯科大学进修，将阿富汗的贫穷落后归之于君主制。"卡尔迈勒"意即"劳工之友"，是巴布拉克的笔名。卡尔迈勒是塔吉克人，父亲是陆军上将，曾任阿富汗南部军区司令兼帕克蒂亚省和赫拉特省的省长，族谱可以追溯到克什米尔的印度教王公时代。他中学时就热衷于参加马克思主义学生团体的活动，就读于喀布尔大学时因杰出的演讲才能成为学生运动领导人之一。1953年卡尔迈勒因参加反政府示威游行被捕入狱，1956年达乌德政府颁布大赦才获释出狱。1965年1月，两人在喀布尔共同创立了阿富汗人民民主党，塔拉基和卡尔迈勒分别任总书记和中央书记。1965年8月的阿富汗议会选举中，卡尔迈勒当选国民议会议员。首相优素福再度受命组阁，遭到卡尔迈勒等激进派人士的强烈反对。10月24日，支持人民民主党的阿富汗学生占领了议会大厅，在首相官邸和议会附近游行；当天下午5时，阿富汗军队向游行学生开枪，造成伤亡。这天是阿富汗传统历法的8月3日，"八三事件"成为阿富汗政局走向沸腾的一个转折点。

仅仅两年，塔拉基与卡尔迈勒便分道扬镳。卡尔迈勒不认同塔拉基的地位，对后者的激进策略也表示不赞同。1967年，卡尔迈勒在阿富汗议会中公开称查希尔国王是"亚洲所有国王中最进步的一位"。为了对抗卡尔迈勒，塔拉基竭力拉拢党内的后起之秀哈菲佐拉·阿明。阿明属于普什图人吉尔扎伊部族，1929年出生于喀布尔附近的一个小职员家庭，自幼丧父，由哥哥抚养长大。他从小聪明好学，学业优良，早年就读于喀布尔大学，毕业从教，后来得到公费赴美留学的机会。在美国哥伦比亚大学攻读教育学硕士学位时，阿明接触到马克思主义，回国后便在阿富汗学生中争取到一大批支持者。1962年，阿明又获奖学金去哥伦比亚大学攻读博士学位，同时在威斯康辛大学攻读政治学和经济学。他被选为阿富汗留美学生联合会主席，由于参加政治活动被美国政府驱逐出境。他回国后参加阿富汗人民民主党，与总书记塔拉基建立了密切的私人关系，成为塔拉基的得意门生和得力助手。

1967年，阿富汗人民民主党终告分裂。党内分为两派——塔拉基、阿明的"人民派"和卡尔迈勒的"旗帜派"。卡尔迈勒的"旗帜派"自称"阿富汗人民民主党——全体劳动人民先锋队"，因创办《旗帜报》而得名"旗帜派"；塔拉基和追随者则把自己改称为"阿富汗人民民主党——工人阶级先锋队"，因出版《人民》周刊，他们在阿富汗以"人民派"著称。两派虽然在口头上都承认阿富汗人民民主党的纲领、目标、任务和党章，但实际上都拥有自己独立领导机构、机关刊物和成员。两派各自领导斗争，1968年到1969年阿富汗爆发了前所未有的学潮和工潮。20世纪70年代初阿富汗的经济状况进一步恶化，社会脆弱不堪。埃特马迪首相一度提出"真主、祖国和国王"的口号，却根本无法改变国内四分五裂的现状；任何努力都无法挽救岌岌可危的君主制度了。作为阿富汗君主政权的最后支柱，军队受到最严密的控制。具有讽刺意味的是，对阿富汗君主制的最后打击，正是来自军队。

　　进入20世纪70年代后，冷战中正处于优势的苏联对阿富汗志在必得。早在1907年，沙皇政府就曾毫不掩饰地说——对俄罗斯，在中亚具有最大战略意义的不是阿富汗，而是伊朗和巴基斯坦。从彼得大帝的时代开始，俄国人的意图昭然若揭。他们要以阿富汗为跳板，直指伊朗和巴基斯坦，进而南下印度洋。继承了俄罗斯帝国的南下战略，苏联对阿富汗觊觎已久。苏联一直试图向南实施分阶段的推进，以实现在印度洋寻求暖水港和出海口，并切断欧洲和远东联系的战略。所以，控制阿富汗是苏联实现南下战略的关键步骤。对苏联来说，等待已久的机会已经到来。克里姆林宫方面看中了蛰居在家的"红色亲王"达乌德，准备让他出面主持新政府。而苏联打算借重的力量，正是阿富汗人民民主党。

　　阿富汗是伊斯兰国家，教育民众、组织民众、发动革命是一项费力费时的工作，阿富汗人民民主党是等不及的，他们要走一条捷径。塔拉基依据人民革命理论，提出了在封建的阿富汗社会建立无产阶级专政的依据。他认为——由于国内无产阶级人数太少，革命必须找到一条捷径，即先在军队的帮助下夺取政权，然后通过社会、经济措施来赢得民众的支持。简而言之，就是控制军队，发动军事政变夺权。无论是阿明还是卡尔迈勒，对此都是深表赞同。于是，"人民派"和"旗帜派"从20世纪60年代末开始都在阿富汗军队中发展党员，扩大组织。彼时查希尔国王提拔自己的女婿、中央军团司令兼宫廷侍卫长阿卜杜勒·瓦里；瓦里又大量任用亲信，这种任人唯亲的做法在阿富汗军队中引起强烈不满，倾向于"红色亲王"的人数不断增多。

1973年7月初，查希尔国王在瓦里的陪同下出国，赴意大利治病和休养，王储艾哈迈德摄政。艾哈迈德缺乏威信，难以驾驭阿富汗军队。达乌德和他的同谋者决心利用这一机会发动政变。参与政变的有穆斯塔加尼中将、海德尔中将和库马中将以及50名年轻军官。塔拉基亲自向达乌德表示，支持他的反国王行动，军中的阿富汗人民民主党党员服从他的命令。瓦里获悉国内有政变阴谋，中途归国协助艾哈迈德主持国务。为人骄横的瓦里得到的却是内政部提供的假情报，未能采取有力措施。

7月16日晚，由谢里夫丁·奥马拉尼将军指挥的首都装甲师和伞兵部队，从距喀布尔50公里的哈尔卡沙夫基地向喀布尔秘密调动，理由是操练独立日军事检阅。由于傍晚时分，军事机构的大部分工作人员已下班休息，戒备最为松懈。政变部队未遇到任何阻拦盘问，径直进入首都。到晚上10时，政变部队占据了喀布尔市内各交通要道，封锁了首都与外界的一切联系，包围了电台、各政府大楼和王宫。

17日凌晨2时，政变部队开始行动，首先逮捕阿富汗军队总司令部的负责人、喀布尔卫戍司令以及政府大臣，随后开始向王宫进攻。政变部队进展非常顺利，成功逮捕了瓦里和王族的其他重要成员。只遭遇轻微抵抗，政变部队就击溃了王宫卫队和喀布尔警察部队，控制了整个喀布尔。达乌德曾表示应尽量减少流血，不应无故屠杀反对派，必须善意对待王族成员，因此政变中一共只死了8个人：一名坦克手为了避免和一辆汽车相撞，连人带坦克掉进了喀布尔河，车毁人亡；7名警察在混乱中被误杀。王室的主要成员都被捕，没有被杀害。

7月18日清晨，达乌德通过电台宣布政变成功。鉴于达乌德在阿富汗国内的巨大影响，各地驻军司令均采取观望态度。在对全国的广播讲话中，达乌德指出：民主制度将确保全体人民的权利和国家主权，但自己当年的民主化建议为假民主所取代，后者依赖的是个人和阶级的私利，最终导致了无政府的状态，演化为最卑鄙的独裁制度。"宪政十年"的结果是经济、社会、政治和行政的全面崩溃，因此阿富汗的爱国者，尤其是军队决定结束这个腐败政权的统治，建立共和政权，后者才符合伊斯兰教的真正精神。

当天，阿富汗共和国宣布成立，穆沙希班王朝从此终结，阿富汗的君主制历史告一段落。新政府宣布废除1964年宪法，解散国会，取缔所有非政府报刊。国家行政工作由中央委员会负责，达乌德自任总统，又身兼总理、外交部长、国防部长和最高经济委员会主席四职，集军政大权于一身。中央委员会的成员，基本都是有阿富汗人民民主党党员身份的军官。政变发生时，查希尔正在罗马治病。消息传来，这位阿富汗当代史上在位40年的君主，只得于8月宣布引退，每月领取阿富汗政府发放的1万美元补助金，从而加入了第二次世界大战后被废黜国王的行列。

达乌德以军事独裁者的身份继续推行他的改革。他模仿苏联，推行经济国有化、土地改革，超越了阿富汗极端落后的国情，结果阿富汗经济每况愈下。达乌德试图加强中央政府和地方当局的行政权力，削弱部族和宗教传统势力，结果引起部族首领和宗教人士的对抗，有些地方再次出现了部族武装的叛乱。

苏联人本以为达乌德政府会是一个对苏联言听计从的亲苏政府，未及想达乌德重新执政后在对外政策方面继续奉行中立原则。1973年至1975年，达乌德先后亲自出访或派特使访问了苏联、印度、伊拉克、伊朗、中国等十几个国家。他同苏联和美国保持着大致对等的关系。经济援助上，苏联占第一位，美国占第二位。1975年9月，达乌德接受记者采访，在谈到阿富汗同苏、美、中的关系时说："我们不属于任何集团或军事集团，但是我们始终反对殖民主义和帝国主义。"后来，他又对一位美国记者说："我国的政策是同一切国家友好，但这并不意味我们会因为友谊而忽略我们的民族利益和民族特性。"基于这种立场，达乌德逐步加强改善和周边国家以及美国的关系。于是，阿富汗得到了伊朗的巨额援助，达乌德和巴基斯坦总理布托实现了互访。最重要的是，美国国务卿基辛格两次访问阿富汗，达乌德公开宣称阿富汗与美国的关系"是头等重要的"，"阿富汗特别重视它同美国的真诚合作"。下一步，达乌德就要接受邀请访问美国了。达乌德非常自信，他力图推行一套平衡等距离的外交政策，利用"复杂的平衡对抗"策略在东西方冷战的夹缝中得到利益。正如一位美国中央情报局高级官员精辟地指出："当达乌德使用苏联火柴点燃手里的美国香烟时，他是再幸福不过的了。"

　　然而，达乌德似乎忘记了自己是如何上台的。在两个超级大国之间玩走钢丝的危险游戏，除了需要高超的技艺，更需要有能够充分控制国内局势的超强实力。事实是，苏联向阿富汗的渗透已经对阿富汗的主权和独立构成了致命威胁。苏联曾力图用它的经济力量影响达乌德。但在1975年以后，达乌德感到自己的地位已经稳固，便力图摆脱苏联的影响。1975年12月，苏联与阿富汗延长了1931年签订的中立和互不侵犯协定。然而，莫斯科已经开始着手为"后达乌德时代"谋划，推动阿富汗人民民主党两派的联合。苏联明白，这是自己在阿富汗可以再次借重的力量。

　　达乌德政变上台时得到了阿富汗人民民主党两派的支持。政变以后，两派在军队中，特别是在高级军官中继续发展党员。为数不少的阿富汗军官，特别是曾受过苏联培训的年轻军官，陆续加入人民民主党，或表示对该党的支持，阿明更在塔拉基的直接领导下，在军队中积极"开展党的工作"。他结识了包括空军副司令兼参谋长阿卜杜勒·卡迪尔空军上校、坦克部队指挥官穆罕默德·阿斯拉姆·瓦塔拉詹少校等人在内的不少重要人物。而且阿明是普什图吉尔扎伊部族乡下人的骄傲，他的成就极大振奋和鼓舞了吉尔扎伊部族的学生们。很多吉尔扎伊部族的学生进入了喀布尔军事学院，完成学业后大部分人都成了军官，构成了支持人民民主党乃至未来支持阿明的中坚力量。

　　达乌德意识到人民民主党两派在军队中活动的危险性。他清楚，人民民主党的两派都是坚决的亲苏派，他们虽然支持过自己上台，但发现自己试图排除苏联影响并坚持中立政策，便一直持反对立场。实际上，这批左派人物已成为苏联的代理人。加上宗教界人士强烈反对亲苏，达乌德本人也需要西方的更多支持，他决定清洗政府中的亲苏派。1977年2月14日，达乌德正式就任阿富汗共和国宪法总统，为国家元首、政府首脑和武装部队总司令。他开始筹组"国家革命党"，以增强自己的势力。同月，达乌德宣布解散国家最高权力机构中以亲苏人士为主的中央委员会和政府内阁，撤换有人民民主党党员身份的政府官员和亲苏的军官。

　　达乌德的这一转变，遭到阿富汗人民民主党的猛烈抨击，苏联也表示极端不满。达乌德与阿富汗人民民主党的合作关系破裂，苏联趁机于7月出面将人民民主党分裂的两派重新合并。塔拉基仍任总书记，卡尔迈勒当选为中央政治局委员和中央书记处书记，阿明被排除在政治局之外。颠覆达乌德政府成了人民民主党的主要目标。

1977年4月，达乌德再访苏联，与勃列日涅夫等苏联领导人举行了会谈。勃列日涅夫抱怨，北约国家在阿富汗援助项目中增加人员过多，他们甚至进入了一向未被允许进入的阿富汗北部地区，阿富汗政府应当驱逐这些"帝国主义间谍"。达乌德当即反驳："我们如何以及在何处聘用外国专家完全是阿富汗国家的特权。如果有必要，阿富汗可以继续贫穷，但其行动和决策是自由的。"当苏联方面问及，这些西方国家的专家何时撤离，达乌德的回答是："一旦不再那样需要他们，将放走所有外国专家。"言下之意是，我们连苏联人也不要。

两国具体的经贸关系上，达乌德迫使苏联与之签订新的协定——自1979年始，阿富汗向苏联供应的天然气价格提高35%。1977年前已经提供的天然气，苏联按原价格给予18%的补偿。最后，勃列日涅夫直言规劝达乌德，改变疏远苏联的政策。达乌德的回答是——我是一个独立国家的总统。达乌德为此缩短了访问日程，临行时勃列日涅夫亲赴机场送行，企图挽回局面；两人只谈了五分钟，结果还是不欢而散。正如达乌德的助手后来回忆，达乌德此举等于"在自己的死刑状上签了字"。

紧接着，达乌德政府在1978年初遇到巨大的困难。经济发展因资金短缺、人力物力不足而停滞不前，土地改革受到民间的顽强反抗以至无法进行，人民生活空前困苦。面对这些困难，达乌德加强军事独裁统治以控制局势，结果人民对立的情绪更加强烈。达乌德的政府内部，权力斗争同样激烈。达乌德素以专断出名，对待部长们就如同"将军对待中士一样"。新内阁中，仍由他本人兼任总理，内阁部长包括他的"朋友、朋友的儿子、马屁精甚至被废黜的王室旁系成员"，而且政府日常工作依赖一个非正式的四人核心内阁，其中还有达乌德的弟弟、非内阁部长的纳伊姆，这招致政府内部广泛不满。1978年2月，达乌德再次清洗政府中的亲苏派；人民民主党开始了政变的准备工作，几个月中至少进行了十次模拟政变。阿富汗即将陷入血与火的深渊。

1978年4月17日，人民民主党的著名政治家、"旗帜派"领袖、工会领导人米尔·阿克巴尔·卡比尔被暗杀。这件事引爆了阿富汗社会的不满情绪，从而成为人民民主党展开政变行动的导火线。人民民主党指责这次暗杀事件是达乌德策划的，进行了激烈的谴责。4月19日，人民民主党在喀布尔组织了1.5万人参加的游行示威。几百名年轻军官和军校学员参加了游行，高呼"打倒刽子手达乌德"的口号，结果遭到军警的镇压，发生了流血事件。

4月25日，达乌德政府开始大逮捕，以违宪罪逮捕人民民主党的主要领导人。两百多名参加反政府活动的军官首先被捕。当晚，人民民主党政治局秘密召开紧急会议。就在会议要结束时，达乌德的宪警队突然冲了进来，包括塔拉基、卡尔迈勒等政治局委员都被抓进了监狱。

阿明不是政治局委员，没有在会场。警察即刻集结到其住宅进行搜捕。庆幸的是，负责搜捕的奥马尔·扎伊尔警官是"旗帜派"一名秘密成员。他考虑到阿明没有参加秘密会议，估计不知道政变计划，所以凌晨3点搜查结束后，奥马尔只是将阿明软禁在家中。在塔拉基等政治局委员都被关进监狱的情况下，阿明成了人民民主党唯一一位没有被捕的领导人，他开始思考如何实施原定计划。

精明的阿明与警察周旋起来，为政变争取时间。他表示："诸位警官，现在都近凌晨四点了，大家都累了吧，要不坐下来喝杯上等好茶缓缓神，反正我已经逃不出你们的手掌心了，难道你们还有什么害怕的吗？等到7点天亮了再把我送进监狱也不迟。"警官们搜查了一夜确实已经疲惫不堪，于是接受了阿明的"好意"。他们喝着茶、聊着天，不知不觉5个半小时过去。最后阿明怀着一丝笑意、无憾地被送进了监狱。就在这5个半小时内，阿明将政变计划交给了儿子，由儿子交给了阿富汗陆军第4坦克旅参谋长、人民民主党党员穆罕默德·拉菲。经过拉菲的传递，营长穆罕默德·阿斯拉姆·瓦塔拉詹少校、谢尔贾恩·马兹都尔亚少校和阿富汗空军副司令兼参谋长阿卜杜勒·卡迪尔上校等人很快得知了消息。

早上7点，卡迪尔上校和瓦塔拉詹少校等人调动坦克和装备向喀布尔方向推进。拉菲留守指挥部，采取防范反政变的措施。首先，他们欺骗旅长为坦克发放弹药，并将坦克移动到了喀布尔附近。上午9时，瓦塔拉詹少校面见并说服了旅长。卡迪尔上校指挥政变部队陆续开进首都喀布尔，切断了首都与外省的联系。上午10时，达乌德按原定计划正在总统府召开内阁紧急会议，商讨镇压反对派的措施和处置塔拉基等人的问题。据说，政变前夕一些西方国家大使馆的情报官员已得到人民民主党准备发动政变的消息，将这一情报通知了喀布尔当局，却被有关人员忽视。当坦克陆续开进喀布尔时，达乌德才感到大祸临头，立即命令国防部长胡拉姆·海德尔·拉苏利将军离开会场组织部队抵抗。达乌德则不听从下属的劝告，拒绝离开总统府，只是命令总统卫队加强戒备。海德尔·拉苏利将军的座车驶出总统府，见到街上军队往来众多，司机惊慌失措下将汽车撞到了路边的电线杆上，海德尔·拉苏利将军受伤动弹不得。这失去了召集救援部队的机会，注定了达乌德政府的命运，达乌德坐困总统府更是犯下了致命错误。后来，拉苏利将军被政变部队开枪打死。

1978年4月27日中午12时，政变部队开始行动。他们首先抢占电台、国防部、内政部等要害部门，在国防部、内政部、空军司令部和国际机场等地均发生了激烈的战斗。政变部队攻占了监禁政治犯的监狱，救出了塔拉基等人民民主党领导人，并将他们护送到设在电台的政变总指挥部。瓦塔拉詹少校指挥包围总统府的坦克开炮轰击。总统府即旧王宫，是一座四周高墙的堡垒，周围布置了高射炮；总统府卫队是一支1800人的部队，装备精良。达乌德总统全家都居住在总统府。政变军队的进攻遇到总统府卫队的激烈抵抗，坦克被阻于总统府围墙之外。政变部队占领了俯瞰总统府的后山，但未能消灭总统府向外扫射的机枪和火箭炮。

喀布尔周围已被政变部队控制，达乌德只有命令距喀布尔800公里外仍忠于他的驻信丹机场空军前来支援。由于航程远、往返耗油量大，战斗轰炸机只能在喀布尔上空停留十多分钟。又因未能与地面取得无线电联系，达乌德召唤来的战机未投掷一弹而返。其实，无线电联络设备已被苏联的克格勃特工暗中破坏。下午3时后，卡迪尔上校指挥支持政变的空军米格战斗轰炸机从临近机场起飞，向总统府俯冲投弹。总统府的高射炮因操纵机械被事先破坏而失灵，只能任凭飞机轰炸，密集的炸弹摧毁了抵抗的据点，总统府燃起熊熊大火。当晚，坦克履带碾过总统府的台阶。总统府被攻占，躲在地下室里的达乌德全家被俘。

政变领导人对失败者采取了肉体消灭的血腥手段。被俘的达乌德和他的弟弟纳伊姆拒绝劝降，政变部队当着他们的面枪杀亲属。达乌德的3个儿子和儿媳、孙子和孙女被杀后，再枪杀本人。达乌德一家30余口，除一名孙女幸免于难外，全部被枪杀。达乌德被杀时68岁。据说达乌德本人身中一百余弹，尸体惨不忍睹。

政变成功后，政变领导人仍命令大批屠杀被俘或投降的前总统府卫队、警察部队和其他治安部队人员。据保守的估计，这次政变中死亡人数达2000。达乌德政府的副总统赛义德·阿卜杜勒·伊拉、国防部长海德尔·拉苏利、内政部长阿卜杜勒·卡迪尔、空军司令穆罕默德·穆萨等军政高官也被处决。达乌德被杀后，阿富汗新政权没有立即公布其死亡，而是宣称达乌德"因健康原因辞职"。直到30年后的2008年，人们才从喀布尔郊外两处大型坟墓中发现了达乌德及家人的遗体。最终确认达乌德遗骸的依据，除了牙模，还有遗体旁的一部小型黄金《古兰经》。这部黄金《古兰经》曾是沙特阿拉伯国王赠予达乌德的礼物。

随着总统府的陷落，阿富汗各地的驻军相继宣布效忠新政权。美国方面迅速反应，美联社的新闻稿说——是"克里姆林宫之手"策划了阿富汗政变。苏联塔斯社随即反驳——勃列日涅夫总书记是从报纸上得知阿富汗发生政变的。无论如何，隆隆的枪炮声中，阿富汗人民民主党在首都喀布尔夺取了政权。1978年4月28日，塔拉基宣布将"阿富汗共和国"改名为"阿富汗民主共和国"。塔拉基当选为阿富汗民主共和国革命委员会主席团主席（国家元首）兼部长会议主席（政府总理），卡尔迈勒任革命委员会主席团副主席兼第一副总理，阿明任副总理兼外交部长，政变首要功臣阿卜杜勒·卡迪尔任国防部长。这标志着自称以马克思列宁主义为指导思想的阿富汗人民民主党完全掌握了阿富汗。1978年8月，塔拉基兼任国防部长和武装部队总司令。第二年又兼任阿富汗民主共和国保卫祖国最高委员会主席。从此，阿富汗走上了苏联的轨道。塔斯社评论这次阿富汗政变时说，阿富汗新政府的诞生是"阿富汗民族解放运动史的转折点"。阿富汗人民保持了沉默，喀布尔离他们千里之遥，达乌德早已不得人心；共产主义，资本主义，帝国主义，这些舶来品对山区和农村中的阿富汗地方部族百姓来说没有太大意义。

人民民主党坚信，历史、真理和进步都在他们一边，他们将带领阿富汗人民走向"共产主义"。内阁会议上，塔拉基宣布："用十年的时间实现目标！"阿明反对说："五年就够了！"想这样快就实现目标，必须得到苏联的支持。阿富汗人民民主党掌权后，立即表示要以苏联为榜样，建设社会主义。7月11日，塔拉基对苏联驻阿富汗大使普拉诺夫说："阿富汗的革命所以胜利和发展，是因为有苏联、苏联共产党和苏联政府的帮助和支持。作为苏联的邻邦，阿富汗民主共和国希望能成为社会主义大家庭自然的参加者和成员。"当天，阿明又向这位苏联大使表示："阿富汗革命是伟大十月社会主义革命的继续，也是世界许多国家的榜样。我们总是从十月革命的思想中汲取精神力量，许多阿富汗革命者都接受过伟大的列宁的著作的教育。"阿明还说："我们对苏联朋友没有秘密，因为我们总是想用四点基本品质教育党员，这就是爱国主义、马克思主义、苏维埃主义、国际主义。"

塔拉基把推翻达乌德政府的政变称作"四月革命"，声称要在阿富汗进行彻底的社会和经济改革，包括社会生活和国家机构民主化，进行土地改革等等。"四月革命"后的短短几个月内，阿富汗同苏联签订了40多项经济协定。1978年12月，塔拉基访问苏联，苏联与阿富汗又签署了重要的《友好睦邻合作条约》，双方开始在军事、经济、文化等方面"全面合作"。这种"全面合作"将阿富汗与苏联的全球战略连接在一起。大批苏联顾问和专家进入阿富汗，使阿富汗的一切重要部门和军队连以上单位都置于苏联顾问和专家的严密控制中；阿富汗的国旗也改成与苏联相似的单一红色；喀布尔街道两旁的房屋门窗都涂成了红色，整个首都变成了一片"红色海洋"。这些做法激起了阿富汗人民的反感和愤怒。阿富汗人说，我们的国家已经成了"苏联的第十六个加盟共和国"。

在苏联的帮助下，塔拉基政府大力整顿军队，大量清洗不可靠的军官。阿富汗军队中被清洗的军官达350人，中央军团司令、治安部队司令以及步兵第8、18、20师和装甲兵第15师师长等中上级军官先后被撤换，大批老军官和非人民民主党军官被迫退休。新政权筹建了一支3.5万人的"核心正规部队"，加强首都警卫。在楠格哈尔、拉格曼、坎大哈、乌鲁兹冈、查布尔、法拉等11个省，建立了以忠于人民民主党的知识青年为主的民兵队伍，每省约一个营的兵力，加强对各地的监视和镇压。阿富汗军队同时在喀布尔成立突击部队，配备运输机，以作为机动力量支援地方武装。以强化的军事力量为基础，新政府每周都把阿富汗人赶上街举行游行，表示忠诚，"颂扬革命成就和伟大的领袖塔拉基"。

塔拉基政府天真地认为只要照搬苏联的经验，就能使他很快赢得人民的支持。塔拉基相信阿明，他的口号是——准备用五年时间完成苏维埃政权在60年来所做的事。于是，阿富汗全国开始对工商企业、农村、宗教领域实行"全线社会主义改造"。塔拉基不顾阿富汗是一个经济和文化落后、绝大部分居民是虔诚穆斯林、部族力量强大的国家，仓促进行根本性的社会和经济改革，如土地改革、教育改革、解放妇女等；这些改革非但没有收到预期的成效，反而激起了阿富汗国内的部族首领、宗教首领和广大人民的极度不满。各项改造项目中，以土地改革的影响最大。土改法规定每户拥有的土地不得超过6公顷，超过部分一律收归国有进行再分配。新政府还宣布取消贫穷者的一切债务，引起了富有者的强烈反对。禁止买卖婚姻、动员妇女走出家门参加社会活动，也招致普遍反感。

这些对政府现行政策不满的人，又遭到塔拉基政府的镇压。塔拉基政府在革命的口号下，大规模镇压所谓的"反动派"和"反革命分子"，把所有在野党、反对政府改革法令的人士一概斥之为"人民的公敌"。清洗运动在阿富汗全国大规模开展，有不同意见的军官、国家干部、党务工作者、政治组织领导人、部落代表和宗教界人士均遭镇压，监狱里人满为患，成千上万的政治犯被枪决，阿富汗国内政治经济由此陷入长期动荡。

在阿富汗内政外交一片混乱的情况下，反政府武装出现了，阿富汗人纷纷拿起武器，进入深山。他们以"圣战者"的名义宣告，要将"圣战"进行到底，直至推翻人民民主党政权。"四月革命"后短短几个月，阿富汗的领土上就出现了十多个穆斯林武装组织。抵抗运动自发在阿富汗全国展开，政府军同穆斯林武装力量的战斗从阿富汗东部、南部发展到西部和北部省份，极大威胁着立足未稳的阿富汗"革命"政权。

随着阿富汗新政权威信的不断降低，越来越不得人心，阿富汗政府军内部开始爆发严重的兵变，阿富汗的政局更加动荡不安。1979年3月在阿富汗西部重镇赫拉特爆发了一次大规模的兵变，政府军一个师反戈一击，成千上万的市民也参加了战斗，几十名苏联军事顾问及家属被杀。前来镇压的阿富汗政府军占领该城后，报复性地枪杀了几千人，其中多数是无辜者。仅仅一个月之后，贾拉拉巴德又发生了一次兵变，再次有苏联军事顾问在兵变中死亡；6月，在哈扎拉地区还爆发了起义。接二连三的兵变和起义搅得苏联人心神不宁，连苏联的军事顾问和专家的生命都失去了保证，看来塔拉基政府已经无力单独镇压这些"叛乱"，需要苏联的干预了。

阿富汗国内的混乱还因新政权内部的不和变得更加不可收拾。阿富汗人民民主党内部，塔拉基的"人民派"和卡尔迈勒的"旗帜派"争斗死灰复燃，愈演愈烈，最后进入白热化。组织新内阁时，两派围绕权力分配问题斗得不可开交，最终以"人民派"占11席、"旗帜派"占10席，两派基本平分秋色而暂时平息。"旗帜派"因未占据主要领导位置而不甘心，私下组织力量夺权。而"人民派"则自恃有苏联撑腰，有计划、有步骤地打击和排挤"旗帜派"。

1978年6月，"人民派"控制下的阿富汗人民民主党中央政治局通过了《关于扩大革命委员会编成的决议》和《关于阿富汗人民民主党的统一的呼吁书》，在人民民主党内开展清洗，清洗的矛头直指"旗帜派"。属于"旗帜派"的内政部长努尔·艾哈迈德·努尔、社会事务部长阿娜希塔·拉特布扎德、广播电视部长希塔以及外交部秘书瓦克尔等6人被赶下台，派往国外当大使。卡尔迈勒本人也遭清洗，被解除副总统职务，派往捷克斯洛伐克任大使。卡尔迈勒当时拒绝出任驻外大使，声称是他将"把阿富汗从这伙国家叛徒的魔爪下解放出来的"，但面对塔拉基的枪口，他却不能不走。卡尔迈勒从此流亡东欧，处于苏联的保护之下。

7月，塔拉基召开人民民主党中央政治局会议，决定在军队中设立政治机构，各级指挥官中设立政治副职，强调军队服从于党的领导。塔拉基的这一做法引起了国防部长阿卜杜勒·卡迪勒和总参谋长沙赫普尔等人的强烈不满。塔拉基发现这一情况后，于8月中旬以企图发动政变为由，逮捕了国防部长阿卜杜勒·卡迪尔、总参谋长沙赫普尔、计划部长苏丹·阿里·基什特曼德、公共工程部长穆罕默德·拉菲等人，将以前派往国外当大使的6名"旗帜派"成员召回国、免职，并将他们开除出党，后多人遭处决。"旗帜派"势力从此一落千丈。

"旗帜派"被清洗了，"人民派"内部的矛盾又随之爆发，两个最高领导人塔拉基和阿明为争夺权力而明争暗斗。塔拉基曾说："阿明就像我的指甲和肉一样，不可分离。"阿明大力构建以塔拉基为中心的个人崇拜。在党和政府的会议上，阿明总是称呼塔拉基为"伟大领袖""东方之星"或"大思想家"。当时阿富汗官方报纸称阿明是塔拉基"最亲密的战友，最忠贞的门徒"。塔拉基一向对这位"忠诚老实的同志"深信不疑，他想不到，阿明竟也会成为同自己争夺权力的对手。塔拉基渐渐轻视阿明的建议，引起阿明的不满。阿明则宣称，自己塑造出了一个政治怪物，个人崇拜使塔拉基变得过于自信，只相信自己的辉煌。1978年底至1979年初，两人之间的矛盾达到顶点。这场权力的角逐中，阿明实力不断增强。1979年3月，塔拉基在各方的压力下，被迫辞去总理职务，由阿明接任总理；同年7月塔拉基又被迫辞去国防部长兼职，成了徒有其名的"精神领袖"。阿明逐渐控制军政大权，对塔拉基构成了直接的威胁。无奈之下，塔拉基准备依靠苏联的力量，一举除掉阿明。

　　1979年9月9日，塔拉基在日内瓦参加完不结盟首脑会议后，于返国途中在莫斯科短暂停留。他会见了勃列日涅夫和老对手卡尔迈勒，讨论了阿富汗国内岌岌可危的局势。塔拉基答应与卡尔迈勒和解，让他返回喀布尔，帮助自己整顿政务和军务。有迹象表明，他们三人一致同意，把错误归咎于阿明，指责阿明采取了过火的镇压手段。他们甚至已经在讨论以何种方式来对付阿明，是从肉体上消灭，是流放，还是排挤在政府之外？

　　风声无疑走漏了，阿明绝不会坐以待毙。塔拉基的卫队长早已暗中倒戈，使阿明得悉莫斯科的阴谋。阿明决定立即先发制人。阿富汗情报机构负责人阿萨杜拉赫·萨尔瓦里获知阿明策动政变的消息，将这一情报紧急报告给塔拉基。塔拉基立即召开人民民主党政治局会议，讨论萨尔瓦里的报告；阿明矢口否认，并指责塔拉基加害自己，双方争执不下。阿明势力已大，塔拉基不敢贸然下手。

　　1979年9月14日，苏联驻阿富汗大使普拉诺夫帮助塔拉基密谋策划诱捕阿明。这一天，阿明不顾塔拉基的反对，解除了3名塔拉基亲信的部长职务，并改组了内阁。身为国家元首的塔拉基拒绝签字批准，两人的斗争公开摊牌。当天下午3时，塔拉基在与苏联驻阿富汗大使普拉诺夫密商后，打电话请阿明到已经改称"人民宫"的阿富汗总统府参加商讨内阁人事问题的会议。塔拉基表示，会议目的是调解部长任免纠纷，还邀请苏联大使普拉诺夫参加。按照计划，塔拉基准备在会场上逮捕阿明，如抗拒就当场枪杀。

阿明拒绝去人民宫出席会议。他在电话中对塔拉基说，自己已得知，会议上塔拉基将用武力对付自己，因为塔拉基的卫队长已将计划泄露给阿明。苏联大使普拉诺夫立即与阿明通电话，保证阿明的人身安全。阿明勉强答应出席会议，同意带8名贴身保镖来人民宫。当阿明一行人进入人民宫的大门时，警卫只允许阿明一人进去；他的保镖坚持必须随着主人出入。手指一直扣在扳机上的总统府警卫们猝然发难，马上向阿明的保镖密集射击，枪战爆发。

阿明有保镖们筑成的"人体碉堡"遮挡，自己又行动敏捷，一边拔枪射击自卫，一边转身冲出大门。8名忠诚的保镖全部战死，换取了左手受伤的阿明逃出生天。阿明在卫队的掩护下逃回国防部，立即命令喀布尔卫戍部队进攻人民宫，逮捕塔拉基。塔拉基的卫队被击溃，塔拉基在炮击中受重伤被俘。

塔拉基本想在苏联大使的协助下除掉阿明，没想到却被阿明借机推翻。这是这个国家5年之内发生的第三场政变，按照阿富汗的传统，阿明身佩长剑、腰挂手枪参加内阁会议，登台独掌国家大权。虽然喀布尔的市民都目睹了人民宫的激烈战斗，但喀布尔当局保持沉默。1979年9月16日，喀布尔电台宣布人民民主党总书记、革命委员会主席团主席塔拉基由于健康原因提出辞呈，由阿明接任阿富汗人民民主党总书记、保卫祖国最高委员会主席、保卫革命全国组织中央委员会领导人职务。阿明从此集总统、总理和总书记大权于一身，这就是所谓的"九月事件"。

苏联人没想到阿富汗局势如此逆转，无奈木已成舟，只好对阿明表示"祝贺"。苏联是第一个宣布承认阿明新政权的国家。莫斯科广播电台的广播评论中，称阿明是"苏联的一个忠实朋友"，实在言不由衷。但是阿明不再买苏联人的账了，"九月事件"让他对苏联异常仇视，苏联方面同样不愿接受阿明。1979年9月15日，苏共中央选定对阿富汗方针是："考虑到现实情况，我们不应该拒绝同以阿明为首的政府打交道。"苏共中央指示苏联新闻机构对喀布尔事件的报道，"只做一些态度平和的时事性报道，不做任何评述或评价"。

塔拉基于10月9日死去。10月10日，《喀布尔时报》刊登了一则短讯：

"前阿富汗革命委员会主席团主席努尔·穆罕默德·塔拉基因久病治疗无效于昨晨去世,其遗体已于昨日埋葬在其家族墓地。"对于这一通告的真实性,阿明、苏联人和阿明的反对派都心如明镜。塔拉基之死,在阿富汗国内一直是一个谜,直到卡尔迈勒在苏联支持下回国,真相才大白于天下。塔拉基被捕以后,一直被关押在监狱。1979年10月9日凌晨,阿明下令处死塔拉基。当时执行这一任务的总统卫队通信官阿卜杜勒·沃杜德和另一名军官后来供出了处死塔拉基的经过。

阿卜杜勒·沃杜德的供词:

塔拉基被带到一张床铺跟前,他的喉咙变干了,他告诉我给他弄一杯水……当我回来时,我看见塔拉基躺在床上,罗济(总统府政务军官)突然用手按住他的喉咙,伊克巴勒坐在他的胸部。罗济用手掐住他的喉咙,有时,他把一个小枕头压在他的嘴和鼻子上。十或十五分钟后,塔拉基殉难了。

伊克巴勒的供词:

罗济搬了一张床,命令塔拉基躺在床上。他躺下以后我就开始哆嗦,我不能动弹了。罗济封住了塔拉基的嘴,塔拉基开始踢腿。罗济叫沃杜德按住他的腿。于是沃杜德抓住了他的腿,但是他的两条腿仍在踢。罗济叫我按住塔拉基的膝。此后,罗济把一个椅垫塞进了塔拉基的嘴。当罗济放开塔拉基时,他已经死了。

就这样,曾经显赫一时的塔拉基,被阿明的手下活活闷死了。

政变后第一次召见苏联大使普拉诺夫时,阿明开门见山地提出暗杀自己的阴谋计划问题,向普拉诺夫提出警告,并要他转告苏联领导人:希望苏联不要继续干涉阿富汗内政,如果苏联政府不接受这一"劝告",自己将不得不效仿埃及的萨达特总统,做出驱逐苏联顾问、苏联军事代表团以及苏联驻军,乃至废除《苏阿友好合作条约》的决定,而最后可能导致两国关系的破裂。1979年10月16日,阿富汗外交部长瓦里奉阿明之命专门召见各社会主义国家使节，特意向他们揭露苏联大使普拉诺夫策划谋杀阿明的真相及其经过；阿富汗和世界舆论哗然，使苏联政府陷于十分尴尬的境地。不久，阿富汗政府正式要求苏联政府召回一直在阿富汗从事颠覆活动的普拉诺夫大使。迫于压力，苏联方面只得将普拉诺夫召回，任命原苏共鞑靼州委第一书记塔别耶夫为苏联驻阿富汗大使。

紧接着，阿明要求苏联撤回在阿富汗的3000名军事顾问、教官和技术人员，不许苏联人操纵阿富汗的情报机关和秘密警察，也不许苏联人控制阿富汗军队。阿明为了消除克格勃对阿富汗情报机构的控制，全面改组了秘密警察组织——阿富汗革命成果保卫部，成立了名为"阿富汗工人情报组织"的新机构，任命自己的侄子阿萨杜拉为国家安全机构负责人，还让自己的兄弟们出任各省保安首脑。阿明一方面命令阿富汗政府军在帕克蒂亚省等地向穆斯林武装发起大规模的攻势，另一方面宣布了一系列政策——释放政治犯，颁布新的宪法，保障宗教信仰，尊重农村所有制，等等。当然，这些最后均有名无实。

阿明和苏联虽然表面上还维持着友好关系，但他几次拒绝了苏联向其发出的访苏邀请。当时苏联领导人一再要求阿明访问莫斯科，希望双方交换意见以消除误会，并商讨如何对付穆斯林游击队的问题。阿明借口阿富汗内部危机紧迫不能脱身，一再婉言拒绝。其实，他是害怕去莫斯科后被软禁，或苏联趁他离国时策动政变。阿明还坚决拒绝苏联政府的一再要求，坚决不肯将亲苏的卡尔迈勒从苏联召回阿富汗担任党政领导工作，协助自己处理人民民主党内部事务和国家事务。

对苏联刺激最大的还是阿明的外交政策。阿明上台后，为了逐步摆脱苏联的束缚，开始在外交上疏远苏联，与美国逐渐缓和。阿明提出要实行"更为平衡的外交方针"，公开表示希望同美国改善关系。他亲自与美国驻阿富汗代办秘密接触（据说与处决塔拉基同时进行），答应为美国文化中心在阿富汗开展工作创造良好条件，甚至要求美国恢复对阿富汗的援助。阿明公开提出，要与美国实现关系正常化。

与此同时，穆斯林武装力量迅猛发展，波及阿富汗全国28个省中的23个省，阿富汗政府的权力受到严重威胁。勃列日涅夫既不愿看到阿明的权力扩大，又不愿看到阿富汗出现伊朗式的"伊斯兰革命"，两者都是苏联不能容忍的。勃列日涅夫反复强调："我们在任何情况下都不能失去阿富汗。"

早在1978年6月，阿富汗与巴基斯坦交界附近的库纳尔省和帕克蒂亚省就出现了几个穆斯林武装组织，率先打起了"民族救亡阵线"的旗号。8月，另一个穆斯林武装组织"伊斯兰党"也在巴基斯坦境内宣布成立。接下来，穆斯林武装组织越来越多，迅速由阿富汗南部和东部向全境蔓延。这些组织大多是由穆斯林宗教首领和各部族首领发动的，由于伊斯兰教教派不一，各部族间矛盾重重，所以这些穆斯林武装也往往各自为战，互不通气，甚至经常发生组织分裂和相互冲突。此时，已经形成一定规模的穆斯林武装主要有四类。

第一类是逊尼派穆斯林武装。这些武装组织的力量从几千人到几万人不等，各派首脑主要活动于巴基斯坦境内，得到了巴基斯坦政府的支持。最初有六个较大的组织：古勒布丁·希克马蒂亚尔领导的"伊斯兰党"、布汉努丁·拉巴尼领导的"伊斯兰协会"（又称"伊斯兰促进会"）、尤努斯·哈利斯领导的"伊斯兰党"（与希克马蒂亚尔领导的"伊斯兰党"不一致）、赛义德·艾哈迈德·伊凡提·盖拉尼领导的"伊斯兰民族阵线"、穆罕默德·纳比领导的"伊斯兰革命运动"和西卜迹图拉·穆贾迪迪领导的"伊斯兰民族解放阵线"。其中前三个组织坚持以伊斯兰教义为基础理论，以捍卫伊斯兰教的同一性为己任，又合称为原教旨主义派；后三个组织具有浓厚的民族主义色彩，他们没有理论和指导思想，只是在口头上笼统地要求恢复以前的阿富汗，让人民享受更多的公正和平等。这六个组织的总部设在阿富汗–巴基斯坦边境地区巴基斯坦境内的白沙瓦，他们一方面独立组织和指挥国内的战斗，一方面不停地在国际上开展外交活动，要求得到资助，是构成阿富汗抵抗力量的主体。

第二类是什叶派穆斯林武装。这些组织一直得到伊朗的支持，他们的基地或者在伊朗，或者在阿富汗国内，在伊朗均设有办事处。其中较大的组织有八个："伊斯兰胜利党""伊斯兰运动""伊斯兰圣战卫士""伊斯兰团结委员会""伊斯兰革命党""伊斯兰呼声""伊斯兰力量"和"真主党"。这八个组织主要活动于阿富汗的中部和西部，思想上较为激进，主张进行伊斯兰革命，军事力量不如逊尼派强大。

第三类是国内部落武装和左翼武装。这类组织估计有100—200个，数量最多也最为分散，大多是以村落、部落或亲属关系为纽带而形成的独立的地方武装。他们主要通过缴获和自制的方法获得武器，并有很多原阿富汗军队中退出的军官和士兵在指挥、参与战斗，较大的组织有阿富汗中部山区的哈扎拉人抵抗力量、北部由塔吉克和乌兹别克人组成的萨马组织以及东部库纳尔地区一部分由努里斯坦人组成的武装力量。

第四类是主要由前国王查希尔为代表的上层人士组成的反阿富汗人民民主党组织，这些人多流亡在欧美各国，在国内几乎没有自己的武装。

阿明狂热崇拜斯大林，斯大林的肖像一直摆在阿明的办公桌上。他喜欢不断重复说："斯大林同志教会了我们如何在落后国家建设社会主义。虽然开始会痛苦，但事后一切都会非常好！"按照这套逻辑，阿明完全忘记了上台之初自己承诺的政策，转而不断向阿富汗人民施加"痛苦"。

上台后的三个月里，阿明处决了600多名阿富汗人民民主党党员、军人以及被怀疑有"反阿明情绪"的人。此时的阿富汗已经到了全面失控的边缘，各种穆斯林武装合计已拥有4万兵力，控制了阿富汗全国80%的领土。当时的阿富汗全国有4万座清真寺和30万毛拉，伊斯兰信仰鼓舞着阿富汗的穆斯林武装与政府军战斗，这样的战斗甚至快要蔓延到苏联在中亚地区的几个伊斯兰加盟共和国。阿富汗政府军动用飞机、坦克、火箭炮等武器全面"清剿"穆斯林武装的活动地区；军队所到之处，乡村、灌溉系统、庄稼均遭毁灭性破坏。惨烈的内战引发了难民潮，1978年底逃离家园的阿富汗难民约11万人，1979年底达到80万人左右。逃往邻国巴基斯坦的阿富汗难民越来越多，许多阿富汗难民在巴基斯坦境内加入游击队，又返回阿富汗与政府军作战。阿明政权面临的问题已经不再是难以驾驭，而是临近崩溃。

苏联面临抉择：要么丢掉阿富汗，要么军事干涉。

事实上，早在1979年3月15日赫拉特爆发兵变时，塔拉基政府就已经请求苏联出兵帮助镇压。苏共中央政治局于1979年3月17至19日讨论了阿富汗政府的出兵请求，结论是——向阿富汗提供军事技术和经济援助，暂不出兵。勃列日涅夫答应向阿富汗再提供10万吨小麦的粮食援助，除已在阿富汗的3000多名军事顾问和技术人员之外，再增派1000名军事顾问和高级党务工作者。塔拉基政府先后20次请求苏联出兵，均未得到回应；阿明上台后自然不承认那些请求，苏联人却马上不请自来了。

1979年12月8日，苏共中央政治局召开核心会议，经过反复斟酌，决定出动规模不大的兵力，即7.5万至8万名军人，解决阿富汗问题。10日再次开会，苏军总参谋长奥加尔科夫奉召到会；他反对出兵，理由是这些数量的军人解决不了问题。政治局委员、国防部长乌斯季诺夫粗暴地打断了他："还轮不到您教训政治局！您只需执行命令。"最终使苏共中央政治局停止犹豫的决定性因素，是北约决定在欧洲部署能打到苏联纵深的中程导弹。

　　苏共中央政治局就这样做出了出兵阿富汗的决定，决策者包括总书记勃列日涅夫、书记处二把手苏斯洛夫、国家安全委员会（克格勃）主席安德罗波夫、外交部长葛罗米科和国防部长乌斯季诺夫。随后政治局委员全体拥护，只有部长会议主席柯西金没有签字，接着苏共中央全体会议认同了这一决议。这种表决方式在苏共中央的历史上是少有的，它反映了当时苏共中央政治局委员们的心态。前苏联国家安全委员会主席克留奇克夫1996年在其回忆录《阿富汗战争的秘密》中谈到当时的情况时说："这是我国历史上做出的困难最大、最富有戏剧性的决定之一。问题提得如此突然，形势发展得如此迅速，容不得进行长时间的考虑。出兵阿富汗的建议不是安德罗波夫提出来的，而且谁都谈不上是决定的起草人。可以说，从苏联、阿富汗本身和苏阿关系的战略利益考虑，做出这一重大决定是不可避免的。勃列日涅夫、葛罗米柯、乌斯季诺夫和安德罗波夫考虑的都是一个问题，即苏联对阿富汗形势的发展不能漠不关心。因此，他们谁也不劝说对方放弃对阿富汗'直接提供军事援助'的想法，分歧只在于如何实施军事援助。"

　　苏联入侵阿富汗的"合法依据"是塔拉基活着时的"请求"，以及另一张快要被人遗忘的王牌——一直流亡在苏联的卡尔迈勒。其实，在1979年9月阿明发动政变后，苏联就开始为入侵做精心的准备。12月初，苏联向阿富汗空运了3个营的兵力，实际控制了喀布尔以北的巴格拉姆空军基地；12月8日，苏联的运输机把一队队全副武装的苏军士兵运到喀布尔。这些人都来自苏联中亚地区的加盟共和国，外表与阿富汗人极为相似。早在1978年春，20架苏军直升机被派往阿富汗，协助阿富汗政府军镇压穆斯林武装。在阿富汗行动的苏军直升机全被重新涂装成阿富汗空军的颜色，由来自苏联中亚地区的塔吉克族和乌孜别克族飞行员驾驶。阿富汗的人口中，塔吉克族占25%，乌孜别克族占

8%，这样做目的是为了直升机在阿富汗坠毁时不会引起太多的怀疑。

1979年11月底，驻守首都喀布尔的阿富汗政府军4个师"奉命"被调往外地，喀布尔防守空虚，完全被苏联军队所控制。与此同时，部署在喀布尔以南的阿富汗政府军第7师和喀布尔以西的阿富汗政府军第8师这两支精锐部队在做奇怪的事——他们在苏联顾问的劝说下"清点弹药"，封存轻武器，实际上失去了战斗力。在喀布尔以北的巴格拉姆空军基地，苏联顾问又以"维修检查"为名，从阿富汗军官手中"暂时接管"了通信线路。其他喀布尔以外的阿富汗军队，苏联顾问和专家们以对坦克进行换季维修以适应冬季训练为理由，把阿富汗政府军的坦克拆得七零八落，根本无法抵抗任何突然袭击。

直到这时，苏联人还信誓旦旦地向阿富汗政府军的将军们保证，绝对不会有"任何不幸的事情"发生。苏联入侵阿富汗前的第二十天，恰逢《苏阿友好睦邻合作条约》签订一周年，勃列日涅夫亲自向阿明致电祝贺，声称苏联将继续向阿明提供"全部无私的援助"。另外，苏联《真理报》还突出报道了阿明当选为阿富汗保卫革命全国组织中央委员会主席，得到阿富汗绝大多数人民的热烈拥护。在此期间，苏联对西方接连发动引人注目的外交攻势和宣传攻势，大力宣传苏联从东德部分撤军，猛烈抨击北约决定在西欧部署中程导弹；在阿富汗问题上，苏联宣传部门大力谴责巴基斯坦、美国和中国对阿富汗进行"破坏"和"颠覆"，以制造入侵借口。就在入侵前的第四天，苏联《真理报》还特意辟谣，指责西方关于苏联干涉阿富汗内政的报道是"不折不扣的捏造"。

苏联所有这些外交欺骗措施，都是为入侵阿富汗提供烟幕。1979年的国际形势和地区形势对苏联入侵阿富汗也颇为有利：这年初，霍梅尼在伊朗领导"伊斯兰革命"，推翻了巴列维王朝。这场宗教革命导致伊朗与美国关系急剧恶化。到1979年11月，德黑兰美国大使馆人质事件爆发，美伊之间的人质危机更使两国关系紧张到极点；美国派出航空母舰对伊朗进行军事威慑，伊朗则扬言，如果遭到进攻就处决人质。美国在人质问题上已是焦头烂额，无力顾及阿富汗，西欧也是鞭长莫及；伊拉克、伊朗、巴基斯坦等地区性大国也有这样那样的国内问题，无暇他顾。苏联抓住了这种有利的国际形势，对阿富汗动手近在眼前。

国家安全委员会主席安德罗波夫主要负责"特殊任务"的准备工作。在他的安排下，苏联内务部负责安全的第一副部长维克多·帕普京中将率代表团于12月5日来到喀布尔。帕普京是苏共中央候补委员，曾长期供职于苏联国家安全委员会，先后在许多国家组织间谍网，并成功地策划过几次政变。帕普京中将的代表团在评估阿富汗局势后指出——为了加强阿富汗治安力量和武装部队的实力，建议由苏联帮助改组阿富汗军队、警察部队和情报机构。阿明指责这一建议等于削弱自己对武装部队和治安力量的领导权，立即予以拒绝。帕普京又提出苏联政府愿意出兵帮助镇压穆斯林游击队，阿明对苏联的意图表示怀疑，也婉言谢绝了。

整个入侵行动方案是在国防部长乌斯季诺夫的领导下，由苏联国防部、苏军总参谋部、中亚军区和土耳其斯坦军区共同制定的。在拟定方案的过程中，他们根据阿富汗东西正面宽、南北纵深短的地理特点和境内交通状况，认为这是检验苏军"宽正面、大纵深、高速度"战役理论的大好时机。他们最终决定：以铁尔梅兹—喀布尔为主要突击方向，以库什卡—赫拉特—坎大哈为辅助突击方向，分进合击，实行钳形攻势，对阿富汗实行东西合围。

12月12日，苏军在毗邻阿富汗边界的铁尔梅兹建立了相当于军一级的前方指挥部，由苏联国防部副部长索科洛夫元帅任总指挥，统一指挥地面和空中行动。同时，苏军还在该地增设了卫星地面接收站，开设了专门的指挥通信网。

为了增大入侵行动的突然性，苏军采用了就地动员、就地扩编、迅速展开、快速推进的做法。除空降部队外，主要使用中亚军区和土耳其斯坦军区靠近阿富汗边境部署的6个师。12月14日至15日，苏军将白俄罗斯军区所属第103空降师和南高加索军区所属第104空降师各一部，以远程空运演习为名，转往莫斯科附近，尔后调至中亚军区的巴尔喀什和奇姆肯特。同时，苏军中亚军区所属的第105空降师秘密进驻铁尔梅兹。

等到12月24日，苏军的6个摩托化步兵师、2个空降师、3个武装直升机团和2个运输直升机团共12.5万人已基本完成入侵前的战略准备和展开。这支强大的入侵部队，共拥有坦克2000余辆、步兵战车1000辆、各种火炮2000门、汽车2.5万辆、各型固定翼飞机200架、直升机150架。这些装备除少量留在苏联境内外，其余大部分全部投入了入侵行动。

从12月24日夜间开始，大批苏军被运进了喀布尔。据当时的目击者说，由于苏军大规模空运部队，喀布尔市区的夜晚简直无法入睡，大批飞机在低空轰鸣，震得窗户上的玻璃格格作响。喀布尔机场上，一架架巨大的银白色"安东诺夫"运输机起降不息，巨大的苏军安-12和安-22运输机在跑道上连发动机都不关闭，等士兵们冒着螺旋桨卷起的风沙走下飞机后，运输机立即起飞，返回苏联运载另一批士兵。机场上到处摆满了坦克、大炮、装甲车、汽车和各种军用物资；机场附近帐篷林立，苏军士兵来回巡逻，往日空旷的机场热闹得像集市。

这批被空运来的苏军，正是第105空降师和第103、104空降师一部。他们是入侵行动的先遣部队。

入侵行动将在黎明开始。

在12月中旬，苏联驻阿富汗大使塔别耶夫以保护阿明安全为由，劝说他暂时离开喀布尔的总统府人民宫，搬到喀布尔郊外的达鲁阿曼宫居住。达鲁阿曼宫是喀布尔众多王宫之一，也是具有新古典风格的欧式建筑，建于20世纪20年代。它曾是阿马努拉国王推行改革的重要象征。阿马努拉国王下台后，该宫曾先后用作喀布尔博物馆和国防部办公楼。这里地形险要，防守严密，出于自身安全考虑，阿明接受了这个建议。阿明就这样离开了喀布尔市区，留下了信息和权力的短暂真空。

1979年12月27日傍晚，夜幕在喀布尔降临。市区南部的大小商店相继关门打烊，穆斯林居民们吃过晚饭后大都早早地歇息了。喀布尔市区北部则是霓虹灯争相闪烁，呈现出一片欢乐气氛。圣诞节刚过，距1980年元旦只剩4天，驻阿富汗的西方国家使馆官员和新闻记者正沉浸在新年的欢乐之中。一些专门为外国人开设的酒吧和咖啡厅内人影晃动，喧闹声和与伊斯兰教音乐大相径庭的现代爵士乐不时传出，丝毫没有反常迹象。

达鲁阿曼宫中的阿明此时却接到了苏联驻阿富汗大使塔别耶夫的电话。塔别耶夫的意思明确——尊敬的哈菲祖拉·阿明同志，鉴于阿富汗目前政治局势混乱、反革命势力猖獗和日益扩大的反苏倾向，苏联共产党中央委员会认为，阁下作为阿富汗总统、总理和人民民主党主席，已经丧失了控制局势和领导人民同帝国主义势力开展斗争的能力。因此，为了避免阿富汗局势的恶化，避免喀布尔成为西方帝国主义反苏势力的附庸，防止不必要的流血事件，莫斯科建议阁下辞去阿富汗总统、总理和人民民主党主席职务。这是最后通牒。

为了拖延时间，阿明谎称要考虑一下。塔别耶夫表示同意，并告诉阿明，一小时以后将有4辆苏军的装甲车来接其全家撤离。

阿明放下电话，立即下决心调动阿富汗政府军，与苏联人做最后一搏。当他拿起电话准备向忠于他的将军们下达命令时，才发现达鲁阿曼宫通往外界的电话线除保留了同苏联大使馆的专线外，其余全被切断。早在当天下午，一批苏联专家就以检修通信设备故障为名，闯入喀布尔电话局，截断了达鲁阿曼宫与外界的一切电话联系。在现代化的牢笼中，阿明与外界彻底隔绝。

苏联大使馆内，由塔别耶夫主持举行的盛大宴会正在进行。阿富汗政府的部长们、军队的高级将领们大多数都被邀请到这里。宴会主人频频劝酒，阿富汗人感到盛情难却，为苏阿友谊而开怀畅饮，不少人已被烈性的伏特加灌得昏昏沉沉。

时钟刚刚敲过7点，突然一声巨响打破了喀布尔市的宁静，位于市中心广场附近的中央电信大楼燃起了熊熊大火，首都与外界的通信联络随即中断。几乎与此同时，喀布尔街头响起了夹杂在一起的坦克履带声、大炮轰鸣声和各种轻武器射击声。出席宴会的阿富汗政府军政要员们无不惊慌失措，倒是出席宴会的苏联客人一个个镇定自若，他们早已知道要发生什么。

阿富汗政府的军政要员们急忙拿起电话询问情况，但通信联络早已被切断。喀布尔电台中断了播音，片刻之后又恢复播送阿富汗的民族音乐，而电视信号中断以后没有再恢复。喀布尔市内到处漆黑一片，政府首脑机关、交通要道周围，到处是头戴皮帽的、说俄语的苏军士兵。喀布尔的战略要点未经激烈战斗就统统被苏军占领，市内的十字路口、大小广场、政府各部门办公楼、电视台、广播电台、桥梁、汽车站，无一不由苏军控制。

驻喀布尔的西方记者和外交官这才恍然大悟。早在几个月之前，美国《新闻周刊》驻莫斯科记者科尔曼曾有报道，他在苏联的土库曼共和国看到了令人不解的一幕——已是盛夏的土库曼首府阿什哈巴德大街上，有两种装束完全不同的苏军士兵：一种头戴钢盔、身着单衣，另一种头戴皮帽、身穿大衣。

显然，后者是刚从寒冷的北方调来的。那时，估计没有多少人会料到，这是苏联入侵阿富汗的前奏。科尔曼以记者所特有的敏锐政治眼光意识到，这是苏联军队在其南部边境集结的一个明显迹象。也许，除了定位于苏联领空上的美国军用侦察卫星之外，科尔曼是第一个察觉到苏军这次重要军事入侵行动的外国人。不过，当时那篇报道未能引起注意，现在来看，更是晚了。

人在达鲁阿曼宫的阿明听到喀布尔市区的枪炮声后，立即感到情况不妙。他想给武装部队下命令，但由于电话线已被切断，只好派身边的两名保镖前往国防部传达命令。两名保镖刚刚离开，阿明的秘书便接到了来自苏联大使馆的电话——苏联内务部第一副部长帕普京将军要求会见。阿明意识到，这又是来劝他辞职的。

8时许，帕普京带4名警卫人员来到达鲁阿曼宫。宾主刚一坐定，双方便唇枪舌剑开始了论战。帕普京指责阿明上台以后投靠帝国主义，背叛苏维埃与社会主义阵营，要求阿明立即发表声明辞职。他表示，自己的任务是负责说服或强迫阿明做两件事：一是主动要求苏联军队开进阿富汗，二是把权力顺利地交给卡尔迈勒。阿明不甘示弱，针锋相对进行还击。最后，阿明对帕普京下了逐客令。帕普京拍案而起，带着他的警卫人员离开了会客室。帕普京刚走出门口不远，埋伏在四周的阿明保镖从背后向帕普京和他的警卫人员开了火；维克多·帕普京中将全身多处中弹，当场死亡，达鲁阿曼宫的院子里留下了5具苏联军官的尸体。本想抓帕普京作为人质的阿明，这时失去了讨价还价的最后资本。

一支苏军特种部队已经在逼近达鲁阿曼宫。

这是苏军的入侵计划中最重要的环节之一。按照苏军的计划，这是一次典型的以合成化、强战力、小规模地面部队消灭敌对集团首脑节点的特种作战，目标是将敌方首脑集团一网打尽，瘫痪阿富汗全部作战体系。按照作战指示，决不能放过哈菲祖拉·阿明。

多年来，人们一直认为是属于克格勃系统的"阿尔法"和"信号旗"快速反应部队完成了这次突袭行动，它们在当时的名称是"雷霆"和"天顶"。其实，真正作为主攻部队的是苏军总参谋部侦察总局（俄文缩写GRU，中文简称"格鲁乌"）下属特种部队，曾获得苏联英雄称号的瓦西里·瓦西里耶维奇·科列斯尼克少将担任这次行动的总指挥官。

1979年5月2日，苏军总参侦察总局局长彼得·伊万诺维奇·伊瓦舒京大将把科列斯尼克叫到了他的办公室，命令科列斯尼克组建第154独立特种兵分队。科列斯尼克已经在格鲁乌工作两年多了，担任特种侦察副局长职务，上校军衔。此前科列斯尼克一直在苏联中亚军区服役，调离前担任该军区第15特种兵旅旅长。

第154特种兵分队基本上是一个营的建制，兵员总额在520人左右，下设4个连和4个独立排，分别是1个步兵战车连、2个装甲运输车连、1个混成连（包括火箭筒排、火焰喷射器排和工兵排），通信排、自行火炮排、汽车排和后勤保障排。尽管没有人告诉科列斯尼克组建这个分队的目的，但是从人员编制和武器装备来看，科列斯尼克能猜出这个独立分队将接受一项非常重要的任务。最令人费解的是，侦察总局对该分队人员的民族成分有特别要求，只能挑选乌孜别克族、土库曼族和塔吉克族的官兵。人员选拔制度非常严格，士兵必须要求已服役时间在1年至1年半期间，必须训练使用特种兵装备，身体素质和心理素质必须是一流的。

总局允许科列斯尼克在苏联的两个亚洲军区（即中亚军区和西伯利亚军区）所有摩托化步兵和坦克兵部队里挑选人员。一个半月后，分队组建完毕，每个连里都配备了军事外语学院的实习学员。直到后来科列斯尼克才明白，原来这三个民族的主要居住地都与阿富汗接壤，其中还有三分之一以上的人会说阿富汗的普什图语。第154独立特种兵分队由此得到了一个绰号——"穆斯林营"，分队指挥官由贝洛诺夫上校担任。

1979年11月19日至20日，第154独立特种兵分队全体队员和装备物资搭乘安–12和安–22运输机进驻阿富汗首都喀布尔北部的巴格拉姆空军基地；随后，分队开始在巴格拉姆进行为期一个月的适应性训练。训练中，特种兵们常身着阿富汗政府军制服，左臂捆绑白绷带作为识别标志。部队安置好后，科列斯尼克返回莫斯科。临行前，科列斯尼克向全体队员传达了上级命令：他们将在指定的时间内进入喀布尔，抓住或击毙阿明。

1979年12月13日，第154独立特种兵分队根据命令要求进入喀布尔，任务是加强对阿明的"警卫"工作。一周前，苏联曾通知阿明，称"将对他加大支援，并将于近日派遣一支极富山地作战经验的部队到阿富汗来保证阿明与巴基斯坦之间冲突时的优势"。

16日，科列斯尼克乘飞机前往阿富汗。在飞机上他遇到了和自己肩负同样任务的德罗兹多夫将军和科兹洛夫海军中校，他们将分别指挥克格勃的"雷鸣"和"顶点"特种部队。来到喀布尔后，科列斯尼克先拜见了苏联驻阿富汗大使馆武官穆罕默多夫将军，他向科列斯尼克介绍了一下喀布尔的局势，并对他们的"警卫"工作进行了安排。

阿明目前的住所达鲁阿曼宫共有三层警卫部队，最里面一层是阿明的私人警卫连，第二层是苏军第154独立特种兵分队，第三层是阿富汗警卫旅。18日，科列斯尼克拜见了阿富汗警卫旅的旅长占达特少校。随后，他们开始就阿明的警卫工作交换了意见。占达特少校毫无防备地向科列斯尼克介绍了达鲁阿曼宫的一些情况，还陪科列斯尼克一起在达鲁阿曼宫周围转了一圈。科列斯尼克没费吹灰之力就掌握了阿富汗警卫旅的兵力部署情况。

18日晚，科列斯尼克在驻地设宴款待阿富汗警卫旅军官，为的是和阿富汗人"搞好关系"。阿富汗警卫旅共来了15名高级军官。很快，苏联人的伏特加就发挥了作用。警卫旅的一名军官在酒精的作用下，情绪高涨，毫无保留地向第154独立特种兵分队讲述了一个惊人的秘密——他们是如何用枕头闷死阿富汗前总统塔拉基的。克里姆林宫马上收到了第154独立特种兵分队上报的关于塔拉基遇害的真相。当时苏联领导人并不知道塔拉基已经死了，而阿明在与苏联的交涉过程中，一直在欺骗苏联，他还将保证塔拉基的人身安全作为谈判王牌。苏联领导人在获得这一情报后，更坚定了要清除阿明的决心。

克里姆林宫收到第154独立特种兵分队情报后的第二天，科列斯尼克被召到苏联大使馆。在这里他见到了克格勃总顾问伊万诺夫中将，伊万诺夫中将和使馆参赞穆罕默多夫上将一起向科列斯尼克传达了克里姆林宫要推翻阿明政府的命令。根据他们的计划，第154独立特种兵分队要派出5个排分别占领机场、总参谋部和通信枢纽部等军事政要地，随后，再用1个连和2个排的兵力攻占达鲁阿曼宫。克格勃的"雷霆"和"天顶"两支特种部队也将各有30名士兵参加此次突袭行动。他们分别由德罗兹多夫将军和科兹洛夫海军中校指挥，将搭乘BMD-1步兵战车和BTR70装甲车投入战斗。

达鲁阿曼宫位于喀布尔南郊约30公里，由钢筋水泥构成，整体呈圆柱形，有4个大门，仅宫墙就有1米厚。宫殿建在比周围高出60米的山丘上，四周是平地，山丘上的五个边角上各修建了一座警卫楼，每座都部署有警卫力量。山丘也被休整成数层梯田的模样，要将车辆开上山顶，需要通过一条绕山一圈的环形公路。达鲁阿曼宫有4层高，总统阿明和其他重要人物住在二楼，底楼驻有警卫人员，三楼是随从人员和服务人员，四楼上布置有探照灯。

　　达鲁阿曼宫后面隐藏了3辆苏制T-54坦克，可以随时向四周开阔地射击。阿富汗警卫旅的3个警卫营约2000人驻扎在达鲁阿曼宫外围的营房里。外围还部署了1个防空团，装备有12门100毫米高射炮、16部防空导弹发射架以及许多14.5毫米口径高射机枪。喀布尔市郊甚至还有阿富汗政府军的2个坦克旅和机械化步兵营能为阿明的警卫旅提供支援。达鲁阿曼宫围墙内的防御力量是阿明的私人警卫连300人，其中200人驻扎在五个警卫楼，宫内约有100人。他们的军服不同于其他阿富汗政府军士兵，一律配发装饰有白色带的帽子、白色腰带和白色枪套，装备精良，战斗力不可小觑。

　　从人数上比较，除2个坦克旅外，阿富汗政府军就有约3000人，而苏军第154独立特种兵分队只有520人。第154独立特种兵分队必须用自己的3个连对付警卫旅的3个营，所以攻占达鲁阿曼宫的兵力只剩下1个连了。为此，科列斯尼克向将军们要求提供增援。伊万诺夫和穆罕默多夫将军让科列斯尼克回去等两个小时，可是科列斯尼克整整等了18个小时。再次来到使馆，穆罕默多夫将军任命科列斯尼克为清除阿明行动的总指挥，然后把他带到使馆的机要室，拨通了苏军总参谋部的电话。

　　电话里，科列斯尼克详细地向苏军总参谋长奥加尔科夫汇报了达鲁阿曼宫的警卫情况和地理优势，以及敌我兵力对比状况，并申请增援一个空降连和一个反坦克导弹排。奥加尔科夫将军认真听完汇报，对科列斯尼克的作战计划表示赞同，决定立即给科列斯尼克增派援兵。于是，突袭开始前苏军第345近卫空降团一个连也将被调配来支援行动。

　　1979年12月27日晚，就在阿明的警卫射杀帕普京中将时，突袭阿明的战斗打响。苏军第154独立特种兵分队分别向达鲁阿曼宫、阿富汗内政部和喀布尔广播电台进发。第154独立特种兵分队指挥官贝洛诺夫上校亲自率部逼向达鲁阿曼宫。

突袭行动开始时，由第154独立特种兵分队副营长萨哈托夫率领着12名队员已经乘坐"嘎斯"汽车提前5分钟出发了。当他们经过阿富汗警卫旅第3营驻地时，这里已经拉响了警报；所有阿富汗士兵携带枪支弹药在营房前戒备，营长和其他指挥官就站在队伍前面，禁止苏联人进入他们原来直接布防的第二层防御圈。萨哈托夫当机立断，命令汽车全速冲向阿富汗军队的指挥官。眨眼之间，第3营的指挥官就被碾在了"嘎斯"的车轮下。萨哈托夫和队员跳下车，占据有利地形，开始向阿富汗警卫旅第3营射击。失去指挥官的阿富汗士兵变成了一堆拥挤的人群，在2挺机枪和8支冲锋枪的射击下，200多名阿富汗士兵顷刻间全被消灭。随后，萨哈托夫又成功抢夺了达鲁阿曼宫后面的T-54坦克。

听到萨哈托夫与敌人交火后，科列斯尼克立即下达了进攻的命令。在火焰喷射器的作用下，阿富汗警卫旅第1营的士兵根本冲不出营房。科列斯尼克命令装甲运输车连和步兵战车连封锁阿富汗警卫旅驻地，然后集中力量攻击达鲁阿曼宫主楼和四周5个警卫楼。攻坚组配备了防弹衣、头盔和攀援器械，由贝洛诺夫上校率领，乘坐10辆步兵战车，在2辆zsu-23-4"石勒喀河"自行高炮的掩护下沿着环形上坡路冲向达鲁阿曼宫。

苏军的BMD-1步兵战车在设计上偏重于机动性，没有稳定火控系统，且防护不足。由于没有稳定火控系统，战斗车上的14.5毫米高射机枪和73毫米炮在战车高速运动中往往很难打准，无法发挥稳定精确的持续火力；所以，冲击的时候苏军战车必须短停射击，以保持稳定。偏偏战车的防护不足，射击的同时几乎成为敌方的固定靶。冲击部队推进至山脚的时候，是阿富汗警卫旅火力最强的时候，机枪发射的7.62毫米穿甲弹射穿了第一辆BMD-1步兵战车；步兵战车随即起火，上面的步兵跳车用云梯攀爬，余下的9辆推开第一辆，继续沿着环形上坡路冲向达鲁阿曼宫，开到了正门前。

与此同时，第154独立特种兵分队其余人员分乘20辆步兵战车，散开攻击四周的5个警卫楼。每4辆BMD-1步兵战车和2辆zsu-23-4"石勒喀河"自行高炮负责攻击一个警卫楼，掩护攻坚部队冲上山顶。自行高炮具有稳定密集的低伸火力，射程也较远，有效压制了阿富汗警卫旅从窗口射出的火力；如果没有zsu-23-4"石勒喀河"自行高炮参战，恐怕苏军会损失更多的BMD-1

步兵战车。

炸开正门后，154独立特种兵分队与克格勃的"雷霆""天顶"特种部队一起冲进了达鲁阿曼宫，同阿明的私人警卫连展开了激烈枪战。随后不断有完成攻坚警卫楼任务的苏军特种兵从各个窗户进入室内，参加战斗。

贝洛诺夫率领队员从达鲁阿曼宫的中央入口冲进楼内。出人意料的是，他们搜遍了一楼所有的房间，一个人影也没有，于是他们小心翼翼顺着楼梯准备向二楼冲去。阿富汗人从二楼不断向苏军特种兵扔下手榴弹，他们装备精良，训练有素，顽强阻击着苏军的进攻，短兵相接的战斗达到了白热化。走廊和楼梯上横七竖八地躺满了双方人员的尸体。

经过一番激烈的战斗，苏军终于冲上了二楼。他们数人为一组，沿着走廊交替掩护，搜索前进。遇到房门先是一阵横扫，接着踢开房门扔进手榴弹。就这样，队员们迅速肃清并俘获了不少阿富汗警卫。苏军特种兵又向三楼猛冲，三楼的警卫没进行较大抵抗就退守到四楼，苏军很快占领了三楼。

正当贝洛诺夫准备率领队员向四楼发起攻击时，发现通往四楼的通道已被预置的水泥障碍牢牢堵死，阿富汗警卫连还击的火力更加猛烈。贝洛诺夫明白阿明就在四楼，离此次行动的核心目标只有一步之遥，决不能动摇信心。他冒着误伤自己人的危险，下令苏军特种兵用火箭筒近距离轰击水泥障碍。随着几声巨响，水泥障碍被炸得粉碎，苏军特种兵不等硝烟散尽，一股脑地冲上了四楼。

在走廊内苏军特种兵与阿明的卫兵进行了激烈的拉锯战，卫兵的抵抗意志出乎苏军意料，最后苏军付出很大代价才将他们全部消灭。之后，苏军逐屋进行搜索，发现一间屋子被铁门紧紧锁住。贝洛诺夫明白阿明肯定在里面，于是下令立即炸门。随着房门被炸开，苏军特种兵冲了进去。

阿明果然在里面，他身穿白色阿迪达斯运动服，背后是一个酒吧吧台，他的一个儿子站在旁边。至此，哈菲祖拉·阿明从历史上彻底消失了，具体细节不详。有人说，是克格勃的特种部队乱枪打死阿明，一枚手榴弹的弹片炸死了他儿子，其家人全部被俘获。还有一种说法，贝洛诺夫上校要求阿明在早已准备好的文件上签字，内容是阿富汗政府自愿邀请苏军出兵阿富汗，却被阿明撕得粉碎，随后阿明和他的4个妻子、24个子女全都死于乱枪扫射之下。

20分钟后，达鲁阿曼宫被全部占领。阿明的尸体被地毯草草包裹起来，拖到达鲁阿曼宫外的战壕里掩埋。据说，下葬前盖在他身上的蒙尸布上还写着"美国间谍"的字样。

整个突袭过程用了40分钟。有目击者说，这次突然袭击造成大约2000名阿富汗士兵死亡，事后有60辆满载尸体的卡车从达鲁阿曼宫开走。

事后，阿富汗新政府对外宣布——"美国代理人"阿明政权已被推翻。经过阿富汗人民革命法庭的审判，"美国间谍"哈菲祖拉·阿明被判处死刑，已被阿富汗人民处决。

2.完美的入侵

1979年12月28日凌晨，当喀布尔达鲁阿曼宫内的枪声和爆炸声渐渐稀疏下来时，在距喀布尔以北约500公里之遥的苏阿边界上，装备精良的苏联军队正越过边界，向阿富汗境内开来。

苏联此次大规模入侵行动，是由东、西两个战役突击群分别实施的。

东路战役突击群，共由3个摩托化步兵师、2个独立团和若干直属保障分队组成，并配属歼击航空兵团、武装直升机团和多用途直升机团各2个。

东路战役突击群总指挥潘菲洛夫中将，时年46岁，苏联中亚地区塔什干人，长期任职于苏联中亚地区，毕业于苏沃洛夫军事学院和伏龙芝军事学院，是一个专门研究中亚地区特种作战问题的专家。

此次入侵阿富汗，他被苏联最高军事当局任命为东部战役突击群的总指挥，统率5万兵力，担负主攻任务。他为东路战役突击群拟定的战役突击计划是：以精锐部队第360摩托化步兵师为先导，自苏联境内的铁尔梅兹出发，经阿富汗北部的马扎里沙里夫、萨兰山口南下，在最短的时间内攻至喀布尔，与先期控制喀布尔的苏军第105空降师会合后，继续向南部城市坎大哈推进。后续部队第16、201摩托化步兵师跟进至喀布尔及其以北地区，除部分兵力前出至贾拉拉巴德、开伯尔山口和霍斯特外，主要控制战略公路及附近的要点，防止阿富汗穆斯林武装的袭扰。

1979年12月28日凌晨5时，苏联，铁尔梅兹，第360摩托化步兵师驻地灯火通明，一派繁忙；部队集合哨声、坦克发动机的轰鸣声响成一片。经过近2

个半小时的准备，队伍集合完毕，坦克整装待发。7时30分，太阳升起，东路战役突击群的先头部队第360摩托化步兵师率先从铁尔梅兹出发。长达10余公里的T-72坦克纵队沿着喷赤河边的公路向前开动。在阳光的照耀下，草绿色坦克炮塔上的红星和镰刀格外耀眼。

早上8时，第360摩托化步兵师师长巴格拉米扬少将乘坐的指挥车驶过了喷赤河大桥。他在军用吉普军上让通信员接通了集团军前进指挥部，向东路战役突击群总指挥潘菲洛夫报告——第360摩托化步兵师已经全部出境，一切进展顺利。预计中午就可抵达第一目标——马扎里沙里夫。

几乎在东路战役突击群开始进攻的同时，集结在苏阿边界西侧的西路战役突击群，也开始了越境行动。

西路战役突击群，由苏联土耳其斯坦军区部队组成，共有3个摩托化步兵师，计4万余人，由陆军中将舍甫琴科任总指挥。他负责制定的行动方案是：整个战役突击群分成两个梯队，从苏阿边界的库什卡出发，越过库什卡河后经泽尔马斯山口、赫拉特至信丹德，尔后主力推进至坎大哈，其先遣部队前出至斯平布尔达克，封锁阿富汗与巴基斯坦边境。

担负西路战役突击群第一梯队任务的是由米留京少将指挥的第357摩托化步兵师。按照战役突击群总指挥舍甫琴科的计划，第357摩托化步兵师必须于当天日落前占领180公里之外的赫拉特。因此，米留京少将一直在命令部队加速前进。成百上千辆坦克、装甲车、载重汽车的引擎声，让散居山中的阿富汗游牧部族不知所措。

12月30日，苏军东路战役突击群第360摩托化步兵师经过两天两夜的连续推进已经进入喀布尔，西路战役突击群的第357摩托化步兵师也已到达信丹德和法腊，创造了苏军历史上进攻战役推进速度的奇迹。

苏军在阿富汗境内的入侵行动进展神速，除了缜密计划和充足准备之外，另一个原因是阿富汗政府军战斗力低下。阿富汗政府军的编制是3个军、11个步兵师、3个装甲师、3个山地步兵旅、4个炮兵旅和4个伞兵团，但是由于连年内战和阿富汗人民民主党内部残酷的党内斗争，战斗力已经极度削弱，到苏联入侵阿富汗之前，已由原来的11万人减少至5万人左右；加之苏联军事顾问已在阿富汗政府军中渗透到营连一级，基本上控制了阿富汗军队的行动。因此，当大批的苏军开进阿富汗时，完全是如入无人之境。

1980年1月1日，东路战役突击群的苏军第360摩托化步兵师继续向前推进，先后顺利占领了贾拉拉巴德、加德兹、加兹尼等重要城市，并封锁了阿富汗东部通往巴基斯坦的主要通道。

1月2日，东西两路战役突击群先头部队会师于阿富汗南部重镇坎大哈。在攻城的战斗中，苏军第360摩托化步兵师和第357摩托化步兵师以强大的地空火力向阿富汗守军发起进攻，粉碎了阿富汗政府军第15步兵师的微弱抵抗。

1月3日，苏军封锁了阿富汗南部通往巴基斯坦的霍加克山口。至此，苏军完成了整个军事入侵行动。短短一周，苏军在先期空降喀布尔的部队配合下，以宽正面、大纵深、高速度的战役机动，突贯阿富汗全境，实现了对这个中亚小国的军事占领。

12月27日晚，苏军攻占喀布尔后，位于苏联中亚塔什干地区的一座电台，使用喀布尔广播电台的频率播放了巴布拉克·卡尔迈勒以阿富汗人民民主党中央、阿富汗革命委员会和阿富汗民主共和国名义发表的《呼吁书》。

灾难深重的同胞们：

在经受了残酷的苦难和痛苦的折磨后，阿富汗所有兄弟民族自由与复兴的日子终于到来了。今天，阿明及其追随者——野蛮地杀害我们的父母和兄弟姐妹的刽子手——的政权已被推翻了，这个嗜血的机器彻底崩溃了。

在伟大四月革命的真正自由的旗帜下，阿富汗所有民族的真正自由已经实现了。按照英雄的阿富汗人民不可违背的意志以及借助于阿富汗军队所向无敌的起义而实现的伟大四月革命已进入一个新阶段，阿富汗人民民主党已同我国所有的民族结成了广泛的统一战线。阿富汗人民民主党和阿富汗民主共和国革命委员会以坚定的信心。自豪的心情宣告：真正的人民政权成立了，我向全国的同胞表示祝贺。同时我声明，保卫伟大四月革命的成就、保卫祖国的民族独立与主权，不仅是党和国家的神圣职责，也是阿富汗全体人民的神圣职责。

同胞们，英雄的朋友们和同志们！我们怀着纯洁的爱国意志再一次举起了民族神圣战争的旗帜、伟大四月革命的旗帜，这是我们为争取民主与独立、和平与幸福、平等与博爱而进行的正义战争。亲爱的同胞们，无论你们在什么地方，都要联合起来勇敢地同国内外敌人进行斗争，保卫党和革命委员会。在伟大四月革命的旗帜下，为建立新的自由与独立的阿富汗而斗争，胜利必将属于我们的人民！

巴布拉克·卡尔迈勒

卡尔迈勒通过电台发表讲话后，喀布尔的市民如梦初醒。阿富汗人马上意识到，这次政变与以往相比大不相同，因为苏联人来了。苏联外交部宣称，苏联军队是"应以卡尔迈勒为首的新的党和国家的领导集体请求"开进阿富汗的，军事行动仅动用了有限兵力。同时，苏共中央政治局会议批准了给苏联各驻外使馆的指示——必须向驻在国说明，苏联方面是"考虑到阿富汗新领导人关于要求援助反击外来侵略的请求，根据苏阿友好条约，苏联遵循自己的国际主义职责，决定派遣有限数量的苏联军队进驻阿富汗"。

各国驻阿富汗使馆当天四处联系，希望能第一时间面见这位新总统，都一一碰壁。卡尔迈勒正待在莫斯科，直到喀布尔局势恢复平静后，他才被允许从苏联回阿富汗。他在苏联内务部高级官员的陪同下，乘飞机回到喀布尔。卡尔迈勒肩负着沉重的使命：在苏联的"帮助"下建立一个全新的阿富汗。

卡尔迈勒被苏联扶植上台，立即着手进行组阁、制定内外政策等工作，在阿富汗开始了新的统治。12月28日，阿富汗人民民主党召开中央政治局会议，选举卡尔迈勒为中央委员会总书记，并成立了新内阁和最高革命委员会。

当日，苏共中央总书记勃列日涅夫向卡尔迈勒致贺电：

衷心祝贺您当选为阿富汗人民民主党中央委员会总书记和担任阿富汗民主共和国最高的国家职务。我以苏联领导人和我本人的名义祝愿您在为友好的阿富汗人民的幸福而进行的多方面的全部活动中取得重大成就，我相信，在目前条件下，阿富汗人民能够捍卫四月革命的成果，新阿富汗的主权、独立和民族尊严。

12月29日，卡尔迈勒宣布了阿富汗新政府的施政纲领：新的民主政府的民族历史使命是，加强和发展阿富汗民主共和国进步的社会政治原则，把反封建的、民族的、民主的、反帝的、反买办的革命进行到底。他承诺，释放全部政治犯，加快发展经济，尊重阿富汗全体公民的自由。

阿富汗会如此快的从一场入侵中恢复过来，然后随卡尔迈勒投入一场新的"革命"？

法国作家兼记者帕特里斯·弗朗塞斯希真实记叙了他在苏联入侵后目睹的喀布尔街景：

1979年12月30日，我和帕斯卡尔·马努基安（法国新闻记者兼摄影记者）结伴来到喀布尔采访。三天前我还在游击队的陪同下奔走在查布尔省白雪皑皑的大草原上。在身披褴褛衣衫的与世隔绝的游击战士们中间，我感到了一种决心和一种自豪。

可是一到喀布尔，这种感觉就烟消云散了，我看到的是一个遍体鳞伤、束手待缚的城市。到处是头戴天蓝色便帽或灰蓝色大盖帽的苏联伞兵，这些金发或棕发士兵腰挂短枪，以征服者的姿态出现在大街小巷，在洁白的雪地上深深刻下他们的皮靴鞋印。马路上空空荡荡，整个首都笼罩在一种奇怪的寂静之中。寥寥无几的行人把脑袋缩在粗呢大衣领子下默默地匆匆而过，顾不得看一眼从身旁掠过的刚来的入侵者。几辆巡逻车孤零零地从街上隆隆开过，它们的履带在柏油路上留下道路压痕。

当天晚上，我下榻在喀布尔饭店，从窗口目睹了入侵者在该市的最后一批战斗。阿明的几个拥护者面对红军强大的压力不甘失败，仍在作最后的反抗。两个小时的战斗就解决了问题。

12月31日，气氛平静了下来。被掐住了脖子的喀布尔慢慢地从害怕和惊慌中平静下来。

后来几天，在通往北方的公路上，一批批车队轰轰隆隆地向喀布尔直奔而来，好像是开进了史前时期巨型动物无底的咽喉。喀布尔仿佛是个吃不够的大肚汉，什么卡车、吉普车、装甲车、油罐车、装载坦克的平板拖车、广播车……成千上万辆黄褐色的车不分昼夜源源不断地从入口处开进了市区。入夜之后，登上洲际饭店顶楼远望，那一队队开着前灯的不知疲倦的车队犹如一条条火龙照得全城像着了大火似的通明。三个月后，我沿着通向苏联的生命线喀布尔—马扎里沙里夫公路往返走了一趟，又遇到了望不到头的苏联车队。

首都郊区兵营林立，红军士兵像高大的看门狗一样守在东南西北各个方位点上，随时准备投入战斗。我们匍匐在土坡后面仔细观察，吃惊地看到一排排坦克像接受检阅似的整齐地停在兵营里，巨大的雷达耸立在铜架上不停地旋转，无数的帐篷、卡车、壕沟以及指向四面八方的大炮部署得极其严密。

与此同时，苏联的宣传机器全力开动。在绰号"真理部"的苏共中央宣传部大力粉饰下，一切看起来不像是苏联对阿富汗的入侵，倒像是阿富汗在苏联的帮助下获得了"新生"。事实上，这究竟是"入侵"还是"新生"，只能从阿富汗人民的真实遭遇来判定。

1979年12月27日晚上，当苏军坦克向喀布尔电台发起攻击时，守卫电台的阿富汗政府军在极端不利的情况下顽强抵抗，击毁了两辆苏军坦克后电台才被苏军占领。在许多街区，赤手空拳的喀布尔市民同苏军进行了战斗。已被苏联顾问解除了武装的阿富汗政府军士兵也不甘束手待毙，他们奋起抗争：在阿富汗政府军步兵第8师的驻地卡尔加，士兵们把苏联顾问抓了起来当人质；在第4装甲师的驻地，阿富汗官兵拒不投降，与苏军展开战斗。抵抗失败后，苏军逮捕所有敢于抵抗的阿富汗官兵，许多人作为"危险分子"被处决。

在苏军对喀布尔发动进攻的当天晚上，几百名喀布尔市民死于苏军的枪口之下。在喀布尔西北郊，12名阿富汗青年出于义愤，用石头袭击苏军，苏军用机枪将这12个青年统统打死。喀布尔成了恐怖之城，晚上实行宵禁，苏军坦克和武装直升机整夜巡逻，强烈的探照灯光柱不断划过夜空。

1980年初，2000多名喀布尔市民聚集在普里哈尔基监狱门口，要求释放全部政治犯。现场的苏军接到了镇压命令，苏军士兵用机枪向手无寸铁的人群扫射，现场死伤数百人，更多的人则被当作政治犯关进了普里哈尔基监狱。

就这样，阿富汗人血液中所特有的酷爱自由、骁勇善战的精神被苏军的入侵唤醒了，他们要继承祖先们在抗击外国侵略者斗争中的英名。要知道，在阿富汗第三次击败英国的入侵后，南亚地区便一直流行着这样一条谚语：印度的响尾蛇、孟加拉的猛虎、阿富汗人的弯刀，是世界上最可怕的事物。

现在，阿富汗人的弯刀已经对准了入侵的苏联人。就像一首古老的阿富汗民谣所唱："如果剑已出鞘，你就投入战斗吧。只有勇敢的人，才能凯旋回家。"

喀布尔没有平静下来。表面上的斗争被镇压了，而秘密的地下斗争大规模兴起了；市民们悄悄拿起了各种武器，并很快形成了组织。他们占据了黑夜，每当天一黑，他们就秘密地出发了。每天夜里，市区或市郊总会响起枪声；第二天天一亮，人们总会发现有几个苏联人或为卡尔迈勒政府服务的阿富汗人遭到抵抗运动处决，尸横于光天化日之下。

阿富汗政府军和警察的搜查和逮捕根本不见效，袭击越来越多，且规模越来越大。有人袭击苏联大使馆，有人向苏军哨所发射火箭弹，有人炸毁苏军的装甲车，有人暗杀苏联军官。反抗的火焰从喀布尔燃起，迅速遍及全国；从前的穆斯林武装现在成了反苏游击队，发誓不惜一切代价将苏联军队逐出阿富汗。

苏军的报复和镇压行动自然是接踵而至。

在赫拉特，苏军出动飞机，用凝固汽油弹轰炸大片游击队活动的村庄，并用推土机挖坑活埋被俘的游击队员；许多妇女儿童拒绝透露游击队的下落，也惨遭杀害。无论阿富汗政界、军界还是宗教界，凡是对苏军入侵持有异议的，统统被"非常有组织有计划地处死"。前国王查希尔的两个姐妹和她们的14个孩子拒绝与苏军合作，结果全部死于非命。

苏军入侵阿富汗，世界各国虽有不同看法，但是几乎一致同声谴责。美国、北约和伊斯兰国家一致认为——这是苏联为谋求私利和打破已有的战略力量平衡而做出的直接尝试。1979年12月28日，美国总统卡特发表声明："苏联军队进入阿富汗是对和平明目张胆的威胁，它可能标志着我们双边关系中根本和长期的变更。"卡特要求苏联迅速撤军，并停止干涉阿富汗内部事务。中国政府于1979年12月30日发表声明，强烈谴责苏联的霸权主义行径，坚决要求苏联停止对阿富汗内政的干涉，撤出一切武装部队。1980年1月6日晚，邓小平在宴请来访的埃及副总统穆巴拉克时致词说："最近，苏联悍然派兵大规模入侵阿富汗，粗暴地干涉其内政，严重地威胁着亚洲和世界的和平与安全。苏联这一行动，是它为谋求世界霸权而采取的一个重要步骤。"1980年1月7日，孟加拉、牙买加、尼日尔、菲律宾、赞比亚等五个不结盟组织理事国，代表世界上五十多个不结盟国家，向联合国安理会递交了不结盟国家通过的关于阿富汗局势的决议草案，要求尊重阿富汗的主权、领土完整、独立和不结盟地位，立即无条件从阿富汗撤走一切外国军队。如此，苏联在全世界几乎是四面楚歌。

苏联驻美国大使阿纳托利·多勃雷宁在1980年新年之际回到了莫斯科，他向勃列日涅夫汇报了美国等西方国家对苏联出兵阿富汗的反应，特别强调了自己在美国受到的压力。为了给苏军入侵阿富汗辩护，1980年1月12日，勃列日涅夫特地安排了一场"答《真理报》记者问"。勃列日涅夫说："阿富汗是根据1978年12月阿富汗同苏联签订的《友好睦邻合作条约》的明确条款，根据每个国家的权利，根据《联合国宪章》，根据其他国家不止一次行使过的单独或集体的自卫权向我们发出呼吁的。对我们来说，向阿富汗派遣军事人员不是一个简单的决定，但是，党中央和苏联政府采取行动是充分意识到自己的责任的，并考虑了整个情势。"

像是为了印证勃列日涅夫的言论，苏联为了进一步向卡尔迈勒"提供帮助"，大批的军队仍然不断地经过铁尔梅兹，浩浩荡荡地进入阿富汗，由北向南开去。苏军在完成对阿富汗的军事占领以后，于1980年1月对兵力部署进行了调整。

东部地区——第105空降师驻喀布尔，第306和360摩托化步兵师驻喀布尔、贾拉拉巴德、加德兹、巴格兰和普里胡姆里一线，另外还驻有空军1个歼击机团和2个直升机团。

北部地区——第16摩托化步兵师和201摩托化步兵师驻守马扎里沙里夫、昆都士和法札巴德一线。

西部和西北部地区——第5摩托化步兵师和54摩托化步兵师驻守赫拉特、信丹德一线。

南部地区——第346摩托化步兵师驻守坎大哈、法腊一线，另有1个歼击机团驻守坎大哈。

通过调整部署，苏军完全控制了阿富汗的主要城市和交通干线。在四个主要地区，苏军共建立起24个大战区和101个小战区，每个师的防区达20万平方公里，每个团的防区达7—8万平方公里。在莫斯科眼里，阿富汗战争似乎应该到此为止。

自1968年入侵捷克斯洛伐克、扑灭"布拉格之春"后，苏军的闪电战术又一次发挥了巨大的效用，近10万的阿富汗政府军不堪一击。现在，出兵阿富汗第一阶段的任务已经轻而易举地完成了，第二阶段即将拉开序幕——清剿阿富汗穆斯林武装。阿富汗的一部分次要城镇和大部分的农村地区还被穆斯林武装和独立的当地部族武装控制着，其中包括由巴基斯坦和伊朗支持的穆斯林武装力量。不过，勃列日涅夫对此估计乐观。他认为，消灭阿富汗穆斯林武装不会耗费太长的时间，"此事将在三到四周内结束"。外交部长葛罗米柯也说："这只需要一个月，我们很快就会完成一切并迅速离开。"

下一步，勃列日涅夫考虑的就是从阿富汗撤军。

新年刚过，勃列日涅夫主持召开了苏共中央政治局会议。他在会上正式表示，他对苏军第一阶段作战的进展情况感到满意；在第二阶段作战中，苏军应继续坚持第一阶段的作战方法，继续发扬第一阶段的作战精神，速战速决，尽快结束这项神圣的任务。另外，照当前的形势来看，卡尔迈勒似乎已经在各主要城市确立了统治，在适当的时候，苏军可以撤出一部分。

对于撤军的提法，外交部长葛罗米柯等人表示不同意。他们指出，眼前提部分撤军问题，条件还不成熟。要等到卡尔迈勒政权足够强大才能考虑这个问题。战争刚刚结束了第一阶段，现在撤军，这将严重影响苏联的国际形象。

勃列日涅夫接受了这个意见。会后，苏共中央政治局马上将速战速决、全面消灭阿富汗抵抗力量的任务交给了苏军总参谋部，命令他们迅速制定阿富汗战争第二阶段作战计划。

事实上，就在这次政治局会议前，苏军总参谋部负责拟定苏军在阿富汗作战计划的奥加耶夫、阿赫罗梅耶夫和瓦连尼科夫等将军，曾向国防部长乌斯季诺夫呈递一份报告，警告国防部把苏联军队继续开进阿富汗会遇到种种危险，阿富汗好战的部族和险峻多山的地形，将会使苏军的行动变得徒劳无益。

他们很快就受到了乌斯季诺夫的训斥。乌斯季诺夫严厉地告诫他们：苏军开不开进阿富汗，这属于外交范畴，"我们的军队什么时候决定过外交政策？"乌斯季诺夫命令他们立即停止任何讨论，马上准备第二阶段军事行动计划。

这一次，勃列日涅夫的估计实在是过于乐观了。这场战争实际上此时刚刚开始，它不但没有在三到四周内结束，而且一打就是九年。勃列日涅夫只看到了苏军的入侵，却没有看到苏军的凯旋；不仅勃列日涅夫没有看到，安德罗波夫、契尔年科也没有看到。更具讽刺意味的是，十年后，正当阿富汗的反政府武装抵抗组织仍在不断壮大时，"苏联"这个词却在一夜之间变成了充满怀旧色彩的历史名词，永久退出了历史。

要知道，西方著名史学家保罗·肯尼迪曾有一个著名的论断——帝国的过度扩张，必然导致帝国的败亡。

1980年1月下旬，苏军经过短时间的休整，除了留下一部分兵力防守主要城市和交通要道外，其余的大部分兵力向未被占领地区的一切抵抗力量发起了全面进攻。第二阶段的战斗正式开始。

为了加强苏军的打击力度，取得速战速决的效果，苏军首先将主要的兵力集结在几个大城市中，各自组成一个拥有数百辆装甲车和卡车的大部队，然后再分头沿着重要交通干线或朝着反抗活动频繁的地区迅速推进。一般情况下，这些部队前方有已归顺卡尔迈勒的阿富汗政府军开道引路，空中有苏军武装直升机的保护。他们一路包围搜查每一个村庄，逮捕任何可疑的阿富汗人，以大城市或交通干线为中心，成扩散状向阿富汗农村挺进。由于苏军动用的武装力量极其强大，基本上无人可抵挡其攻势，就像是一记重拳狠狠地砸过每一个所经之处，所以苏军自己骄傲地将这种进攻方式称为"拳头战术"。

在这种情况下，无论在什么地方，如果有抵抗者出来迎战，或者苏军受到任何形式的袭扰，苏军就会毫不客气地派出武装直升机先对该地进行一番火力急袭，然后再出动大批装甲车将该地牢牢包围，最后地面步兵或者由直升机直接空降的突击队员才正式参加战斗，一举将该地的阿富汗反政府武装全歼。

苏军在征服每一个地区后，便会进驻一批军队，构建哨所，建立由当地人组成的阿富汗民兵武装，请回从前的地方官员，签署和平协议，并一改此前在该地区实行的恐怖手段，取而代之的是温和的同化政策。

苏军的这种战术在喀布尔、赫拉特、坎大哈、马扎尔和加德兹等地郊区大显威力。正如勃列日涅夫所预料的，抵抗者不堪一击，例如在1980年3月，苏军只发动一次进攻就收复了阿斯马尔和库纳尔公路干线。局势让勃列日涅夫越来越自信了。在克里姆林宫的一次私人酒会上，他兴高采烈地对同僚说："阿富汗？那地方真不错！"

尽管胜利没有像勃列日涅夫所预测的那样在三至四周内到来，但战场上的局面使苏联确信，胜利只是早晚的事。既然军事胜利指日可待，下一步就该是在阿富汗巩固和加强苏联的影响了，这原本就是对阿富汗发动入侵的目的。

早在1980年初，勃列日涅夫在制定对阿富汗国内局势的策略时，就已经把宣传教化的作用放在了与军事进攻相同的地位上。1980年1月6日，在苏共中央组织和党务工作部发布的《对阿富汗党今后工作的意见》中有这样一段话：

苏联共产党中央委员会和苏联政府认为，苏联能够满足阿富汗不止一次提出的、对阿富汗民主共和国给予多方面（包括军事）援助的请求，以同叛乱分子进行最坚决的斗争，就像从前那样。但是把反革命匪帮从他们所占据的地方赶走，并不能被称作是积极的军事斗争。应当采取最果断的军事行动去反对那些坚决拒绝进行谈判的人。而且，同匪帮进行积极斗争不应仅局限于用武装的方法。一些叛乱分子是不妥协的阶级敌人，还有一些是受了骗后被迫去的劳动人民。因此，同反革命分子进行的武装斗争应该和宣传党的政策、政府公布确保劳动公民生活条件的一些法令结合起来，使他们能自愿地带着武器向政府军投降，同时还应该结合各种宣传鼓动形式，广泛利用固定和流动的无线电广播手段以及其他信息手段进行政治宣传。

《意见》中下了这样的结论——"历史的经验证明，如果依靠广大的劳动人民群众，政权就能够巩固，而只依靠军队的政权，则孕育着变革。"换言之，苏联要在阿富汗大力宣传"苏阿友好"，大力推行同化政策，这是苏联在阿富汗能够牢固立足的关键。

所以，苏军的具体任务不是占领整个国家，也不是全面出击，打垮和消灭反政府武装，而是尽可能地不让他们扰乱同化计划的执行。执行具体的同化政策，需要阿富汗人民民主党政府、阿富汗政府军、情报机构和秘密警察、苏联军事和文职顾问等的共同协作。对苏联来说，这是一个庞大的工程。

为此，苏联制定了一整套总战略。在总战略指导下，苏联人有着明确的分工。外交和宣传方面，要孤立阿富汗抵抗运动，不使它在国外成立机构，尽可能阻止阿富汗抵抗运动得到外国的军事和财政援助。苏军的主要目标是控制必不可少的地区，把阿富汗抵抗运动紧紧阻隔在山地和目前无关大局的地区。这样做为的是争取时间，迫使反苏游击队只能开展小规模的军事行动。同时，每当一个抵抗运动的根据地构成威胁并使战争升级时，设法消灭那里的游击队。

总战略同时规定，有些事情是苏军必须尽量避免做的：比如要避免过分扩大战斗，以防苏军陷得太深不能自拔，除非阿富汗抵抗运动有所发展；不要介入到阿富汗居民中去，苏军生怕自己的士兵被"感化"过去，也担心这样反而会使抵抗运动加强对阿富汗人的思想工作；而且，要避免让苏军时时冲在前头，加强对阿富汗政府军战斗力的提升，这样可以使苏军免遭过分惨重的损失，也可以使战争最终实现"阿富汗化"。

与此同时，国际上要求苏联撤军的呼声日益高涨。坚信苏联已经胜利在握的勃列日涅夫打算利用这一机会在国际上为苏联争取更多战略优势。于是，勃列日涅夫脑中关于部分撤军的念头再次出现。当然，撤军之前要先与巴基斯坦、伊朗甚至美国等国家进行谈判，在谈判桌上为苏联赢得战略优势后，再实施撤军的想法。

为此，社会主义阵营内部进行了通气。1980年3月，古巴国务委员会主席菲德尔·卡斯特罗写信给勃列日涅夫，表示古巴愿意以不结盟运动代表的身份在阿富汗和巴基斯坦间斡旋，组织它们进行谈判。

对这次谈判，苏联完全以一个胜利者自居；勃列日涅夫不允许其他国家对他扶植起来的卡尔迈勒政府有任何意见。勃列日涅夫的目标是，用阿富汗部分撤军，换取美国的力量退出印度洋和波斯湾地区。

1980年3月底到4月初，古巴外交部长伊希多罗·马尔米耶卡·佩奥里带着勃列日涅夫的使命在喀布尔和伊斯兰堡之间多次奔走，以促使双方展开会谈。巴基斯坦总统齐亚·哈克只提出一个先决条件——只有苏联撤出留在阿富汗的全部军队，会谈才能举行，巴基斯坦随时恭候并且可以在任何地方与阿富汗举行会谈。

巴基斯坦的强硬立场让勃列日涅夫的打算全部落空。他这才明白，想以苏联撤出阿富汗为条件在国际上捞取到好处，基本是不可能的。

更何况，此时战场上的形势已经开始悄然转变了。

1980年5月12日上午10时，苏军一个摩托化步兵团从萨曼甘向达拉苏夫进发，打算消灭这里的反苏游击队。这个摩托化步兵团装备有300多辆坦克和装甲车，而阿富汗游击队仅有少量的步枪和手榴弹。实力相差悬殊，这一战本不该有太多悬念的。

阿富汗游击队得到情报后，认定苏军要去达拉苏夫山区，必定要经过狭窄的查普查勒山口。这个山口地势险峻，谷深坡陡，公路两边陡峭的石壁耸入云端，装甲车辆目标大、易受攻击的弱点在这里暴露无遗。这里是一个打伏击战的绝佳地点，游击队决定在查普查勒山口狠狠伏击苏军。

由于山高坡陡，苏军的坦克、装甲车从萨曼甘出发后，只能排着纵队，沿一条公路向达拉苏夫山区进发。由于苏军急于赶去围剿达拉苏夫地区的反苏游击队，只要求行军速度而忽略了其他，在无任何反伏击措施的情况下，以一字队形通过查普查勒山口。按照反伏击作战原则，苏军在通过查普查勒山口时，应首先派兵控制山口两侧的制高点，至少应出动直升机对可能有伏兵的两侧制高点进行细致侦察后方可通过。但是，轻敌的苏军什么也没有做。

14时30分，苏军坦克、装甲车进入查普查勒山口。阿富汗游击队马上点燃预先埋设的炸药。顷刻间山崩地裂，大量的巨石滚入峡谷，犹如日坠天倾，当先的苏军坦克和装甲车被巨石压成一堆堆"铁饼"。接着，埋伏在山顶的游击队员用步枪、反坦克手榴弹、苏制RPG火箭筒、土制炸药包向苏军发动猛烈攻击。在不到一个小时的时间里，苏军不少坦克、装甲车被击毁，伤亡500多人。为避免全军覆没，15时30分，苏军指挥官下令撤退。剩余的坦克、装甲车载着残兵败将夺路而逃。由于苏军队形较长，不便于组织指挥，加上败退时慌不择路，游击队在追击中又击毙几十名苏军，还生擒了40多名苏军士兵。至此，查普查勒山口之战以苏军的彻底失败而告终。

查普查勒山口之战似乎还没能让苏联人清醒过来。1980年4月14日，苏联驻阿富汗大使塔别耶夫向苏共中央发来的关于阿富汗国内形势的报告中说：

卡尔迈勒进入政府执政和苏联军队进驻阿富汗之后，在同反革命进行斗争的战线上，力量对比已经发生了根本的变化。一方面，反革命势力已不能再利用原先体制的多次失误和错误让居民去反对中央当局，这就极大地改变了力量对比，使其有利于中央，特别是省一级政权。另一方面，苏联军队是强大的稳定因素，这就打破了反革命分子想获得军事优势的计划，打破了他们在同阿富汗民主共和国政府的斗争中直接在军事上取得胜利的梦想。在今年2—4月，许多省份的反革命分子在军事上都遭到了失败。在库纳尔、拉格曼和捕格哈尔等省有4000—5000人的叛乱集团被粉碎了。同时，在巴格兰、巴达赫尚、巴尔赫、萨曼甘、塔哈尔等省，叛乱分子也受到了强大的警告性打击。仅在4月上旬就有3200名叛乱分子被消灭，840人被俘。大多数居民都特别反对叛乱分子，对强盗们的横行霸道已十分厌恶，都在渴望过和平生活。在政府取得的军事成就的影响下，直到目前还没有参加政府军和叛乱集团之间斗争的那一些势力都投向了政府一边。

很显然，在这份报告中，阿富汗的形势对于苏联来说，依然是一片大好。但时隔不久，苏军便又遭遇了一次类似查普查勒山口之战的打击。

1980年5月12日，苏军侦察到喀布尔北部山区有阿富汗游击队的一个驻地，决定发动袭击将其消灭。就在苏军将要出动之际，游击队也得到了苏军袭击的情报，于是按计划布置了一个陷阱——他们在山谷里点起篝火，升起炊烟，赶来牛羊，制造出一派祥和景象。

第二天，苏军出动数十架米-24武装直升机和大队步兵，向游击队驻地袭来。苏军直升机飞行员远远看到游击队驻地炊烟袅袅，似乎毫无防备，于是立即加大马力，猛扑而来。米-24武装直升机的火箭发射巢和航空机枪喷出火光，成排的火箭和炮弹飞向村庄。在苏军火力的袭击下，宁静的村庄顿时变成一片火海。

就在这时，隐蔽在山顶上的游击队发出信号，步枪、机枪、RPG火箭筒、无后坐力炮居高临下一齐开火。苏军直升机正在低空盘旋，突如其来的打击下根本无力抵抗，几架直升机瞬间就被击落。未被打中的直升机知道落入陷阱，匆忙丢下剩余挂载的大型高爆炸弹，升空逃走。而负责地面攻击的苏军步兵与直升机通信协调有误，未等武装直升机有效摧毁游击队的防御，便提前进入峡谷。结果苏军直升机扔下的高爆炸弹正好在苏军步兵头顶上爆炸，苏军顿时伤亡一片。

阿富汗游击队又掉转枪口，猛烈袭击苏军步兵。苏军指挥官眼见势头不对，只能赶紧撤退。但由于游击队火力猛烈，苏军已伤亡过半。最后，这次战斗以苏军损失8架直升机、伤亡300多人而告终。

勃列日涅夫明白，"部分撤军"已经不再是一个问题。眼下的阿富汗局势，苏军即使想走也走不了。他们已经陷入山地游击战的海洋。

3. 山间的战争

"尽快发现敌人"成了驻阿富汗苏军的首要任务，调整原有编制和作战方式成为当务之急。1980年7月，苏军从阿富汗撤走了一批多余的部队，其中包括1个坦克团、3个战术导弹营、3个反坦克炮营、1个高射炮兵旅和1个防空导弹旅，留在战区的部队进行大规模编制和战术调整，将结构臃肿的摩托化步兵师改编为旅，下辖灵活机动并能独立作战的营或战斗群，并以营确定为基本战斗单位。后来的实践证明，一个营基本能完成战场上大部分任务。按照具体情况，一些步兵连或空降兵排也可确定为基本作战单位。为应对突发事件，苏军还将一些加强营改造为作战值班分队，它们装备较多的装甲车辆，以保证人员和武器输送，人员编制也可随时增加。

不过，这些措施只是临时的，不能从根本上解决问题。阿富汗游击队还是能一如既往地躲过苏军扫荡。1980年10月，土耳其斯坦军区司令员在写给国防部长乌斯季诺夫元帅的报告中说："（阿富汗）爆发大规模军事行动的可能性正在降低，我认为我军下一步行动应当做出调整，侧重于号召当地人发起打倒'反革命武装'的群众性运动……"然而，"军人就应当打仗"的思想仍在莫斯科占据上风，他们要求苏军继续用简单粗暴的武力清剿行动解决敌人；这种策略只能使阿富汗的抵抗运动越来越激烈。苏军驻阿富汗战役集群司令员索科洛夫大将曾向莫斯科保证，在1981年11月7日"十月革命节"前结束对阿富汗"反革命武装"的清剿工作。这无异于天方夜谭，因为苏军无论在组织结构还是人员装备上都没做好准备。

1980年3月，在美国和巴基斯坦的安排下，白沙瓦的六个逊尼派组织的首领第一次坐在了一起。他们共同谋划联合反苏的策略，决定成立一个同盟组织。但这一设想刚一提出就遭到了伊斯兰党领袖希克马蒂亚尔的强烈反对，他不愿意将自己的兵力交由他人指挥，其他几个领导人也显得不很情愿。但在最后，由于美巴两国的极力促成，其余五个党的领导人还是勉强联合在一起，共同宣布成立"解放阿富汗伊斯兰同盟"，并推举刚刚从监狱里逃出来的穆斯林知识分子阿卜杜勒·拉斯·萨亚夫教授为领袖。

五个党的联合实际上是貌合神离的。各党的领导机构并没有合并成统一的组织，五个党的领导人仍然各自保持独立，不断发生争吵，各自领导着自己的一派人马，不承认萨亚夫的权威地位。虽然这次合作并没有取得实质上的成绩，但毕竟从形式上为反苏的各派组织提供了一个合作的模式。

随着白沙瓦内几个领导人对联合的探索，在阿富汗国内的各个游击队也得到了迅速壮大，到1980年上半年，游击队的兵力已由1979年的4万人发展到了10万人。苏军的侵略和保卫家园的热情使阿富汗人纷纷选择了参加游击队的道路。游击队人数的迅速增加，带动着游击战的战场也在迅速扩大。到1980年中期，阿富汗城市和农村的游击战都开展起来了。

抵抗苏军的游击战争是以"圣战"的名义进行的，阿富汗游击队员被称之为"穆贾希丁"，意即"进行圣战的人"或"圣战者"，外部世界常常将他们意译为——"自由战士"。

阿富汗的城市建筑众多，街巷复杂，是开展游击战的有利地形。在喀布尔、坎大哈、赫拉特等地，战斗尤为频繁和激烈，这些地方，黑夜和白天轮流掌握在游击队和苏军的手中。白天，苏军在各大街道上巡逻，阿富汗政府官员们也都沉稳自如地走入自己的工作部门；但是太阳刚一落山，他们无不惊慌地逃入由苏军严密守控的住宅区，尽管那里偶尔也会遭到一阵枪击或是几枚火箭弹的偷袭，但相比较而言，那里仍是最安全的地方。

因为在夜晚，城市已成了游击队的天堂。他们成群结队，攻击政府大楼、广播电台，暗杀阿富汗政府官员和苏联军人。而白天一来，他们则不见了，街上走着的仍是阿富汗市民和巡逻的苏军士兵。

阿富汗游击队员神出鬼没，城市游击战开展得如此成功，更主要的是得益于城市中组织严密的联络网和游击队领导人的指挥。

秘密联络网大部分是由阿富汗政府各部门中同情游击队的公务员组成。他们利用苏联人的信任，建立了苏军绝对不会搜查的武器贮藏处。而那些潜伏在阿富汗政府军中的游击队联络员经常偷偷到郊区去会见游击队的领导人，送去情报，带回信息或补给品。

拥有阿富汗政府军身份的潜伏者参与游击战时也要使用游击队提供的武器，并不是他们不愿携带自己的武器，而是因为最适合城市游击战的武器是手枪和炸药。这些东西或者来自于巴基斯坦境内，或者由游击队员自己制造；前一种方式获得的武器往往更为精良，但由于获得有限和运输艰难，游击队员还是经常要靠自己动手。

这些城市游击战尽管从外表上看并不太惊人，但游击队的地下组织能力和保密能力却相当强。地下游击队每个小组的成员一般不超过8个人，每个小组至少都有一两个武器贮藏处，即使属于同一个抵抗组织，几个小组的成员也互不认识。

在喀布尔地区，最有名的城市游击战组织者叫阿卜杜勒·哈克，他属于伊斯兰党哈利斯派，在喀布尔城内外共有200名正规的游击队员服从他的指挥。当时他只有21岁，却指挥着一大批与他父亲同龄的分队领导人。他成功组织了几起在喀布尔影响较大的城市袭击行动，获得了大批的拥护者与支持者。当一些阿富汗政府军的军官要求公开参加游击战时，他劝告说：那样只会增加伤亡，留在原来的位置上参加地下斗争，比公开参加战斗更能发挥作用，因为这样可以提供关于苏军和阿富汗政府军调动或作战计划最可靠的情报，并能向各地的游击队提供弹药和有关线索。

但由于人员活动、武器输送等方面的困难，以及苏军实力的强大，阿富汗城市游击战的难度远远大于发生在广大山区的游击战。有时候，为了更好地攻击城市目标，城市游击战还采用城外夹攻的方法，即先在城外聚集一批游击队兵力，袭击城市，吸引住苏军和阿富汗政府军的注意力后，城市游击战再展开，往往能起到更好的效果。

粗略地罗列一下阿富汗游击队在城市游击战中的战果，便可以发现，这样的城市游击战行动对苏军和阿富汗政府军的打击实际上相当巨大：

1981年11月21日，用火箭筒袭击喀布尔的洲际饭店。

1981年4月14日，暗杀阿富汗国家情报局第二号人物吉拉姆·萨希·阿塔尔将军。

1981年4月，暗杀洛加尔省省长。

1981年5月1日，暗杀帕克蒂亚省省长。

1981年5月6日，暗杀坎大哈省省长穆罕默德·雅蒂米。

1981年9月，暗杀马扎里沙里夫市警察局长。

1982年1月19日，暗杀苏联将军奇德钦科。

1982年8月3日，袭击喀布尔的巴拉希萨尔堡军火库。

1982年8月，攻击巴格拉姆机场，击毁22架苏军直升机。

1982年10月26日，在喀布尔暗杀苏联将军伊斯特诺夫。

1982年12月21日，袭击贾拉拉巴德机场，击毁10架苏军直升机。

1982年12月24日，武装骚扰苏联大使馆。

1982年12月28日，破坏向喀布尔供电的马希帕尔水电站。

1983年8月，再次重创巴拉希萨尔苏军司令部。

1983年12月，袭击加兹尼监狱，释放400名犯人。

1983年12月4日，暗杀阿富汗政府军将军阿卜杜勒·库杜兹·拉希德。

1983年12月22日，袭击喀布尔电台和军事学院。

在阿富汗的反苏游击战中，进行面更广、取得更大战果的还是发生在广大农村和山区的游击战。在农村及山区的游击战，由于各游击队的派别不同，而且在民族、地理、宗教等方面也各自具有自己的特点，所以他们一直没有统一领导作战的中心，在作战中也呈现出不同的特点。

在阿富汗南部和东南部的游击队主要由传统的部族和山区居民构成，在伊斯兰教毛拉的支持下，由有名望的、受人尊敬的家族成员担任领导者，这些游击队一般在8—12月，也就是等到庄稼收割之后，采取各种军事行动。这些游击队的作战计划、行动方法等经常通过全体成员的共同讨论，在所有参与者都同意的情况下才能付诸实施，每个人都有发言权。

他们的战斗计划在行动前就已经预先拟好，大多以阿富汗政府军为袭击目标，袭击苏军较少，而且行动都是在夜间；袭击之后，他们便会迅速地撤回到自己的村子中。这些人进攻时都很勇敢，但也比较轻率，所以损失也相当严重。

在阿富汗北部和西北部，前阿富汗政府军大尉伊兹马伊尔·汗的作战方法极为流行，各游击队大多按照他的观点组织战斗。从广大的农村选几个主要村落，在那里固定集中300人左右的游击队员，以守株待兔的方法打击一切来犯的敌人。他们一般装备精良、训练有素，但由于山区的交通不便和工具的粗劣不足，他们往往只能固守在一定的区域，既不能参加固定区域外的战斗，也难以支援相距较远的其他村庄的战斗。

尽管各个地区游击队的战斗能力和作战方法不尽相同，但作为游击战，他们的战术还是具有一定的规律性。游击队或者是沿着公路干线破坏苏军的运输，或者是打击苏军的逐步推进，巩固自己的根据地，或者是主动出击，打击苏军和阿富汗政府军的孤立据点。

由于阿富汗国内山区极多，因此主要的交通线极少。苏军只能靠公路来推进摩托化部队和运输主要的军用物资。这样，阿富汗游击队就将破坏公路运输作为一个主要的作战目标。这些战斗一般规模都不大，持续时间也较短，但由于出现的路段较多，战斗的次数频繁，它严重地阻碍了苏军进展的计划，给苏军造成了不小的伤亡。

为加强对交通线的控制，苏军在主要公路干线上的一些重要路段大量设立交通调整哨、检查哨，检查过往行人和车辆，防止阿富汗游击队对重要路段和桥梁进行破坏，在有些路段还派出了流动巡逻车。在最易受阿富汗游击队攻击的地段，苏军每隔一定距离就修建一个驻兵的小碉堡，四周布设地雷场。一些容易被阿富汗游击队利用的设伏地段，往往被苏军指定为"自由射击区"，任何活动物体都会遭到轰炸和枪击。只要苏军在路边遭到伤亡，就把邻近的村庄夷为平地，将居民赶离公路。如此做的代价是，大量苏军兵力被牵制。

查普查勒山口之战是阿富汗游击队的宝贵经验。在交通要道上，游击队有时在公路两侧利用有利地形构建工事，夺取对交通的控制权；有时在公路必经的险要路段，如隘路、山口等地设伏击，搞破坏；有时则利用公路两侧的村庄、树林、壕沟、丘陵等地设下埋伏，攻击公路上的小股苏军；有时则直接在苏军通行之处设路障、埋地雷、炸毁涵洞或桥梁，挖下深沟或陷坑。针对苏军的逐步推进、侵袭根据地等做法，游击队则常常利用山区的有利地形，构建多层防御阵地，层层阻击苏军的地面部队，一待苏军大部队或是空中力量赶到，他们便迅速地撤进隐蔽地点。

在对付苏军的航空兵和武装直升机方面，喀布尔北部山区伏击战的经验被不断推广。在苏军直升机可能经过的山谷中，阿富汗游击队的对空伏击分队分为两组。第一组驻守在山谷坚固的阵地上，引诱苏军直升机前来攻击。第二组配置在比第一组高约2300米的地方，装备大口径机枪和RPG火箭筒，任务是击毁直升机。苏军直升机飞来时，第一组在最大射程上开火，吸引苏军飞行员注意。当直升机飞临第一组上空实施近距离攻击或投下步兵时，第二组就一齐开火，从侧面或上方击毁直升机，消灭投送的步兵。

为了保护根据地，阿富汗游击队经常在根据地外围埋设地雷或设置各种障碍。阿富汗游击队常常分成几股力量，苏军向西挺进，游击队就在东面进行袭扰，苏军扑向东面，这股力量就利用山区地形巧妙地转移。与此同时，另一股游击队又在西面出现，这种声东击西的战术经常令苏军疲惫不堪却毫无收获。

阿富汗游击队有时也主动攻击苏军孤立的据点。这种进攻的规模大小不一，有时十几人，有时几百人，多在夜间进行，袭击后迅速撤离。这些孤立据点包括苏军占据的机场、雷达站、军火库、后勤仓库、兵营及临时营地等。总之，阿富汗游击队采用各种方法，只要存在有利于己的条件，他们就会奋力一战，从而不断地牵制和打击苏军。

当一个国家全民皆兵反抗入侵时，各种各样的点子几乎是层出不穷的。

1982年夏末，贾拉拉巴德反苏游击队的一位领导人通过各种关系，与阿富汗政府军喀布尔卫戍部队司令阿卜杜勒·沃杜德将军取得了联系。游击队领导人向沃杜德将军说，他和他的游击队愿意归顺阿富汗政府军，放下武器不再与苏军为敌。为了证明他的诚意，这位游击队领导人向沃杜德将军出了一个主意——愿意帮助政府军诱捕自己的上司，逊尼派伊斯兰党领袖尤尼斯·哈利斯。

这位游击队领导人担保说，只有他才能抓到哈利斯，只要向他提供资金，再派一支政府军的装甲部队协助行动。他的话说服了沃杜德将军，后者果真向他提供了他所要的一切。就这样，一支阿富汗政府军的装甲部队出发向贾拉拉巴德飞奔而去。游击队领导人接待了他们，把他们安置在一块偏僻的草原上，吩咐他们设好陷阱，准备伏击哈利斯。

即将"归顺"阿富汗政府军的游击队一连两天劝设伏的政府军要耐心等待；等到第三天，游击队完全取得了这支政府军的信任。游击队领导人一声令下，游击队员们不费吹灰之力就把那支阿富汗政府军部队全部消灭，缴获了一批装甲车辆和其他武器弹药。

倒霉的沃杜德将军被苏联顾问怀疑私通游击队，以"叛徒"罪名于9月29日遭到处决。

阿富汗游击队还常这样干：一些游击队员装扮成阿富汗政府军，在公路干线拦截公共汽车，把乘客统统赶下车，然后宣布要把这些同情"反革命匪帮"的人枪毙。要知道，这是苏军和阿富汗政府军常干的事。

车上的许多阿富汗政府军军人和阿富汗人民民主党党员一听此言，赶紧出示自己藏得很严的证件。接下来的事就十分方便了——游击队员们将出示证件的人全部枪毙或关押起来

这样的计策简直是用不完的。一支小规模反苏游击队的领导人逃到了阿富汗政府一边。他向阿富汗政府和苏军保证，自己一定幡然悔悟，痛心疾首地说自己是上了帝国主义和大封建领主宣传的当；他还做了一系列事情来表明诚意。于是，阿富汗政府军给他武器装备和资金，要将他的部下改编为维持地方治安的民兵武装。没想到，一拿到武器装备和资金，游击队领袖立即就回到山里，再也没有露面。原来，他当初来向阿富汗政府和苏军投诚，目的不过是搞钱搞枪而已；现在武器装备和资金都到手了，他便回到山里继续打苏联人。

残酷的战争使阿富汗人发挥了极大的聪明才智。游击队在喀布尔附近的马伊丹搞到了一颗尚未爆炸的炸弹，他们给炸弹装上了电控系统，炸毁了苏军运输车队必经的大桥。他们从苏军装甲运输车里搞来的炸弹不久就被派上了用场，经过一番摸索和改装，游击队用土炮将炸弹全部又送回了苏军的营房里。

在某次交火中，游击队缴获了苏军装甲车上的一挺重机枪。游击队的机械师立即给它装配上一个三脚架，变成了一挺轻机枪。在阿富汗北方的游击队

里，有人在城市游击战中发现，近距离发射的苏制RPG火箭弹能穿透苏军装甲车辆的装甲，但无法杀伤车内的苏军士兵；经过一番思考，游击队员们找到了窍门——把弹头里的两个塑料垫摘去，问题就全解决了。在同一次城市游击战中，游击队员们发现，在火箭弹的套接管里加一点汽油，没有发射筒也能使用。

20世纪80年代中期，对阿富汗战争负最终责任的苏联国防部第一副部长谢尔盖·索科洛夫元帅变得焦急不安。勃列日涅夫大力提倡的速战速决没有达到目的，而且苏军对付这些无所不在的游击队开始感到力不从心。多年来，苏军的战术方法与训练方向一直是，与北约组织在西欧平原展开超大规模机械化作战。但在遍布山地的阿富汗，这一切根本无从应用。

勃列日涅夫彻底放弃了"部分撤军"的想法，再也没有机会重新提起过。目前的紧迫问题，是如何采取一种最有效的办法尽快消灭阿富汗境内的反苏游击队组织。

经过多方讨论，一份决策方案送到了索科洛夫的手中。

1980年下半年，苏军改变了"拳头战术"，开始推行被称为"搜索与歼灭"的新战术，把打击重点依次放在阿富汗北部地区；中部地区和东部地区同样不能放松，必须确保苏联与喀布尔之间的联系，确保喀布尔及其周围地区的安全，并竭力切断阿富汗国内反苏各游击队与巴基斯坦之间的往来。

苏军开始对游击队活跃的地区进行重点清剿和分区清剿。打击的方法往往是先派出飞机侦察，确定目标区后再进行反复的轰炸，甚至将目标区的村庄炸平，将林区毁灭，以消除游击队的一切掩护物；为了切断平民百姓与游击队间的协作，苏军还对游击队活跃地区的平民实施了灭绝式的轰炸。而在阿富汗与巴基斯坦的交界地区，苏军则加强了对国界间交通线的封锁，力图使游击队从巴基斯坦境内获得的支援物资无法运送至国内。

为了增强对阿富汗游击队的打击强度，1980年中期，苏军第16摩托化步兵师和第54摩托化步兵师又从苏联境内的铁尔梅兹经阿姆河大桥开进阿富汗，增补到负责整个阿富汗战区主要作战任务的第40集团军。与此同时，苏军又将阿富汗全国29个省重划分为7个战区，即喀布尔战区（驻有第105空降师和第360摩托化步兵师）、加兹尼战区（驻有第8摩托化步兵师）、昆都士战区（驻有第201摩托化步兵师）、马扎里沙里夫战区（驻有第16摩托化步兵师）、赫拉特战区（驻有第66摩托化步兵师）、信丹德战区（驻有第54摩托化步兵师）、坎大哈战区（驻有第357摩托化步兵师）。各战区除了负责协调指挥本作战区内驻守军队的军事行动外，还掌握一定数量的机动力量，可以独立进行一些作战任务。

另外，苏军的指挥机构也得以有了进一步的完善，第40集团军的总部设在喀布尔，并成立了空军司令部、防空军司令部、炮兵司令部以及后勤指挥机构。为了便于指挥，苏军还分别在喀布尔和信丹德设立了东、西部两个战区指挥所。

到1980年底，驻阿富汗苏军人数已达8.5万人，其中75％是作战部队，其余为后勤保障部队和阿富汗政府军中的教官与顾问。此外，在土耳其斯坦军区，还驻有5万苏军，长期处于战斗准备状态。

与此同时，苏联的"同化政策"也在不遗余力地推行。利用阿富汗人对伊斯兰教的信仰，苏联在阿富汗的每一处占领区全面地收买各个部族，只要依顺卡尔迈勒政府，苏联人就将向他们提供最为完备的伊斯兰信仰保证，同时对各部族首领采用罕见的高薪、诱人的特权来加以拉拢。到1983年，喀布尔市内已经新建了230座清真寺，其余地方也建了30余座为了收买各个部族，1981年，阿富汗政府"边境和部族事务处"改组为"民族和部族事务部"，并在6月份建立了由库纳尔、捕格哈尔、帕克提亚、帕克蒂亚、查布尔、坎大哈、赫尔曼德和尼姆鲁兹等省组成的"阿富汗部族最高会议"。"边境和部族事务处"与"阿富汗部族最高会议"专门负责说服、劝导各个部族服从卡尔迈勒政府，其主要对象是广大的普什图人，而辅助说服工作的方法则是利诱。苏联人通过这两个机构告诉部族首领们——卡尔迈勒政府的土地改革可以不触及大地主的利益，并且部族首领和毛拉们还可拥有比法律规定的6公顷还要多的土地。

苏军和阿富汗政府还向所有部族和个人保证——只要服从新政府，曾经同游击队合作过的人可得到赦免，而且被充公的土地将归还原主，战争中所受的财产损失将获得补偿。

对于已经服从新政府和苏联的阿富汗人，苏联着手在他们中间建立一个拥护卡尔迈勒政府的新社会阶层。这个阶层必须在苏联的绝对支配之下，应该有跟苏联同样的思想，同样的文化。苏联的新闻社承担了这项工作。他们执行用阿富汗的普什图语和达里语出版小册子的计划，仅仅1980年就出版了28种小册子，总发行量64万册，其中有《政治读本》《列宁文集》《列宁关于社会主义条件下的劳动、关于合作化、关于武装力量的作用、关于新型政党、关于青年的论述》以及《勃列日涅夫回忆录》等。在苏联的命令下，喀布尔印刷厂用普什图语和达里语出版《团结》杂志，这份杂志的主要内容包括苏联共产党的文件、苏联社会主义建设经验和取得的成就，以及国际工人运动、民族解放运动的理论文章和现实状况，杂志发行的主要对象是阿富汗人民民主党党员。同时，他们还出版面向阿富汗青少年读者的《青少年时代》周报。

由于青年人受到阿富汗传统文化的影响较浅，并且将在未来起到主导作用，所以苏联将希望更多寄托在阿富汗青年人身上。于是，数以千计的大中学生被派往苏联深造，或者在国内获得来自苏联的奖学金。这一政策在阿富汗开展得极为迅速，1980年，仅在大学生中，去苏留学或获得苏联奖学金的人就已达到大学生总人数的10％。苏联每年拨出大批公费名额，让阿富汗青年学生到苏联中亚地区的几个伊斯兰加盟共和国去旅行，以便阿富汗青年人亲眼看一看社会主义现代化的大发展，让他们知道苏联就是"可耻的、落后的阿富汗"应当效法的楷模。

阿富汗大中小学校的教学大纲也在不知不觉中发生了变化，阿富汗教育制度中的苏联味道正一点点浓厚起来。1981年，阿富汗小学开始修改课本，增加了大篇幅的苏联共产党党史及苏联常用口号等内容。1981年，喀布尔综合工科大学取消英语课，改为俄语课。苏联人甚至还计划将阿富汗各种语言统一用西里尔字母来书写，因为在塔吉克斯坦加盟共和国，苏联人已成功地将波斯语改成由西里尔字母构成的语言。另外，大批的阿富汗儿童被直接送往苏联接受教育。这些儿童年龄都在5—12岁之间，学成归来之后，他们将成为阿富汗的新兴骨干力量，在这个国家中完全体现苏联的意志和利益。

一系列先锋队之类的青年组织也纷纷在阿富汗全国各地出现，苏联人通过这些组织，教育阿富汗人去仇视以美国为代表的帝国主义国家。苏联人设立了一所名为"祖国的未来"的学院，专门培养阿富汗人民民主党党员的子女和死亡政府军军人的孤儿；还有"爱国阵线"，负责召集和教育阿富汗国内一切"革命分子"。在"同化政策"的传授下，阿富汗社会渐渐有了一些苏联特有的东西。比如，政府官员慢慢习惯在大庭广众之下发表长篇大论的演说，正式的开幕仪式和落成典礼多了起来，喀布尔街头经常能见到有组织的、拥护政府的"群众游行"。

为了把阿富汗完全控制在手中，苏联专门派出一批高级顾问陪同卡尔迈勒奔赴阿富汗。这批人组成"阿富汗民主共和国中央顾问小组"，由苏曼佐夫担任组长，直接受苏共中央的领导，主要负责制定阿富汗国内的各项同化政策，然后由卡尔迈勒出面向阿富汗全国推行。到1983年12月，这个小组共有80名顾问和50名翻译人员。此外，在喀布尔还有总数为50人的其他顾问小组，包括"阿富汗民主青年组织顾问小组""阿富汗民主妇女组织顾问小组""阿富汗工会顾问小组"等，这些文职顾问组织的存在，保证了苏联的"同化政策"始终在一个稳定的轨道上进行。

还有"经贸合作"，这更是"同化政策"的重要组成部分。从1980年起，苏联开始开发阿富汗赫尔曼德的铀矿，将矿砂运回苏联。苏联还控制了坎大哈的金矿、巴达赫尚的天青石矿、哈吉加克的铁矿、基纳克的铜矿，这些矿区只有苏联人在开采，矿区禁止任何阿富汗人入内。苏联惟一与阿富汗签有购买合同的是天然气，而且还是在苏联控制了阿富汗国内全部天然气田的前提下，苏联只付给阿富汗国际市场价格的一半，每1000立方米只有83美元，其支付方式却是以阿富汗的欠债和苏联的驻军费用来结算。经过苏联人的计算，阿富汗在1981年就已欠苏联约30亿美元的债务。交易过程中，苏联将天然气开采后，直接通过输气管道送回自己国内，阿富汗方面没有管理甚至监督同苏联的经贸往来账目的权力。仅在1980年，苏联就从阿富汗进口了25亿立方米的天然气。

同时，苏联还通过各种协定垄断了阿富汗的对外贸易。仅1980年，苏联就以低价从阿富汗进口了价值1100万美元的水果和植物油，而这笔钱也完全用来抵债。据苏联对外贸易部称——"苏联是阿富汗的主要贸易伙伴"，"1981年阿富汗的国营经济成分在对苏联的出口中所占的比重为70%"。

阿富汗向苏联出口的商品主要是原料和半成品，比如天然气、尿素、棉织纤维、毛料、皮革制品、油料种籽、柑橘、葡萄干、核桃、油橄榄和毯制品等，这些商品只能用来换取苏联提供的国家贷款，供阿富汗方面用于建设"苏阿合作项目"。至于那些无偿援助项目，苏联则在履行过程中经常"遇到一些困难"。苏联不仅拖欠对阿富汗的无偿援助，还倚仗自己对阿富汗进出口的垄断，大规模地从阿富汗进口原材料，然后再向阿富汗出口制成品，比如石油，苏联一面在阿富汗进行大量的开采，一面却又大量地向阿富汗出口石油制品。这种做法，在国际上遭到一致谴责。按照统计，阿富汗的机器和交通设备进口84%依赖于苏联，棉织品生产65%依赖苏联进行，96%的石油产品靠苏联供应。

苏联的确在阿富汗开工兴建了一系列基础设施工程。比如，苏联建造了铁尔梅兹—喀布尔输油管，在阿姆河上修建了连接铁尔梅兹和阿里雅坦的铁路公路两用桥，在加拉巴和海拉顿之间修筑了边境铁路。不过，仔细看一看便能明白，这些工程无一不利于苏联和阿富汗之间的大宗货物运输；而且，这些工程全在苏联的绝对控制下。

同时，苏联在阿富汗境内新建和扩建机场。苏联方面主持了喀布尔机场的扩建工程，机场主跑道的长度将从2800米延长到3500米。欣丹德机场已经可以供苏联空军的战略轰炸机起降。从1981年，苏联在喀布尔以外的法扎巴德、克瓦汗、达尔瓦兹、谢格曼、克拉诺蒙杰安和卡拉潘贾等地建造了6个机场。无一例外，这些都是军民两用机场，不但用来镇压阿富汗反苏游击队，还可以用来向阿富汗以外的目标靠拢。

1982年2月6日，苏联与阿富汗又签订了一项新友好条约，规定苏联对阿富汗的经济计划全权负责。至此，阿富汗的经济命脉完全掌握在了苏联手中。按照苏联的计划，在平原上，阿富汗人要大力发展农业合作社；这种合作社在贾拉拉巴德、昆都士、巴格兰、巴尔赫和赫拉特等地十分普遍，与苏联的集体农庄毫无二致。同时，还要大力营建工业中心，发展工矿业。这一切活动都是在阿富汗政府军和苏军严密监督下进行的。

由于苏联对阿富汗经济计划的控制，1982—1983年的发展项目中，37.6%的资金都用于工矿业和运输业，而农业投资仅占10.4%。本来粮食可以自给自足的阿富汗出现了缺粮现象，面粉和大米在阿富汗已被禁止自由买卖，只能由政府实行定量配给制度，大量玉米、大麦、大米、白糖都要从苏联进口。到

1982年底，阿富汗的农业已被破坏得不成样子，同1978年相比，1982年农业播种面积仅为原来的一半，由330万公顷下降为115万公顷，主要粮食作物产量不到原来的三分之一，小麦的产量仅为1978年的20%，玉米、水稻、大麦和棉花的产量也分别下降为1978年的23%、26%、26%和12%，而喀布尔市的通货膨胀率已高达200%，卡尔迈勒也不得不在10月份发表的一次讲话中承认，阿富汗的物资缺乏正在"日益严重"。

苏联还从阿富汗手中夺走了瓦罕走廊。瓦罕走廊又称阿富汗走廊，是阿富汗巴达赫尚省至中国新疆维吾尔自治区境内呈东西向的狭长地带，位于帕米尔高原南端和兴都库什山脉北段之间的一个山谷。瓦罕走廊长约400公里，东西走向，其中在中国境内长约100公里，南北宽约3至5公里，最窄处不足1公里。其余300公里在阿富汗境内，最宽处约75公里。中国与阿富汗在狭长的瓦罕走廊东端相毗邻，边界线只有不到93公里。

瓦罕走廊重要的战略位置，令苏联人对这里极为重视。1980年下半年，苏军开进瓦罕走廊地区。从此，瓦罕走廊实际上被苏联并吞，居住在那里的吉尔吉斯人统统被驱赶出去。被赶出的吉尔吉斯人共计4000名，他们先是流亡到了巴基斯坦，后又转到土耳其。苏联在瓦罕走廊地区大兴土木，加宽了从苏联穿过卡拉潘贾山口通往瓦罕的公路，重新铺设了路面，沿途安装了先进的通信联络系统，并在高原上建造直升机停机坪，在深山中修建军火库。苏联还通过布设地雷和设置边防巡逻队的方法，封锁了阿富汗通往中国和巴基斯坦的各个山口，实现了对瓦罕的实际控制。从此，这里成为苏联遏制中国和巴基斯坦的前哨。

1981年6月16日，阿富汗与苏联在喀布尔签订了《关于从佐尔湖西岸到波瓦洛一什维伊科夫斯基峰地段边界走向的条约》，正式将瓦罕地区划给苏联。瓦罕划入苏联后，苏联边境向南推进，直接与巴基斯坦接壤，中国也失去了一个领土接壤的邻国。直到8年后，苏联从阿富汗撤军，瓦罕走廊才再度重归阿富汗。

"同化政策"最重要的一环，自然是全力加强阿富汗政府军的建设。

阿富汗政府军的雏形是地方部族武装。直到1929年，当时的阿富汗国王纳迪尔才第一次组建了近代意义上的阿富汗政府军，由于成员来自不同的部族，军队整体协调性很差。在苏联的援助下，到1972年，阿富汗政府军兵力保持在8万人左右。1973年达乌德发动政变后，对政府军进行了大清洗。此后，大批苏联军事顾问和专家渗透到阿富汗政府军的各个部门。苏军入侵阿富汗时，阿富汗政府军大约有10万人，实际上已处于瘫痪状态。在苏军入侵初期，大部分阿富汗政府军基本上未进行抵抗就归顺了卡尔迈勒政府，一部分政府军参加了游击队，成为阿富汗抵抗运动的成员。

1980年底，苏军开始着手重建阿富汗政府军。除了按苏军编制划分军队组织、提供先进的武器装备外，苏联方面还为阿富汗开办了各种军官学校和政治学院，并选派阿富汗政府军军官到苏联接受全面培训，以提高其指挥官的自身素质和管理部队的水平。在阿富汗政府军中，苏联的军事顾问渗透到了营连一级；而在执行作战任务时，苏军逐渐由担负正面作战任务转向了担当阿富汗政府军的后盾。在苏联人的布置下，"阿富汗人打阿富汗人"的局面渐渐形成。

为了保持实力，充分利用阿富汗政府军，苏军多次对阿富汗政府军进行改组、整顿和调动。苏联将阿富汗政府军划分为相应的几个大军区，分别负责所在区域内有限的反游击战任务。在各军区内，按苏军的编制方法，由卡尔迈勒政府派出一名官员负责政治及行政事务，由苏联派出一名将军担任军区司令，并建立了指挥机构，统一指挥和管理当地的军、警及行政事务。

不过，征兵始终是阿富汗政府军的大问题。阿富汗人不愿为苏联和卡尔迈勒政府卖命，有许多适合应征年龄的人在游击队的影响下逃到伊朗和巴基斯坦，到反苏游击队的营地受训；而且在政府军内部，逃兵现象严重。在这种情况下，卡尔迈勒政府采取了一系列措施。比如，他们制定了特别奖励制度，对自愿留下超期服役者，每月薪金定为3000阿富汗尼，每年付13个月工资；同意超期暂留部队3个月者，每月薪金定为2000阿富汗尼。在当时的阿富汗，这算是一笔不菲的收入。同时，还加强了征召新兵的措施，吸收更多年轻人参加阿富汗政府军。但是这些措施始终不尽如人意。为了让阿富汗政府军保持足够的规模，苏联不得不要求卡尔迈勒下达"强制征兵"的命令。

1981年9月7日，阿富汗政府正式下令，强征35岁以下的退伍士兵，再次服现役，同时还增加了军队的薪金；如果有符合条件而拒不入伍者，将遭到逮捕。在此之前，卡尔迈勒政府也曾进行过一次强行征召青年人入伍，以填补军队人员的空缺，其征召范围甚至包括12岁的儿童，结果造成大量青壮年男子逃跑，喀布尔的各个机构陷入瘫痪，甚至政府大楼里的一些办公人员也跑光了。喀布尔街头掀起大规模群众抗议游行，卡尔迈勒只得放弃原命令，宣布各行业的工人免服兵役。这一次强制征兵的效果比上次还差，问题丝毫未能得到解决。

1982年8月，阿富汗政府再次征兵，将服役期由一年延长到三年。此外，还征召一部分后备役军人，并把最低服役年龄由20岁降到19岁。卡尔迈勒政府采取了挨家挨户搜查的方法，反抗者遭到一顿毒打后被扔进卡车中强行拉走，有的反抗者被当场枪杀。留下来的青壮年毕竟是越来越少，屡次征兵都未能符合苏联的要求。无奈之下，卡尔迈勒只好于1982年9月再次下达命令，要求所有10岁至16岁的阿富汗男女少年一律接受使用武器的训练，以充当正规军的后备力量。

为了弥补阿富汗政府军的不足，同时为了减轻苏军的压力，阿富汗民兵武装在各地建立起来。这些由苏联建立的"自卫民团"和"保卫革命民团"总人数大约为2万人。随着战场形势的变化，苏联顾问将他们改组成"反游击部队"。他们用"抗苏游击队"的身份伪装起来，采用游击队的战斗方式和习惯。这些民兵在各城市郊区和公路干线上袭击真正的抗苏游击队，还用敲诈勒索等手段，在阿富汗人中制造混乱。苏联人给他们的任务，是破坏游击队的根据地和群众基础。

苏联试图用政治、经济、文化、军事全方位的战略，重新掌控阿富汗局势，将反苏游击队逼入绝境，一举消灭。勃列日涅夫要杜绝胜利脱离苏联一方的危险。

4. 困顿的泥潭

苏军的新战略和战术发挥了很大的作用，它们更适合对付阿富汗的游击战。"搜索和歼灭战术"与"同化战略"，苏军一直沿用了数年之久，阿富汗游击队的困境似乎来临了。世人皆知，以实力而论，阿富汗游击队与苏军在各个方面都相差悬殊，最鲜明的体现，自然是在双方使用的武器装备上。

英国在阿富汗留下很多影响，老式的李·恩菲尔德步枪就是其中之一。这种19世纪设计成型的非自动老式步枪是阿富汗游击队的主要单兵装备，阿富汗人用这种老掉牙的古董货与苏军的全自动AK系列突击步枪抗衡。由于不是自动武器，一旦遭遇近战，阿富汗游击队往往要付出惨重伤亡。不过老式的李·恩菲尔德步枪有一个好处——射程较远。而且，这种步枪使用口径为7.75毫米的子弹，即英制.303英寸步枪弹。这种枪弹的杀伤力不小，英国人在弹头的弹尖部分填充了轻质的铝，致使弹头的重心后移，击中人体后极易形成翻滚，加大了创伤面积。山地游击战中，阿富汗游击队中的老兵常常使用这种步枪对400—500米距离上的苏联士兵进行狙击。而苏联士兵手中全自动的AK系列步枪有效射程只有300米，打不到阿富汗游击队，所以苏军一度在阿富汗人的狙击作战中吃亏。

不过苏军很快吸取了教训。驻阿富汗苏军为每个步兵班都配备了德拉贡诺夫（SVD）狙击步枪，而且每个步兵班都装备PK/PKM通用机枪，以压制阿富汗游击队的中距离火力。苏军同样在子弹的杀伤力上动了脑筋，将AK系列自动步枪改为使用5.45毫米口径子弹。这种小口径枪弹比原来的7.62毫米中口径枪弹更容易翻滚，杀伤力更大。小口径步枪弹在射入人体时的创口面积和中口径的差不多，但是在钻透人体后产生的创口面积要比中口径步枪弹大2倍。苏联人的小口径步枪弹还有一种特殊的设计——弹头的尖部只有被甲，里面是一个空腔。这个空腔在弹头射入人体后会立即破裂，随即弹体的铅心就翻出来双重杀伤，效果类似达姆弹。但这种子弹并不是达姆弹，不受海牙国际公约中"严禁使用达姆弹"条款的限制。就这样，苏联人钻了海牙国际公约的空子。阿富汗人对这种子弹十分痛恨，称其为"毒弹头"。

在战斗中，阿富汗游击队可以缴获一些苏军的AK-74步枪，但游击队往往舍不得使用。况且游击队员大多是文盲，结构复杂的武器对他们而言是一种负担，倒是李·恩菲尔德步枪更能适应阿富汗山区的恶劣环境。所以，阿富汗游击队常常将缴获的AK-74步枪卖到巴基斯坦的边境小镇达拉，在那里一支AK-74可以卖到3000美元的高价。事实上，这些枪通常是由西方国家的情报机构来收购。赚到钱后，阿富汗游击队再低价换回大量李·恩菲尔德步枪。达拉是巴基斯坦北方卑路支省的一个小镇，被称为"枪城"，因为那里至今仍然处于无政府状态，世代以土造枪支为业，所有居民人手一枪。这里有很多手工作坊，能生产一些老式步枪，英国的李·恩菲尔德步枪、德国的毛瑟驳壳手枪、苏联的AK-47突击步枪等。由于缺乏优质钢材，当地人使用手头一切材料做枪，曾经有支李·恩菲尔德步枪的枪管是利用废汽车方向盘里的圆形钢管手工拉直并刻出膛线后做成的。即便是这样的步枪，也被阿富汗游击队用来与苏军作战。

步枪是阿富汗游击队和苏军都有的，还有太多东西，阿富汗游击队闻所未闻，比如精巧的地雷。苏军常常同时用火炮和飞机在游击队控制的村庄、道路上布撒大量地雷，其中有大量的诡计地雷，伪装成手表、玩具、钢笔、收音机等，阿富汗的儿童深受其害。这些五颜六色的小装置，因其小巧，很容易被孩子们当作谁不小心失落的玩具；地雷带来的痛苦，往往会伴随孩子一生。有名来阿富汗采访的西方记者曾经看到，一个只剩下左手的阿富汗人弯腰拾起地上的地雷扔到远处，他要把道路清理出来好让游击队通过。

苏军在阿富汗的装备与战术，可以用一支运输车队为中心，来加以说明。

80年代的苏军，一个参加作战行动的摩托化步兵师每天需要补给700—800吨的物资，一个战斗直升机团每天需要补给近400吨。而阿富汗是个内陆山国，全国五分之四的面积是山地，基本没有铁路，更没有海港。空运只能解决每天200—300吨的补给量，对10万之众的驻阿富汗苏军来说无异杯水车薪。苏军绝大部分的后勤补给物都依靠卡车运输。从苏阿边境到阿富汗腹地只有3条战略公路。例如，从铁尔梅兹出发的苏军补给车队要开400公里才能达到喀布尔，途中还必须经过许多险要山地。一般来说，一辆满载的军用卡车开到80公里/小时是没问题的，但是编队行驶时速度能到50公里/小时就很不错了。一个大型的补给车队只能以20—25公里/小时左右的速度行军，车距50米左右。而且在阿富汗这样的高原地区，车辆通常只能装载平原地区一半的物资。即使在没有民用车辆阻塞和游击队袭击的理想状态下，每天最大运输量也只能达到3000吨，而实际上苏军补给每天能有1500吨就很不错了。这些物资只够苏军维持2—3个师规模的持续作战行动。对阿富汗游击队来说，这些满载弹药和燃料的卡车车队是最好的打击目标。

前文有所提及的法国著名记者帕特里斯·弗朗塞斯希多次冒着生命危险

潜入阿富汗游击队控制区，采访抵抗运动的真实情况。他曾真实记录了一次亲身经历的伏击苏军运输车队的行动：

我们伪装起来，躲在山坡上的岩石后面静等了一个多小时。晨曦中的山峦披上了一层霞光。山脚下伸展着一块狭小的平原，用赭石色石块砌成的村舍星散在原野上，在这拂晓时分显得格外宁静；田野里点缀着一片片树林，绿荫下阡陌纵横，曲径缠绕。此时此刻我不禁揣想，战争爆发前在这里生活一定其乐无穷。

离我们一千米开外的平原另一端，蜿蜒伸展着喀布尔—赫拉特公路，这是阿富汗主要的交通干线之一，从山上看下去，它宛如一条狭长的彩带。一座规模不大的兵营静悄悄地蜷缩在公路左侧。它的四周耸立着奔腾起伏的山峦，那里是圣战者神出鬼没的地方。

我们所在的地区叫马伊丹，离首都喀布尔约30公里。抵抗运动控制着这块平原和从平原上穿过的这一段公路，周围一些地方也在圣战者手里。我们跟敌人同时活跃在这个地区，但敌人仿佛不存在似的，农民们白天在离兵营300米远的地里耕作，晚上时而打上几发子弹，骚扰敌人彻夜不眠。从战争打响以来，几乎天天如此。

昨天，我下山察看一处陷阱。那里有三十多辆苏联军车扭扭弯弯地翻着肚皮躺在公路旁，有的被火烧得黑乎乎的，面目全非。被熏黑了的柏油马路上到处是数不清的弹壳、沾满血迹的衣服碎片和各种机械的残骸。在昨天战斗中被炸翻的卡车仍在默默地冒着浓烟。

在这条公路上，每周都有补充给养的车队企图从这里经过。车队总是以侦察直升机开道。圣战者们时常藏在石洞里恭候这些车队，基本做到来者不拒。应该让敌人纳点战争税！

今天早晨，阿齐姆跑来告诉我，据报告又有一个车队要经过我们这里。

9时30分，在喀布尔方向一段笔直的公路上果真出现了一串车辆，远远看去像条孱弱的毛虫在蠕动。我举起望远镜一瞧，原来是10辆轻装甲车护送着13辆带有拖兜的卡车正朝我们方向开来。它们一辆接一辆，走得十分缓慢，有几辆车还开着前灯呢。我不相信自己的眼睛，以为这是在做梦；天空中没有直升飞机的影子，也听不到飞机马达的轰鸣。俄国人在这里和不远处已经遭到过上百次袭击，难道他们真愿意将自己的部队运到这里来送死吗？他们为什么对月复一月一再重演的伏击战不以为然呢？

车队渐渐向他们靠来，马达的轰鸣震动着透明的空气。在我面前的圣战者一个个趴在各自的武器前等待着，要等第一辆装甲车拐过一个急弯来到一个山丘旁才能动手。几分钟过去了……这怎么可能呢？俄国人应当明白在这里很可能再遭伏击啊……

装甲车绕过小丘，继续向前……真主正在天堂等待着圣战的殉难者呢。游击队员们突然一起开了火……

苏联人立即乱作一团。一辆被击中要害的装甲车开始起火，滚滚浓烟缓慢地向空中升去。车队后边一辆卡车停止转动，车上的人统统中弹丧命。其余车辆马上加足马力，企图在一片烟火的掩护下逃走。由于时间仓促，这次埋伏布置欠周，因而放走了一些车辆，它们在一公里以外的平原上又集结起来。

见此情景，十几名抵抗运动战士扔掉伪装，冲下山去。他们把一辆卡车里的尸体毫不客气地扔在公路上，然后将卡车推到路边，想连车带物一起弄回驻地。苏联人这时发现了他们的行动。说时迟那时快，一辆轻型坦克瞬间掉过头来，爬过几个小土丘疾速朝伏击圈开来。几颗炮弹落在圣战者四周，炸得泥石飞溅。不一会儿，路边的那辆卡车中了弹，轰隆一声被炸得粉碎。

这次伏击战一直打到日落。俄国人不再采取行动了，显然他们害怕在前边山地再遭厄运。傍晚，游击队员们不时地开枪骚扰敌人，但始终未能接近停在平原上的车队。17时30分，从南面开来一支庞大的装甲车队，在密集火力的掩护下将遭到伏击的俄国人救出伏击圈。在突围逃跑的时候，敌人又损失了两辆卡车。

在这次战争中，抵抗运动只有一人死亡，而苏联人可能有十人丧命。苏联士兵没有反击，也不想反击。近在咫尺的那个俄国兵营本来可以从一侧袭击圣战者，但他们始终龟缩营内，没有任何动静。

这样的袭击在阿富汗每天都会上演。在山地条件下，只要一辆车被击毁或抛锚，就会导致整个车队陷入被动局面。为解决这个问题，苏军运输车队各车辆均装备了发烟罐，一旦遇到阿富汗游击队伏击，各车车长就抛出发烟罐，使车队被烟幕遮住，以减弱阿富汗游击队火力杀伤效果，车队在烟幕掩护下迅速撤离危险区。如果有车辆被击中或抛锚，该车和前后相邻车辆的车长立即将发烟罐抛到这辆车周围，形成烟幕屏障；然后，牵引车在烟幕掩护下接近被损坏车辆，挂上钢缆，将这辆车拖至安全地带。在抛发烟罐、抢救遇险车辆的同时，还要组织火力掩护，以压制阿富汗游击队的火力。

这样的办法听起来理想，但发烟罐也有弱点，遇到有风的天气时，大风会很快将烟幕吹散，使其失去掩护车队的作用。最重要的，还是对运输车队进行武装护航。

苏军除采取武装直升机、空降突击部队、步兵战斗车和自行高炮掩护车队外，还直接在运输卡车上安装了双联装23毫米高射炮。这些高射炮都是退役的老式武器，平时储备在仓库里，用来在爆发大战时装备苏军预备役部队。第三次世界大战没有爆发，老式高射炮却在阿富汗派上了用场。这些高射炮的仰角大，对山地目标斜射时最大射程为2500米，正好可以用来压制高山上阿富汗游击队的大口径机枪。

由于高炮卡车和其他运输卡车底盘相同，所以在机动性、燃料、维修保养等方面非常方便，而且必要时也可以用来装载物资。或许只有这样老旧的高炮卡车在阿富汗的山地才发挥了作用。苏军的其他先进装甲车辆，在阿富汗的复杂地形下都遇到了未曾想到的问题。

车队还有几名专门的技师（通常是准尉），在战斗中抢修为车队护航的步兵战车、装甲输送车、自行高炮、坦克等。苏军一般规定，10分钟内修不好就放弃。由于这些装甲车辆脱离了作战部队，临时配属给运输队，因此野战维护十分困难。

为了掩护车队，苏军同时为运输车队配属了ZSU-23-4"石勒喀河"自行高炮。"石勒喀河"自行高炮在当初突袭达鲁阿曼宫的特种作战行动中曾发挥了不小作用，但作为标准野战防空装备，这种雷达和计算机控制的自动化武器对付游击队显然成本太高。要知道，一辆"石勒喀河"的成本相当于两辆T-62主战坦克。

在入侵阿富汗的第一阶段作战中，苏军以坦克作为攻击的主力，"铁流"般的坦克集群令世人震惊。但阿富汗是一个地形复杂的山国,在那里其他车辆比坦克更有效。在阿富汗,苏军主要使用T-55、T-62型坦克。由于中亚不是苏联军队的主要作战方向,所以苏军用在这里的坦克相对陈旧。在山地,由于苏军坦克炮俯仰角太小,不能有效射击。而且坦克在山地磨损大,故障率高,油耗大,反而成了苏军的负担。所以,后来苏军逐步把大部分坦克部队撤回国内,留下的坦克主要用于火力支援。

BTR系列轮式装甲输送车是苏军装甲车辆的另一个主要组成部分,但BTR只配置有14.5毫米大口径机枪,装甲只能抵挡枪弹,火力和防护都很薄弱,发动机在山地还有过热问题。BMD系列步兵战车火力较强,但设计思路过于追求机动速度,车体较轻,防护薄弱,而且穿越山间激流时危险性极高。BTR系列轮式装甲输送车和BMD系列步兵战车的战斗舱都在车体前部,乘员直接面对阿富汗游击队的火力,下车战斗非常危险。

稍好一些的是苏军BMP系列步兵战车。BMP的火力强,正面装甲防护可抗23毫米穿甲弹,足以对抗阿富汗游击队常用的大口径机枪,而且BMP还特别加强了炮塔前部和车体侧面的装甲。BMP的乘员舱在车后,步兵下车安全。BMP系列步兵战斗车的缺点是车内空间狭小,苏军士兵大部分时间宁可坐在车顶上行军。而这种时刻,他们就是阿富汗游击队的活靶。

阿富汗游击队喜欢选择在山间弯道上,利用BMP步兵战车的观察范围有限,用RPG火箭筒、无后坐力炮或反坦克手雷痛击苏军。于是,在很多山间弯道上,苏军步兵反倒要下车为步兵战斗车探路,因为每一个转弯都可能隐藏着极大的危险。但是,这些步兵紧接着又成了游击队的目标。阿富汗山区,公路常需要跨越河流和山溪,或沿着河流或山溪行进。对于山间的溪流,BMP步兵战车也不敢轻易涉入,因为游击队往往用地雷封锁水道。

阿富汗游击队常常沿着车辙埋设地雷。这样的话,在通过数辆车,上面的保护层被碾碎后,地雷才会爆炸。在山间的溪流中布雷时,阿富汗游击队在水中或岸边使用意大利制造的TS6.1和TS2.5型漂浮式塑料雷。英制MK7反坦克地雷则布设在溪流里。它有金属外壳,很重,因此不会轻易被水流冲走。如果在它上面覆盖一层薄薄的碎石,它们就不会被探路的苏军步兵发现。

苏军的武器装备中,对阿富汗游击队威胁最大的,毋庸置疑是武装直升机。苏军在阿富汗广泛使用米-24雌鹿系列武装直升机，这是苏军手里最有效的反游击战武器。

米-24武装直升机除了其他武装直升机所共有的装甲防护、串列座舱、旋转炮塔外，还有一个能搭载8—12名士兵的乘员舱。米-24武装直升机不但可以运输空降兵和重要物资，还可以用来营救被击落的飞行员。有时，米-24武装直升机还会在乘员舱里安排一名机枪手，在机身后面安装7.62毫米机枪，用来在机身拉起时压制阿富汗游击队的高射火力。

最初，在阿富汗的苏军米-24武装直升机大多是单机行动，后来多次遭到攻击后，苏军改变了战术，即以双机编队行动。这样做至少有一个好处：一旦其中一架直升机被击落，另外一架至少可以掩护并营救被击落的直升机机组乘员。然而，米-24在进行大规模行动时通常采用4机甚至8机编队的队形，这样对那些在良好地形地物伪装下的阿富汗游击队才有明显的打击效果。数量的优势让苏军的直升机机组经常采用一些双机编队无法采用的战术，其中包括著名的"死亡转轮"①：武装直升机群先是在目标上空周围盘旋，以确定目标位置，然后不停地火力覆盖目标；紧接着直升机以梯形编队逼近目标并且陆续将机头对准目标，实施火力打击，进行完头一轮打击后的直升机迅速像葵花花瓣一样向各个方向散开，重磅炸弹以极短的时间间隔从各个方向落向阿富汗游击队的目标。

米-24武装直升机还经常采用"车轮战"，即由多架米-24从高空轮流向目标俯冲攻击，然后从低空转弯脱离，再重新拉起，如此循环作战，不给阿富汗游击队以反击或逃走的机会。另一个常用战术是一架米-24在高空吸引阿富汗游击队开火，其他数架在周围山峰后面隐蔽，一旦游击队阵地暴露，立即予以打击。

苏军在阿富汗常年保持有200架左右规模的米-24武装直升机，但是机组人员定期轮换。使用范围扩大到营级，作战时空军前进引导军官（通常是直升机飞行员）携带通信工具随摩托化步兵营或运输车队行动。在进攻阿富汗

---

① 也称"死亡葵花"，这个战术由二战期间的伊尔-2强击机飞行员发明。

游击队时，苏军经常先用米-24直升机把120毫米迫击炮运到游击队营地附近的山顶，在夜间用迫击炮轰击游击队营地，黎明时再用米-24来打扫战场，结束战斗。

具体到为补给车队护航，米-24经常使用"蛙跳战术"，即一半米-24在车队上空掩护，另一半米-24事先搭载少量空降兵占领车队前方的制高点，待车队通过后再收拢空降兵，向下一个制高点跳跃前进。

米-24在阿富汗战争中执行了75%的近空支援任务和33%的有计划打击任务，所以米-24武装直升机飞行员的口号是"发动机不停，机枪火力不断"。

阿富汗的天空是属于苏联人的，从天而降的火力袭击基本无从抗拒，只能躲避。阿富汗游击队为了躲避苏军的武装直升机，经常在坚固的大型岩石后面搭建掩体和火力阵地，有时还会利用历史上遗留下来的旧堡垒。这些堡垒遍布阿富汗全国，通常布于悬崖绝壁上、村庄附近以及道路的三岔口。它们通常由巨石或者厚达3米的土墙掩护，米-24武装直升机的火箭弹拿它没办法。但苏联人有其他办法——用米-24直接投掷炸弹，甚至大型的高爆炸弹。

1980年6月，8架携带重磅炸弹的米-24在夺取桑西—杜兹丹山脉的战斗中扮演了重要角色。这里洞穴和暗道很多，自古就是土匪的藏身之处，因此阿富汗游击队将此处作为一个主要的基地。苏军先用BM-21车载多管火箭炮不间断地覆盖轰击整个山地，为地面部队开辟通路。米-24则在夜晚集结，携带重磅炸弹一轮接一轮的轰击。此时为了多载炸弹，直升机甚至连武器操纵官都没上。火力倾泻之下，阿富汗游击队的基地沦陷了。

米-24还会投放特种燃烧弹，用来对付阿富汗游击队出没的村庄。这种大威力武器的使用，目的是消灭游击队的后勤补给基地，实际上是焦土政策。其中一种燃烧弹是子母弹，弹体内装有爆炸、燃烧等不同功能的子炸弹，从空中散开后可以产生高温，不但烧毁整个村庄，而且足以熔化石头。还有一种被阿富汗游击队称为"火爆"的炸弹，采用2米长的棒状固体弹芯，爆炸后可以消耗掉周围的氧气。另一种是液体燃烧弹，与凝固汽油弹完全不同，其浅褐色液滴散布在地面上，并不马上燃烧，一旦有车辆和行人压上后才开始发火，产生高温和毒烟，并且难以扑灭。很显然这是一种为封锁欧洲某些特定地区（如机场、高速公路等）而研制的武器，在阿富汗也同样有效。

有时，米-24甚至会投掷毒气弹和化学弹。苏军使用装有化学战斗部的57毫米火箭，实战证明这种武器威力极大，被击中的阿富汗游击队阵地上不但无人生还，而且死者都如同被冻僵了一样保持着战斗姿势，说明是中毒后立即死亡。这是苏军新式的"昏睡死亡"毒剂，这种毒剂致死速度要远优于传统的中等挥发性有机磷神经毒剂（例如甲基氟磷酸异丙酯，俗称"沙林"）。1980年3月，荷兰新闻记者贝恩·德布鲁因冒死拍到了米-24直升机在贾拉拉巴德地区投掷一种发散绿雾的炸弹的照片，同时还带回了这种绿雾过后一些因内出血而死亡的发蓝的阿富汗人尸体的照片。照片上，一具具尸体肿胀着，惨不忍睹。

米-24武装直升机成群出动时，通常由米-8直升机伴随，其上面会乘坐一名观察员。这些观察员一般是阿富汗政府军中的本地人，他们会辨认同友军交错在一起的阿富汗游击队，有时他们也指出村庄中哪间房子内藏有游击队，等等此类。情报通常来自战俘、亲苏居民或者阿富汗游击队内部的间谍和告密者。后者的情报是最不可靠的，这些精明的告密者把有关游击队驻地的情报卖给苏军后，立刻到游击队那里通风报信，说苏军将要轰炸他们的驻地，游击队就立刻撤离，并且还会给这些人不少报酬。

有时，这样的事情中也难免会有一些"黑色幽默"出现。

1982年的一天，一个中队的米-24尝试消灭聚集在阿萨达巴德开会的阿富汗游击队领导人。一组米-24负责吸引游击队的防空火力，而另一组则封锁了城市周围的入口，阻止任何人进出。米-8直升机上的阿富汗观察员识别出了目标建筑，然后整个米-24中队进入，以火力覆盖，里面的人全部被干掉。然而，当直升机返回基地时这个观察员就逃窜了。后来他酒后吐真言，苏军攻击的目标其实是当地的一个贵族之家，长期以来一直跟他有私仇，这次总算找到了复仇的机会。

另一件更为可笑的事情发生在坎大哈。一次执行任务途中，机上的阿富汗观察员指了指下面的一间房子，用阿富汗语嘟囔了两句。虽然听不懂阿富汗人说什么，但是苏联飞行员已经心领神会，随即召集编队的火力，火箭弹机炮航空机枪一齐开火，顷刻间，那间房子就成了废墟。阿富汗人大声吼叫，但是他不会说俄语。其实他想告诉飞行员，那是他自己的家。

阿富汗游击队极度缺乏防空手段，只能用轻武器和大口径的机枪来应付米-24武装直升机，效果十分差。如前面的章节所言，阿富汗人唯一的机会就是把米-24引诱到山谷中，在山头架上重机枪或者RPG反坦克火箭筒来射击米-24身上比较薄弱的尾桨或者玻璃做成的驾驶舱盖，战果实在不大。

当时曾有西方观察家预言——假如阿富汗游击队能搞到大量防空武器，这场战争的面貌就会彻底改变，苏联人就会被迫修改他们的总战略，他们的处境就会变得十分微妙。

在当时的情况下，这似乎很难很难。阿富汗游击队的主要防空武器RPG火箭筒大多是老旧的RPG-7型，射程小、性能差，早已经过时了，但这已经是他们用来攻击苏军直升机和装甲车的最可靠武器。除此之外，他们的重型防空武器就是口径为12.7厘米和14.5厘米的重机枪。可是这些笨重的武器在山地里行动很不方便，而且没有牵引的车辆，因而它们无法跟随阿富汗游击队机动作战。

至于平时作战用的重武器，不算RPG的话，除了重机枪就是无后坐力炮。运气好时，阿富汗游击队能从苏联人手中缴获著名的BM21"冰雹"火箭炮，也就是全世界都熟知的"喀秋莎"。这种火箭炮在60年代是性能非常先进的压制火炮，一次齐射40发火箭弹，射程达到20公里。阿富汗游击队也学会了使用这种武器，但是他们得不到弹药补充，又缺少发射车，所以他们是把火箭放在土堆上，算好角度，砸开火箭尾部，露出火药，用导火索点燃后发射去轰炸苏军的阵地，一般每次只放2—5枚，精打细算地使用。

实力与装备相差如此悬殊，阿富汗游击队的斗争前景看起来好像是绝望的。不过，这个世界并没有忘记阿富汗。苏军入侵阿富汗后不久，邻国巴基斯坦第一个向阿富汗境内的反苏游击队提供支援。

自从阿富汗落入苏联手中，亲美的巴基斯坦就开始两面受敌，东边是传统的敌人印度，西方多了个阿富汗。为改变这一十分不利的战略态势，巴基斯坦总统齐亚·哈克决定在各种国际场合讨论阿富汗问题，向苏联施加压力。同时，巴基斯坦采取实际行动，在其境内建立了340个难民营，收容了400万阿富汗难民。这些难民营几乎都成了阿富汗逊尼派反苏游击队的训练营，大批难民在这里受训，然后以游击队员的身份返回阿富汗，与苏联人战斗。

同时，巴基斯坦向阿富汗游击队提供RPG火箭筒、自动步枪、冲锋枪等武器。这些武器全靠原始方式运输，从巴基斯坦境内白沙瓦一些穆斯林政党手中运至阿富汗游击战争的最前线；运输队没有无线电通信设备，也没有车辆，所有的东西都靠肩扛马驮。从白沙瓦到瓦尔达克，至少要步行7天，到潘杰希尔要走10天，到马扎里沙里夫要走25天。由马、骡和骆驼组成的运输队又笨重又缓慢，经不起苏军的袭击。况且，这部分获得外来支援的游击队，往往仅限于伊斯兰逊尼派所领导的队伍，因为外国支持的资金和武器几乎全部集中于巴基斯坦，但巴基斯坦只支持与其思想较接近的逊尼派。而伊朗支持的什叶派却很少得到来自伊朗的物资援助，他们只能与那些由各部族组织起来的游击队一样，依靠自己的力量从苏军那里缴获武器。

苏联入侵阿富汗后，全世界范围内除了谴责外，一些伊斯兰国家纷纷解囊，为阿富汗的抵抗组织提供资金和武器。国际上的援助最终集中在巴基斯坦的白沙瓦，即伊斯兰教逊尼派各政党领导人的聚集地。援助者包括沙特阿拉伯、埃及、利比亚等国家。但最重要的援助者，当然是苏联的冷战对手——美国。

1980年1月，美国国家安全顾问兹比格纽·布热津斯基访问巴基斯坦，与齐亚·哈克达成协议。协议规定，美国以巴基斯坦为运输通道，向阿富汗反苏游击队提供军火。但是齐亚·哈克也提出了自己的条件：美国要在此后的6年中，向巴基斯坦提供32亿美元的援助，并且美国运往阿富汗的援助到达巴基斯坦后，由巴基斯坦的"混合军事情报委员会"全权负责将其交给阿富汗游击队。

于是美国马上开启了这条巴基斯坦武器通道，在1980年余下不到10个月的时间里，足足向阿富汗游击队运出了3000万美元的武器，以后又把每年的输送额增加到1亿、5亿和7亿美元。据统计，美国在整个80年代为了向阿富汗提供武器，共支出了近30亿美元。

然而，美国的武器运输线在巴基斯坦边境的白沙瓦出现了漏洞。负责分配武器的巴基斯坦"混合军事情报委员会"更倾向于将武器多分给逊尼派中的四个原教旨主义派，而另三个温和派不仅得到的少，而且得到的还经常是最差的武器。各派经常为此发生矛盾。在这几个政党领导人中，"混合军事情报委员会"特别重视希克马蒂亚尔，他所获得的武器永远超过其他领导人。但希克马蒂亚尔却是最令各游击队厌烦的人，因为他不仅私藏大量武器，以备以后争权使用，还经常趁其他派别全力与苏军作战之机，搞暗中偷袭，以削弱不同派别的力量。

以美国为首的各国运来支援阿富汗游击队的武器，尽管最终落入游击队手中的数量有限，可这毕竟从根本上改变了游击队员们的装备水平。

举个最鲜明的例子——军服。阿富汗游击队最初没有军服，游击队员们穿着瑰红、天蓝色和黄色的阿富汗长袍，这样他们很难伪装自己，因而造成了不少惨痛的事件。直到美国将越南战争时期剩余的大量M65陆军野战夹克提供给阿富汗游击队，游击队员们这才第一次拥有了作战服。与此同时，意大利军队制服、法国外籍军团制服甚至二战时期的纳粹德军制服都源源不断进入阿富汗。游击队员们在白沙瓦穿上各国的旧军装，把上面的臂章和军阶肩章摘下随身带着。如此，最初的军衔也就有了。

苏军渐渐发现，阿富汗游击队的轻武器装备水平大幅提升。老旧的李·恩菲尔德步枪外，游击队拥有了中国和埃及制造的AK系列突击步枪，联邦德国、以色列、英国、瑞典等国制造的冲锋枪，还有美国的M-16A1自动步枪。除了轻武器，阿富汗游击队还拥有不少可以拆卸后用牲口运载的重武器，比较普遍的有中国的12.7毫米重机枪，来自各国的便携式反坦克掷弹筒，以及山地高射炮、小口径高射炮之类的防空武器。各国兵工厂生产的地雷也被大量提供到阿富汗游击队手里，除了常见的反坦克地雷和反步兵地雷，还有可以轻易躲过探雷器的塑料壳地雷、定时地雷、无线遥控地雷等（前文提及的意大利TS6.1、TS2.5型漂浮式塑料雷和英制MK7反坦克地雷即由此而来），这让阿富汗游击队的伏击战术如虎添翼。同时，阿富汗游击队的各级指挥调动开始使用现代化通信器材，他们配备了短波、超短波联络设备甚至地图导航系统，这在从前是不可想象的。

在白沙瓦，组成"解放阿富汗伊斯兰联盟"的五个党派自从1980年3月走到一起后，相互间一直磕磕碰碰，摩擦不断。虽然他们在反苏的立场上保持一致，但由于宗教派别不同，各自都有自己的打算。

1981年1月，这个联盟终于出现了裂缝，三个温和派领导人决定撤销对萨亚夫的支持，因为萨亚夫对联盟中各党派的经费分配存在着偏袒现象，并多次不公正地指责三位温和派领导人。1月19日，三位领导人为此在白沙瓦发表了退出联盟的联合声明。

然后，原教旨主义派与温和派间展开了无止无休的争吵，直到4月21日，三个温和派与"伊斯兰党"哈利斯派在反对萨亚夫时站到了一起，但信仰的差别并没有促成这四个党结盟。6月1日，三个温和派成立了"阿富汗圣战者伊斯兰联盟"。他们第一次宣称三个党将由一个统一的司令部来指挥。温和派的这次行动得到了美国等援助国的赞许，但他们同时也认为：温和派的实力太弱，各个党应坐在一起，并成立一个统一的指挥机构，这样才能增强反苏的力量。

终于，六个党于7月6日又聚在一起，这次他们没有带来那个引起争端的萨亚夫，新的客人换成了希克马蒂亚尔。这六个党第一次签署了一项协议，决定团结在同一个旗帜下，成立一个临时的伊斯兰政府和一个新的"阿富汗圣战者联盟"。六个党将轮流派出代表担任这个组织的主席，以主持理事会的工作。此外，他们还将设立一个执行委员会、一个秘书处，以及分别负责政治、军事、财政、行政、文化、司法、保健和难民事务的委员会。但到8月份，盖拉尼领导的"阿富汗民族伊斯兰阵线"因在组成顾问委员会时同其他派别发生矛盾，宣布退出这个组织，联合的计划又遭到挫折。

美国只好再次请出不属于任何派别的萨亚夫，于1981年12月成立了"阿富汗圣战者伊斯兰联盟"。萨亚夫担任了这个联盟的领袖，为了防止他被架空，美国等援助国还给萨亚夫成立了军队，让他拥有独立的财政资源，萨亚夫终于作为一个拥有实力的党派领导人在白沙瓦争夺了一块领土。

老对头又回来了，这对三个温和派来说不能不算是一个打击，于是三个温和派再次脱离联盟，组成一个"伊斯兰团结阵线"。他们认为，只有查希尔国王回来才能领导反苏斗争，并宣布将不再与原教旨主义派联合。但温和派内部又出现了矛盾，很多人认为只有与原教旨主义派联合才能获得真正的出路，因为巴基斯坦的支援只送给原教旨主义者。

1982年5月，由于美国的促成以及温和派内部部分领导人的极力主张，白沙瓦的七个党派终于团结在一起，共同推举萨亚夫为领袖，结成了"七党联盟"。此后，"七党联盟"的主席开始实行轮流担任制。各党派间的斗争仍然未断，两个不同派别，或是相同派别间的不同党派在白沙瓦以及阿富汗境内游击战争前线的冲突仍然时有发生。各个政党就是在这种勾心斗角、分分合合的状态下，领导着阿富汗境内大部分反苏游击队的抵抗斗争。

在"七党联盟"的领导下，阿富汗游击队展开了对苏军的反攻，双方的战斗骤然变得激烈起来，而交战中心也渐渐集中在南部坎大哈、西部的赫拉特和中部的喀布尔及其北部地区。迫不得已，苏军利用换防的机会继续向阿富汗增兵。尽管这不是勃列日涅夫想要的，但他实在是不得已。

1981年7月中旬，苏军与阿富汗游击队正面相遇在拉格曼地区，这是自19个月前苏军入侵阿富汗以来最激烈的一次战斗。苏军调集了大批阿富汗政府军向拉格曼地区发起进攻。由于阿富汗政府军人数不够，卡尔迈勒政府临时调动300名喀布尔军事学院的学生，告诉他们将去执行逐屋搜查的任务。在一个叫达拉村的小村庄附近，这部分军校学生遭到了阿富汗游击队的伏击。当游击队发现他们不是苏军时，用扩音器向他们喊话，要求他们放下武器。有70多名军校学生没有这样做，结果他们当场被游击队员打死，其余的人则直接参加了游击队。

这件事情令卡尔迈勒政府的公信力大大降低，70多名军校学生的死亡引起了喀布尔市民的极大公愤。他们走上街头，举行了大规模的游行，强烈谴责卡尔迈勒政府让那些未毕业的学生参加战斗，还冲击了喀布尔的阿富汗政府军医院。同时，喀布尔有3500名军校学员逃离了他们的学校，以抗议政府的行为。

无奈之下，苏联国防部第一副部长谢尔盖·索科洛夫元帅来到喀布尔的战争前线，亲自主持驻阿富汗苏军的调派和增援工作。经过进一步的增派和调整，苏军在阿富汗境内已驻扎了12个师，其中10个摩托化步兵师、2个空降师。具体部署如下：

第16摩托化步兵师驻在昆都士和马扎里沙里夫，第20摩托化步兵师驻在贾拉拉巴德，第305步兵师驻在加德兹，第360和第225摩托化步兵师驻在喀布尔，第357摩托化步兵师驻在坎大哈，第54摩托化步兵师驻在赫拉特，第275摩步师驻在加兹尼，第66摩托化步兵师驻在信丹德，第103摩托化步兵师驻在巴格兰，第105空降师驻在喀布尔，第104空降师驻在喀布尔以北的巴格拉姆空军基地。

与此同时，阿富汗政府军经苏联的组建和加强，仍保持在14个师，但每个师仅有2500人左右，其中有11个步兵师和3个装甲师。第7和第8步兵师驻在喀布尔，第12步兵师驻在加德兹，第11步兵师驻在贾拉拉巴德，第14步兵师驻在加兹尼，第25步兵师驻在霍斯特，第15步兵师驻在坎大哈，第9步兵师驻在巴尔赫的丘加塞顿，第19步兵师驻在赫拉特，第18步兵师驻在马扎里沙里夫，第20步兵师驻在巴格兰的纳赫林，第4和第15装甲师驻在喀布尔，第7装甲师驻在坎大哈。

部署和增援完毕，苏军的攻势随之加强。毫无疑问，重点围剿的第一个目标就是困扰苏军多年、最令苏军头痛的潘杰希尔谷地；然而，苏军却在这里遭遇了前所未有的惨败。苏军的失败更成就了游击队领袖艾哈迈德·沙阿·马苏德"潘杰希尔雄狮"的威名。这一切，将留待后面的章节详述。

而此时，一位身材瘦削、性格安静的沙特阿拉伯年轻人在其父亲支持下来到巴基斯坦的白沙瓦，会见了阿富汗游击队领导人。这个年轻人频繁地往来于沙特阿拉伯和南亚之间，从事为阿富汗抵抗运动募款的活动，直到1982年才在白沙瓦定居下来。他投入大量的家族公司技术人员和建筑设备，来帮助阿富汗游击队修建道路和兵站，并组织来自阿拉伯国家的志愿者前往阿富汗参加战斗。但是谁也不曾想到，20年后，这个年轻人做了一件震惊世界的大事，成为美国的头号敌人。这个留着大胡子的人就是今天大名鼎鼎的奥萨玛·本·穆罕默德·本·阿瓦德·本·拉登。只不过，他眼下还不能影响阿富汗的局势。

眼下，对阿富汗局势有切身影响的人或许是卡尔迈勒和勃列日涅夫了。卡尔迈勒是阿富汗的塔吉克族人。他一直将苏联当作自己的精神祖国，甚至曾说过：我愿意在苏联死去，不行的话，也要死在东欧社会主义国家里。他在一切国际场合为苏联声辩——阿富汗国内有3000个部族，内斗、军阀、毛拉等都会把阿富汗拉回中世纪。而苏军"进入"阿富汗之后，在相对稳定的地区深化土地改革，组织各种形式的农村合作社，培训提高农民的生产能力，制定五年计划，建立初级工业设施，扩大出口阿富汗特色产品，改善人民生活。苏联还为阿富汗解放了妇女，为阿富汗培养了大量女教师、女工程师、女护士。苏联恢复了阿富汗的清真寺，允许人民信仰自由，尊重宗教界，改建宗教学校，建立新医院，把医疗队派到乡村。在战争状态下，阿富汗的工农业总产值也连年上升，出口扩大，人民生活水平得到提高，仅1980年一年，苏联对阿富汗农业水利改造的投入就达15亿阿富汗尼。这一切，哪里算是"入侵"？

面对国际上指责卡尔迈勒是傀儡政权的代表，卡尔迈勒回击道：那些把社会主义革命政权骂为傀儡的人，本身就是帝国主义的傀儡！他们对阿富汗人民所做的一切，就是把阿富汗重新拉回四分五裂的过去！

就这样，卡尔迈勒遭到了全体阿富汗人的唾弃。阿富汗人骂他是"萨戈"（普什图语中即"狗"），阿富汗的知识分子宣称："卡尔迈勒是苏联人的俘虏，与人民完全隔绝。"阿富汗人不要一个用苏联人口气说话的伪总统，他们需要的是让苏联人滚出去，彻底地滚出去。

事实上，卡尔迈勒明白，自己就是个傀儡，事无巨细，都得听苏联顾问的命令，甚至他的私人保镖、保健医生、厨师都是克格勃派来的。卡尔迈勒每次离开办公室都要得到苏联顾问的许可，这哪里是阿富汗总统，简直是苏联人的囚犯。曾经采访过卡尔迈勒的一位记者这样描写道——卡尔迈勒已成为克里姆林宫的俘虏和唯命是从的听差。连卡尔迈勒的父亲都忍无可忍，对他大发脾气："你不要再带俄国人进我的房子了！"

战场上苏军和阿富汗政府军连连失利，游击队的活动日渐频繁，人民民主党政府内部又派系林立，搞得卡尔迈勒焦头烂额。在巨大的压力下，他患上了心脏病和血癌。在外交场合出现时，他脸面浮肿，两眼淌泪，精神恍惚，让人感觉仿佛垂死一般。据说，有一次，绝望中的卡尔迈勒在办公室里举起手枪，对准太阳穴试图自我解脱。他刚想扣动扳机，手枪就被人夺走了；卡尔迈勒回头一看，夺去自己手枪的人竟是他的苏联厨师。身为傀儡，想死也难。

卡尔迈勒试图以死解脱，阿富汗人民民主党内部和苏联并没有宽容他。1981年10月，一向与卡尔迈勒不和的总理苏丹·阿里·基什特曼德与卡尔迈勒发生冲突，两人大吵一架。这次争吵以后，基什特曼德一气之下抛开政务，前往莫斯科"治病"，一住就是两个月。随后，苏联人从莫斯科给卡尔迈勒下达了如下命令：必须与基什特曼德合作。让卡尔迈勒更为气愤的是，在基什特曼德回国后，拥护基什特曼德的人日益增多。1982年3月，在人民民主党"第一次全国代表大会"上，代表们举行秘密投票，要卡尔迈勒下台，气得卡尔迈勒跑到会场大骂一通，从此忧愤交加，彻底一病不起。这样一个傀儡对苏联到底还有多少价值，克里姆林宫的主人自然心中有数。

只是，克里姆林宫的主人此时同样心有余而力不足。

1982年5月，卡尔迈勒在结束访问民主德国返回阿富汗的途中，在莫斯科停留了一个月。按照苏联的指示，他要在莫斯科休养一段时间，接受苏联医学专家的一系列身体检查和治疗。在苏联，卡尔迈勒最后一次见到了勃列日涅夫。勃列日涅夫已经76岁了，虽然老态龙钟，却依然不肯放弃苏联的最高权力。他满脸无法掩饰的病容，随着病情加重，语言已经发生障碍，说话吐字不清，思维能力衰弱，甚至丧失自制能力，变得暴躁易怒，行动缓慢，上下楼梯困难。为了缓解病情，勃列日涅夫开始服用安眠药，这最终加速了他的死亡。

在一个正式会议场合，卡尔迈勒代表阿富汗政府授予勃列日涅夫一枚红旗勋章。他表示，全体阿富汗人民由衷地感谢苏联为阿富汗的和平而做出的长年努力；阿富汗人民相信，在两国的共同奋斗下，幸福与和平必将降临在阿富汗。勃列日涅夫脸上挂着木呆呆的表情，双手颤抖着接过这枚勋章，突然间，两行热泪涌出眼眶。

就在卡尔迈勒向勃列日涅夫授勋的同时，开战以来苏军对潘杰希尔最大规模的一次进攻已告失败。流泪的勃列日涅夫似乎看到，胜利离苏联越来越远了。

接受了卡尔迈勒的勋章后，垂老的勃列日涅夫抓紧时间在一切场合履行自己作为苏联领导人的职责。1982年5月，勃列日涅夫在苏联共青团第十九次代表大会上发表讲话；同月，他会见越南共产党总书记黎笋，黎笋授予他一级胡志明勋章和越南劳动英雄称号；9月，勃列日涅夫会见访苏的印度总理英迪拉·甘地；11月，勃列日涅夫在克里姆林宫庆祝十月革命65周年招待会上发表讲话。

招待会是他最后一次露面了。1982年11月10日，苏联共产党总书记列昂尼德·伊里奇·勃列日涅夫在扎列契耶别墅因心脏病去世，终年76岁。

勃列日涅夫去世后，苏共中央政治局二号人物、苏联国家安全委员会

（克格勃）主席尤里·弗拉基米罗维奇·安德罗波夫接任了总书记职务，成为新的苏联领导人。

在外界眼中，68岁的安德罗波夫是一个比迷恋权力和勋章的勃列日涅夫更具亲和力的人物。尽管他曾是全世界最大的秘密警察组织的首脑，但他一直文质彬彬，颇具学者风度。安德罗波夫个人兴趣广泛，有着多方面的爱好，从现代爵士音乐到美国小说他都很感兴趣。他英语流利，喜欢看原版英文小说，还擅长写爱情诗；他记忆力过人，几乎能逐字逐句地复述刚看完的百页文字。这在苏联领导人中前所未有。

而且，安德罗波夫身体状况一直不好。自20世纪70年代末起，安德罗波夫先后患有高血压、糖尿病、心律不齐、沙门氏菌病、动脉粥样硬化、结肠炎、关节炎、苔癣、痛风以及心肌梗死等疾病，饱受病痛折磨。外界猜测，这样一位爱好广泛的病人应该不会太热衷于战争，阿富汗有获得和平的可能。

可惜，外界普遍猜错了。

1982年12月16日，在安德罗波夫的指示下，苏联《真理报》刊登文章——《是谁反对政治解决阿富汗问题》。文章中如此写道：

民主阿富汗正在为自己的主权和利益而斗争，革命正在发展，而且阿富汗的这一进程是不可逆转的，因为这是人民的革命，因为阿富汗人民及其政府得到苏联、其他社会主义国家以及全世界进步力量的支持和声援。

这是一个明确的信号——苏联的阿富汗战争将继续下去，甚至不惜将战争继续升级。

1982年12月，苏联利用换防的机会再次向阿富汗增兵。安德罗波夫在阿富汗将发起新一轮更具强度的攻势。

这一次，苏军避开了阿富汗北方的潘杰希尔谷地。"潘杰希尔雄狮"马吉德使苏军感到畏惧，为了让清剿阿富汗游击队的作战更加顺利，苏军修改了作战计划，以阿富汗西部和南部为重点。苏军以师为单位大批调往西部的赫拉特和南部的坎大哈，到1983年3月，苏军的新部署基本完成。

1983年4月底，苏军对赫拉特的进攻正式开始了。这次进攻持续了两周，每天都有多达50架次的苏军飞机对赫拉特市区进行轰炸。连续的轰炸使赫拉特约有3000名无辜居民被炸死，市内建筑有一半被完全炸毁，那些残留的建筑也被炸得面目全非，几乎已没有完整的房屋得以幸存，到处都是残垣断壁，曾经拥有16万居民的赫拉特成了一片废墟。与此同时，坎大哈附近的战斗也变得激烈起来，苏军派出浩浩荡荡的车队穿过坎大哈，对其周围的阿富汗游击队进行了一次大清洗式的进攻，整支车队全部穿过坎大哈就足足花了9个小时。

在苏军将主要进攻方向转向南部的坎大哈和西部的赫拉特后，阿富汗游击队也相应改变了主攻方向，迅速将主战场移到东部边境的帕克蒂亚省一带地区。从8月底开始，那里的阿富汗游击队合力进攻该省重镇霍斯特和乌尔贡，3000名阿富汗政府军和上万名苏军被重重包围。战斗持续了一个月，到9月底，游击队最终攻占了这两座城市。苏军不甘失败，从10月起，每星期出动飞机至少150架次，轮番对那里进行轰炸。阿富汗游击队不仅未被赶走，反而乘胜而进。到12月，游击队几乎占据了除扎尔马特地区以外的整个帕克蒂亚省。

在胜利的鼓舞下，阿富汗全国的反苏游击队的士气大涨，赫拉特地区的游击队对苏军进行了大规模反攻。喀布尔地区的活动更为频繁，城市游击战异常活跃，喀布尔市区内的苏军驻地、阿富汗国家情报局总部、广播电台、苏联顾问住宅区、苏联驻阿富汗大使馆等苏军重点防守的地段都遭到了前所未有的损失。

最终，1983年春季的进攻失败了。

进攻不能奏效，苏军在阿富汗的处境日趋尴尬。苏军主力基本都驻扎在规模极大、与外界隔绝的兵营里，那里岗哨林立，戒备森严。以加兹尼为例，这是阿富汗八大城市中的一个，阿富汗政府军在民兵的协助下负责该市内部和四周据点的安全。这样的守卫任务在1981年和1982年还由苏军承担。现在，已经完全转由阿富汗政府军承担了。一部分苏军驻守在加兹尼市区的两个战略要点和机场内，其余苏军都集中在城外几公里的伊努特兵营里。

占据城郊的阿富汗抵抗力量频频出击骚扰苏军和阿富汗政府军。游击队不断发动攻击，向城区发射火箭弹，用机枪扫射各个据点，守军往往被打得晕头转向。一旦阿富汗政府军或驻守战略要点的苏军告急，兵营中的苏军主力就会前去救援。但阿富汗游击队的袭击是零星发起的，苏军根本找不到目标，他们的大炮和机枪只能乱放一气。这种以密集的火力阻止敌人进攻的做法是传统的战术，苏军不离开据点，隐蔽在掩体后回击敌人。然而，阿富汗游击队日复一日地找上门来，苏军等于是被困在兵营等据点里，生活十分艰苦，久而久之，士气不可避免低落下去。

这一年，到处都是这种情况，在喀布尔也一样。1983年8月，设在喀布尔市郊巴拉希萨尔堡的驻阿富汗苏军司令部遭到了阿富汗游击队的猛烈攻击。苏军的一些据点被铲平，不少苏联军官在大街上遭到暗杀，一些主要机场被破坏。问题不仅仅出现在苏军的实际控制区，联结各苏军控制区的交通线安全他们也难以确保了。这些苏军控制区无法连成一片，实际上成了一个个"孤岛"。苏联人可以用空运来保证阿富汗大城市的供应和驻军的换防（六个月换防一次，即4月1日一次和10月1日一次），但那些小城市的供应和次要物资的运输，苏军则顾不过来了。

阿富汗境内的几条公路干线（喀布尔—贾拉拉巴德—巴基斯坦公路、喀布尔—马扎里沙里夫—苏联公路、喀布尔—坎大哈—赫拉特—伊朗公路）都在满负荷运转中，而且这些公路的路况越来越差。美国在20世纪60年代援建的坎大哈—喀布尔这段公路如今弹坑累累，难以行车。20世纪60年代由苏联援建的坎大哈—赫拉特水泥板公路质量较好，较适宜于装甲车辆通行。但是几年以来，路面早已被苏军坦克的履带破坏得不成样子。

在这些公路上，苏军运输车队仍然常常遭到袭击，苏军在这类伏击中所受的损失极为惨重。为此，苏军不惜在容易出事的地段设立大量固定岗哨，拆除所有民房，烧光全部植被。即便如此，收效依然甚微。

即便如此，苏军还是渐渐掌握了这场战争的规律。苏军认识到，由于敌人善于打游击战，使得战斗具有突发性强、突然性强和跨越性强等特点，这就要求苏军必须具备极强的快速反应能力。不仅要有良好的身体素质，还要有良好的心理素质、极强的坚韧性和忍耐性。经过苏联军事专家和苏军基层指挥员的反复论证，为提高快速反应能力，驻阿富汗苏军决定广泛成立专门的侦察兵部队，主动寻找并摧毁隐蔽在暗处的阿富汗游击队。

根据作战经验，苏军摩托化团一般都派出30至40人的侦察分队，除单兵武器外，还装备2辆BMP-2步兵战车、1挺自动榴弹发射器和1门82毫米高速迫击炮。1984年1月20日至21日，苏军第149摩托化步兵团包围了昆都士省的一个游击队基地，这里共有1200多名阿富汗游击队员。战斗中，该团的独立第783侦察营和1个加强迫击炮排也前来增援，他们乘坐直升机降落在游击队背后的山口处，切断其退路。战斗结束后，苏军共毙数百名阿富汗游击队员，其余人扔下武器逃到附近人迹罕至的雪山上。

由于练就有一身过硬的本领，又熟悉作战环境，苏军侦察兵逐渐开始适应自己的工作。不论是团队行动，还是单独行动，他们都表现得越来越好。1980年5月，为保证铁尔梅兹—喀布尔公路的安全，第177摩托化步兵团的侦察分队开始对戈尔班德山口附近的村庄进行巡视。在经过戈尔班德和巴米扬交界时，侦察分队成功歼灭一批试图破坏公路的阿富汗游击队员。战斗结束后，亲身参加战斗的苏军侦察排长在写总结报告时指出："要想消灭敌人就首先要找到敌人，而怎么找到敌人，这就是侦察兵的任务。"许多时候，为了获取更真实的情报，苏军侦察兵经常要活动在两军作战的交界线上，甚至还要渗透到阿富汗游击队控制区，结果经常遭受袭击。1980年夏，苏军第181摩步团一个侦察连几乎全军覆灭。他们在法伊扎巴德附近走错路，行进至一条飞檐状地带时，被对面山坡上的阿富汗游击队发现。他们完全暴露在敌人火力下，由于无处藏身，最终只有一名战士和一名准尉掩护受伤的团侦察主任逃离死亡之谷。后来这样的事情也偶有发生，远离大部队，且敌众我寡，所以陷入包围圈内的苏军侦察兵们很难逃脱。再加上战斗持续时间太短，苏军增援部队（包括武装直升机）也来不及营救。

为了更好地运用侦察部队，驻阿富汗苏军在每个师、旅、团指挥部里都设立侦察处，另有两个直属的侦察指挥所和第797侦察中心。苏军侦察兵除了直接参加作战，更重要的任务是进行战场侦察，从大量航拍图片和卫星图片中整理出有价值的情报，同时还负责谍报侦察。1980年底，苏共中央和苏联国防部允许苏军在阿富汗组建无线电通信侦察系统，通过捕捉阿富汗游击队的无线电信号，探测出他们的方位和行动路线。后来，苏军第40集团军独立侦察营又装备了可移动式"撞锤"无线电监听系统，可安装在装甲车上。1984年，该营扩编成独立第264无线电侦察团，下辖的3个连分别部署在喀布尔、坎大哈和信丹德，并换装了更现代化的监听系统。

除了航空航天照片和信号侦察设备外，苏军认为最有价值的情报还是来自于战场上的"人工情报"。苏军指挥员一直与阿富汗国家情报服务局保持着密切联系。同时，苏军还在阿富汗境内建立自己的谍报网，直接从当地居民手中获取情报。苏军最紧缺的是翻译人员，军事外语院校培养的普什图语学员却很少。于是，驻阿富汗苏军只好就地进行普什图语教育，要求每名士兵至少学会两句普什图语，一句是"祝您四月革命节快乐"，另一句是"我们是来帮助阿富汗兄弟们的"。

以苏军第40集团军为例。每天早上，第40集团军侦察主任将前一昼夜收集到的情报整理好，向集团军首长汇报。首长根据这些情报制定作战计划，然后将作战任务分配给各师长和团长。在部队里面，侦察主任是仅次于部队长和参谋长的第三指挥员，从中也可看出情报工作的重要性。由于苏军情报来源广泛，良莠不齐，为提高情报的准确性和有效性，第40集团军司令部里每天都要召开一次情报分析会，与会者包括集团军侦察情报部、格鲁乌、克格勃、内务部和苏联驻阿富汗大使馆代表。

最后一任驻阿富汗苏军总司令格罗莫夫关于谍报工作有句名言："千万别相信阿富汗间谍的话，那都是他们吸完大麻后的胡言乱语。"阿富汗线人的忠诚度极低，游击队也经常利用这些人散布一些假情报诱骗苏军，而线人则从交战双方获取两份报酬。这样的例子并不少见。1982年3月，苏军接到线人情报，称一股游击队准备在阿萨达巴德附近的村子里过夜。于是苏军出动了一个装甲突击队。就在路上，突击队追上一个信使，原来他是受线人委托去通知游击队逃跑的。还有一次，独立第66摩步旅侦察连接到线人情报，去攻占巴拉巴格村里的一个秘密军火库。他们不但没找到，反倒在返回时落入了游击队的包围。阿富汗线人还常常利用苏军除掉自己的敌人，替自己"公报私仇"。

总而言之，苏联侦察兵必须具备冷静细致的头脑，要在多渠道获取的情报中去伪存真，分析出对手真正的意图。侦察兵们逐渐学会了与线人和睦相处，掌握当地人细腻的处事之道，并且时刻记着及时给点好处。这样线人就可能在闲聊中讲出一些更深入的问题，例如游击队目前的心态、首领之间的关系，人员数量等。当线人在谈到敏感问题时，例如军火商队的行进路线、游击队过夜地点、弹药库位置等，突然停止了，那么不要着急，要掌握适当的时机，利用适当的办法让他说出更多的情况。

随着谍报工作的深入，苏军获取的有价值情报也多了起来。第40集团军命令排长以上的指挥员都要参与谍报工作，与当地人建立联系，了解本辖区内游击队数量及分布情况，掌握敌人行动方案和游击队首领的性格等。苏军从不放过任何收买情报的机会，这为苏军带来很大益处，他们不仅放弃了许多毫无意义的大规模行动，还获得多次同游击队首领谈判的机会。因为善于拉关系，苏军可以分化对手的武装力量，并在各个游击队组织间制造矛盾。

苏军向这些游击队保证，只要不作对，苏军不但不会消灭他们，还会让他们保存实力，继续统治自己的地盘，并为他们提供药品和粮食等最紧缺的物资。苏军第40集团军甚至与号称"潘杰希尔雄狮"的马苏德达成过类似协议：当马苏德武装与其他派别发生冲突时，苏军会用飞机和大炮为他们提供火力支援。为了做好马苏德的工作，苏军一位格鲁乌中校长期与之保持接触，经常给他讲述苏联人民的生活方式，还向他宣传马列思想与科学社会主义理论。

为守住自己的成果，苏军在辖区内布设了862个关卡和哨所，其中包括186个警戒哨和184个观察哨，加上简易的前沿侦察点，大约有1100个。苏军从排到连都设有哨所，里面保存着油料、粮食和弹药，主要任务是侦察、警戒和防御。1981年，所有哨所共列编20万名苏联官兵，里面不但能容纳坦克、火炮和装甲车，同时还能接待运输车队过夜。当过往车辆遭受游击队打击时，哨所还能派出援兵。这些哨所规模不一，有些哨所的规模大到与要塞无异，例如苏军第177摩步团设在铁尔梅兹喀布尔公路上的第23号哨所，不光驻有该团1营的观察指挥所，还有1个迫击炮排、1个坦克连、1个炮兵排和侦察排，共193人。更多偏远的小哨所则生活艰苦，它们远离大部队，不仅处于游击队打击范围内，还经常缺水缺粮，白天被炙热的太阳煎烤，晚上又冻得直发抖。苏军哨所周围一般都呈放射状分布几个观察点，它们大多处于山顶或高地上，这样不仅为哨所筑起一道安全线，还扩大了观察范围。为提高侦察效果，每个观察点都配备望远镜、夜视仪，后来还装备带有红外传感器的信号侦察系统。

昼夜观察哨内的苏军可以清楚地监视周围所发生的一切，包括小路上的行人、大路上的车辆、村庄里的活动、青纱帐里的诡秘。观察哨与谍报的结合，不仅有效地保证苏军情报的来源，而且相互印证和补充，基本满足了指挥员的情报需求。除了监视周围环境外，观察哨还是侦察小组的驿站，为他们提供弹药和食物等补给品，当发现敌人时，观察哨还可通知炮兵和航空兵部队，并引导他们对敌进行火力突击。

1986年2月，苏军一个排的122毫米榴弹炮在阿富汗坎大哈至巴基斯坦奎达之间的交通线上执行火炮伏击作战，他们得到了格鲁乌分队的技术支持。格鲁乌分队首先沿着一条过去极为猖獗的游击队渗透路线安置了一些传感器，这些传感器由操作员实施远程控制，可以辨别出过往人员、车辆和牲畜群的声音，然后格鲁乌分队与炮兵排沿该路线标定了110、111、112等三个目标区，覆盖公路两侧100米的范围，提前对所有区域制定了射击计划。就在传感器安装好的那天晚上，操作员报告道路上来了2辆车、15个人和几头牲畜。当这支悄悄行进的队伍来到中间的111号目标区时，榴弹炮排先打出一次单发齐射，之后一门榴弹炮转向左面的110目标区开火，其余的火炮则转向右面的112目标区，防止这伙游击队逃跑。黎明来临时，格鲁乌分队回到那片区域，发现了2辆被摧毁的丰田皮卡、4匹驮有AK-47步枪的骡子和6名阿富汗游击队员的尸体，苏军炮兵排在整场战斗中只打掉了12发炮弹。

虽然苏军渐渐掌握了灵活的战术，阿富汗游击队的数量却并没有减少。1983年冬，战场形势又发生变化。此前每到冬季来临时，由于天气寒冷，游击队行动不便，又不能藏在山洞里，所以一般选择分散到村庄或撤到巴基斯坦。这一年游击队却没有停止战斗，继续不断给苏军制造麻烦。

阿富汗游击队袭击苏军后，需要回基地补充弹药，此外他们的仓库、指挥部、通信枢纽部、维修厂、医院和训练中心等也需要运转。例如霍斯特省的一个游击队基地就拥有49个大大小小的机构，其中还包括制造弹药的兵工厂和无线电指挥中心，后者可以确定在周围活动的其他游击队位置。为提高打击这些基地的效率，苏军开始大量用直升机投送侦察兵和空降兵。1985年8月，在喀布尔附近洛加尔省进行的几次战斗中，苏军近卫第103空降师除了出动3个空降营外，还出动3个团属侦察连和近卫独立第80侦察连。在阿富汗游击队的机枪和迫击炮拦截下，苏军空降兵和侦察兵强行降落在山谷斜坡上；马上降临的夜幕大大减少了苏军伤亡，却也帮助了阿富汗游击队逃脱。第二天，苏军直升机搭载着空降兵和侦察兵又开始梳理山谷附近的村庄，寻找游击队的仓库。这一次苏军找到7个武器藏匿点。不过，很快苏军就发现新问题，原来他们地图上标注的地名与真实的名称有很大出入；他们只能靠当地向导指路，手中的地图和目标资料毫无用处。

1985年11月，苏军在坎大哈以北的伊斯兰—达拉山区执行一项重要任务——用直升机投放所有空降兵和侦察兵，一举摧毁阿富汗游击队的一个重要基地，苏军还为此专门进行了一周的战术演习。11月18日，苏军先遣部队在行动中损失4架米-8直升机；所幸没有空降兵牺牲，仅有7人受伤。这应该归功于侦察排及时抢占两个关键高地，消灭了阿富汗游击队火力点。在该排的掩护下，苏军得以继续空降官兵。第二天，集结在一起的大部队围歼了长期盘踞在该地的游击队。苏军无人牺牲，山谷里留下了35具阿富汗游击队员的尸体。幸运之神不可能永远眷顾，接下来的大部分战事中，苏军都进行得非常艰难。空降兵在降落时经常成为阿富汗游击队的活靶子，降落后又陷入雷区。苏军冒死清剿过的山谷里很快又出现了游击队，他们会恢复原来的基地，为此苏军不得不再扫荡一遍。1986年2月，苏军在楠格哈尔省发起一次大规模行动，摧毁了游击队一个重要军事基地，但仅过了一个月，这个基地就复活了。无奈之下，苏军只得立即展开第二次打击。

阿富汗群山间的战斗日趋残酷，安德罗波夫却甚至没能等到1984年春天。1983年4月之后，安德罗波夫多年的肾病开始加重；1984年2月9日，69岁的安德罗波夫去世。

接任苏共总书记职务的是康斯坦丁·乌斯季诺维奇·契尔年科。契尔年科年已73岁，成了十月革命以后就任苏共最高领导职务年事最高的人。契尔年科就任总书记时已经体弱多病，此后不久健康更加恶化，根本无法正常履行职务，普通苏联人私下里讽刺地将他称为"圣尸"。

契尔年科执掌苏联的时间只有11个月。在这11个月里，契尔年科在阿富汗问题上只做了两件具体的工作：第一，将驻阿富汗苏军由10.5万人增加到11.5万人；第二，再次集结力量，对潘杰希尔谷地的马苏德游击队发动进攻。

契尔年科的做法也给了卡尔迈勒一些信心。这一年，卡尔迈勒在阿富汗人民民主党中央全会上做了题为《强化对反革命的战斗》的报告，号召全党全军"采取严厉措施，使各武装力量一致行动，彻底消灭反革命武装，以巩固地方政权"。卡尔迈勒相信，这一年会成为结束阿富汗战争的一年。

不过，这一切在1984年依然没能实现。潘杰希尔谷地的战斗一直持续到1984年10月底，马苏德的游击队在极其艰难的情况下存活了下来，他已成为阿富汗游击队荣耀的象征。"潘杰希尔雄狮"的威名，对阿富汗人来说，如同暗夜中一束灼亮的火光。

1985年初，契尔年科病入膏肓，肺气肿以及伴随而来的心肺损伤令契尔年科的健康在1985年2月的最后三个星期里恶化，他同时还患有慢性肝炎和肝硬化。1985年3月10日，康斯坦丁·乌斯季诺维奇·契尔年科因心力衰竭而死亡，他成了两年多的时间里苏联去世的第三位总书记。

契尔年科被葬入克里姆林宫墓园——他是最后一个被葬在那里的人。契尔年科举行国葬的同一天，54岁的米哈伊尔·谢尔盖耶维奇·戈尔巴乔夫成为苏联共产党末代总书记。

众所周知，戈尔巴乔夫是一个改变了世界历史进程的人。前美国国务卿基辛格对戈尔巴乔夫有个评价——共产主义唱诗班里的孩童。

这个"孩童"的上台，是否会为阿富汗战争带来一个新纪元?

阿富汗战争的新迹象，首先不是出现在苏联，而是在美国方面。

1985年，美国进一步加强了对阿富汗游击队的武器援助。如前文所言，早在1979年苏联入侵阿富汗后几个星期，美国总统卡特的国家安全顾问布热津斯基就飞往巴基斯坦，同巴基斯坦总统齐亚·哈克商谈。很快，美国将价值3000万美元的武器秘密供应阿富汗游击队。1980年罗纳德·里根当选美国总统后，尤其是1984年连任后的第二任期中，更是加大了对阿富汗游击队的武器供应力度。虽然美国中央情报局断定阿富汗游击队单凭自身力量无法将苏军驱逐出境，但美国政府内部依然有许多人在不遗余力做着对阿富汗游击队的援助工作；其中最出名的一个，当然是美国国会众议员查理·威尔逊。多年之后，美国人甚至为他拍出了由汤姆·汉克斯、茱莉亚·罗伯茨等人主演的传记电影《查理·威尔逊的战争》。

1933年，查理·威尔逊出生在得克萨斯州东部一个小城，自幼就是一个捣蛋鬼。50年代，威尔逊进入美国海军服役。他先在著名的安纳波利斯海军学院学习，可是因为天性爱酗酒闹事，多次被学校记过；毕业时，他成了该学院历史上记过第二多的学生。还在服役期间，他就开始竞选得克萨斯的地方议员。1961年，他成为该州的议员。风度翩翩的威尔逊一直单身，他天生是个花花公子，视威士忌和女人如同性命，即使进入政坛也不改；但他身上那种直率、天真的孩子气吸引了许多选民，被选民们称作"好时光查理"。1972年，39岁的威尔逊竞选国会众议员成功，从得克萨斯来到了首都华盛顿。

查理·威尔逊最早接触阿富汗战争是在1980年。当时他正在拉斯维加斯最大的赌场"恺撒宫"同一群脱衣舞女厮混，忽然被美国战地记者从阿富汗发回的电视新闻吸引住了。那是美国记者在采访阿富汗游击队员。画面显示，游击队使用的还是第一次世界大战期间生产的马克沁重机枪。有位显然是游击队领袖的阿富汗人对美国记者说——如果美国人给我们供应枪支，我们就一定能够打赢。

威尔逊记住了这一幕。当时威尔逊刚加入众议院拨款委员会专管国防拨款的小组，他查了一下给阿富汗游击队的拨款，发现只有500万美元。于是，他立即让委员会的助理将拨款加倍，变成1000万美元，委员会中的其他成员竟然没有多加质问便通过了。威尔逊发现，他这个无足轻重的众议员竟然能轻而易举发挥如此大的作用。就这样，查理·威尔逊的战争登场了。

威尔逊最得力的助手是乔安妮·海瑞，其官方身份是众议员查理·威尔逊国会办公室的工作人员。她是得克萨斯州最富有的女继承人之一，休斯敦社交界的名媛。这个美丽的女人同时是威尔逊的活动资助人，外交政策上的鹰派，而且与巴基斯坦总统齐亚·哈克是好朋友。威尔逊的另一位得力助手是中央情报局的特工盖斯特·埃弗拉考托斯；他出生于希腊移民家庭，毕业于常青藤盟校，在中央情报局内部并不受重用。由于美国方面一直对苏联恪守"软遏制"政策，中央情报局在对苏联的秘密行动上一直趋于谨慎，这令埃弗拉考托斯非常不满。威尔逊与埃弗拉考托斯一拍即合——要克服这一点，他们就不能完全照章办事。

1981年，乔安妮说服了齐亚·哈克总统去帮她拍摄一部关于阿富汗游击队的纪录片——没有亚·哈克的批准和帮忙，美国人无法进入相邻的阿富汗。通过这部纪录片，外部世界第一次了解到阿富汗国内的凄惨景象，以及栖身邻国的阿富汗难民的困顿现实。

威尔逊团队的不断运作产生了效果。1981年10月8日，英国首相撒切尔夫人在巴基斯坦纳赛尔巴格难民营会见了那里的阿富汗难民，她成为第一个参观难民营的外国元首。撒切尔夫人在那里没有看到难民垂头丧气的景象，尽管那里的生活很艰苦，但难民们士气旺盛，强烈要求英国提供武器，以便同苏联人继续战斗。难民们的斗志令撒切尔夫人极为感动，她当场答应将对阿富汗难民的经济援助从原来580万英镑的基础上再增加200万英镑（约合400万美元）。此后，她发表讲话称：阿富汗人民的勇敢和独立是传奇式的，英国在19世纪和20世纪初，通过三次流血战争已吸取了这个教训，苏联人肯定将会认识到英国人已认识到的事情；阿富汗人民决不会屈服于外国的暴政，他们将斗争到底，直到把入侵者赶出阿富汗为止。

1982年秋天，威尔逊第一次来到巴基斯坦的白沙瓦。在阿富汗游击队的基地，他与游击队员打成一片，甚至挽起袖子给负伤的游击队员献血。1983年，他先后三次亲临巴基斯坦，换上当地服装，随同阿富汗游击队员一起，越过边界，进入苏联控制下的阿富汗地区。在威尔逊的国会办公室里，他收藏了一大批有关阿富汗战争的各种纪念品——在办公室的墙上，是他与一名游击队员同骑在一匹白马上的彩色照片；在办公室的门口，是一具"毒刺"导弹发射器，这就是他将要送给游击队的新礼物，而为了实行这一计划，他还将一个手工制作的匾牌立在自己的办公桌上，上面雕刻着一行字："准备着，时刻为战争而思考。"他在国会里将向阿富汗提供更多资金和更好装备的运动推向高潮。有人形容，就像一个超级球迷对足球的热爱一样，他深深地迷上了这场战争。

在华盛顿，威尔逊不断游说其他国会议员，要他们大幅增加对阿富汗的拨款。乔安妮频繁参加晚会和社交活动，也给威尔逊带来了各种有用的关系。在他们的努力下，美国众议院负责对外事务的拨款委员会主席、马里兰州众议员朗格站在了他们一边。在朗格的支持下，威尔逊争取到了他所要的东西——美国国会连年上升对阿富汗拨款又增加了10倍，最终超过了10亿美元。

1983年，沙特阿拉伯王国宣布，将拨出与美国同等数额的款项去资助阿富汗游击队。这样一来，金钱的问题就完全解决了。往下的问题，是如何去使用这笔钱。1984年，埃弗拉考托斯被任命为中央情报局阿富汗计划的负责人。

威尔逊团队从此分工明确，威尔逊给阿富汗计划弄钱，埃弗拉考托斯则通过自己的关系，为阿富汗游击队寻找新的武器来源。由此，威尔逊团队掌握着中央情报局有史以来最大的财源之一。前面章节中所提及的各种杀伤力极大的先进武器，包括反坦克导弹、反坦克地雷以及最新的地图导航系统等，都是经由他们提供到阿富汗游击队手中的。

这些武器中尚不包括便携式防空导弹。如前文所言，"毒刺"导弹，这是威尔逊捕捉到的问题关键。在阿富汗境内，游击队员告诉他——那些"飞行坦克"（苏军米–24武装直升机）并非他们的枪弹所能贯穿。在阿富汗战争初期，一些阿富汗游击队员甚至用步枪射击苏军直升机的残骸，企图探索出苏军直升机的易攻点。

事实上不只是威尔逊，凡是亲眼见过阿富汗游击队作战的美国人，都认为防空导弹对他们显然是不可缺少的。总部设在加利福尼亚州的自由研究基金会会长杰克·惠勒曾于1983年前往阿富汗考察，亲眼看到许多阿富汗村落被苏军武装直升机夷为瓦砾。有一次，他见到20多名苏军空降兵由直升机载往一个边远的阿富汗村落，突袭30名正在晚餐的阿富汗游击队员，将他们全部击毙。整个过程前后不到10分钟，苏军就完成任务，全部离开了。在另一次行动中，他眼见一架载有6名特种兵的苏军武装直升机在阿富汗游击队上空盘旋，高度在阿富汗人的古老武器射程之外。苏军利用狙击步枪和精确瞄准器，将那些阿富汗游击队员一一击毙。

惠勒回到美国后，对白宫、中央情报局以及国家安全委员会的官员们汇报："阿富汗人控制地面，苏联人控制天空。如果把苏军赶出天空，他们就输了。"中央情报局局长威廉·凯西向他表示：提供美制防空导弹，等于公开武装阿富汗游击队，这可能刺激苏联将冲突升级，苏联甚至有可能入侵巴基斯坦。所以，防空导弹不能提供。

里根的第一个总统任期中，阿富汗游击队在美国公众中的关注度并不很高。到了1983年，主张援助阿富汗人士渐渐进入白宫核心圈，他们开始在里根总统的演讲词草稿中加进支援阿富汗游击队的字句。里根则抓住阿富汗事务，作为他总统任内的一个工作重点。到1984年，威尔逊发动国会通过一项秘密修订案，在中央情报局的预算中再增加4000万美元供阿富汗行动之用——其中部分款项更指定购买瑞士制造的"厄利孔"GDF-005高射炮，用以对抗苏军直升机。"厄利孔"GDF-005高射炮是瑞士于20世纪80年代研制的一种35毫米双联装高射炮，该型高射炮由35毫米机关炮、自动装弹机、有装甲防护的射手舱和光学瞄准镜等组成，在当时来说是不亚于便携式防空导弹的先进防空武器。威尔逊的点子层出不穷，他还说服美国国防部派出民间身份的教官，协助阿富汗游击队训练骡子，以便为游击队在险峻的山路中运送全套"厄利孔"高射炮及其他物资。

这些还远远不够，威尔逊力主要向阿富汗游击队提供先进的"毒刺"防空导弹。

"毒刺"便携式防空导弹，代号为FIM-92A，美国陆军研制的一种单兵便携式防空导弹系统，是在"红眼睛"防空导弹基础上改进而成的。简言之，"毒刺"可以跟踪飞机尾部排出的热气尾流，对敌机实行全方位攻击。作为美国第二代便携式防空导弹，"毒刺"设计使用一个更灵敏的导引头并拥有更好的动力学性能，增加了迎头交战能力和一个综合"敌我识别"（IFF）系统。一套"毒刺"导弹系统由发射装置组件和一枚导弹、一个控制手柄、一部IFF询问机以及一个"氩气体电池冷却器单元"（BCU）组成。

"毒刺"防空导弹系统典型的战术交战过程中，需要射手完成一系列步骤。一旦射手使用"毒刺"防空导弹系统准备同一个目标交战，需要插入BCU到导弹系统的操作手柄插座之内，展开IFF天线；然后取去发射管前面的保护盖，呈现出红外或红外/紫外导引头前面的透明易碎圆盘罩；打开瞄准具，通过一条电缆组合连接IFF询问机单元到操作手柄。之后射手开始准备进行目标视觉捕获，通过使用瞄准具和系统估算设备估计它的距离。

如果射手决定攻击，将继续去跟踪目标，压下脉冲产生器开关，启动武器系统，这会引发脉冲产生器激励BCU，提供所有的发射前的电能需求，用于搜索头冷却系统、陀螺仪旋转、探测电子系统、制导电子系统、激活导弹弹载化学电池，助推发动机点火。导引头上红外或红外/紫外传感器能透过前端的透明圆盘罩探测目标，当目标被捕获探测到足够的、可被探测器认可的能量，一个音频信号提示给射手。射手保持追踪和导弹激活需要经过大约6秒，然后压下导引头释放杆，插入超高和引导数据。

上述步骤一经完成，射手按下发射按钮，启动导弹上的化学电池。从按下发射按钮到导弹发动机点燃，全部时间只有1.7秒。发射后产生推力，使导弹弹身旋转，引信定时器系统启动；导弹突破易碎圆盘罩，同时发动机尾气冲破发射管底端，从那里排出。导弹一经完全离开发射管，四个折叠尾翼展开，助推发动机脱离；导弹保持飞行到距射手一个预定的安全距离，引信定时器点燃双推力固体推进剂火箭发动机；导弹在第二飞行阶段内急剧加速，并保持正确的弹道进行加速度，一直到接近目标。

　　导引头在飞行过程中始终跟踪目标，使用电子系统处理接收的信号消除或减少瞄准线相对目标的瞄准角，引导导弹冲向目标一个易受伤害的部位，而不是信号特征最强烈的发动机尾喷口。看得出，"毒刺"导弹系统具有"发射后不管"能力。一旦按动发射按钮，导弹飞离发射管后，射手可以没有拘束的去装配另外的一枚导弹用于下一步的交战、隐蔽或移动到另外的一个作战位置。总之，这种15公斤重的导弹简直是苏军直升机的天敌。"毒刺"可以像滑膛枪似的发射，而且后坐力较小，发射的导弹高度准确，能摧毁1500多米高空的飞行器。所以，威尔逊想尽办法要将"毒刺"提供给阿富汗游击队。

　　在威尔逊等一群援助阿富汗人士的大力促成下，1985年，美国政府准备将援助升级。里根总统签署了166号国家安全指令，要求每年对苏联施加压力，迫使其撤出阿富汗。当时的阻力主要在美国国防部，国防部官员辩称，美军还没有完全装配这种武器，因此并没有多余的"毒刺"送人；但后来"毒刺"的生产厂家通用动力公司表示——他们很容易就能生产大批"毒刺"导弹。国防部的另一项顾虑是怕苏联在战场上得到"毒刺"后会照样仿造；不过后来发现，苏联从派驻希腊的一名间谍那里早已获得"毒刺"的详细规格资料。

　　到了1985年，美国国会中的民主、共和两党都赞成向阿富汗游击队提供"毒刺"导弹。美国国会参议院情报委员会委员于1985年6月访问巴基斯坦后即发动游说，要求增加对阿富汗游击队的援助，最后的裁决权到了里根总统那里。1986年初白宫举行的一次会议中，美国中央情报局撤回了反对提供"毒刺"导弹的意见。在所有重大的反对意见消除后，里根签署了一份决定性备忘录，为供应"毒刺"消除了最后障碍。

威尔逊与埃弗拉考托斯开始大量向通用动力公司订购"毒刺"导弹，为此威尔逊特地赶到巴基斯坦白沙瓦，向阿富汗游击队通报了这个好消息。"毒刺"导弹的操作并不算太简单，美国陆军训练说明书中指出，射手必须经过136个小时"毒刺"系统训练，才能获得使用这种武器的资格。为此，美国国防部还通过威尔逊等人将一批退役军人以民间身份派往白沙瓦，在那里的阿富汗游击队训练营中充当教官，教游击队员如何使用"毒刺"。

1986年9月26日，"毒刺"导弹第一次在阿富汗发射，地点是在贾拉拉巴德一个苏军基地附近。阿富汗游击队发射的第一枚导弹不幸是枚死弹，而且引来了苏军3架直升机。阿富汗游击队向苏军直升机发射出剩余的3枚"毒刺"，结果3架苏军武装直升机全被击落。当这3架直升机残骸的照片摆到美国中央情报局局长威廉·凯西的办公桌上时，凯西说了一句意味深长的话——看上去，这场战争正在进入尾声。

几个月后，到1986年底，有100多架苏军直升机被"毒刺"导弹摧毁。苏军飞机不得不增加飞行高度，米-24武装直升机也只好飞得更高以避免危险，如此对地面的阿富汗游击队的威胁大大降低。

苏军警醒了，曾经在阿富汗的天空所向无敌的"雌鹿"米-24开始采取措施对抗"毒刺"导弹的攻击。苏联人为每架米-24配备了一部L-006白桦雷达告警器，4个ASO-2V02红外干扰弹发射器（每个装32枚曳光弹），发动机舱（主旋翼舱）和尾梁结合部加装了L-166V-11E型主动红外对抗机。雷达告警器的2个SPO-15天线分别位于前机身一侧和尾桨悬臂边缘，它们覆盖机身360度范围，定位精度约为10度。这种装备发展自苏联强击机的雷达告警器，其实并不适合直升机，特别是它对红外制导的导弹几乎起不到告警作用。4个ASO-2V02红外干扰弹发射器位于尾梁下部，用来对抗红外制导导弹的攻击，后来这种发射装置被位于后机身一侧的6个相同的发射器代替。后来证明这种干扰弹直径太小，燃烧时间和产生的热量都有限，所以很难引诱"毒刺"一类的红外制导导弹。

米-24对抗"毒刺"的另一项举措是原来废气排放管的两侧安装了红外抑止装置。它看上去很像美军AH-1"眼镜蛇"武装直升机的发动机舱，因为其前面有一个长方形进气口，但是其明显偏小，实际上它是用于冷却发动机废气的装置。其前面的长方形进气口用来吸进较冷的空气，同发动机排放出的热空气相混合，然后再向上方排出混合后的空气，混合气体会进入主桨产生的下洗气流中，很快会散开。这种方式处理后的气体温度可以降低至350—400摄氏度。这种装置可以降低"毒刺"导弹导引头对它的跟踪距离，但是实战效果似乎并不理想，仍然有不少安装红外抑止装置的米-24被"毒刺"导弹击落。

"毒刺"导弹让苏军头疼不已，武装直升机几乎不可能再为地面部队提供近空支援。阿富汗游击队将空中伏击战术进一步发展，利用显眼的目标吸引苏军直升机，让直升机落入防空武器陷阱，然后利用"毒刺"导弹和防空火炮精确射击。"导弹+伏击"成为阿富汗游击队的一种重要技能，一支携带有"毒刺"导弹的阿富汗游击队可以在苏军机场附近，对起降中的苏军飞机发动攻击，之后乘坐摩托车或其他小型车辆迅速逃离。

面对这种战术，米-24武装直升机有了一项新任务，苏军飞行员将其戏称为"奋不顾身的马特索洛夫"。马特索洛夫是苏联卫国战争时期一位伟大的英雄，这名年轻的士兵用自己的身体堵住前方德军碉堡的机枪射击孔，掩护后面的同志们向前冲。他的事迹后来直接感召了中国的黄继光，使他在朝鲜战场上做出了同样英勇的献身行为。米-24的"英勇壮举"是为了护送苏军大型运输机在阿富汗的机场顺利起降，而将自己作为"毒刺"导弹的诱饵，同时利用远红外对抗措施和强大火力，威慑并摧毁阿富汗游击队的攻击。如果所有措施都失败了，米-24的飞行员会驾驶直升机飞向导弹，牺牲自己以保护更大的飞机。因为在大多冲突情况下，苏联的运输机都缺少对抗措施，苏联的民航飞机也曾用作运输机，它们更是毫无对抗措施可言。这些飞机在阿富汗都遭遇过"毒刺"导弹。

在喀布尔的一片苏联阵亡军人墓地里，有一块插满了密密麻麻十字架的墓地，那里埋葬的全是被"毒刺"导弹击落身亡的苏军直升机飞行员，那片墓地一直被称为"毒刺墓"。

为此，"潘杰希尔雄狮"马吉德骄傲地说，阿富汗必须拥有两种东西：《古兰经》和"毒刺"导弹。

据统计，在整场阿富汗战争中，阿富汗游击队共发射了340枚"毒刺"导弹，命中目标269个，有效率达79%。仅从1986年至1987年的一年时间里，苏联就损失了各型飞机300多架，平均每天一架，价值约合25亿美元，再加上阵亡飞行员的培训费用，总计损失达40至50亿美元。

阿富汗战争结束后，无论是东方还是西方，都承认一件事："毒刺"导弹改变了阿富汗战争的整个进程。

从1986年开始，"毒刺"导弹渐渐抵消掉驻阿富汗苏军的空中优势，而另一个严重威胁苏军空中力量的因素来自临近的巴基斯坦。巴基斯坦为阿富汗游击队的活动提供掩护，苏军不断对渗透路线上的阿富汗游击队进行打击。仅仅1981年和1984年间，苏军飞机侵犯巴基斯坦西部领空的次数就超过了每年200次。

巴基斯坦政府的耐心逐渐被耗尽。巴基斯坦空军收到命令，进行空中巡逻。他们的交战规则非常明确——被巴基斯坦空军飞机击落的敌机碎片必须要落在巴基斯坦领土上。

但是，由于保持对宿敌印度的战略态势，巴基斯坦空军的建设重点一直放在东部。长达1400公里的巴基斯坦西部边界，只有为数极少的几个适合喷气式战斗机起降的基地，其他只是些第二次世界大战时的跑道。当时巴基斯坦空军主力战机是美制F-6和A-5型，驻扎在白沙瓦和萨蒙格的基地。这两型飞机航程有限，难以有效执行西部空中巡逻任务。而且，巴基斯坦空军战机还均不装备空中截击雷达和超视距导弹。

一直到1983年，巴基斯坦空军第一个F-16战斗机中队才开始服役。众所周知，F-16为美军第三代战机，机动性好，装备AIM-9型"响尾蛇"短程空对空导弹、M-61火神机关炮等先进武备及脉冲多勒普距离和角度跟踪雷达，具有下视、超视距、全向和多目标作战能力，是对付苏联空军和阿富汗政府军空军现役战机的利器。同时，巴基斯坦空军还加强了西部边境地区防空力量建设。到1986年初，巴基斯坦空军已基本上具备了在西部边境地区与苏联空军及阿富汗政府军抗衡的能力。

1985年以前，苏军飞机只是在导航错误或在追逐阿富汗游击队时才偶尔误入巴基斯坦领空；但1985年以后，苏军飞机就变成有意侵犯了。苏军飞机主要采取"炸了就跑"的战术，越境空袭阿富汗游击队的营地或补给线，尽量避免与巴基斯坦空军性能先进的F-16战斗机正面接触。每次侵入巴基斯坦领空，苏联空军及阿富汗政府军空军的飞机都是由一架安-26运输机指挥控制平台和一个地面控制中心指挥。

1986年，巴基斯坦空军终于得到机会，击落了入侵者。首战发生在1986年5月17日，巴基斯坦空军的哈密德·卡德里少校驾驶F-16A战机，一人击落2架苏-22战机。巴基斯坦政府向全世界记者展示了苏-22残骸，卡德里少校因一人击落2架敌机被授予"卓越新月"勋章。

1987年3月30日，巴基斯坦空军击落1架苏制安-26运输机；8月4日，1架苏-22被击落；一个月后，2架米格-23受损。巴基斯坦空军最辉煌的战果是在1988年8月4日。这天夜间，阿特哈尔·布哈里少校驾驶F-16击落一架先进的苏-25战斗轰炸机，敌机飞行员跳伞。8月5日下午，跳伞的飞行员被当地部落一位农妇及其儿子抓获，送交巴基斯坦边防部队。经审讯得知，这名飞行员居然是苏联空军驻阿富汗苏-25战斗轰炸机总教官、苏联空军王牌飞行员鲁斯科伊上校。鲁斯科伊上校的名言"飞行员的乐趣在于飞行，并用猛烈火力覆盖地面目标"在阿富汗和巴基斯坦几乎无人不知。

仅是脊柱受到压伤和其他轻微划伤的鲁斯科伊在巴基斯坦受到了良好对待，并很快于8月16日被送还给苏联当局。值得一提的是，苏联解体后，鲁斯科伊于1991年当选为俄罗斯副总统，还曾率领一个高级代表团对巴基斯坦进行过友好访问。

阿富汗的困局似乎愈演愈烈。现在，只能看锐意革新的戈尔巴乔夫在阿富汗问题上如何破局了。不过，他的决策远远不能算是一个"新纪元"。

戈尔巴乔夫在阿富汗问题上的论断几乎比他的几位前任还要极端—— 加大力度，迅速消灭全部阿富汗抵抗力量，以求迅速稳定阿富汗局势。毕竟，戈尔巴乔夫已经意识到，阿富汗是苏联必须要摆脱的一个噩梦。

经过几轮政治局会议，一套新的作战计划由总参谋长阿赫罗梅耶夫迅速下达给土耳其斯坦军区司令员波波夫上将。当命令下达到新任驻阿富汗苏军总司令格拉莫夫中将手中的时候，一场来势更加凶猛的攻势全面展开了。

这次苏军将主要进攻目标圈定在阿富汗和巴基斯坦交界地带阿富汗一侧的游击队控制区，不再使用靠不住的阿富汗政府军，而是使用直接由苏军组成的攻击力量。为了实现这样的战术，苏军继续向阿富汗增兵。1985年4月以来，阿富汗的民航飞机几乎全部被迫改变航班时间，阿富汗全国的机场每天只有四个小时对民航飞机开放，其余时间都被苏军的安–26运输机占据。

苏联将第一批重点进攻的地区选在了库纳尔、捕格哈尔和帕克蒂亚三省。这里是阿富汗游击队近年来活动最频繁、势力也愈来愈大的地区。而且，这三个省份是阿富汗游击队从巴基斯坦获取援助输入国内的必经之地，有数百条补给线穿过这三个省向阿富汗内地扩散，甚至一些补给线还经过喀布尔，一直延伸到阿富汗的北部和西部边境。

1985年5月起，苏军集结重兵，从贾拉拉巴德发起了一场针对库纳尔河谷的大规模攻势。库纳尔河谷的北端是著名的阿富汗边境小镇巴里果德，这里距巴基斯坦边境城市阿兰杜仅一公里。阿富汗游击队依靠供给的便利，已经包围了巴里果德近一年，卡尔迈勒政府曾经派出军队在这里建立过几个防守据点，但阿富汗政府军无力与游击队对抗，最后反倒一批接一批向游击队投降了。

5月11日，苏军飞机大规模轰炸由贾拉拉巴德至巴里果德的阿富汗游击队控制区，直至将炸弹投到巴基斯坦境内。5月21日，经过10天的轰炸后，苏军发起地面进攻，一支由600多辆坦克和装甲车组成的苏军纵队由巴里果德南部的阿斯马尔强行向北推进，遭到了阿富汗游击队顽强的反击。双方战斗异常激烈，这支苏军纵队仅推进了5公里就再也无法前进半步，只好原路撤回，寻求支援。经过重新部署后，苏军纵队在强大空中掩护下，再次推进。三周以后，也就是6月7日，这支苏军纵队终于冲过了阿富汗游击队的最后一道防线，打通了贾拉拉巴德至巴里果德的交通线，解救出了被困在市中心的极少数阿富汗政府军。虽然损失不小，但这次苏军总算是达到了战役目的。

库纳尔河谷的苏军尚未来得及庆祝胜利，潘杰希尔谷地的苏军又遭到了前所未有的打击。马苏德的顽强抵抗再次震惊了世人，苏军在潘杰希尔谷地伤亡惨重。这里的战斗使得谷地附近的苏军野战医院停满了救护车，战况令克里姆林宫难以置信。

阿富汗游击队没有给苏军震惊的时间：东部帕克蒂亚省的游击队趁机向苏军发起了新一轮进攻，一个接一个的苏军据点相继被孤立起来。喀布尔的城市游击战又进入活跃期，袭击者不停向市区发射火箭弹，苏联驻阿富汗大使馆和多处苏军兵营都遭到了迫击炮袭击，炮弹落进了苏联大使私宅的院子。1985

年8月，苏军集结1.5万兵力，再次向帕克蒂亚发动清剿。"伊斯兰党"的游击队将队伍分成三股：一股监视苏军，一股埋设地雷，第三股设伏。游击队避开苏军主力，事先在加吉县一带苏军必经的公路上布下了大量的反坦克地雷。苏军赶到时，发现道路难行，只好舍弃公路，改变行程，在河滩上推进；结果阿富汗游击队转而又在苏军走过的路上布下大批地雷。苏军在前进中一天能损失5辆坦克，由于一路毫无收获，最后只得回撤。结果撤退的苏军又遭到在山上执行监视任务的阿富汗游击队袭击；撤军途中遭遇的地雷比前进途中遭遇的还多，这让苏军苦不堪言。

此时，阿富汗游击队针对苏军的袭击破坏行动平均每年超过600件。在靠近巴基斯坦边境的地区，阿富汗游击队每天向苏军发射800枚火箭弹。1985年一年间，游击队发动了超过2.3万起针对卡尔迈勒政府机关的袭击事件。1985年9月4日，阿富汗游击队攻击了在坎大哈机场起飞的巴赫塔航空公司客机，造成52人死亡。

1985年9月，苏军转变主攻方向，集中兵力进攻喀布尔东南约170公里处的重镇霍斯特，试图为6月以来一直被阿富汗游击队包围的霍斯特军营解围。结局依然是苏军伤亡1000多人，清剿失败。在苏军重点进攻阿富汗东部地区的时候，阿富汗西部的游击队则乘着苏军的力量空虚，发起了大规模反攻。特别是赫拉特省，那里的反攻尤为激烈。据阿富汗官方称，在赫拉特，几乎所有的卡尔迈勒政府工作人员都被游击队处决了。

戈尔巴乔夫猛烈的正面进攻就此失败，不过从这时起，苏军在阿富汗也有了新动向。1985年失利后，苏军在阿富汗渐渐停止了大规模的进攻清剿作战，推广第40集团军的侦察作战，广泛使用空降兵进行反游击战。自1985年起，苏军开始将相当数量精锐的空降特种作战部队投入阿富汗战场。到1986年，苏军第105空降师驻喀布尔和巴格拉姆，第103空降师和第104空降师共3个团也驻在那里，北部地区驻有一个克格勃的边防军大队，拉什卡尔和查加萨赖另有两个苏军特种作战基地。针对游击战，苏军空降兵进行的是"反游击作战"。比如，阿富汗游击队最常用的游击战术是伏击战，苏军空降兵特种部队便相应的进行"反伏击战"。

苏军有时通过情报获悉阿富汗游击队将在险要的隘路出现时，就用重型直升机将特种部队空投在隘路两头堵住游击队，这种方法有时也用来堵塞游击队的逃跑路线。山区的地形特点不允许伏击分队携带大量重装备，但同时又要有足够的火器能对不同距离的目标实施有效射击。每次行动时，除自动步枪和狙击步枪外，设伏分队还配备自动榴弹发射器和重机枪，另外要专门装备一些夜视器材；有时还要用武装直升机予以支援。

山地行动时保障通信联系十分困难，所以苏军首先会带足电台全套装备，确保蓄电池充电完好。山地行军中，苏军将主电台配置在行军纵队间，如不得已而配置在纵队首、尾时，就设立重复转播台。苏军设伏分队以徒步战斗队形行动时，为保障可靠的通信联络，喜欢将电台设置在山顶，或朝向通信对象的斜坡上。无线电员时刻注意与直升机的通信联络。

苏军设伏分队通常辖若干个5—8人的战斗小组，成员包括小组长、副组长（同时兼前方警戒员）、机枪手及其副手（兼左方观察员）、自动榴弹发射器射手及其副手、卫生员（兼后方警戒员）、无线电报务员（兼右方观察员）。设伏地点通常选在阿富汗游击队经常利用的小路、道路转弯处、山垭口、山间河流发源地和渡口附近以及障碍物中。苏军设伏时经常用各种欺骗措施以迷惑游击队。比如，有时会让步兵战斗车低速行驶，设伏人员隐蔽下车，徒步前往设伏点；有时会在行军途中，模拟一车辆出故障，以此作为诱饵，其余车辆则继续前进，同时暗中留下设伏分队。"故障车"的乘员下车佯装修理，同时在车内做好射击准备。有时会在几个地点实施假空降，以此引诱阿富汗游击队，同时在游击队必经之路上组织设伏等。

苏军设伏分队到达设伏地点后，一般会占领便于观察、射击和隐蔽的有利地形，组织好交叉火力、侧面火力、抵进火力。设伏过程中，苏军限制人员随意移动，禁止烟火，严格遵守音响伪装规定和无线电通信规则；设伏人员轮流担任观察员，以避免疲劳；观察员主要使用手势传送信号和命令。山顶、明显的方位物附近和固定目标附近，苏军一般不配置观察哨。当小股游击队出现时，苏军设伏分队往往力争捕捉俘虏；当游击队主力出现时，则以全部火力消灭之。苏军喜欢使用自动榴弹发射器，这是山地作战的强有力武器，苏军一般将其配置在游击队可能撤退的道路上。如果游击队在数量上占明显优势，苏军设伏小组会在支援分队抵达之前占领环形防御阵地或隐蔽撤退。为迅速摆脱敌人，苏军一般使用烟幕并设置障碍物。

这样的战术使用之初，让阿富汗游击队颇吃了些亏。但很快，他们就有了应对之道。为了对付苏军空降兵的伏击，阿富汗游击队通常以一路纵军行军，前面为10至15人的警戒小队，主力在其后1.5公里处跟进，警戒小队与主力纵队之间设有2至3名观察员。前面的警戒小队一旦遭遇埋伏，后面的主力纵队便可以迅速判断形势，是该援救还是撤退，无论哪一样，都能让阿富汗游击队避免大的损失。

针对苏军的反伏击措施，阿富汗游击队针锋相对地采用了多种多样的伏击方法，从而使苏军的反伏击更加困难和冒险。游击队的设伏点经常选在峡谷道路的拐弯处或桥梁附近，突然向行进间的敌车队开火。游击队通常以30至40人为单位作战，他们也常常集结成一支大部队，摧毁桥梁或设置路障，然后居高临下开火。当苏军护卫车队规模较大时，游击队通常放过苏军侦察和战斗小队，突然以猛烈的火力向居中或殿后的车辆射击，之后便迅速撤离。例如，当苏军逼近小城镇帕克蒂亚时，"伊斯兰党"的一支游击队将队伍分成三股：一股监视苏军，一股埋雷，第三股设伏。苏军损失了5辆坦克并在夜间撤退；退却的苏军后来又遭到在山上执行监视任务的游击队袭击。游击队使用的另一种方法是围困一个据点或一支小规模驻军，然后伏击援军。

战争中后期，随着苏军车队护卫力量的加强，小规模的伏击行动有时很难取得战果。阿富汗游击队根据情况灵活用兵，有时集结较多兵力，并利用山区地形构筑坚固而隐蔽的阵地，在选择好的主阵地上集中较大兵力，尽可能地装备反坦克和打直升机的武器；在道路上设置各种障碍，在这样的主阵地上经常进行激战。在巴格兰市近郊公路干线上，苏军一支车队遭到游击队的伏击，护送该车队的掩护分队被歼。苏军调来摩步分队，在炮兵、武装直升机和歼击航空兵的支援下进行反扑；双方在该地段激战近一周，苏军被迫撤退；调整部署后，又对该地段游击队的伏击阵地发起进攻。这次战斗先后持续40天。

苏军空降兵有时会伏击阿富汗游击队的补给骡队。1986年以后，游击队的补给也渐渐有了日本丰田皮卡之类的汽车来运输，补给车队更是显眼的目标。为了保护补给车队或骡队不受伏击，阿富汗游击队通常在补给分队的前方配置一支假补给队。假补给队一旦遭伏击，预有准备的游击队便从翼侧向苏军发起进攻，将设伏的苏军歼灭或击溃。

就这样，苏军空降兵起到了前所未有的重大作用。苏军向阿富汗派遣大量空降兵，其中就包括1965年奇袭过捷克斯洛伐克布拉格机场的近卫第103空降师的侦察连。这些侦察部队在编入第40集团军后，就再没离开过阿富汗半步。后来因为前线急需，第40集团军又相继列编独立第34空降团和第56空降突击旅。与摩托化步兵相比，空降兵具有更强的作战能力，因为他们常年处于紧张的战备状态之下，且长期进行一些高强度的特殊科目训练，不仅具有较好的身体素质，还掌握了许多特殊的战斗技能。进入阿富汗之前，近卫103空降师在国内进行了长达一年半的实战模拟训练，该师辖有第350、第357和第317空降团，它们都配备一个侦察连，阿富汗战争中最著名的第80侦察连就隶属于该师。有意思的是，按照苏联正统战术规范，空降兵原本不适合在阿富汗这样的山地国使用，但空降兵几乎参加了在阿富汗的所有战斗。

苏军空降兵最典型的战术就是"蛙跳攻击"，即先由米-8直升机向阿富汗游击队控制区机降一定规模的侦察兵部队，然后派遣大部队从外围进攻，两者里应外合，对游击队"层层剥皮"，将其全歼。然后，侦察兵再次向纵深空降，逐步蚕食游击队控制区。1985年7月下旬，苏军在昆都士附近发动的较大规模清剿战斗就充分运用了该战术。昆都士是阿富汗昆都士省省会，是阿富汗北部重要的边境城市和交通枢纽。马苏德领导的反苏游击队在昆都士东南70公里处建立营地。以此为中心，游击队控制着方圆数十公里的土地，并经常袭击昆都士机场起降的飞机和附近公路上的苏军补给车队。为除掉这个"眼中钉"，苏军派出1个独立侦察营、1个直升机中队和1个摩托化步兵团执行清剿任务。

7月23日夜间，20余架米-8、米-6直升机悄悄把侦察营机降到距营地10公里的532高地上。该营携带82毫米迫击炮，数十挺30毫米榴弹发射器、喷火器和大量RPG火箭筒。他们分散成若干小队，潜伏到关键路段。与此同时，航空兵部队的苏-24、苏-17以及米格-27攻击机也随时听候召唤。拂晓时，苏军D-30榴弹炮和BM-21火箭炮的密集轰击打破了山谷的宁静。进行了20分钟的弹幕射击后，苏军炮火实施延伸。与此同时，BMP-1战车搭载着步兵，在T-62坦克掩护下快速冲向游击队阵地，放哨的游击队员几乎未作反应即被消灭。

阿富汗游击队开始从分散的据点调兵遣将。正当这些游击队员试图在重要隘口设伏时，他们遭到早已埋伏好的苏军侦察营火力压制。苏军侦察兵的自动榴弹发射器在1000米外对游击队进行拦截射击，阿富汗游击队则试图用82毫米迫击炮、107毫米火箭炮予以还击，这很快就招来苏军攻击机扔下的重磅炸弹。另外，面对苏军侦察兵的远程重火力优势，阿富汗游击队员们却不敢尽量贴近距离交战，因为以往的交锋证明，如果游击队靠得更近，就会落入苏联侦察兵AKM突击步枪的400米火网内。AKM在这个距离上的命中精度远好过AK-47，而且杀伤力更大。阿富汗人不肯靠近，作风彪悍的苏军却慢慢地向游击队靠拢，以尽快结束战斗。与此同时，正面进攻的摩步团战车和坦克也逐渐赶上来，前后夹击之势已成，阿富汗游击队不得不分散逃逸。这次围剿作战中，苏军共击毙和俘虏近200名阿富汗游击队员，还在数个地下仓库内缴获大量武器弹药，包括数枚"毒刺"便携式防空导弹，在相当一段时间内保持了昆都士周边的安全。

1986年对于阿富汗战争来说是关键性的一年。在这一年里，"潘杰希尔的雄狮"马苏德登上了声望的巅峰。

潘杰希尔谷地位于喀布尔以北80公里的崇山峻岭中。谷地全长150公里，宽5至10公里。这里在海拔3000多米的兴都库什山脉掩护之下，一共有15个山口，山谷里面有宽广平旷的谷地平原，有大片的森林，谷地两侧峰峦迭起，道路复杂，崇山峻岭间还有不少山洞，是阿富汗游击队最理想的基地。这里距离苏军在阿富汗境内最大的空军基地——巴格拉姆空军基地只有20公里。最重要的是，潘杰希尔谷地的北口控制着著名的萨朗隧道，那里是喀布尔通往苏联边境战略通道的咽喉。

驻喀布尔苏军的主要补给通道是通过苏联境内乌兹别克共和国的铁尔梅兹，经萨朗隧道，越过兴都库什山脉的全长425公里的2号公路。阿富汗北方的反苏游击队集结在潘杰希尔谷地，随时对为喀布尔提供给养的苏军车队进行伏击。苏军明白，不控制潘杰希尔谷地，他们就无法控制阿富汗。

艾哈迈德·沙·马苏德，1952年生于阿富汗潘杰希尔的一个塔吉克名门望族，其父是阿富汗前国王查希尔统治时期的一名退休准将，他在六位兄弟中排行老三。马苏德曾在喀布尔的法国中学就读，1973年他在喀布尔大学工学院学习，大学一年级就退学加入反对达乌德政府的抵抗组织，遭到镇压后流亡巴基斯坦的白沙瓦。在流落外国期间，马苏德系统研究了毛泽东、格瓦拉和戴高乐的游击战思想。1975年，马苏德重返家乡潘杰希尔谷地组织反政府游击队。当1979年苏军入侵阿富汗时，他领导的游击队已经有数百人。

在游击作战的实践中，马苏德掌握了游击战的关键要素——奇袭、精心的组织、快速的集中和分散兵力。每当有苏军车队经过萨朗隧道的公路时，马苏德派出的游击小组就会在路上布雷，然后在附近的制高点伏击苏军。当苏军的车队进入伏击范围时，散布在山上岩洞和石缝内的阿富汗游击队狙击手会击中车队第一辆车和最后一辆车的轮胎和油箱，其他游击队员用密集的火力攻击整个车队。攻击完成后游击队员立刻撤离，从不坚守山上的阵地。游击队还在崎岖的隘路上制造塌方，堵塞道路后伏击苏军车队。游击队运用这些游击战术，给苏军的车队造成了严重的损失。在1980年8月的一个星期里，马苏德领导的游击队共击毁了300辆军车，400名苏军和阿富汗政府军士兵被打死，马苏德领导的游击队由此声名鹊起。

游击战的要义除了进攻，还要学会防守。在马苏德的经营下，潘杰希尔谷地的防守如同机械般严整有序，出击又像雄狮般骁猛。他把游击队分为三部分：第一部分是武装起来的阿富汗当地人，担当类似地方警察的角色，维持治安，协同作战；第二部分是本地防卫小组，都是一些精悍强干的阿富汗青年，一般是30到40人，每个小组都配备伊斯兰教神职人员，在本地区进行防御，随时配合机动作战小组作战；第三部分是机动作战小组，也就是游击队的主力，有数千人之多，经过马苏德的严格训练，又经过多次实战的考验，战斗力非同小可。

生活中的马苏德操波斯语，生活俭朴、关心部属，严格遵守伊斯兰教规。在潘杰希尔谷地，马苏德经常接待外国媒体的记者，训练来自阿富汗其他地方的抵抗战士。他的风格给来访的人留下了深刻的印象。一位外国记者描述道："他的行动之间透着速度和专心，好像他总是要在他的敌人赶到之前结束他的行动。他从不事先宣布他的去向，如果他这样做了，他肯定会改变路线。他很少在一个地方停留一个小时以上。只有很少的卫兵知道他在哪里入睡，他也很少在同一间房子里呆两个晚上。"

1980年9月初，苏军对潘杰希尔谷地发动了第一次围剿。这次攻势出动了苏军一个团和阿富汗政府军的一些部队，在攻势行动中还进行了机降作战。马苏德领导的游击队利用谷地中的有利地形，连续阻击苏军，使苏军受到严重的伤亡，被击落了10架直升机；攻势行动在9月份的第二个星期就被迫中止。3个月后，苏军对潘杰希尔谷地发动了第二次围剿。苏军一个摩托化步兵团在一个炮兵营的支援下，向潘杰希尔谷地发起攻击。游击队以少量兵力诱使苏军摩托化步兵团进入谷地，其余力量则从翼侧突然且迅猛地袭击苏军炮兵阵地，炸毁火炮7门，迫使进入谷地的苏军不得不退出战斗。

1981年初，马苏德的游击队员袭击了巴格拉姆空军基地，击毁一架苏军安-22运输机。马苏德的存在惊动了克里姆林宫。苏联国防部第一副部长谢尔盖·索科洛夫元帅向勃列日涅夫保证——一定在11月7日十月革命节前摧毁"反革命军阀马苏德"。

索科洛夫元帅的对策是猛烈空袭。4月初，他秘密从乌克兰和白俄罗斯军区调来近卫第149、143航空兵团，他们装备有最先进的苏-24歼击轰炸机。起先，苏联飞行员还以为是去演习，后来当地的地勤人员在食堂就餐时告诉他们："伙计们，看见停机坪上一堆堆炸弹了吗？你们得把它们全部扔掉才能回家！"果然，他们当晚就被告知，要去轰炸潘杰希尔谷地，一定要置马苏德于死地。

4月18日黎明，苏军共出动50架战机，对潘杰希尔谷地进行了"高饱和轰炸"，轰炸对象既包括暴露的营地，也包括被怀疑的山坳、洞穴、古建筑群等。经过"炸弹洗礼"后，4月21日，苏军空降兵乘直升机进入潘杰希尔谷地，地面部队随后跟进，苏军未遭遇大规模抵抗。然而，随后的调查却发现，这次轰炸行动并没能获得预期效果。原来，早在行动开始前几周，马苏德就获得了苏军将要进攻的消息。他率领游击队主力乘公共汽车撤到恰里卡尔、安达拉博、尼扎拉博和费朗格等地的山谷里。马苏德的游击队撤入深山，对苏军的机械化部队不时进行小规模伏击。很快，苏军历时三周的第三次围剿也无功而返，马苏德再次成为潘杰希尔的主宰者。

1981年8月，马苏德游击队员进入高尔巴哈尔，处决了七十多名卡尔迈勒政府的同情者。一个星期后，苏军对潘杰希尔谷地发起第四次围剿，苏军的一个摩托化步兵团和阿富汗政府军的一个团进入谷地。这次攻势在两个星期后就不得不结束。马苏德在对付敌人的围剿中，完善了他的游击战术：当苏军开始轰炸时，游击队就转移至侧谷或深山；当苏军的地面部队进入谷地后，战斗才真正展开，游击队利用熟悉的地形，对苏军的机械化部队进行频繁的伏击。这些山里长大的阿富汗游击队员对山地行动十分适应，光着脚在怪石嶙峋的山路上也能长距离奔跑，而苏军的装甲车和坦克在山区却很难展开。苏军在发动四次攻势，遭受了严重的损失后仍未能控制潘杰希尔谷地，游击队反而在战斗中不断壮大。

1982年初，马苏德游击队的人数持续增加。马苏德在潘杰希尔谷地建立了一个规模较大、组织机构齐全的游击队根据地。他将游击队员分为由6个90到100人组成的机动作战小组，以及许多25—60人组成的本地防卫小组。本地防卫小组驻在由4到5个村庄组成的行政区内，并有自己的指挥官。每个行政区都能自主作战，当遭遇苏军进攻时，可以召唤机动作战小组来协助作战。这一编组形式体现了马苏德作为游击战领导人的卓著组织能力，世界多数游击战争证明，将兵力分为机动和地方部队是十分重要的。在武器方面，马苏德游击队大都使用缴获的苏式武器。AK-47突击步枪、德拉贡诺夫狙击步枪、7.62毫米机枪、12.7毫米高射机枪、RPG火箭筒，都是游击队常用的武器；有时还能看到游击队员肩扛着古老的英制李·恩菲尔德式步枪。

考虑到潘杰希尔谷地交通不便，索科洛夫元帅决心用苏军总参谋部直属的第23特种侦察营来捉拿马苏德。这些苏军特种兵专门进行了一段时间的作战训练，训练完全模拟潘杰希尔谷地。

在得到线人告密后，1982年7月23日，20余架米-8直升机悄悄把苏军第23特种侦察营机投放到据说是马苏德营地附近的高地。参加行动的所有苏军特种兵都拿着马苏德的照片，以小队为单位分散潜伏在关键路段。清晨来临，外围苏军先用密集炮火袭击阿富汗游击队营地，当阿富汗人准备分散突围时，他们遭到苏军特种兵的伏击。苏军用迫击炮在1000米外对游击队进行拦截射击，并用直升机投下重磅炸弹；与此同时，苏军坦克也逐渐赶上，形成前后夹击。在这次围剿中，苏军共击毙和俘获近200名阿富汗游击队员。可令苏联人想不到的是，他们打击的竟然是马苏德在当地的世仇——大军阀马赫迈德的队伍；那个告密的线人其实是马苏德放出的诱饵，结果是苏军替马苏德空忙了一场。

随着根据地的巩固，马苏德游击队的作战规模开始加大，作战更为频繁。在预先得知苏军将要发起围剿行动后，马苏德领导数支机动作战小组奇袭了巴格拉姆空军基地。1982年4月25日，在黑夜的掩护下，马苏德的游击队攻入了机场的外围阵地，向机场发射了迫击炮弹和火箭弹，基地内储存的大批燃料、弹药和23架苏军飞机顷刻化为乌有。为了对这次攻击行动进行报复，苏军向潘杰希尔谷地发动了规模最大的第五次围剿。

这次围剿行动由苏军第40集团军参谋长格利高利扬茨少将（亚美尼亚人）负责，统一指挥从第108摩托化步兵师、第201摩托化步兵师、第103空降师抽调的总共1.1万名苏军和4000名阿富汗政府军。经过空中侦察后，首次投入实战的苏-25、苏-17和米格-21战机使用高爆弹药对谷地进行了一个星期的连续轰炸。马苏德的部队在轰炸中未受损失，他们还把许多没有爆炸的炸弹改造成威力巨大的地雷。5月17日，苏军一个团的空降兵由直升机运送到潘杰希尔谷地中部，但游击队已预先撤退到两侧的山脊上。在山谷里，毫无戒备的苏军伞兵遇到了多层火网的射击，部队伤亡严重。与此同时，正面进攻的苏军一个摩托化步兵团却被游击队制造的塌方堵在谷地外面，并遭到了一连串的伏击。3天后，摩托化部队付出100多人阵亡的代价，才与被困在猛烈火力下的空降兵部队会合。苏军首次攻占了潘杰希尔谷地的谷底。在此次攻势中，苏军50辆坦克和35架直升机被击毁，300到400人阵亡。虽然苏军摧毁了游击队的武器库，但游击队伤亡并不大。由于无法在山谷中建立可靠的地方政权，且不断受到游击队的打击，苏军被迫于6月13日撤退。

8月6日，苏军发起了第六次围剿。经过一系列小规模战斗后，为了避开苏军的进攻锋芒，马苏德下达了撤离谷地的命令。苏军在谷地一直驻守到9月10日后才返回基地。撤离前，苏军将潘杰希尔谷地中游击队多年经营的基础设施几乎毁坏殆尽。在1982年苏军发动的两次大规模围剿中，苏军共伤亡2000多人，阿富汗政府军损失1200人，马苏德则牺牲了180名游击队员，1200名阿富汗平民在战斗中死亡。对马苏德而言，最大的损失是苏军在谷地中查获了有5200人身份信息的阿富汗游击队组织名单，其中潜藏在喀布尔的113名城市袭击者全部被卡尔迈勒政府逮捕。

为了重建潘杰希尔谷地中游击队的基础设施，马苏德于1983年1月与苏军达成停火协议，停火协议规定马苏德将不攻击2号公路，而苏军则停止攻击潘杰希尔谷地。马苏德利用停火换得的喘息机会来训练游击队员和重建谷地中的组织。到1984年，他的队伍已增加到了5000多人，并获得了包括坦克和122毫米榴弹炮在内的重型武器。3月份，他拒绝了苏军延长停火的提议，2号公路再次受到频繁的袭击，这条公路是如此的危险，以至于在苏军的卡车驾驶员中获得了"死亡公路"的恶名。

在此情况下，苏联人制定了对潘杰希尔谷地发起第七次围剿的作战计划。此次攻势由苏军108摩托化步兵师师长萨拉多夫少将指挥，围剿部队由1万名苏军和5000名阿富汗政府军组成。在得到苏军即将发动新攻势的情报后，马苏德派出由数支机动作战小组，组成近500人的游击队向萨朗公路发起了先发制人的攻击，击毁了许多苏军卡车，但苏军很快从巴格拉姆空军基地派出了一支强大的直升机机降部队进行了机降以包围游击队，游击队遭受了重大伤亡。4月20日，从苏军土库曼斯坦军区基地起飞的轰炸机对谷地进行了高空地毯式轰炸，苏军地面部队于21日开始发起攻击，但由于主要道路布满了地雷，摩托化部队进展缓慢。5月初，苏军首先将数个营规模的空降兵部队机降到谷地外的主要山口，并在游击队退却的主要山谷进行了机降。这些部署完成后，苏军开始对侧谷进行清剿。由于撤退路线被封锁，马苏德率部进入海拔更高的山地，为了避免受到苏军空降兵的伏击，游击队被迫化整为零。与前几次围剿后就回撤的做法不同，这次阿富汗政府军开始在谷内建立哨所和堡垒，结果这些据点成了游击队的理想目标。马苏德对游击队进行重组后，对这些据点发动了一系列的攻击，战斗一直持续到整个夏季。为了给被围困的哨所解围，苏军于9月初发起了第八次攻势，在高空轰炸完成后，苏军进行了数次直升机机降突击和营规模的作战行动，但未取得明显战果。

1985年6月初，马苏德对阿富汗政府军在谷地的据点发起了总攻。设在潘杰希尔谷地腹地的佩什古尔据点，由阿富汗政府军一个营近500人的兵力驻守，拥有10门迫击炮、4门76毫米火炮、2辆T-55坦克和5辆BTR-60装甲运输车等重型装备，据点前有地雷和铁丝网等障碍物。马苏德为此进行了认真的战前准备。他总共出动了500多人的游击队，60人专门负责清除障碍物，另有100人提供火力支援。6月15日夜，攻击发起。在黎明到来之前，马苏德率领的游击队攻入据点，正在据点进行视察的阿富汗政府军中央军团参谋长阿马多丁准将和1名上校被击毙，其他5名上校被俘；游击队还俘虏了110名军官和350名士兵，缴获了大量武器。佩什古尔的陷落引发了苏军对潘杰希尔谷地的第九次围剿，苏军出动一个摩托化步兵团和阿富汗政府军第8师的两个营，重新夺占了佩什古尔，代价却是110多名被俘的阿富汗政府军军官在苏军的轰炸中丧生。

由于苏军进一步加强了在谷地内的驻军，马苏德决定发起外线作战，率领数个机动作战小组向北方的巴达克汉和塔克哈尔发起了"夏季远征行动"。1986年6月，他率领的队伍在巴达克汉一带活动。苏联人得知到这一情报后，专门派出一支空降兵特种部队负责抓捕马苏德，马苏德在事先得知情报的情况下，对苏军特种部队进行了一次伏击，20多名苏军特种空降兵被当场打死。一名被击毙的苏联军官身上的地图表明，他们是专门来抓捕马苏德的。马苏德转移出包围圈后，继续在北部的埃斯卡米斯和费尔卡尔等地作战，均取得显著战果。

1986年7月28日，马苏德重新回到潘杰希尔谷地，对苏军据点发动攻击；至9月份，谷内的苏军据点全部被肃清。潘杰希尔谷地又重新回到马苏德的游击队手中。

苏军消灭马苏德本人的最后一次尝试是在1988年。1988年12月，克格勃特工人员用近30公斤黄金为代价，从白沙瓦的情报掮客手里买到一个重要线索——马苏德将率领一小队人马于12月16日至18日间去伊朗，途中必经阿姆河谷。

12月16日，6架米–8直升机搭载近百名苏联特种兵秘密进入阿姆河谷。经过近30个小时的潜伏，他们终于等来一支神秘车队。苏军立即展开行动。经过短促交火，苏军击毙110名武装分子，还抓获了马苏德的侄子，却终究没能找到马苏德。当得知这一消息后，驻阿富汗苏军总司令格拉莫夫中将慨叹道：也许只有用核武器才能消灭马苏德。

马苏德的存在，让戈尔巴乔夫的光环渐渐黯淡下去。事实上，戈尔巴乔夫已经开始渐渐做出他最不愿意做的决定了。

5. 残酷的证言

据美国人估计，苏联在阿富汗的军费开支每年高达20亿美元。此外，苏联每年还要拿出1500万美元支持卡尔迈勒政府。到1986年，苏联仅在上述两项上的支出就已达到200亿美元。按照苏联人自己的说法，1988年1月，苏联部长会议主席雷日科夫向戈尔巴乔夫报告，阿富汗战争每昼夜的平均消耗是：1984年430万卢布，1985年720万卢布，1986年1000万卢布，1987年1470万卢布。有统计数据称，苏联在阿富汗投入的军费占苏联整个国民生产总值的12%。

苏军的装备消耗更是惊人。因为阿富汗没有铁路，苏联的军事运输主要靠公路，每天的运输工作都要动用大批车辆。对于几千公里的阿富汗巴基斯坦边境线，苏军还要大范围加强防御，设置火力封锁区。战争中，苏军一直以立体机械化进攻为主要进攻方式，后勤消耗巨大，平均每个苏军士兵每昼夜消耗军需品90公斤。阿富汗成了苏联一个填不满的深坑，给苏联的国内经济带来了越来越大的压力。自20世纪80年代起，苏联的经济就开始滑坡，没有一位苏联领导人能够解决致命的经济问题。

此时，根据苏联方面的统计，阿富汗的反苏游击队有5016支，18万人，其中骨干武装部队约8万人。游击队控制着阿富汗国土总面积的80%、国内总人口的70%、全国县镇总数的90%，经过长年的交战，苏军几乎一点也没有改变这种局面。英国《经济学家》周刊认为，苏联在阿富汗要"能粉碎叛乱"，"也许要用上50万兵力"。

苏联入侵阿富汗遭到了几乎全世界的谴责，1980年的莫斯科奥运会是全世界在阿富汗问题上向苏联施压的最真实体现。莫斯科赢得了奥运会主办权后，曾拟定了庞大的计划，不惜耗费3.7亿美元的巨资，建起了奥运会比赛所用的设施和能接待几十万游客的宾馆。结果在苏联入侵阿富汗后，美国首先宣布抵制1980年奥运会，美国的盟国随后响应，包括中国在内的第三世界国家为支持阿富汗人民的斗争，也纷纷加入抵制的行列。原定有140多个国家和地区将要参加的奥运会，结果只来了81个；原准备参加奥运会的1.2万名运动员，实际参加的不到一半；早先登记在比赛期间将到莫斯科旅游的有30万名旅客，最后去的不足四分之一。

每届联合国大会都将阿富汗问题列入议程，作为联大的主要议题之一。1981年第36届联大，以116票赞成、23票反对的压倒多数通过了谴责苏联入侵、敦促苏联撤军的提案；1982年第37届联大，以114票赞成、21票反对的压倒多数通过了同一提案；1983年第38届联大，同样提案以116票赞成、20票反对、17票弃权的多数通过；到1984年的第39届联大，大会以119票赞成、20票反对、14票弃权再次通过上述提案；1987年第42届联大，123个成员国一致要求苏联立即将其军队撤出阿富汗。

对戈尔巴乔夫来说，外交上的谴责并不是太大的问题，最令他担忧的是苏联军队的现状。从阿富汗汇报上来的情况明确告诉他——这支军队已经厌战了，而且厌战情绪正在向苏联国内蔓延，人民早已厌倦了这场没有尽头又毫无取胜希望的肮脏战争。

1983年5月18日，莫斯科国际广播电台，关心苏联问题的外国人正在收听弗拉基米尔·丹切夫的英语广播。突然他们发现，这位35岁的苏联男播音员在提及阿富汗问题时，清晰无误地将驻阿富汗苏军称作"苏联入侵者"。在5月23日的同一节目中，人们再次听到丹切夫的这种称呼。

丹切夫此举引起了国际上的广泛关注，不少人认为苏联可能在对阿富汗政策上发生了巨大转变。但在5月25日，莫斯科国际广播电台和《真理报》先后声明"苏联入侵者"的说法纯属丹切夫个人的错误称呼，苏联仍然坚持对阿富汗的一贯政策。一天之后，另一个播音员代替丹切夫出现在广播节目中。

驻阿富汗苏军的军人家属们接到了愈来愈多的阵亡通知书，苏联各大城市的街道上出现了越来越多的残废退伍军人，但是苏联国内媒体上却很少能见到有关阿富汗战争的报道。那些从阿富汗归来的残废军人普遍受到了冷酷的待遇，很多人被孤立在整个社会外，一些失去下肢的残废军人想要一把轮椅都得不到满足。阿富汗战场复员残废军人问题，一度成为苏联国内一个引人关注的社会问题。

阿富汗战场上的苏联军人承受着外界无法想象的压力。许多苏联军人给国内媒体写绝不可能被刊载出来的信件，缓解自己的压力。苏联《真理报》接到过这样一封信："坦率地讲，并不是所有女人都需要残废，残疾人不可能成为业务熟练的专家，也很难成为先进工作者，而这就意味着国家不会向你提供住宅。其结果是，除了自己和因儿子的痛苦而受折磨的老母亲外，谁也不需要你。"

驻阿富汗苏军的士气日益低落。关于出兵阿富汗，苏联政府向苏军官兵的解释是："你们是去保卫阿富汗人民，因为阿富汗人民正在与来自中国、埃及和美国的侵略者进行斗争。"或者是："这就像在帝国主义的侵略下挽救苏联的软肋，我们必须要帮助一个年轻的社会主义共和国去建立他们的民主政治和社会主义。"可是，等到了阿富汗后他们才发现，除了自己之外，看不到任何"外国侵略者"。苏军士兵必须瞄准射击的只是手持简陋武器保卫家园的抵抗者，甚至是手无寸铁的阿富汗平民。严酷的现实很快击碎了他们原本就脆弱的"国际主义"理念，苏军士兵们动摇了。

在战后的采访中，一名苏军士兵承认："广泛流行的腐败以及走私武器装备以交换毒品和商品都是允许的。抢劫阿富汗居民，杀死非战斗人员，惩罚性地进攻村庄以及拷打战俘都是经常存在的，并且得到军官的鼓励。"

另一名士兵回忆说："我们为我们在阿富汗的残忍行为感到震惊。我们处决无辜的农民。如果他们杀死或伤害我们一个人，我们就杀死妇女、儿童和老人作为报复。我们杀死一切东西，包括动物。"

驻阿富汗苏军士兵都在企盼两年的义务服役期快些结束，争取活着回国。但是，即使他们不参加战斗，在军队里的处境仍然难以忍受。阿富汗游击队频繁袭击苏军的运输线，后勤补给不足令苏军的食物匮乏，有时吃不到罐头，只能靠稀粥度日。在阿富汗游击队对苏军攻击加强的时候，苏军士兵更是陷入饥饿，一些士兵甚至去平民区抢劫，或者用武器向阿富汗人换取食物。

驻阿富汗苏军的卫生状况之恶劣是外界所不能想象的。阿富汗到处是无路可通的山区，遍地光秃秃的岩石，冬天温度降到零下27度，几个小时内可以有40度的温差。那里条件很差，苏军士兵们常常无法洗澡，且缺少换洗的衣物。阿富汗的水源含菌量较高，但由于后勤补给的原因，尽管受到了警告，苏军士兵仍经常喝未处理过的水，而这些水中含有斑疹、伤寒和阿米巴痢疾等病菌；大批士兵患上传染性疾病，包括传染性肝炎、伤寒热、疟疾、霍乱、白喉、脑膜炎等。

糟糕的后勤状况让战场上缺乏热饭、洁净水、日用药品和取暖物品，严寒条件下苏军士兵对疾病的抵抗力极差。在阿富汗境内死亡的苏军士兵中，因疾病和自杀而死者占苏军死亡总人数的极高比例。据统计，有一些驻阿富汗苏军战斗部队几乎常年被疾病所困扰，因疾病造成的力量削弱一直持续在三分之一以上。

特别要指出的是，苏联方面将大批苏军伤病员送到东德去医治，而不是直接送回苏联国内。在东德治病期间，苏军伤病员要接受严格的"思想教育"，因为苏联政府怕他们回国后讲出阿富汗的真实情况。最打击士气的是，为了不引起外界注意，苏军竟然停止用军队葬礼为死亡士兵下葬。

戈尔巴乔夫上台后对苏联国内的持不同政见者渐趋宽容，不同的声音和事实的真相终于第一次展现在苏联国民面前。阿富汗战场上的情景实在太过恐怖，许多东西是苏联国内所无法接受的。阿富汗战争结束后，白俄罗斯女作家斯韦特兰娜·亚历山德罗夫娜·阿列克谢耶维奇出版了自己的报告文学作品《锌皮娃娃兵》。她大量收集前驻阿富汗苏军官兵及家属的证词，将阿富汗战争的残酷与真实暴露在苏联人面前。结果许多读者甚至从感情上都不能容忍她公开的真相。2015年，斯韦特兰娜荣获诺贝尔文学奖，《锌皮娃娃兵》一书再度被世人想起。"锌皮"指的是苏军条令中规定军人下葬时使用的锌皮棺材，而这些战死在阿富汗的苏军官兵有很多还只是孩子。

有从阿富汗归来的苏军士兵如此讲述：

无论我怎么聚精会神，我都只能听见声音，没有面孔的声音。声音时隐时现，好像我还来得及想道："我要死了。"这时，我睁开了眼睛……

爆炸后第十六天，在塔什干，我从昏迷中苏醒过来。我小声说话也会震得头疼，只能小声，大声不了。我已经接受过喀布尔军医院的治疗，在那里，我被切开了颅骨：脑袋像是一锅粥，被清除了碎骨渣。我的左手被螺钉接起来，但没有骨节。第一种感觉是惋惜，惋惜一切都不可挽回了，看不见朋友了，最难过的是我再也上不了单杠了。

我在几家军医院里躺到差十五天就满两年，进行了十八次手术，有四次是全身麻醉。讲习班的大学生们根据我的状况写过我有什么，没有什么。我自己不能刮脸，同学们替我刮。第一次刮脸时，他们把一瓶香水都洒在了我身上，可我还在喊："再来一瓶！"我闻不到香味，闻不到。他们从床头柜里取出了所有东西：香肠、黄瓜、蜂蜜、糖果，都没有味儿！看东西有颜色，吃起来有味道，可就是闻不到。我几乎发了疯！春天来了，满树鲜花，这些我都看见了，可是闻不到香味。我的头里被取出了1.5毫升的脑浆，显然把某种与气味有关的中枢给剔除了。五年过去了，我到现在仍然闻不到花香、烟味、女人香水的味道。如果香水气味又冲又浓，把香水瓶塞在鼻子底下，我是能够闻出味来的；显然脑髓中剩余的部分承担了丧失的功能。

我在医院治疗时，收到一位朋友的来信。从他的信中，我才知道我们的装甲输送车轧到了意大利地雷，被炸毁了。他亲眼看到一个人和发动机一起飞了出去……那个人就是我……

我出院以后，领了一笔补助金——三百卢布。轻伤——一百五十卢布，重伤——三百卢布。以后的日子，自己看着办吧！抚恤金——没有几个钱，只好依靠爹妈养活。我老爹过着没有战争胜似战争的日子，他头发全白了，患了高血压。

我在战争中没有醒悟，是后来慢慢醒悟过来的。一切都倒转了方向……

我是在1981年应征入伍的。那时战争已经进行了两年，但在"非军事化生活"中的人们对战争知之甚少，谈论得也不多。我们家里认为：既然政府派兵到那边去，就是有这种需要。我父亲就这么认为，左邻右舍也这么认为。我不记得哪个人有不同的看法，甚至妇女也不哭，也不感到可怕，一切都离自己远着哪！

说是战争吧，又不像是战争。如果是战争，那么它也是一种莫名其妙的战争，没有伤亡，没有俘虏。那时还没有人见过锌皮棺材，后来我们才得知：城里已经运来过棺材，但是在夜里就偷偷下葬了，墓碑上写的是"亡"而不是"阵亡"。可是没人打听过，我们这些十九岁的小伙子，怎么会一个个突然死亡？是伏特加喝多了，还是患了流感，或者是吃橙子撑死的？只有亲友的啼哭，其他人的生活和往常一样，因为这种事还没有轮到他们头上。报上写的是：我们的士兵们在阿富汗筑桥、种树、修友谊林荫路，我国的医务人员在为阿富汗妇女婴儿治病。

在维捷布斯克军训期间，他们准备把我们派往阿富汗一事，已不是秘密了。有个人坦白地说，他担心我们在那边都会被打死。我一开始瞧不起他。启程前，又有一个人拒绝去，先是撒谎，说他丢了共青团团员证，可是团员证找到了；他又编了一个瞎话，说他的情人要分娩。我认为他精神不正常。我们是去搞革命的，他们就是这么告诉我们的，我们就相信了。我们想象以后的日子会充满浪漫主义色彩。

……

子弹射进人体时，你可以听得见，如同轻轻的击水声。这声音你忘不掉，也不会和任何别的声音混淆。

有个我认识的小伙子，脸朝下倒在地上了，倒在气味呛鼻、灰烬一般的尘土里。我把他的身子翻过来，让他后背贴地。他的牙齿还咬着香烟，刚刚递给他的香烟……香烟还燃着……有生以来第一次，我感到自己仿佛在梦中活动、奔跑、拖拽、开枪射击，但什么也记不住。战斗之后，什么也讲不清楚。一切都像是隔着一层玻璃……恍如一场噩梦。你被吓醒了，可什么事也想不起来。尝到恐惧的滋味后，就得把恐惧记在心里，还得习惯。

过了两三周以后，以前的你已经烟消云散，只留下了你的姓名。你已经不是你了，你成了另外一个人。这个人见到死人已经不害怕了，他会心平气和或略带懊恼地寻思：怎么把死者从山岩上拖下去，或者如何在火辣辣的热气里背他走上几公里路。这个人已经不是在想象，而是已经熟悉了大热天里五脏六腑露在肚皮外的味道，这个人已经了解了粪便和鲜血的气味为什么久久不散……他知道，在被滚热的弹片烫得沸腾的脏水坑里，被烧焦的人头龇牙咧嘴的表情，仿佛他们临死前不是叫了几个小时，而是一连笑了几个小时。当他见到死人时，他有一种强烈的、幸灾乐祸的感受——死的不是我！这些事情发生得飞快，变化就是如此，非常快。几乎人人都有这一过程。

对于打仗的人来说，死亡已没有什么秘密了，只要随随便便扣一下扳机就能杀人。我们接受的教育是：谁第一个开枪，谁就能活下来，战争法则就是如此。指挥官说："你们在这儿要学会两件事：一是走得快；二是射得准。至于思考嘛，由我来承担。"命令让我们往哪儿射击，我们就往哪儿射击，我就学会了听从命令射击。射击时，任何一个人都不用可怜，击毙婴儿也行。因为那边的男女老少，人人都和我们作战。部队经过一个村子，打头的汽车马达不响了，司机下了车，掀开车盖……一个十来岁的毛孩子，一刀刺入他的后背……正刺在心脏上。士兵扑在发动机上……那个毛孩子被子弹打成了筛子……只要此时此刻下令，这座村子就会变成一片焦土。每个人都想活下去，没有考虑的时间。我们只有十八岁、二十岁呀！我已经看惯了别人死，可是害怕自己死。我亲眼看见一个人在一秒钟内变得无影无踪，仿佛他根本没有存在过。然后，用一口棺材装上一套军礼服，运回国去。棺材里还得再装些外国的土，让它有一定的重量……

想活下去……从来也没有像在那边那样想活下去。打完一仗，回来时就笑。我从来没有像在那边那样大笑过。老掉牙的笑话，我们当作一流的新作品来听。

举个例子，有个坑蒙拐骗的人来到战场，他第一件事就是打听抓一个"杜赫"（苏军对阿富汗武装人员的称呼）能得多少兑换券。一个"杜赫"价值八张兑换券。两天以后，卫戍区附近尘土飞扬，他带来两百名俘虏。有个朋友央求道："卖给我一个，给你七张兑换券。""乖乖，看你说的，我买一个还花了九张兑换券呢！"

有人讲一百次，我们就能笑上一百次。任何一件无聊的事，都能让大家笑破肚皮。

有个"杜赫"在躺着看字典。他是神枪手，他看见一个人肩上扛着三颗小星星，是上尉——价值五万阿富汗币，砰的一枪！一颗大星星，是少校——价值二十万阿富汗币，砰的一枪！两颗小星星，是准尉，砰的一枪！到了夜里，首领开始按人头付款：打死了一个上尉，发给阿富汗币；打死了一个少校，发给阿富汗币。打死了……什么？准尉？你把咱们的财神爷给打死了，谁给咱们发炼乳、发被褥？把他吊死！

关于钱的问题谈得很多，谈得比死还多。我什么东西也没有带回来，只带回了从我身上取出的一个弹片，仅此而已。有人在打仗时窜进村子……拿走了瓷器、宝石、各种装饰品、地毯……有人花钱买，有人用东西换……一梭子子弹可以换一套化妆品：送给心爱的姑娘用的眉笔、香粉、眼影膏。出售的子弹用水煮过……煮过的子弹出膛时，不是射出去而是吐出去，用这种子弹打不死人。一般都是弄一个铁桶或者一个脸盆，把子弹扔进去，用水煮上两个小时；煮好了，晚上拿着这些子弹去做买卖。指挥员和战士、英雄和胆小鬼，都从事这种生意。食堂里的刀子、勺子、叉子、碗和盆常常不翼而飞，兵营里的水碗、凳子、锤子总是不够数，自动步枪的刺刀、汽车的镜子、各种各样的零件、奖章……什么都出售……商店什么都收购，甚至从兵营驻地运出去的垃圾，如罐头盒、旧报纸、锈钉子、破烂胶合板、塑料小口袋……出售垃圾按车计算。这场战争就是如此……

我们被叫作"阿富汗人"，成了外国人。这是一种标记，一种记号。我们与众不同，我们是另一种人。哪种人？我不知道我是什么人，是英雄还是千夫所指的浑蛋？我也许是个罪犯，已经有人在议论，说是犯了一个政治错误。今天还在悄悄地议论，明天声音就会高些。可是我把血留在那边了……我本人的血……还有别人的血……给我们颁发了勋章，但我们不佩戴……将来我们还会把这些勋章退回去……这是我们在不真诚的战争中凭真诚赢得的勋章……

有人邀请我们到学校去演讲。讲什么？你不会讲战斗行动。讲我至今还如何害怕黑暗？讲有什么东西一掉下来，我就会吓得全身发抖？讲怎么抓了俘虏，可是没有一个能押回团部？一年半的时间里，我没有见过一个活的"杜什曼"（苏军对阿富汗武装人员的称呼），我见到的都是死的。讲收集人的干耳朵？讲战利品？讲炮轰后的村庄？村庄已经不像是人住的地方，而像挖得乱七八糟的田地。难道我们的学生想听这些事？不，我们需要的是英雄人物。可是我记得我们是一边破坏、杀人，一边建设、馈赠礼物，这些行为同时存在，至今我也无法把它们分开。我害怕回忆这些事，我躲避回忆，逃离而去。从那边回来的人中，我不知道有谁不喝酒、不吸烟。清淡的香烟不过瘾，我寻找在那边吸过的"猎人"牌香烟，我们把那种香烟称作"沼泽上的死神"。

您千万不要写我们在阿富汗的兄弟情谊，这种情谊是不存在的，我不相信这种情谊。打仗时我们能够抱成团，是因为恐惧。我们同样上当受骗，我们同样想活命，同样想回家。在这里，我们能联合起来是因为我们一无所有。我们关心的只有这些问题：抚恤金、住房、好药、假肢、成套的家具……这些问题解决了，我们的俱乐部也就解散了。等我绞尽脑汁，千方百计把住房、家具、冰箱、洗衣机、日本电视机弄到手，大功就算是告成了！那时，我马上就会明白：我在这个俱乐部里已无事可做。年轻人不接近我们，不理解我们。表面上，我们像是和伟大的卫国战争的参加者享有同等待遇，但他们是保卫了祖国，而我们呢？我们像是扮演了德国鬼子的角色，有个小伙子就是这么对我说的。我们恨透了他们。当我们在那边吃夹生饭，在那边把命交给地雷时，他们在这儿听音乐，和姑娘们跳舞，看各种书。在那边，谁没有和我生死与共，没有和我一起耳闻目睹一切，没有和我实地体验与感受，那么，那个人对我来说就分文不值。

等到十年以后，肝炎、挫伤、疟疾在我们身上发作时，人们就该回避我们了……在工作岗位上、在家里，都会如此……再不会让我坐上主席台。我们对大家来说会成为负担……您的书有什么用？为谁而写？为我们从那边回来的人？反正不会讨我们的喜欢。难道你能够把发生过的事都讲出来吗？那些被打死的骆驼和被打死的人躺在一块儿，躺在一片血潭里，他们的血混在一起，能讲出来吗？谁还需要这样的书呢？所有人都把我们看成是外人。我剩下的只有我的家、我待产的妻子和即将出生的婴儿，还有从那边回来的几个朋友。其他人，我一概不相信……

另一名苏军士兵讲述道：

报纸上报道：有一个团在进行军事演习和射击训练……我们读到这条消息时，觉得很不是滋味。我们曾经乘坐汽车去过那些地方，这种汽车的轮胎用改锥一捅就漏气，对于敌军来说是再好不过的射击靶子。每天都有人向我们开枪，每天都有人被打死……和我并排坐的一个小伙子被打死了……他是第一个我亲眼见到的被打死的人……那时，我们互相还不太了解……对方是用迫击炮打的……他身上留下了很多弹片……他拖了很长时间才咽气……他有时还能认出我们来。他死前呼唤的，是我们不熟悉的人名……

被派到喀布尔前不久，他差一点和一个人打起架来，他的一位朋友把他从我身边拖走，对和他起冲突的人说："你和他吵什么，他明天就要飞往阿富汗了！"

我们在那边可从来不像在这里，每个人都有自己的锅，自己的勺子。在那边，大家共用一个锅，我们有八个人。不过，阿富汗的故事并不吸引人，也不是侦探故事片。

一个被击毙的农民躺在地上，孱弱的身躯，一双大手……射击时，你会祈求（祈求谁，我不知道，也许你是在祈求上帝）：大地裂个缝，让我躲进去……石头裂个缝……

　　几条专门用来寻找地雷的狼狗，在梦中可怜巴巴地龇着牙。狗也会负伤，也会被打死。被打死的狼狗和被打死的人并排躺在一起，缠着绷带的狗和缠着绷带的人并排躺在一起。人没有大腿，狗也没有大腿。雪地上分不清哪是人的血，哪是狗的血。

　　缴获的武器堆放在一起：中国造的、美国造的、巴基斯坦造的、苏联造的、英国造的，这些东西都是用来消灭你的。恐惧比勇敢更有人情味，因为害怕，你就会怜悯，即使是怜悯自己……你把恐惧逼到潜意识里去了。你不愿意去想自己会躺在离家千里之外的地方，样子又可怜又渺小。人已经飞向宇宙了，可是现在人们和几千年前一样还在相互残杀，用子弹，用刀子，用石头……在村庄里，他们用木杈捅死我们的士兵……

　　我在1981年回国。到处是一片欢呼声，我们完成了国际主义使命。火车抵达莫斯科时是早晨，天刚亮。等到晚上再换乘，就得白白浪费一天时间，我可办不到。有什么车顺路，我就搭什么车，乘班车到加加林站，然后搭过路车到斯摩棱斯克，从斯摩棱斯克乘载重卡车到维捷布斯克，全程六百公里。当他们知道我是从阿富汗回来时，谁也不收费，最后两公里是徒步走回去的。

　　回到家中，一片白杨树的味道，电车叮叮当当，小姑娘在吃冰激凌。白杨树啊，白杨树多么芳香！可是那边是绿带区，有人躲在那里开枪射击。多么想看到家乡的小白桦树和小山雀呀！只要我一见到前边是拐弯的地方，整个身心都紧缩成一团，什么人躲在拐角后边？整整有一年时间我不敢上街，身上没有防弹坎肩，头上没有钢盔，肩上没有冲锋枪，活像一个光着身子的人。到了夜里尽做噩梦……有人向额头瞄准……可以掀掉半个脑袋的大口径子弹……夜里经常叫喊……有时紧贴住墙……电话铃声一响，我额头上就会冒汗——有人在射击……

　　报纸上照旧在报道：某架直升机完成了飞行演习……某某人被授予红星勋章……这时，我的病被"彻底治好了"。阿富汗治好了我轻信一切的病，过去我以为我国一切都正确，报纸上写的都是真事，电视中讲的都是事实。

　　"怎么办？怎么办？"我反问自己。

　　我总想干点什么事……总想到什么地方去……演讲，说一说……

我母亲阻止了我："我们已经这样过了一辈子啦……"

一位苏军女护士回忆：

那时，他们告诉我们，那是一场正义的战争，我们是帮助阿富汗人消灭封建主义的，以便建设光明的社会主义社会。至于我们的小伙子在那里送了命，却一字不提。我们还以为，他们是在那儿得了种种传染病，像疟疾、斑疹、伤寒、肝炎。

1980年……刚刚开始……我们乘飞机来到了喀布尔……英国人的一座马厩被改成了军医院。什么东西也没有……那么多人，只有一支注射器……军官们把酒精喝光了，我们只好用汽油给伤口消毒；氧气稀薄，伤口难以愈合。太阳帮了大忙，灿烂的阳光可以杀菌。我见到的第一批伤员只穿着内衣和皮靴，没有病号服，病号服运来得很晚。没有拖鞋，也没有被褥……

整个三月份，从我们的官兵身上切除的肢体——胳膊、大腿等，都堆放在帐篷外。尸体都半裸露着，眼睛被挖掉了，后背、肚皮上被划开一个五角星的形状……过去我只在描写国内战争的电影里见过这种惨状。那时还没有锌皮棺材，还没有着手制作这种棺材。

这时，我们才开始多多少少有所思考了："我们究竟是些什么人？"

我们的怀疑令某些人反感。没有拖鞋，没有病号服，可是到处挂着运来的标语口号、招贴画。站在标语前的，是我们那些骨瘦如柴、愁眉苦脸的娃娃兵，他们的样子永远铭刻在我的记忆中……

一周两次政治学习，反反复复教育我们：神圣的职责，边境必须固若金汤。部队里最讨人嫌的是要打各种报告：首长有指示，必须事事报告。每一件鸡毛蒜皮的小事，每一个伤员甚至每一个病号的情况，都要向上级报告。这就是所谓"掌握人们的情绪"……部队应当是健康的……必须对所有人都"敲打一番"，不能有怜悯之心。可是我们怜悯人，那边一切都靠怜悯而存在……

救人，助人，爱人，我们为此来到这里。过了一段时间，我忽然发现自己产生了仇恨的心理。我恨这片细软的沙子，它像火一般烫人；我恨这些山，我恨这些房屋矮小的村庄，从那里随时随地都可能开枪射击；我恨偶然相遇的阿富汗人，不管他是扛着一筐瓜果，还是站在自己的屋前，谁知他昨夜去过什么地方。

我们认识的一位军官被打死了，不久前他在我们的医院里治过病……两个帐篷的士兵都被杀了……另一处，水里放了毒……有个人拾起一个漂亮的打火机，打火机在他手中爆炸了……死的都是我们的娃娃兵呀……我们的小伙子……应当明白这一点……您没有见过被火烧焦的人……没有脸……没有眼睛……躯体也没有……只剩下黄色硬皮包裹的皱巴巴的东西，表面有一层淋巴液……他发出来的声音不是叫喊，而是咆哮……

人们在那边靠仇恨生存，靠仇恨活下去。那么，负罪感呢？这种感觉的出现不是在那边，而是在这里，当我在这里开始旁观此事的时候；为了我们一个被杀害的士兵，我们会屠杀整个村子。在那边，我觉得事事都是正义之举，可是到了这里，我吓了一跳。我想起了一个小姑娘，她躺在尘土里，没有胳膊，没有腿……活像是一个损坏了的洋娃娃……我们那时还奇怪呢，他们怎么不喜欢我们。他们躺在我们的军医院里……你把药递给一个妇女，她连头也不抬，也不看你一眼；她永远不会对你微笑，这真让人委屈。在那边感到委屈，可是回到这里就不会了。在这里，你是个正常人了，所有的感情又复苏了。

我从事的是一种美好的职业——救死扶伤，这个职业拯救了我，让我解脱了。我们在那边为人们所需要。最可怕的是没能拯救所有人，只拯救了能够拯救的人。

本来可以拯救一个人，但没有必需的药品。

本来可以拯救一个人，但把他送来时，已经来不及了。（在卫生连里工作的都是些什么人？是没有受过良好训练的，只会包扎的士兵。）

本来可以拯救一个人，但怎么也叫不醒喝得烂醉如泥的外科医生。

本来可以拯救一个人，可是……

我们甚至在死亡通知书里都不能写明真实情况。有些人踩上地雷被炸死了……一个大活人往往只剩下半桶肉浆……可我们写的是：在车祸中殉难，坠入深渊身亡，食品中毒，等等。当死亡的人数超过一千时，我们才被允许向家属讲真话。我对尸体习以为常，但那是人啊，是我们的人，我们的同胞，我们的小伙子，一想到这些，我怎么也想不通。

送来一个小青年，那天正赶上我值班。他睁开眼睛，看了看我：

"喏，这下好了……"说完就断了气。

在深山里找了他三天三夜，找到了，运回来了。他不断地说着呓语："快叫医生，快叫医生！"他看见了白大褂，心想："这下得救了！"可他受的是致命伤。

那时我才知道，什么是颅骨受伤……我们每个人的记忆中都有自己的坟墓……

他们死的时候也是不平等的。不知为什么，人们对战死疆场的人就多一些怜悯，对死在军医院里的人就少一些怜悯。可是他们死的时候，叫声都一样惨啊……我还记得抢救一位临死少校时的情景。他是军事顾问，他的夫人来了，她眼看着他死去……她开始号啕大哭，像只野兽……真想把所有的门都关死，别让任何人听见……因为隔壁的小兵们也奄奄一息……他们都是娃娃兵，没人能过来为他们哀泣……他们在孤独中死亡。这位夫人成了我们当中多余的人……

"妈妈！妈妈！"

"我在这儿，好儿子。"你应着，你在骗他。

我们变成了他们的妈妈，他们的姐姐。总想找个理由，说明我们这样做对得起他们的信赖。

战士们送来一个伤员，交了差之后却不肯离去。

"姑娘们，我们什么也不需要。我们就想在你们这里坐一会儿，可以吗？"

在国内，在家里，他们有自己的妈妈，自己的姐妹、妻子，他们在家里不需要我们。在那边，他们相信我们，甚至能把今生不会对任何人讲的掏心话全告诉我们。偷了同志一块糖，吃了，在国内是不值一提的小事，可是在那边，这是会使自己丢丑的大事。各种举动都能使人曝光。如果是胆小鬼，过不了多久，人人都能看清他是胆小鬼；如果是告密者，大家马上就能知道他是告密者；如果这个人好色，大家都会晓得他是个色鬼。

杀人也可以成为嗜好，杀人也可以变成乐趣。在这里，是否有人承认自己会说这类话，我没有把握，但在那边我可听到不止一个人如此夸口。

我认识一个准尉，他返回苏联前毫不隐讳地表示："以后我可怎么活呀？我总想杀人。"

他们讲这类话时，心平气和。小伙子们谈起怎样焚烧村庄，怎样践踏一切时，眉飞色舞！他们并非人人都是疯子啊！

有一次，一位军官到我们这儿做客，他来自坎大哈市近郊。到了傍晚，应当告别了，可他却躲进一间空屋子，开枪自杀了。别人说他喝醉了，我可不晓得。难受啊，天天都在难受中度日！一个小青年站岗时寻了短见，他是个娇生惯养的小孩子，在太阳底下要站三个小时，忍受不了。很多人都成了疯子，最初疯子们住在普通病房里，后来把他们隔离了。他们开始逃跑，他们害怕铁窗，他们和大家在一起时感到轻松些。

有个小伙子，他的样子我现在记忆犹新："你坐下……我给你唱一支复员歌。"

听着歌，他就入睡了。他醒来就说："我想回家……回家……去找我妈……这边太热……"

他总是请求让他回家。

很多人吸毒。白面，大麻……弄到什么就吸什么……吸了以后，人就变得有劲了，自由自在、无拘无束。首先是灵魂脱壳，好像腾云驾雾，觉得每个细胞都轻飘飘的，每块肌肉都硬邦邦的。你只要想飞，就像是在空中飞了！这种欢乐无法抑制，什么都喜欢，见了无论多么无聊的事都要笑。耳朵更灵了，眼睛更明了，味道、声音都能分辨得更清楚了……国家热爱自己的英雄！在这种状态下，杀人易如反掌。你摆脱了痛苦，丧失了怜悯心。死也容易，不知道什么是恐惧，你觉得自己像是穿了一身装甲坎肩，你已经是刀枪不入的人……

吸够了，拔腿便出发……我试吸过两次，都是在觉得自己的力量不够时……那时，我在传染病房工作，三十个床位，三百个病号。斑疹、伤寒、疟疾……虽然给病号发了行军床、被褥，可他们却躺在自己的军大衣上，地上什么铺的也没有，身上只剩下一条裤衩。他们的身体剃得光光的，可虱子还是成群地往下掉……衣服上的……脑袋上的……我以后再也没见过这么多虱子了……附近村庄里的阿富汗人，却穿着我们医院的病号服、头上顶着我们的褥单，褥单代替了他们的缠头。的确，我们的小伙子把什么东西都卖了，我不怪他们，或者不经常怪他们。他们为了一个月挣三个卢布而卖命，我们的士兵每月收入是八张兑换券。

三个卢布……给他们吃的是生蛆的肉、腐烂的鱼……我们都患了败血症，我前边的几颗牙都掉光了。他们卖掉被子、裤子，买白面儿或者糖果、小玩意儿……小铺子里的东西琳琅满目，那边的东西让你眼花缭乱，那些东西我们这儿都没有。士兵们把武器、子弹卖了……好让人家用我们的枪来杀我们……

在那边经历了这一切之后，我以另外的视角看清了自己的祖国。

害怕回国呀！说来也奇怪，仿佛从你身上剥下了一层皮，我总是哭。除了到过那边的人以外，我谁也不想见，我和那些人可以整天整夜在一起。其他人的谈话，我觉得无聊，纯粹是瞎侃，如此持续了半年。如今，我排队买肉时也能破口骂街了。我想过正常人的生活，像"在这之前"那样生活，但是办不到。我对自己，对自己的生活已经漠不关心了。使命结束了，一切都完了，男人们习惯这种生活要更痛苦。女人可以一心去管孩子，可男人就没事可干了。他们回到国内，恋爱、生儿育女，但阿富汗对他们来说高于一切。我自己也想弄个明白：为什么会如此？这究竟是怎么一回事？为什么要发生这类事？为什么这些事让人如此揪心？在那边时，一切都压在心底，回来以后，一切又都冒了出来。

应当怜悯他们，怜悯所有到过那边的人。我是个成年人，当时已经三十岁了，还要经受这样的剧变，而他们是些孩子，什么也不懂。国家把他们从家里带走了，发给他们武器，对他们说："你们是去从事神圣的事业。"还向他们保证："祖国不会忘记你们。"可现在，谁也不理他们，还极力要把这场战争忘掉，所有人都是如此，包括那些派我们到那边去的人。甚至与我们见面时，也越来越少谈论战争，谁也不喜欢这场战争。可是直到现在，每次奏起阿富汗国歌时，我还会落泪；我爱上了阿富汗所有的音乐，它们像麻醉剂。

不久以前，我在公共汽车上遇见一位士兵；我们给他治过病，他失去了右臂。我对他记忆犹新，他也是列宁格勒人。

我问："谢廖沙，也许，你需要些什么帮助吧？"

可是，他恶狠狠地说："滚你的吧……"

我知道他会找到我，向我道歉。可是谁会向他道歉呢？谁会向所有到过那边的人道歉呢？谁会向那些遭到摧残的人道歉？更不用说有人会向那些变成瘸子的人道歉了。一个国家需要怎样地不爱自己的人民，才能派他们去干那些事呀？！

我现在不仅仇恨任何战争，甚至仇恨顽童们的斗殴。

请您不要对我说：这场战争已经结束了。

每年夏天，只要呼吸一口灼热的尘埃，见到一潭死水里的闪光，闻到干枯的花朵刺鼻的香味，我的太阳穴就像是挨了一拳。

这种感受将伴随我们一辈子……

一位苏军女职员回忆：

我怎么会去了那儿？很简单，因为我相信报纸上所有的话。

我对自己说："以前的人们建功立业，敢于自我牺牲，如今我国青年什么事也干不成，我也是这路货色。那边在打仗，可我在为自己缝制新连衣裙、设计新发型。"

妈妈哭哭啼啼："宁肯死我也不答应。我生你们，不是为了到头来分别埋葬你们的胳膊和大腿。"

最初的印象是喀布尔的转运站——铁蒺藜，肩挎自动步枪的士兵，狗吠声。全是妇女，有几百名妇女。军官们来了一个又一个，挑选比较年轻可爱的女性，明目张胆地选。有个少校把我叫过去："如果你不嫌弃我这部汽车，我就把你送到我的军营里去。"

"什么汽车？"

"运输'载重二〇〇'的汽车……"

我当时已经知道了，"载重二〇〇"就是运送死人、运送棺材的车。

"有棺材吗？"

"现在马上卸下来。"

装了帆布篷的普通"卡玛斯"载重卡车。士兵们卸棺材时如同往下扔子弹箱，我吓了一跳。士兵们明白了："这是个新来的妞儿。"我来到了驻地，气温高达六十摄氏度，厕所里，苍蝇多得似乎可以用翅膀把你抬起来。我失魂落魄，我是此地唯一的女人。

两个星期以后，营长召见我："你得和我住在一起……"我抗拒了两个月，有一次几乎把手榴弹抛了过去，另一次我操起刀子。这些话听得我耳朵磨出了老茧："你想挑选个有天上的星星那么大的人物……你想喝茶还能吃上黄油……迟早会自己找上门来……"我从来没有骂过人，这次憋不住了："你给我从这儿滚开……"

我爱骂人了，我变得粗野了。我被调到喀布尔招待所当管理员。最初，我像只野兽似的对待所有人。别人认为我有毛病："你发什么疯？我们又不想咬你。"

可是我已习惯于自卫，改不了了。

每当有人唤我："进来喝杯茶。"

"你叫我进去喝茶还是上床？"

这样一直延续到出现我的……真爱？这里没有这么说的。他把我介绍给他的朋友时，说："我的妻子。"

我对着他的耳根说："阿富汗时期的。"

我们乘坐装甲输送车外出，我用自己的身躯掩护了他，所幸子弹打在舱门上，他背身坐着。我们回来以后，他给妻子写了一封信，讲了我的事。后来足足两个月，他没有收到家中的来信。

我喜欢出去射击，一打就是满满一梭子，打完我觉得轻松了。

我亲手打死了一个"杜赫"，那次我们进山去呼吸新鲜空气，观赏风景。听到石头后有"沙沙"声，我像触了电，往后退了几步，随即打了一梭子，我先开的枪。我走过去看了看：一个健壮漂亮的男人躺在地上……

弟兄们说："我们可以和你一起去侦察。"

我好不神气！我没有伸手去取他包里的东西，只拿走了手枪，这事也让他们高兴。后来，他们一路上都在保护我，怕我不舒服，恶心，我什么事都没有……

回来以后，我打开冰箱饱餐了一顿，足足顶得上我平常一周的饭量，我感觉神经活动失常了。有人送来一瓶伏特加，我喝了，可是没有醉。我有些后怕，当时如果没有命中目标，我妈就会领到"载重二〇〇"。

我想参加战争，但不是这场战争，而是伟大的卫国战争。

　　哪儿来的仇恨？很简单，一个战友被打死，当时你和他在一起，两人共用一个饭盒吃饭；他满身是血，躺在地上。看一眼，什么都明白了，这时的你会疯狂地射击。

　　我从不习惯考虑大问题，如："这场战争是谁挑起来的？责任在谁？"

　　就这个问题，我们有一个喜欢讲的笑话。有人问亚美尼亚电台："什么是政治？"亚美尼亚电台回答说："您听见过蚊子的叫声吗？那么政治——比它的叫声还细。"

　　让政府从事政治吧，人们在此地见到的是血，人变野蛮了……人们看到烧焦的人皮怎样卷成筒，仿佛是蹭破了的卡普纶长袜……枪杀动物时的场景惨不忍睹……向驮运队开枪，因为他们在运武器。人单独处决，骡子也单独处决。他们都默不作声，等待死亡。受伤的骡子嚎叫起来，活像用尖锐的铁器在铁板上划拉，十分瘆人。

　　还有许多零星的故事和讲述。比如一名苏联军事顾问说："一天，人们从丛林中抬回一名没有胳膊、没有腿并被阉割了的中尉。他开口说的第一句话是：'我的小伙子们怎么样？'他们全都付出了代价。"一名通信兵失去了一只手，他疼得要死，要求一枪结果了他。他回忆道："其中一个人马上闪开了，另一个则缓慢地给他的冲锋枪装上了子弹。然而，当他上子弹时，子弹大概卡壳了，这时，他把他的冲锋枪丢给我说：'我下不了手！拿着你自己来吧……'我抓起了冲锋枪，但我只有一只手，别的什么也干不了。"一名苏联军医说："我曾羡慕那些前往阿富汗的同事，但是当我看到头一批运送伤员的车队抵达时，我简直要疯了。你看到的是没有胳膊、没有腿但却还在呼吸的躯干。在虐待狂影片中你都不会见到这种情景。"战争的恐怖能毁掉军人的神经，苏军在阿富汗一天天衰落下去。

　　而且，这支军队遭到跟当时苏联社会相同弊端的腐蚀。驻阿富汗苏军的纪律涣散、作风败坏，官僚作风盛行，腐化堕落更是不在话下。阿富汗的罂粟种植面积很广，苏军士兵中吸毒者不乏其人。有的军人甚至偷窃军需仓库里的汽油、弹药、装备出去倒卖，这些物资最后都转到了阿富汗游击队手里。甚至有苏军士兵拿机枪去和阿富汗人换牛仔裤，有的用坦克零件去交换口香糖。

参战的苏联军官向斯韦特兰娜抱怨，苏联的后勤准备很糟糕，后勤供应与看上去先进的武器库严重不相配，这些细节在第二次世界大战之后基本没有得到改善。药品总是不够用，缴获的药品都是进口药，其先进程度让苏军颇为惊讶。日本制造的一次性注射器很受苏军救护兵的欢迎，他们尽量在药包里保持装满20支的状态。它们用聚乙烯软包装，摘掉套子便可注射。苏联的国产注射器落后很多年，一旦包装的垫纸磨损后，便成为没有消毒的注射器，也沦为废品。苏联的瓶装代血浆容量为半升，抢救一个重伤员需要2升即4瓶；而阿富汗游击队则使用意大利产的1升装的聚乙烯代血浆袋，用皮鞋都踩不坏，使用便利、安全。苏联的消毒药布包装粗糙，包装的重量就超过布本身，布没有弹性；游击队使用泰国、澳大利亚产的消毒药布，又薄又白，弹性很好。抢救骨折的夹板，苏军争抢着用缴获的外国产品，如英国、法国、德国产的，国产夹板被抱怨成犹如滑雪板一样笨重不便。这位军官对曾经使用过的英国夹板念念不忘，有拉链，可充气，运输伤员时能防震，设计非常人性化。抵抗组织使用美国的睡袋，用天鹅绒填充，非常轻便；苏军则使用重达7千克的棉袄。苏军还从被击毙的雇佣兵身上剥下上衣、长檐帽、袜子、旅游鞋、中国造的裤子——中国裤子尤其受苏军欢迎，因为它不勒股沟。苏军连尸体上的袜子和内裤都不放过，因为军队分发量严重不足，国内计划经济下的产能又无法满足苏军个人的购买需求。

一些快满服役年限的苏军老兵恣意欺压和折磨新兵。训练营地中，上级军士更是对他们采取各种各样粗暴野蛮的惩罚措施。驻阿富汗苏军的组成人员复杂，来自苏联境内欧洲部分加盟共和国的"白种人"士兵跟来自亚洲部分加盟共和国的"黄种人"士兵常常发生冲突，相互殴斗，有时居然会引发严重的开枪仇杀事件。仅仅战争之初的1980年11月，就有175名苏军士兵因违反军纪被送入惩戒营和劳改营，3名苏联军官因在阿富汗从事走私活动而被军事法庭判处死刑，在莫斯科郊外执行枪决。80年代中期，阿富汗甚至爆出过苏联高级文职顾问参与黄金外汇走私案的丑闻，此案牵扯到阿富汗国家情报服务局局长纳吉布拉、阿富汗人民民主党中央政治局委员拉特布扎德等高级官员，最终只能不了了之。

这样的军队，在战场上的表现可想而知。苏联军官跟士兵一样缺乏实际战场经验，常年的训练让他们对常规战比较熟悉，却应付不了游击战。但是多兵种协同机械化作战对阿富汗这个贫瘠的山国是根本不起作用的。习惯于集中指挥和拘泥于按计划打仗的苏联军官常常一错再错，而且其固执态度已经到了令人发笑的地步；他们缺乏指挥反游击战作战所必不可少的主动精神和随机应变能力。比如，当米-24武装直升机在袭击无关紧要的目标时，发现了大批暴露的阿富汗游击队员，可是米-24只当没有看见，继续攻击原来的目标。因为苏军陆军航空兵的作战条令明文规定——必须严格执行命令，不能有临时的应变。

十多万大军在阿富汗没有明确的作战目标，也搞不清他们在这地方的目的。苏联军人就像上班一样，每天天亮了乘坐米-24武装直升机出发，到一个地方扫射一通，护送一支运输车队给友军运送给养或其他什么东西，然后收工回家。在回家的路上，他们偶尔会看到一发"毒刺"导弹从山里飞起来，朝着某架倒霉的苏军直升机飞过去，最后用1980年勃列日涅夫的口吻调侃一句："阿富汗？那地方真不错！"

一些苏军士兵开始叛逃了。不时有苏军士兵冒着种种危险逃离部队，参加到阿富汗游击队的行列里来。1983年11月，两名驻喀布尔的苏军士兵叛逃到西方，开苏军士兵在阿富汗向西方潜逃之先河；法国拒绝给这两位叛逃者签证，他们最后获准去美国政治避难。到80年代中期，从阿富汗叛逃到西方的苏军士兵越来越多。最惊人的事件发生在1985年10月，一名在喀布尔广播电台担负警卫任务的19岁苏联士兵突然冲过大街，冲进街对面的美国大使馆。他拒绝与苏联人员会见，始终只对西方记者强调了一句话：我不喜欢这场战争，我要回家。

最危险的情况在向苏联境内蔓延——阿富汗的塔吉克人和乌兹别克人在苏联的中亚加盟共和国也有自己的同胞。随着戈尔巴乔夫在国内民族问题上逐渐推行宽容政策，在这些加盟共和国里爆发了反对向相同种族的人民进行战争的示威游行，甚至骚乱。而在苏联欧洲领土上的加盟共和国里，也爆发了反对俄罗斯人的示威。按照街头传单的说法："乌克兰人、爱沙尼亚人、拉脱维亚人和立陶宛人'被迫'执行俄罗斯军官的残酷命令，流的是他们自己和阿富汗人的血。"到80年代末，这些加盟共和国还提出了让它们的服兵役者在他们家乡共和国服役而不是被派往阿富汗的要求。

曾有名苏军士兵走进喀布尔的一座清真寺，人群立即包围了他，准备揍他。这名苏军士兵说："我也是穆斯林。我离开家的时候，母亲要我给她弄一部《古兰经》。我到这里来就是想实现她对我的要求，因为在苏联是弄不到《古兰经》的。"清真寺里的阿富汗人听了这番话，感到很惊讶，不仅没有揍他，还热情地送他一部《古兰经》。由此可见，驻阿富汗苏军的军心已经处在被瓦解的边缘。

美国也加紧了对阿富汗游击队的武器援助。1986年下半年，英国的"吹管"式和"轻标枪"式防空导弹也相继通过美国中央情报局转送到了阿富汗国内。也就在这一年，本·拉登帮助阿富汗游击队建造了霍斯特隧道综合工程。这项工程由美国中央情报局作为主要的武器存储库加以资助；那是阿富汗游击队的训练设施和医药中心，位于靠近巴基斯坦边境的深山中。正是在这里，本·拉登第一次建立了属于自己的圣战者训练营地。在美国当时的一些报纸上，本·拉登是以英雄的形象出现。

"为了对抗那些俄罗斯的异教徒，沙特阿拉伯选择我作为他们在阿富汗的代表。"多年后，本·拉登回忆说，"我住在巴基斯坦—阿富汗边境地区。在那里，我募集来自沙特阿拉伯王国以及所有阿拉伯和伊斯兰国家的人，我建立了我的第一个营地，那些志愿者们接受巴基斯坦和美国军官的训练。美国人提供武器，沙特阿拉伯则提供金钱。"

戈尔巴乔夫深知苏联再也不能从这场无望的战争中取胜。1986年2月，在一次公开讲话中，戈尔巴乔夫毫不掩饰地称阿富汗是"一处流血不止的伤口"；同年晚些时候，新任苏联外交部长谢瓦尔德纳泽公开称苏联干涉阿富汗是一种"罪恶"。从这样的表述中，外界敏锐捕捉到了苏联在阿富汗问题上的新动向。

事实上，在1985年11月，戈尔巴乔夫与美国总统里根就在日内瓦进行了最高级会谈，这是苏美首脑六年来的首次会晤。这次会晤儿乎可以算作是结束冷战的开端，而为了显示出苏联方面的诚意，戈尔巴乔夫必须有实际的表示。

无论如何，阿富汗对于戈尔巴乔夫来说只是全面改革构想中的一个环节；要解决阿富汗问题，必须从整体的全面改革构想入手。实现这个构想的契机，是苏共二十七大。

1986年2月25日至3月6日，苏共二十七大在莫斯科举行。戈尔巴乔夫在二十七大报告及大会通过的新党章和决议中，提出了大量新观点。在社会主义发展阶段理论上，戈尔巴乔夫以"有计划和全面地完善社会主义"取代了建设"发达社会主义""成熟社会主义"。在生产力与生产关系问题上，戈尔巴乔夫认为，在社会主义条件下，生产关系与生产力之间存在着"非对抗性的矛盾"，随着生产力的发展，生产关系应当经常加以调整和完善。戈尔巴乔夫还首次提出了社会主义所有制不单纯是一种归属问题，而是"具有丰富的内容"。它包含着"人与人之间，集体与集体之间，部门与部门之间，地区与地区之间在利用生产资料和生产成果分配的一整套多方面的关系和一整套经济利益"，他明确提出要不断调整这种关系，并把这种调整与"社会经济自治"联系起来。戈尔巴乔夫还提出，社会主义企业是"社会主义商品生产者"，宣称要"对现行价格体系必须进行有计划地改造"，使其更灵活。

通过苏共二十七大，戈尔巴乔夫告诉世人，一个全面改革的年代要到来了，阿富汗战争露出了结束的第一缕曙光。戈尔巴乔夫开始推行"外交新思维"，他向外界表示——第三世界并不存在革命形势，不应采取"输出革命"的形式来人为制造那里的革命，也不应以意识形态作为决定对外政策和判断事物的标准，处理国际冲突时一定要考虑有关各方面的"利益平衡"和"普遍安全"。戈尔巴乔夫明确表示，企图通过军事途径解决地区冲突问题是极其有害和徒劳的，唯一正确的手段是"通过政治途径和对话，来解决地区冲突问题"。

多年之后，苏联外长谢瓦尔德纳泽回忆说："从阿富汗撤退的决定是最困难的第一步……其他一切事情都源于这一步。"

戈尔巴乔夫在考虑——如果苏军撤出阿富汗，阿富汗将陷入何种局面？无论何种局面，年近60岁、身患多种疾病的卡尔迈勒均无力控制。他无力消灭反政府游击队，无力对抗西方势力，甚至连阿富汗人民民主党都无法全面控制。如果卡尔迈勒继续掌握权力，苏军撤走后，阿富汗必将陷入混乱。阿富汗所需要的，是一位强有力的领导人。

经过反复讨论，苏联方面看中的人选是纳吉布拉。

穆罕默德·纳吉布拉生于喀布尔的富商兼官僚家庭，属于普什图人中势力强大的阿赫马德扎伊部族，他的父亲曾是阿富汗驻巴基斯坦商务官员。纳吉布拉幼年随父亲在巴基斯坦的白沙瓦居住了12年，直到20世纪50年代末才返回喀布尔上学。1965年，他加入阿富汗人民民主党，属于"旗帜派"。1975年纳吉布拉毕业于喀布尔大学医学院，获医学博士学位。在校期间他曾因参加反政府的政治活动而两度被捕入狱。毕业后，纳吉布拉一边从事医务工作一边进行政治活动。由于精力充沛，高大强壮，声若洪钟，纳吉布拉很受"旗帜派"领袖卡尔迈勒和克格勃在阿富汗分支情报组织的信任，被称为"公牛"。1978年"四月革命"后，纳吉布拉任塔拉基政府的革命委员会委员，后在内部斗争中失败，被外放为驻伊朗大使。1979年12月苏联入侵阿富汗时他返回国内，奉命解散原来的国家安全机构，另组国家情报服务局，自任局长。

在纳吉布拉主持情报工作的六年时间里，国家情报服务局从初建时的120人扩充至3万人，到1986年更扩充至8万人。国家情报服务局的工作人员是阿富汗民主共和国国家机关中薪资待遇最高的，因为它主管的政治灌输和意识形态控制方面的工作是重中之重。纳吉布拉曾说："他们是一手拿着武器，一手拿着书本。"国家情报服务局对阿富汗百姓进行无孔不入的监视、搜捕和审讯，对卡尔迈勒政权的反对者极为残酷，动用从烟头到电刑在内的所有手段，极少有人能挺得过去，很多人惨死在审讯中。不久，纳吉布拉就有了一个血腥的外号"屠夫"。纳吉布拉直接向苏联克格勃汇报，并且阿富汗国家情报服务局的预算很大一部分来自苏联。1981年6月，纳吉布拉成为人民民主党中央政治局委员；1983年4月晋升为中将，1985年11月任中央书记，卸去国家情报服务局局长职务，负责全面安全工作。

与此同时，卡尔迈勒政权的内部矛盾日趋表面化。1985年7月12日，卡尔迈勒与阿富汗总理基什特曼德的卫兵在人民宫内发生枪战。交火过程中被打死的苏联士兵、阿富汗士兵和两人的保镖共100余人。连年的战乱和每年高达十余次的政府改组使得许多中下级官员不堪忍受，纷纷逃亡巴基斯坦、伊朗、印度等邻，许多人已对这位"与苏联坦克一起进来的总书记"失去了信心。戈尔巴乔夫决心仿效前任，在阿富汗"换马"。1985年5月7日，卡尔迈勒到莫斯科参加第二次世界大战胜利40周年的纪念活动。苏联报纸的图片报道中，卡尔迈勒没有像以往一样站在苏联领导人身旁最显赫的位置，而是湮没在一群模模糊糊的头像之中。5月16日，卡尔迈勒从莫斯科起程赴波兰访问，苏联人只为他安排了相当于三等规格的送行仪式。也许，从这些细微的变化中，卡尔迈勒已经察觉到了苏联领导人对自己态度的变化。

1986年3月底，戈尔巴乔夫拍电报给卡尔迈勒，"邀请"年近六旬的卡尔迈勒来莫斯科"治病"。熟悉苏联和东欧历史的人们都知道，每当这些国家的某位领导人被其他人排挤掉时，都会被宣布"因健康原因退休"。戈尔巴乔夫邀请卡尔迈勒前来莫斯科"治病"的这一纸电报，对正处于内外交困中的卡尔迈勒来说，无疑是一个不祥的信号。

卡尔迈勒奔赴莫斯科的同时，克里姆林宫召开了决定卡尔迈勒个人前途命运的苏共中央政治局会议。本来预计只开一个半小时的会拖了七八个小时。会上，能言善辩的戈尔巴乔夫充分发挥了自己的口才，耐心说服每一位同他持不同意见的人。在卡尔迈勒必须下台这一问题上，政治局会议未经什么讨论便获得一致通过。现在，会议需要讨论的只有一个问题：由谁来代替卡尔迈勒。

克格勃主席维克托·米哈伊洛维奇·切布里科夫大将提出由纳吉布拉接替。切布里科夫归纳出了纳吉布拉的几个可取之处：第一，纳吉布拉年轻，只有39岁，正是治国的黄金年龄；第二，纳吉布拉是阿富汗过去几年中少有的"政绩突出者"之一；第三，纳吉布拉受过克格勃的训练，又是阿富汗"四月革命"后革命委员会的正式成员；第四，纳吉布拉与苏联有着丰富的合作经验，是苏联驻阿富汗的克格勃分支机构领导人彼得罗夫的最佳合作者；第五，纳吉布拉是普什图人，与阿富汗人民民主党的大多数党员属于同一民族。切布里科夫的提议得到了戈尔巴乔夫的赞同，他对此微微点头，做思索状。而这时，卡尔迈勒还在同一座城市里茫然地"治病疗养"。

5月初，一个阳光明媚的日子，卡尔迈勒被戈尔巴乔夫召至克里姆林宫内宽大的办公室。除他们两人和翻译人员外，在座的还有刚调回的苏联驻美大使、当时负责国际事务的苏共中央书记多勃雷宁。戈尔巴乔夫开门见山，直截了当地告诉卡尔迈勒："你不能再当总书记了，你应该把位置让给纳吉布拉，然后定居莫斯科。这对你来说很方便，因为你的家人已经在这里了。"

卡尔迈勒显然已从他最近在莫斯科的感受中察觉到了苏联人对自己的不满。出乎他意料的是，戈尔巴乔夫竟会如此轻松地将他撤职；他全身发抖，带得苍老的面孔和雪白的头发也在微微颤动。他请求戈尔巴乔夫再给他一次机会。戈尔巴乔夫将手一挥：你曾经有过六年的机会，最终却造成了谁都不好收拾的僵局。不要再抱什么幻想了。

按照戈尔巴乔夫的命令，1986年5月4日，卡尔迈勒因"健康原因"辞去总书记职务。同年11月30日，他被解除革命委员会主席和人民民主党总书记职务。1987年5月4日，卡尔迈勒赴苏联"治疗和休养"，开始了他的流亡生活。从此他在公众的视野中消失了，人们彻底忘记了这个阿富汗领导人。将近十年后，1996年12月，卡尔迈勒在莫斯科去世，总算完成了他的夙愿——"在苏联死去"。

年仅39岁的纳吉布拉上台之始对身边的人说："我走上了一条充满风险的路，但战士和懦夫的区别就在于你敢不敢面对，雄狮可能会死在战场，总比猴子躲避到山林里强万倍。"

满怀"豪情"的纳吉布拉的确做了一系列工作。他掌权后，重新整顿阿富汗政府军。经过整顿，阿富汗国防军的力量得到加强，纳吉布拉还招募了大批亲喀布尔的民兵；到1988年，阿富汗政府武装力量达32万人。1987年9月11日，纳吉布拉颁布法令，允许新成立的政党合法化，并说阿富汗政治体制的基础应建立在多党制之上。他宣布将建立有反对派参加的联合政府，同年阿富汗举行地方选举。新宪法设立一个两院制的大国民议会，由一个参议院（长老院）和一个众议院（人民院）组成，总统由间接选举产生，任期7年。新政党都必须遵循反对殖民主义、帝国主义、新殖民主义、犹太复国主义、种族歧视、种族隔离和法西斯主义的原则。

1987年11月30日，纳吉布拉经阿富汗大支尔格会议选举就任阿富汗民主共和国总统，12月10日，他正式宣布阿富汗民主共和国改名称为阿富汗共和国。纳吉布拉任总统后，进一步表示"和解"姿态，恢复了传统的黑红绿三色国旗，修改了国徽图案，在新宪法中规定伊斯兰教为国教，放宽土地占有者的占有限额，并给清真寺以优惠照顾。1988年4月15日，阿富汗举行了议会两院选举，人民民主党赢得人民院一共234个议席中的46个，人民民主党领导的统一战线组织祖国阵线赢得45席，新的左翼政党占24席，从而确保了人民民主党在议会的优势地位。虽然穆斯林游击队抵制选举，政府仍空置了人民院234席中的50席和长老院的少数席位，希望游击队结束武装斗争和参加政府。他不断对阿富汗游击队发动和平攻势——派出中央官员前往游击队活动频繁的地区慰问各部族，答应给予他们经济援助。同时，纳吉布拉释放了一些因参加游击队而入狱的部族成员。

6. 最后的撤军

在纳吉布拉的努力下，阿富汗的局势似乎略有起色。苏联国防部长索科洛夫元帅到阿富汗视察时，可以乘"伏尔加"轿车旅行，而在过去必须乘装甲车和坦克，或乘直升机，需要重兵警卫。手段有所见效，西方舆论甚至称阿富汗"越来越苏联化了"。戈尔巴乔夫对此感到欣慰，同时也有了试探性撤军的信心。1986年7月28日，戈尔巴乔夫在符拉迪沃斯托克发表了一次令世人瞩目的电视讲话。戈尔巴乔夫提出，在1986年年底之前，苏联将从阿富汗撤出6个团的兵力。他还说，苏联和阿富汗已经达成了一项分阶段撤出全部苏联军队的计划协议，但是要到达成政治解决办法的时候才会付诸实施。不过，戈尔巴乔夫也警告说：苏军的这次撤出并不是苏联要退出这场已经进行了六年半的战争，除非"外来的干涉"停止。

戈尔巴乔夫的这次讲话选在了一个恰当的时间点上，这次讲话距阿富汗与巴基斯坦第八轮日内瓦间接会谈不到两天。途径莫斯科将前往日内瓦的阿富汗外交部长穆罕默德·多斯特"刚好"到达莫斯科。苏联外长谢瓦尔德纳泽紧急会见了多斯特，双方就刚刚公布的戈尔巴乔夫的讲话展开了会谈，并由莫斯科发表了对外公告。公告说："这次会谈是在亲切的气氛中进行的，两位部长共同围绕阿富汗局势的发展和使局势尽快正常化的办法等有关问题交换了意见。双方还讨论了苏阿关系的某些方面以及同维护普遍和平、从人类生活中彻底消除热核浩劫威胁有关的一般性政治问题。多斯特对苏共中央总书记戈尔巴乔夫在符拉迪沃斯托克讲话中宣布的苏联领导人关于把一部分苏联军人撤回苏联的决定给予了高度评价。阿富汗民主共和国外交部长强调指出了这一步骤对政治解决围绕阿富汗问题出现的新问题的重要性。谢瓦尔德纳泽也指出，同阿富汗民主共和国政府协商后采取的这一步骤完全符合解决目前局势的方针，并重申，苏联将坚定不移地支持阿富汗民主共和国政府在保卫自己主权方面做出的努力。"

7月29日，纳吉布拉也在喀布尔发表声明：苏联撤出六个团只是苏联从阿富汗撤军的第一步，"是否采取第二步和第三步将取决于美国、伊朗、巴基斯坦和所有干涉阿富汗事务的人"。

可惜，戈尔巴乔夫的和平炸弹并没有影响日内瓦的会谈。阿富汗和巴基斯坦双方继续在苏联撤军的期限上争执不休，最后会谈只能匆匆结束。不过，世界舆论对谈判的关注似乎并没有对苏联撤出六个团一事那么热烈。人们纷纷在猜测，苏联究竟要撤出哪些团，一共有多少人？苏联是真的撤出吗？苏联却不再多言。

苏联现在认真准备的，是与美国的最高级别谈判。这年10月，戈尔巴乔夫和美国总统里根在冰岛首都雷克雅未克就核裁军问题展开会谈。戈尔巴乔夫先发制人，做出了很大让步。苏联愿意在战略武器和中程导弹领域做出牺牲，条件是要求美国对太空武器做出限制，10年内将战略防御计划限制在实验室研究的范围内。这一建议让美国人极为吃惊，里根也大为动心；但他最终不愿使自己的"星球大战"计划受到影响，没有答应。

戈尔巴乔夫非常失望，双方告别的时候，戈尔巴乔夫说："总统先生，你错过了这个惟一能载入史册的机会。否则，史册中将多出这样一段话：这位被载入史册的伟大总统为核裁军铺平了道路。"

里根想了想，回答："这对我们两个都适用。"

去机场的路上，里根长时间保持着沉默，过了好久才说："太遗憾了，我差一点就和戈尔巴乔夫达成协议了。"他向自己的办公厅主任唐纳德·里甘伸出大拇指，与食指相距半英寸说："就差这么一点儿。"

回国后，戈尔巴乔夫发表电视讲话，谴责里根是妄想"空着两手往篮子里装果子"。里根当即回击，驱逐了55名苏联外交官，苏联也接着撤走了美驻苏大使馆里的100多名服务人员。两国关系陷入了暂时的僵局。

那么撤军呢？苏联还从不从阿富汗撤走六个团呢？

正如戈尔巴乔夫的口头语所说的，言出必行。

从1986年10月15日起，六个团的苏军开始撤出阿富汗。整个撤军过程颇为顺利，没有遭到阿富汗游击队的大规模袭击；到10月31日，撤军结束。11月5日，苏联国防部正式宣布，驻阿富汗苏军1个坦克团、2个摩托化步兵团和3个高射炮团携带着他们编制内的技术装备和武器回到了苏联；已撤出的部队总人数达8000人，并有1700多件各种军事技术装备。这些团已回到了他们在土耳其斯坦和中亚军区的指定地点。

这场撤军令全世界失望。撤出这6个团对驻阿富汗苏军来说，几乎毫不影响战斗力——高炮团在阿富汗根本就用不上，因为阿富汗游击队没有飞机，而坦克团和摩托化步兵团是苏军本来就该正常轮换的队伍。美国称，苏联在阿富汗撤出6个团前，刚刚补充了2个摩托化步兵团。巴基斯坦总统齐亚·哈克也宣称，苏联撤出6个团后，实际上又至少增派了1.5万人。

于是，阿富汗各派游击队发起了全面反攻。"潘杰希尔雄狮"马苏德经过多方努力，终于将萨曼甘、巴尔赫、塔哈尔、昆都士、西巴达赫尚、巴格兰和卡皮萨七个省的游击队联合在一起，成立了一个最高指挥部，总部设在巴格兰，马苏德担任总司令。这是阿富汗战争开始以来阿富汗游击队第一次成立具有实际效用的联合军事指挥机构。马苏德组织游击队联军在昆都士、塔哈尔、巴格兰三省交界处重创苏军。随后，游击队乘胜前进，对阿富汗北部重要的交通路线萨兰公路一带实施了重点封锁。11月26日，一支大规模的苏军护送队冒险进入封锁区，马苏德指挥游击队一路进行层层阻击，先后击毁了苏军8辆坦克和30辆装甲车。

在西部的赫拉特，当地游击队几经血战，第三次占领了该市。坎大哈的游击队也发起反攻，再次攻入市区，苏军和阿富汗政府军仅仅剩下市内一个险要的兵营和与之相连的机场，其他所有对外交通全部被阿富汗游击队控制。喀布尔的城市游击战又进入新一轮高潮，袭击者不停用火箭弹袭击政府大楼。阿富汗国家情报服务局大楼中弹，当场死伤近40人。苏联驻阿富汗大使馆、阿富汗总统府、喀布尔国际机场都遭到重创，先后有31架苏联飞机被击毁。

东南部的帕克蒂亚一带战事同样激烈，几支游击队联合起来，一度占领了纳吉布拉的故乡卡拉姆地区，将纳吉布拉的故居烧毁。

这一阶段，苏军坚持使用侦察兵和特种部队，与阿富汗游击队进行各种激烈的小规模作战。战斗的一个焦点，是消灭由境外为阿富汗游击队偷运军火入境的商队。这些商队在运送军火时有一套非常完善的制度，首先他们将军火储备在伊朗和巴基斯坦境内，然后将军火转运到阿富汗境内的中转站，最后再化整为零送到游击队手中。苏军侦察兵在阿富汗境内共发现23个中转站，其中11个拥有较强的防御措施。苏军不止一次地对中转站实施空袭和地面强攻，但收效甚微。阿富汗游击队一般把中转站设在苏军难以到达的边境深山里，当苏军组织进攻时，游击队早将大部分物资转移走了。

商队组织有着丰富的行业经验和作战经验，并且十分小心谨慎。每次出发前，他们都派人化装成牧人或流动商贩进行侦察，以确定道路安全。同时他们会在距离苏军岗哨、巡逻线和航空兵飞行路线不远处做下标记，提醒商队远离这些区域。当地居民也会将地雷区和苏军埋伏区标识出来。在确定非常安全的情况下，商队才出发。出发前他们还会租借一些牧民运送正常货物打前阵，真正的军火商队则与他们保持相对安全的距离。这些商队大多在晚上行动，白天一般都躲藏在灌木丛或山洞中休息。

一般的军火商队规模不大，有时会按照买货方订货的数量确定商队的规模。运输工具主要由骆驼、马和少量汽车组成。军火商队的货物并非完全由国外组织免费提供，大部分商队都是为了赚钱。他们大多以易物方式交易，一般只收取贵重的宝石和毒品——阿富汗大麻很受国际毒品市场欢迎。有时军火商会将军火藏在普通货物中，在通过阿富汗政府设立的检查站时，利用贿赂的方式轻松逃过边检。1984年，苏军少将卢琴斯基曾对当时的情况说过这样一段话："其实，我们几乎没有与军火商队交战过。我们也没有获得过关于他们的重要情报，毕竟喀布尔政府有24个边防师团驻扎在阿富汗与巴基斯坦边境上……例如，第25边防师和第59边防团就驻扎在商队必经之路上，而商队却能轻松地从距他们10至30公里的地方进出阿富汗。"

苏军与商队作战的最大困难是如何发现他们。从巴基斯坦进入阿富汗的大小道路有100多条，即使掌握商队的行动路线，也根本不能拦截他们。他们非常善于机动和临时更改路线，同时对苏军的反侦察能力也很强。苏军在一些主要关卡和大路上安排了大量兵力，在广阔的戈壁和山区则很少布岗。苏军最有效的打击方式就是布设埋伏。1982年7月，苏军近卫第103空降师决定组织一次伏击战，地点选在赫尔曼德省和坎大哈省交界处的马尔扎村附近。第357空降侦察营副营长格拉德舍夫少校参加了这次行动，他后来写道："为了打好这一仗，我们整整准备了10天，首长成立一个20人的侦察分队，包括2个军官、1个准尉、5个军士和12个战士，战士中包括2个通信兵、2个工兵、1个卫生员和1个翻译。为更好地完成任务，侦察分队还专门安排一位阿富汗国家安全局的军官。分队的武器装备包括：6挺机枪、14支AKS-74自动步枪、1支AKMS微声自动步枪，每人携带2份基数弹药和4颗手雷、4支RPG-18火箭筒、5颗不同类型的地雷、7部无线电台、7部望远镜、1部夜视仪。每人都着防弹衣、迷彩服和运动战靴。"由于情报准确，他们只埋伏了一个晚上，就消灭了一支28人的军火商队。在MON-50型地雷、手榴弹、自动机枪和步枪的夹击下，进入埋伏圈的敌人来不及还击就毙命了。战斗结束后，苏军侦察分队无一人伤亡，共缴获32件武器和大量弹药。

到9月底，苏军共为军火商队设下18次埋伏，14次阻击成功，共消灭200多名游击队员，俘虏20人，缴获2000多件武器和许多袋钱币，其中包括伊朗里亚尔、印度卢比和阿富汗尼。苏军只有3人受伤。苏军指挥员在进行总结时强调，伏击战成功的决定因素是情报准确和组织周密，从人员到装备，从计划到实施每个细节都要考虑得十分周全。不过，据一些空降兵回忆，当时他们在喀布尔和苏卢比附近设伏时，效果并不明显，90%以上都无功而返。主要原因在于苏军的这种埋伏战术已经被阿富汗游击队熟悉，不论他们隐藏得多巧妙，都会被发现。同时，上级有严格的命令，要求设伏分队人员必须在25人以上，并且要由重型装备护送到埋伏地点，于是就增加了伪装的难度。

由于苏军设伏时主要选择在大路旁边，所以当商队改走小路后，他们就没办法了。阿富汗地形复杂、面积广阔，几乎到处都没有路，但又到处可以开辟出路来；苏军只能按计划每月在一些商队可能出现的地点设伏，结果只能是碰运气。苏军伏兵乘装甲车出发后，就被当地人跟上了，他们的埋伏圈往往就成了自欺欺人的游戏。另一个问题在于苏军指挥员的"过分关心"，他们要求侦察分队必须每个小时都要向自己汇报情况，包括行进路线、准备情况、周边局势等内容，而这种无线电通话也同样能被阿富汗游击队截获，从而暴露自己的行动计划。1983年夏，苏军共设下2800次埋伏，只有262次拦到军火商；第二年的同一时间，2084次埋伏中只有181次成功。为有效打击军火商队，苏军第40集团军司令部认为，必须将边境地区的兵力增至20万人。

1985年初，苏军第40集团军司令部制定代号"帷幕"的作战计划，成立代号"屏幕"的作战指挥组，目的是通过采用一系列组合性打击拦截军火商队，切断军火流入阿富汗的通道。打击行动主要在以坎大哈为核心的南部省份展开，因为这里集中了阿富汗政府和苏军主力部队。用格罗莫夫将军的话说，"喀布尔革命政权"没有理由倒下去，就算靠第40集团军搀扶着，它也要硬撑下去。

于是，阿富汗东南部与巴基斯坦接壤地区成为苏军主要布控区，一张长1000公里，宽100公里至300公里的大网就此拉开。"帷幕"行动的主力是11个苏军摩步旅、侦察营和格鲁乌特种兵分队，总兵力将近6000人。起初，由于搭载侦察兵和特种兵的直升机仅限于空投，要么躲在战场旁边，要么干脆返回基地，士兵们只敢捕捉入境商队的行踪，尽量避免与商队发生正面冲突。因为商队有阿富汗游击队押送，而苏军侦察分队远离己方大部队，胜算不大。侦察兵必须紧紧地跟住商队，分析其行进路线，对沿途主要道路和村庄进行逐一梳理，并及时地把情报传递给指挥部。1985年9月25日，苏军独立第280直升机团的米-8直升机将第173特种兵分队的侦察小队空投到指定地点后就返回了，留下特种兵同敌血战。当大批敌人迅速集结到这一地区时，苏军特种兵只好徒步逃离敌人的追击，并将缴获的战利品送到最近的哨所。

情况在1985年底发生改变。随着直升机的大量使用，苏军在阿富汗上空编织起一张巨大的监控网，每天都有好几组米-8直升机执行空中巡逻。有时在夜间也会出来，通过车灯的光亮很容易发现阿富汗人的商队，然后就向车队前方投放照明弹。从远处看，这些照明弹如同礼花一般。但是对于那些睁大眼睛盯着前方的阿富汗游击队司机来说，头顶上的照明弹却成为让其短暂失明的致盲弹。然后乱作一团的车队就成为苏军特种兵和直升机绝佳的攻击目标。与此同时，苏联第40集团军也开始为每个特种兵旅和侦察营配备一个独立直升机大队，这样苏军小分队就能更积极地奇袭军火商队。比如独立第15特种兵旅配备了独立第239直升机大队，独立第22特种兵旅配备了独立第205直升机大队，两个大队装备了最新型的米-8和米-24直升机。当然，拥有直升机指挥权的苏军特种兵和侦察兵也并非马上如虎添翼，还需要一段时间磨合。1986年3月28日至29日，贾拉拉巴德的一支苏军特种兵小队陷入阿富汗游击队包围圈。当指挥员请求空中支援时，直升机就部署在20公里以外的基地。由于沟通错误，直升机编队在3个小时后才到达战场。在这次战斗中，共有8名苏军特种兵阵亡、2人失踪、20多人受伤，独立第15特种兵旅旅长还为此丢了官。

"帷幕"作战指挥组对侦察兵/特种兵和直升机进行了详细分工。一般情况下，搭载侦察兵/特种兵的直升机编队由2架米-8运输直升机和2架米-24武装直升机组成，前者负责运送人员，后者负责保护。当直升机发现军火商队后，先通过警告性射击迫使其停止前进。为了不惊扰当地百姓，直升机的拦截点一般选在离村庄约3000米处。商队停下后，直升机在附近盘旋，距离不得小于800—1000米，以免被敌方便携式防空导弹击落；随后，从直升机空降下来的苏联侦察兵立即占领有利地形，从远处控制住商队，掩护战友靠近商队，同时直升机在空中也时刻保持作战状态。如果商队试图逃跑或反抗的话，苏军立即从空中和地面发起攻击；如果商队不做反抗的话，苏军侦察兵靠近后则利用探针或微型探测器对驮包和货物进行检查，一旦发现有违禁品，立即装入直升机带走，或连同运输车辆一起就地销毁。

在与军火商队的周旋过程中，苏联官兵们绞尽脑汁，想出了各种欺骗与反欺骗的办法。他们曾在天黑后乘装甲车前往一个假的埋伏地点，有时还会有步兵战车护送。为达到欺骗目的，他们还故意在途中兜几个圈子。到达假的伏击点后，苏军侦察兵和特种兵们会像真的一样挖掘隐蔽所，布置观察哨和警戒哨，为重武器做伪装；这一切都是给对手的侦察员看的。天亮之前，苏军特种兵会迅速转移到真正的伏击地点。直升机编队参与特种兵行动后，这种地面欺骗战术也被运用到空投中。天黑后，苏军直升机会运送特种兵飞抵指定地域，期间会按照计划多次改变飞行路线，到达欺骗地点时还会悬停在空中假装空降特种兵。为了不被游击队发现，编队一般保持较低的高度，并沿着山坡飞行，经常会遇到突起的巨石，这对飞行员的驾驶技术也是一种考验。1987年夏，苏军独立第239直升机大队的一架米-8直升机就剐到了悬崖，轮子被剐掉，机舱地板被剐破，特种兵们也险些被甩出机舱，从剐破油箱里洒出的煤油将特种兵们全身都淋透了。

1986年4月的一个夜晚，苏军特种兵经过3昼夜守候，终于迎来一支军火商队，其中包括6辆丰田吉普车。埋伏已久的米-24编队立即升空，朝商队一通猛扫，接着又通过燃烧弹让商队宛如置身白昼中，最终他们扔下车辆逃跑。1987年6月，加兹尼地区的苏军特种兵在独立第239直升机大队的帮助下，成功拦截一支庞大商队，缴获约100头骆驼运送的货物。3周后，他们又在同一条路线上摧毁一支大规模商队。大多数时候，苏军特种兵只能取得不大的战果，因为他们很少遇到规模很大的商队。为提高打击效率，苏军开始大量利用米-8直升机。一般情况下，苏军由2架米-8组成的编队沿着商队可能出现的路线进行巡逻和搜索。

阿富汗游击队不是傻子，他们也会将计就计。1986年10月的一次战斗中，由克拉夫琴科上尉率领的一支苏军特种兵小队夜袭坎大哈附近的瓦萨吉奇格奈地区。由于判断错误，飞行员将特种兵直接空投在军火商队的防空哨上。2架直升机迅速被击落，12名苏军特种兵在直升机坠落前冒险着陆，靠着顽强的战斗精神夺取了阿富汗游击队的防空哨，坚持到援兵到来。同年10月9日，苏军独立第205直升机大队的米-8直升机发现一队可疑卡车沿着靠近游击队据点的公路前行。直升机让卡车停下，携带着侦察兵试图降落在卡车旁边，卡车后面的帆布突然被揭开，露出一门门双管23毫米火炮。正在悬停的直升机毫无还手之力，十几秒内即被击毁坠落，搭载的苏军2个侦察班士兵也无一幸免。此后在检查期间，苏军对商队的反抗行为采取了极为残忍的惩罚措施。

自从直升机大队加入特种兵部队后，"帷幕"行动的作战效率大大提高。从1987年上半年的数据中可见一斑。1月1日至6月15日，苏军共组织840次直升机飞行，其中168次成功拦截军火商队或消灭小股敌人，击毁80辆汽车，击毙1416名游击队员，缴获69件防空武器、4500支火箭筒、9000公斤毒品和280万发子弹，占苏军第40集团军战利品的三分之一。不过，第40集团军侦察处却对直升机与侦察兵/特种兵的组合并不满意，他们认为在有直升机参与的行动中，仅有五分之一取得胜利，失误的主要原因是情报不准确、判断错误和鲁莽出击。1987年12月8日，2架米-8在巡逻过程中发现地面有一辆阿富汗游击队的摩托车，武断地进行攻击。结果在追击过程中进入游击队控制区，一架直升机在低空被防空导弹击落，机组人员在被另一架直升机救起后没飞多远也被击中。所幸及时赶到的米-24进行支援，才使得特种兵和机组人员逃离死亡地带。

阿富汗的战火片刻不息，坚定了戈尔巴乔夫撤军的想法。1986年11月13日，他在苏共中央政治局会议上说："我们在阿富汗已经打了6年了，如不改变态度，我们还得打20到30年。这给我们影响事态发展的能力罩上了阴影。"戈尔巴乔夫继续说："一般来说，我们没有解决这一问题的办法。我们为什么一方面承认我们的部队没能力控制局势，而另一方面又要无休止地打下去呢？在近期我们要结束这一过程。"

不过，戈尔巴乔夫要做出全面撤军的决策，在苏联政府高层是有阻力的。1984年乌斯季诺夫元帅病逝后，索科洛夫元帅接任苏联国防部长。阿富汗战争是索科洛夫元帅最后的辉煌，也是他军事生涯的顶峰。他是苏联军队和苏联政府中在阿富汗问题上最强硬的主战派，理所当然地成为驻阿富汗苏军队的代言人，更是戈尔巴乔夫决定从阿富汗全面撤军的主要障碍。

但扫除障碍的机会很快来了。

1987年5月28日，星期四下午7点半，一位19岁的联邦德国青年马蒂亚斯·鲁斯特，驾驶"塞斯纳"轻型单引擎运动飞机，穿过当时被认为是无懈可击的苏联防空系统的重重警戒，降落在莫斯科红场上。当他十分兴奋地向围观的人们散发着名片，并声称自己是从赫尔辛基飞来的时候，苏联乃至全世界都为之瞠目结舌。随后，苏联警方迅速封锁了现场，将激动万分的小伙子带走，最终莫斯科法院判鲁斯特因"非法入境罪及扰乱航空秩序罪"入狱4年。苏军为此大丢脸面，戈尔巴乔夫从华沙中断华约联席协调会议，立即赶回国内召开高层会议。

5月30日，在克里姆林宫召开的紧急会议上，戈尔巴乔夫严厉地指出："国土防空军总司令部在这次事件中，表现出不可容忍的漫不经心的态度和犹豫不决，没有采取战斗手段来制止入侵飞机的飞行。因此，我要求解除防空军总司令科尔杜诺夫同志的职务。很显然，科尔杜诺夫的错误是无法原谅的，他使世界上最强大的防空部队蒙受了巨大的耻辱。"军方不断有人为科尔杜诺夫说情，并要求彻底调查整个事件后再做结论，索科洛夫元帅最后对戈尔巴乔夫提出了批评，指责他没有服过兵役，没有资格对军队的事情评头论足。戈尔巴乔夫更为恼火，他再次发言："我认为，国防部对部队领导严重失职，对出现的重大疏忽缺乏应有的警惕和纪律，而导致国家和军队的尊严受到极大的损害。国防部长索科洛夫对此负有不可推卸的责任，我要求同样也解除索科洛夫同志的职务。"与会者都大吃一惊，因为索科洛夫是屈指可数的元帅之一。

第二天，《真理报》公布了苏共中央政治局会议决定，国土防空军总司令科尔杜诺夫被宣布撤职，国防部长索科洛夫元帅则因"退休"被解除职务，新任国防部长由亚佐夫大将担任。

据说，事实的真相是这样：鲁斯特为躲开苏联的雷达，他尽可能降低飞行高度，进行超低空飞行。他最终以80米的高度、225公里的最快时速，顺利地从苏联爱沙尼亚加盟共和国的海边城市科赫特拉—亚尔维进入苏联领空。28日当地时间14时29分，爱沙尼亚的科赫特拉亚尔韦市，塔林防空系统的雷达捕捉到一个不起眼的飞行目标。苏军三个导弹师随即处于一级战备状态，只待一声令下，就可以随时消灭目标，命令却迟迟未下达。"鲁斯特事件"发生的四年前，苏联萨哈林群岛上空，在情况尚未明了的情况下，一架韩国民航波音747客机被苏军击落，造成机上269名乘客死亡；世界各地对此反应强烈，许多国家连续数周禁止苏联飞机进入本国领空。惨剧发生后，苏联军方下达了秘密命令：在无法判明飞机有军事目的的情况下，禁止向一切民航飞机和体育运动飞机开火。鲁斯特似乎对苏联军方的心理了如指掌，他大大方方地飞着。

为了确认这个不明飞行物，苏军2架米格-23截击机从"塔巴"军用机场升空进行拦截。但不久后，"塞斯纳"做了向下俯冲的动作。这样，它不仅从截击机飞行员的视野里消失了，也从地面雷达的屏幕上消失了。5分钟后，该地区的雷达屏幕再次捕捉到一个飞行目标，与先前的"塞斯纳"相比，其飞行路线和高度均有不同。但地面塔台人员简单地将它误认为就是原先那架"流氓飞机"。新目标发出"我是自己人"的应答。警报解除，2架截击机返航。

"塞斯纳"继续向东南方飞行，在将近15点的时间抵达普斯科夫市上空。当时，普斯科夫市郊正在进行某航空团的教练飞行，空中有数十架飞机盘桓。因此，当鲁斯特驾驶的"塞斯纳"出现在雷达屏幕上时，没有引起任何人的注意。鲁斯特驾驶"塞斯纳"继续悠然地在苏联领空又继续飞行了200公里。在飞抵旧鲁萨城地区时，它又一次从雷达屏幕上消失了。于是，鲁斯特驾驶着他的"塞斯纳"继续前行，到达了托尔若克市。在这里，又一次巧合帮了他大忙：刚好在前一天，在托尔若克市郊40公里处发生了一场空难，一架米格-25与一架图-22 M战略轰炸机相撞。所以，这一天在该地区上空到处是执行搜寻任务的直升机。鲁斯特的"塞斯纳"不早不晚，恰好于这天飞临该区。由于"塞斯纳"的飞行速度和高度与苏方的直升机完全吻合，塔台人员理所当然地将它识别为众多救援直升机中的一架，没有引起任何怀疑。

对鲁斯特来说，这一天奇迹般地充满了幸运的巧合，当他飞近莫斯科时，某个大人物（具体是何人至今未解密）下了一道命令：暂时关闭防空网的自动控制系统，以进行一次计划外的停机检修。正是这20分钟的空隙，鲁斯特于下午7点半飞进了莫斯科。索科洛夫元帅在关键时刻没有趋炎附势，保护下属，力主先调查后处理，赢得了苏军职业军官阶层的高度尊重，但他为此付出了沉重的代价，被迫退休，精神创伤十分严重；至今那道大人物的神秘命令的来龙去脉仍旧未见天日。戈尔巴乔夫随即开始清洗军队中的强硬派将领，几十名高级将领遭到处理，几百名校官被赶出军队。驻阿富汗苏军也受到了波及，第40集团军开始频繁地换将。由此开始，从阿富汗撤军的决策在苏联国内再无反对的声音。

阿富汗局势并没有因为戈尔巴乔夫的撤军决策而平静下来。1987年伊始，纳吉布拉政府为了稳定局势，向阿富汗游击队提出：停火半年，通过谈判寻求民族和解与国内和平。游击队根本不买纳吉布拉的账。"阿富汗圣战者伊斯兰联盟"的七个抵抗组织领导人在白沙瓦郊外召开大会，一致拒绝纳吉布拉政府的停火建议，继续进行"圣战"。七个抵抗组织领导人发表了一项联合公报，宣称"阿富汗圣战者伊斯兰联盟"将任命一个委员会成立一个协调各游击队作战的临时政府，一旦苏联军队被赶走，这个临时政府将接管阿富汗政权并将安排可产生一个民主的伊斯兰共和国的大选；联盟还将成立一些"司法代表团"，以仲裁游击队各派之间的纷争，临时政府成立后，各党派将竭力相互协调，以保证有效的团结。

"苏联化"的阿富汗毕竟只是一个假象。整个1987年，阿富汗全境的战事依然在苏军与阿富汗游击队之间激烈进行，战斗甚至变得比以往更加激烈。苏军在一年中发动了18次大规模围剿；仅仅夏天的两个月，双方就发生正面交战将近900次，帕克蒂亚省成为战事的中心。到年底时，就连阿富汗新闻社发表的年度战绩统计报告都承认，苏军和阿富汗政府军在这一年的伤亡和损失比上一年增加了。

在1987年的阿富汗战场上，美国加大了对阿富汗游击队的支持，以每月100枚的速度继续向游击队提供"毒刺"导弹，另外还愿意提供"米兰"式轻型反坦克导弹、"陶"式反坦克导弹、西班牙造120毫米迫击炮和先进的反坦克武器。苏联为了对抗美国，又向阿富汗政府军输送了大批先进武器，其中包括30架米格-27战机、图-16轰炸机和大批射程在300公里以上的"飞毛腿"导弹。阿富汗像一个不断发生爆炸的火药桶，苏联和美国不断地将正在嘶嘶冒烟的炸弹丢进去，而阿富汗政府军和游击队则立即接过来再扔向对方，使得盘旋在阿富汗上空的硝烟依旧浓郁。

阿富汗游击队在阿富汗国内已经拥有了大量能够达到专业军事工程标准的营地、转运站、据点和基地区域。这些地方的防御工事和防空火力网水平甚佳，一般设在有利地形，外围以数道防御线控制，制高点还建设了掩体火力，来犯苏军只能铩羽而归。城市之外的地方基本都成了游击区，苏军再也无能为力。1987年的安全形势甚至恶化到了这种程度：当阿富汗游击队要筹款的时候，在人民民主党政府任职的人必须"捐款"。"捐款"数额大小根据"捐款人"的职务、是否在政府军任职、是否为人民民主党党员这样的因素来决定。决定之后，"捐款人"必须在期限之内按时按数额付款，否则一定会成为城市游击战的暗杀目标，绝无可能幸免。

阿富汗国内许多地方，苏军已经开始与当地村民和游击队签订"互不侵犯条约"。苏军不对某些阿富汗游击队采取任何行动，而游击队同样也不进行抵抗。当苏军空降兵进行反游击作战时，上面常常会有命令下达：不要去攻击某某村庄。有时苏军还会组织运输队，到那些"友好"村庄进行一些人道主义援助，送去面粉、煤油甚至枪支等；这事实上都是苏军在为撤军做准备。

1987年12月19日，苏联电视台第一次向苏联人民播放了苏军在帕克蒂亚省霍斯特战斗的实况，苏联人民第一次亲眼看到了自己的军队在阿富汗作战的情况。此外，苏联的新闻报道已经开始强调苏军在阿富汗所面临的艰难困苦。苏联政府这是在让国内公众做好思想准备，苏军即将撤出阿富汗。

与此同时，《星火》《真理报》等官方报刊开始刊登有关反对阿富汗战争的报道和信件。比如1987年夏天，《星火》杂志战地记者博罗维科发表了三篇系列文章，描绘了苏军中的阴暗状况和厌战情绪。1987年11月，《真理报》公布了读者来信，信中指责党的精英的孩子们逃避服兵役。

1988年初，法国一些新闻机构获准在莫斯科进行了一次民意测验。结果表明，53%的苏联人赞成"苏军全部撤出阿富汗"，只有21%的人反对撤军。在大多数苏联人看来，阿富汗战争已经完全是一场灾难，他们称阿富汗是"苏联的越南"。

进入1988年，全球瞩目的日内瓦谈判开始了。事实上早在1982年6月，苏联就默许了在联合国主持下举行的日内瓦间接会谈。喀布尔政权和巴基斯坦政府代表曾先后举行六轮日内瓦间接会谈，但未能在实质性问题上达成协议。但这一次，苏联，美国、阿富汗、巴基斯坦四方围绕着苏联撤军、阿富汗实现和平、阿富汗游击队与阿富汗人民民主党组成联合政府问题展开了艰苦的直接谈判。谈判并没有"阿富汗圣战者伊斯兰联盟"参加，美苏在对阿富汗援助武器问题上争执不休，阿富汗与巴基斯坦则在联合政府问题上同样互相不肯让步。

阻碍签约的最大问题是停止援助问题，双方都不肯在此问题上让步。阿富汗认为，在苏联撤军后，阿富汗有权接受苏联的军事援助。苏联也声称，苏联将在撤军后继续向阿富汗政府军提供援助。美国则认为，美国停止援助后，苏联仍然援助阿富汗政府军是不合理的，如果这样，美国也将继续援助阿富汗游击队。最后，双方达成妥协——为了平等，代替禁止提供武器的惟一方法是彻底放手继续提供武器。

最终经过反复的讨价还价和相互妥协，达成的共识是这样的——美苏互不干涉对方向阿富汗继续提供武器，而联合政府问题暂时搁置，并没有为解决未来阿富汗的政体问题做出妥善安排。这两项"共识"，为后来的阿富汗局势埋下了深深的隐患。

为了支持白沙瓦的游击队，美国紧急进行援助。美国与沙特阿拉伯决定通过巴基斯坦，在苏联撤军前各向阿富汗游击队提供3亿美元的武器和弹药。3月底，第一批"米兰"轻型反坦克导弹共140枚率先送到游击队手中。紧接着，"陶"式反坦克导弹、西班牙造120毫米迫击炮和一大批先进的反坦克炮也陆续送到了游击队战斗的前线。相比之下，苏联向阿富汗运送武器的规模更大。从1月开始，苏联向阿富汗运送燃料和弹药的车队就由原来的每周2次增加至每周4次。进入3月份，运输量进一步增大，苏阿交界处的海拉顿成了一个重要的吞吐港，卡车几百辆几百辆地抵达这里，安-26运输机更是四处飞翔。苏联运到阿富汗的武器装备包括坦克、火炮、多管火箭炮、装甲运兵车，甚至包括米格-23战斗机。仅4月11日，就有一个卸货车队经过5个小时才全部开出喀布尔。

其实，这只是苏联为撤军所做的准备的一部分。早在1988年元月初，苏共中央就向苏联在阿富汗的各政府机构下达了指示：将有价值的档案文件整理好，派专人押送回国。苏阿双方还就苏联专家回国、苏阿合资企业或设施的移交方案、苏联在阿富汗的军事医院处理意见等进行了商谈。2月起，一批批苏联顾问、专家及技术人员悄悄地撤离了喀布尔，或乘飞机或乘汽车相继回国。3月份，苏军开始逐步向阿富汗政府军移交外围阵地，其中包括巴格拉姆地区、萨兰公路周围的哨所和阿巴边境一些地区的苏军驻防阵地，甚至提早地退出了坎大哈，把坎大哈市区及坎大哈至喀布尔公路的哨所都交给了阿富汗政府军。3月中旬，苏军已确定有204项军事设施要在撤离前移交给阿富汗军队。到5月，苏军还向阿富汗运送和移交了价值十多亿美元的武器装备。

1988年4月14日下午，联合国秘书长佩雷斯·德奎利亚尔在日内瓦万国宫会议厅主持了《关于政治解决阿富汗问题最后协议》的签字仪式。协议共包括阿富汗巴基斯坦互不干涉、阿富汗难民自愿返回家园、美苏提供国际保证、对有关阿富汗局势的解决办法等4个文件和1项关于联合国提供监督的备忘录。巴基斯坦外交国务部长努拉尼和阿富汗外交部长瓦基勒签署了协议中的前两个文件，美国国务卿舒尔茨和苏联外交部长谢瓦尔德纳泽签署了第三个文件，第四个文件由四国代表共同签署。

阿富汗总统纳吉布拉称赞这项协议揭开了阿富汗历史的"新篇章"，它标志着对阿富汗发动的"不宣而战的战争"的结束，将为阿富汗难民返回家园和苏联"有限的部队"回国开辟出道路，阿富汗将把4月14日定为"和平日"。

然而，"七党联盟"主席希克马蒂亚尔在白沙瓦宣布：日内瓦谈判是一个失败，因为它没有让抵抗组织参加签字。任何协议，只要不经"圣战者"同意，都将无法实施。"圣战者"将继续战斗，直到打垮纳吉布拉。

纳吉布拉向阿富汗游击队伸出橄榄枝，希望能与"七党联盟"展开组建联合政府的谈判，但是七个抵抗组织的领导人对纳吉布拉的呼吁予以驳斥。"七党联盟"宣布，阿富汗临时政府已经组成，由阿赫默德·沙阿担任最高领导人。紧接着，"七党联盟"声称，活动基地将随着苏军的撤出而转入阿富汗内地。

1988年5月12日，希克马蒂亚尔举行记者招待会，他宣布：苏军撤退的日期就是游击队加强攻势的日期，游击队没有参与签署日内瓦协议，所以游击队不承担停火协议，也无法保证联合国撤军观察员的安全。

也就在同一天，驻阿富汗苏军装备副司令科罗列夫中将率领指挥组到达萨兰山口地区。为了确保撤退途中的安全，苏军派出精锐部队在回撤路线上设立据点，对各战略地点进行重点布防。苏军早在4月就开始筹建撤军的指挥机构。4月下旬，苏军建成了以南方战区为中心、由土耳其斯坦军区组织安排、第40集团军具体实施的三级撤军联合指挥中心机构，在喀布尔附近建立了撤军行动指挥中心和各兵种通信协调值班室。苏军在边境地区东西两个方向建立了库什卡和铁尔梅兹两个撤军行动指挥所，各回撤部队在所在防区建立了相应的临时指挥所。苏军在即将经过的两条撤军公路沿途也普遍设立起行军管理站、大型中转站、休息站、损坏车辆收集所和修理站。

5月14日，驻阿富汗苏军第40集团军司令员格罗莫夫中将在喀布尔召开记者招待会，宣布苏联军队将于5月15日开始撤出阿富汗，撤军将在9个月内完成，而且，全部军队的一半将在最近3个月内撤离。

1988年5月15日清晨，苏军驻贾拉拉巴德卫戍部队最先开始撤离，一个武装直升机团率先飞回苏联。紧随其后开始撤离的是苏军驻贾拉拉巴德、喀布尔和海拉顿的作战部队。苏军第15和66独立摩托化步兵旅及其他分队共计5000多人，分乘600余辆战车，离开驻地踏上了由贾拉拉巴德经喀布尔到铁尔梅兹的撤军路线。根据阿富汗政府的建议，在这些城市还举行了隆重的群众欢送大会。出席贾拉拉巴德群众大会的有1万人，出席喀布尔群众大会和街头欢送的阿富汗民众有10万人。

苏共中央向所有驻在阿富汗的苏联军人发出了呼吁书：

亲爱的同志们：你们将要返回祖国。我们欢迎你们，你们诚实而英勇地履行了自己的军人职责，用实际行动表现出崇高的国际主义情感。你们经历了严峻考验的日子。在这些考验中，对援助一个友好国家人民的崇高事业的深刻信念使你们变得坚强起来。你们执行了祖国的命令。经过战火的洗礼，你们学会了更强烈地热爱祖国、热爱家园、热爱朋友。你们懂得了什么是对敌人的仇恨。

应当特别热情地谈谈我们光荣的女医生、女护士和其他专业人员的坚强和仁慈，他们在艰苦的战争条件下表现了苏联人的优秀品质。人民将永远铭记你们在战斗中牺牲的战友的名字。这些损失是不可弥补的。我们的悲痛是巨大的。在战争中阵亡和遭难的那些人的家属将得到全体人民的帮助。战斗的兄弟情谊和同志般的亲密关系也会使你们永远同他们在一起。

在履行了崇高的义务以后，你们中间的一部分人就要恢复和平的职业，而另一部分人还要留在战斗行列中。我们相信，你们中的每一个人都将以同样的自我牺牲精神去完成新任务。今天，改革、更新社会主义的事业、捍卫社会主义成果都需要你们做出努力！党信任你们，寄希望于你们，号召你们站在对苏联社会进行革命改造的斗争前列。

光荣属于祖国的战士们！光荣属于祖国的儿女们！

苏联共产党中央委员会

5月16日，先期部队约1300人到达喀布尔，纳吉布拉在这里为他们举行了隆重的告别仪式。成千上万的人聚集喀布尔，市区内外到处悬挂着苏联和阿富汗的国旗以及用俄文和达里尔文书写的横幅。检阅台已被布置一新，台前整齐地排列着苏联的军车和官兵。以纳吉布拉为首的阿富汗共和国领导人、苏军和阿富汗军队的指挥官、贵宾以及以海尔米宁少将为首的联合国观察小组登上检阅台。世界许多国家的新闻记者也出席了仪式。

大会开始，苏军土耳其斯坦军区司令波波夫大将宣读了苏共中央致《驻阿富汗共和国的苏联国际主义战士的呼吁书》。紧接着，纳吉布拉向与会者发表了演说。他说，今天，苏军开始从阿富汗撤出，国际主义战士、成功地在阿富汗土地上完成了自己国际主义任务的伟大的苏联人民的英雄儿子们就要返回祖国了：

当阿富汗上空乌云密布时，当革命面临生死存亡的问题时，当阿富汗国家的主权、独立、领土完整受到威胁时，我们曾经需要帮助，需要巨大的、无私的援助，以便站稳脚跟和不向敌人屈服。在这样的灾难时刻谁能帮助我们呢？只有我们真正的朋友苏联。

今天，我们怀着感激的心情指出苏军给我们提供的国际主义援助的成果。你们，亲爱的兄弟们，拯救了儿童、妇女和老人免遭雇佣匪帮的屠杀。由于你们的大无畏精神、英雄主义的功绩，儿童们才能上学，农民才能耕耘土地，工人才能在工厂做工。你们还教会我们的战士克服困难和在战斗中战胜敌人。由于你们多方面的帮助，阿富汗建立了人民军队，这支军队装备有现代军事装备，能够独立地捍卫我国的独立与自由。你们不仅教会了阿富汗战士保卫祖国，而且教会了他们建设、创造和向人们提供最必要的帮助。

你们同我们的人民，同我们的战士亲密无间，你们用实际行动表明了什么是友谊，什么是战斗团结。你们是我们这块古老土地上发生的巨大变化的见证人。由于阿富汗、苏联、印度、联合国和我们星球所有爱好和平的力量的不懈努力，签署了日内瓦协议。根据这个协议，苏军将在9个月内完成撤出阿富汗的任务。今天，你们开始了这一历史性的行动。亲爱的朋友，今天，全体人民，老人和年轻人，男人和女人都在为你们送行。我们的儿童，我们的未来在为你们送行。农民和工人在为你们送行。每个阿富汗家庭里都回荡着感激的话语。谢谢你们，朋友们，为阿富汗人民，为四月革命所做的一切。你们英雄般地履行了自己的国际主义义务。阿富汗将成为自由的、独立的、主权的、中立的不结盟国家。你们的国际主义功绩是不朽的。

在这一时刻，我们向苏联母亲呼吁，你们英勇的儿子就要回家了。由于你们培养了真正的国际主义者而向你们致以深切的问候。我国人民永远不会忘记那些为了他们的幸福而献出自己生命的人的名字。我们将牢记他们的名字，他们的功勋。我请大家为他们静默一分钟。

纳吉布拉接着说，亲爱的朋友们，在同你们分别的时候，我再次号召本国同胞们忘记往昔的委屈，在全国和平的旗帜下团结起来。如果有谁不接受这一点，不尽一切努力去达到这一神圣的目的，那么历史永远不会饶恕他。我向阿富汗武装力量的军人发出呼吁，你们要加强战斗准备，提高警惕性，可靠地保卫民族和解的成果。你们不要忘记，阿富汗人民把你们看作是革命、自由和国家独立的保卫者。

纳吉布拉强调说，今天我们向全体苏联人民、苏联领导人和苏共中央总书记戈尔巴乔夫本人再次表示衷心的感谢，感谢他们提供了全面无私的援助。苏联军人就要离开了，但同苏联的友谊将依然存在。由伟大的列宁和阿马努拉开创的这一友谊将越来越巩固，越来越深入。这一友谊将心心相印，代代相传。

最后，纳吉布拉代表阿富汗全体领导人向苏军摩托化步兵授予阿富汗人民民主党中央的一面纪念旗。

驻阿富汗苏军第15特种作战旅旅长斯塔洛夫上校代表驻阿富汗苏军发表了讲话。他说，我们感到自豪的是，我们出色地完成了自己的国际主义义务。使我们感到高兴的是，友好的共和国政府给予我们全体官兵高度的评价，并授予部队阿富汗红星勋章。不仅是反对阿富汗人民的敌人的共同战斗，而且还有我们共同给予城乡居民的帮助，将永远留在我们的记忆里。我们将留心地注视着共和国的生活情况，将为你们在解决经济和社会发展及贯彻民族和解政策的任务方面取得的成就感到高兴。

纳吉布拉和其他阿富汗领导人走下检阅台，走向苏联军人队列，把写有"表示感激的阿富汗人民谨赠"字样，系着蓝色带子的金质奖章授予一批苏联军人。这时，远处传来一道命令：上车。在军乐声中，苏军队伍排成纵队，沿着通向萨兰山口的道路徐徐行进。

当天的撤军是在没有受到阿富汗游击队骚扰的情况下顺利进行的。5月16日凌晨，苏军第66独立摩托化步兵旅和第15特种作战旅及配备的作战装备和技术保障装备出现在了萨兰山口。苏军纵队行军的组织实施非常成功，没有发生道路交通状况和抛锚等情况。

需要特别强调的是，合成纵队行军通过萨兰山口是非常复杂的任务。由苏联专家设计建造的萨兰隧道长2600多米、宽6米、高5.25米，是亚洲最长、海拔最高的公路隧道之一，更是苏军进出阿富汗的战略咽喉。阿富汗战争期间，苏军重兵把守隧道，在隧道入口两端架设障碍物来对付马苏德游击队的袭击。由于隧道内没有通风设备，车辆在其中行驶产生的大量一氧化碳废气堆积，往往会造成严重后果。1980年2月，苏军第381防空导弹旅纵队行军通过萨兰隧道向喀布尔方向开进，由于行驶在前面的"圆环"防空导弹发射车发生故障停在了隧道内，跟随其后的装甲车辆停车后没有关闭发动机，结果发生有人因一氧化碳中毒而死的事故。

最严重的事故发生在1982年11月2日。满载军人的苏军车辆通过萨兰隧道时，一辆阿富汗油罐车逆行而来，撞上了军车。油罐车瞬时爆炸，汽油被引燃，熊熊大火席卷狭窄的隧道。苏联军车连锁爆炸，温度急剧上升，整条隧道内弥漫着致人死亡的一氧化碳，造成了世界上死亡人数最多的交通事故。苏联官方没有公布伤亡数据，但外界估计死亡人数恐怕在1000人以上。为了防止在撤军途中再次发生惨剧，驻阿富汗苏军装备副司令科罗列夫中将和提出安全使用萨兰隧道的苏联专家委员会代表共同检查了行军纵队通过隧道的安全措施落实情况。具体措施包括，当150至300辆履带式和轮式车辆组成的行军纵队通过萨兰隧道后，就要中断通行1.5至2小时，以利于隧道的强制通风。严密措施之下，全部撤退苏军安全通过萨兰隧道，没有任何意外情况发生。

由于这是首批回撤的部队，联合国观察小组成员及一些外国记者，一直随同这支部队行进以便检验苏联撤军行动的真实性和记录撤出的人数；又由于苏军已事先同马苏德领导的游击队达成了协议，所以沿着这条路线回撤的苏军没有受到太大的损失。他们共行进10天，行程500余公里，最后顺利地回到了国内。

驻阿富汗苏军第一阶段撤军从5月15日开始，至当年8月15日结束。在西部方向，苏军撤回了85支部队，向阿富汗政府军移交了45座军营和89个哨所。在东部方向，苏军从阿富汗的12个省撤出。这段时间里，共有110辆坦克、1026辆各种型号的步兵战斗车和装甲运输车，346门火炮和迫击炮，48辆防空车辆，3728辆汽车和移动式武器装备，以及103辆特种车辆撤回到苏联境内。苏军地面部队和陆军航空兵全部从阿富汗贾拉拉巴德、坎大哈、加兹尼、昆都士等地撤出，空军的14架飞机和207架直升机同时撤回。

1988年6月29日，驻阿富汗苏军第40集团军政治部主任扎哈罗夫少将宣布：到6月28日，已有3.2万名苏军撤出了阿富汗。在阿富汗境内，已有18个省不再驻有苏军。

1988年8月14日，驻阿富汗苏军第40集团军司令员格拉莫夫中将宣布：到8月14日止，苏军有5.7万人已撤回国内，提前完成了撤军一半的任务。目前，阿富汗已有25个省没有任何一名苏联军人，留在其他几个省的苏军将在1989年2月15日前撤出。

如同此前希克马蒂亚尔的声明，苏军撤军期间阿富汗游击队并没有停止进攻，反而加大了攻势。当驻加兹尼的苏军撤出时，阿富汗游击队用大批兵力切断了加兹尼至喀布尔的道路，加兹尼的苏军不得不绕道加德兹再返回喀布尔，然后才踏上回国之路。

1988年6月15日，盖拉尼接替希克马蒂亚尔出任"七党联盟"主席。6月19日，"七党联盟"正式任命12名内阁成员，宣布临时政府开始运作，并派兵西进猛攻喀布尔，夺取了喀布尔市郊的6个哨所，随之又向南北伸展，相继占领查希尔省省会卡拉特和帕尔万省的米特拉姆。8月1日起，阿富汗南部重镇坎大哈的苏军开始撤离，西部的信丹德、赫拉特和北部的昆都士地区的苏军也采取了行动，而且苏军开通了西部由赫拉特至国内的撤军线路。

苏军撤出坎大哈后，早在7月就做好包围之势的游击队向城内的2万阿富汗政府军发起进攻。他们声称，坎大哈将是临时政府的首都。阿富汗政府军全力防守，在城区周围埋下大批地雷，并设置了炮兵阵地，游击队久攻不下，双方势均力敌，处于对峙状态。

8月10日，阿富汗游击队聚集数千人，向昆都士发起进攻，迅速突破了阿富汗政府军的防线，攻入城区。近千名阿富汗警察和当地民兵不战而降，游击队全面占领昆都士。苏军对阿富汗游击队占领了这个靠近苏阿边境的重镇极为震惊，立即从境内调动"逆火"式轰炸机，持续空袭昆都士，8月15日，阿富汗游击队无力坚持，被迫撤出昆都士。

苏军第一阶段撤军结束之后，阿富汗游击队的进攻已遍及阿富汗全国。游击队攻占了喀布尔西北约230公里的巴米安省省会巴米安，又占领了与苏联接壤的塔哈尔省省会塔洛坎。阿富汗游击队的战果不断扩大，大批的阿富汗政府军向抵抗力量投诚。

撤军的最后几个月，苏军也遭到了不小损失。1988年8月21日和9月30日，2架米-24战机被击落，苏军飞行员死亡。在美国和巴基斯坦的支持下，游击队对苏军和阿富汗政府军的进攻更加猛烈。阿富汗已不再是苏军久留之地了，撤出阿富汗的进程只能加快，不能放慢。苏联国内局势已经使戈尔巴乔夫感到自己的地位正在受到越来越严重的威胁了，必须尽快解决阿富汗问题，腾出手来对苏联国内动几个大手术。

1988年12月28日，格拉莫夫中将在喀布尔召开的记者招待会上宣布：苏军将如期在1989年2月15日前全部完成撤军。他强调，最后阶段的撤军将不会像第一阶段撤军那样顺利，因为阿富汗游击队正在计划发起新的军事行动，可能会以布雷或袭击的方法对撤出的苏军进行挑衅。另外，目前正处于气候恶劣的冬季，阿富汗北部地区覆盖着厚厚的积雪，交通极为不便，再加上此次撤军期限短，回撤人数众多，将会遇到很大的困难。行动上，苏联方面却显得极为迅速，到12月底，留在阿富汗国内的苏联专家顾问、各类文职人员已基本上回撤完毕。

1989年1月初，驻阿富汗苏军各部开始集结收缩，基本上都集结到了喀布尔、巴格拉姆和信丹德3个机场，等待最高当局下达最后的撤军命令。莫斯科正为撤军问题而处于紧张的筹备中，政治局会议在接连不断地讨论着阿富汗问题。直到1月10日，喀布尔地区的苏军才接到来自国内的撤军命令，萨兰公路上再次响起日夜相继的马达声和断断续续的枪炮声。

东部方向苏军第二阶段撤军从1989年1月13日开始，首先撤出的是第59物资保障旅、第108摩托化步兵师后勤分队等集团军后勤保障部队，然后是第278道路警卫旅、第276管道旅、第103空降师后勤分队、第180摩托化步兵团后勤分队、第181摩托化步兵团后勤分队等后勤部队。在沿途哨卡担任警戒和封锁任务的作战部队撤军从1989年1月28日开始，至2月12日结束。西部方向的苏军组成10个行军纵队撤回苏联境内，东部方向苏军则组成33个行军纵队撤回苏联境内。1989年初的撤军行动中，为了抵御阿富汗游击队对撤退苏军行军纵队的攻击，苏军沿行军路线组建了一些配有炮兵观察组的排级规模火力支撑点，构建了火力阵地，还不时发动一些小规模反击。在此期间，技术保障部队也渐渐撤除了第一阶段撤军时建立的损坏车辆收集所。

1989年2月2日夜，驻阿富汗苏军第50武装直升机中队飞行员格洛夫诺夫上校和他的武器操控官在侦察攻击路线的行动中阵亡，他们的米-24"雌鹿"直升机是在阿富汗战争中被击落的333架苏军直升机中的最后一架。333架直升机在一些人眼中或许是个庞大的数字，但和越南战争中美军损失的上千架UH-1直升机相比已经微不足道了，不过它给阿富汗游击队和民众带来的，是挥之不去的痛苦、恐惧和仇恨。

1989年2月15日早晨，阿富汗北部山区下着鹅毛大雪，一支由70辆坦克和装甲车组成的苏军纵队，在没有任何欢送仪式的情况下，驶离了阿富汗北部边境城市海拉顿。莫斯科时间上午9点55分，当最后一辆装甲车通过苏联-阿富汗边境的阿姆河大桥时，驻阿富汗苏军司令员格拉莫夫中将从车上跳下来，同前来迎接他的儿子一起，徒步走过了边境线。面对蜂拥而上的苏联塔斯社记者，格拉莫夫中将说："我是最后一名撤出阿富汗国土的苏军人员。在我身后，再也找不到一名苏军士兵了。"

长达9年零2个月的阿富汗战争，就此结束。

据苏联方面承认的数字，9年的阿富汗战争中，苏军共投入兵力62万人。战争的结果是，驻阿富汗苏军的直接战斗减员约为1.4万人，占总兵力的2.33%。而由于疾病导致的非直接战斗减员高达41.6万人，占总兵力的67.31%。但各方的统计皆不相同，具体死亡人数从3万到5万甚至10万以上不等。苏军在阿富汗战争中的伤亡，或许将永远没有确切数字。

据苏联方面公布的数字，苏军在阿富汗战争中的装备损失包括：飞机118架、直升机333架、坦克147辆、装甲运输车与步兵战斗车1314辆、火炮433门、工程车辆510辆、各种卡车和油罐车11369辆。

但是这些远远无法与阿富汗遭受的苦难相提并论。9年的战争中，阿富汗有130多万人丧生，500多万人流亡国外沦为难民。战争让阿富汗几乎成了这个世界上一块被遗忘的角落。

第四章
永无尽头的"持久自由"

1. 新势力的崛起

苏联完成撤军的当天，一位阿訇在喀布尔市中心大清真寺的殿堂里，面对神坛，默默祈祷："我祈求和平，我们阿富汗的每一个家庭几乎都有人在战争中伤亡。现在，苏军撤走了，战争不应再继续下去了，早日恢复和平是我们全体人民的心愿，愿真主保佑我们。"

破碎的家园等待重建，人们企盼和平，苏军的撤离是这一切的最佳契机。然而，现实并没有让饱受战争苦难的阿富汗人民如愿，战争远远没有离开阿富汗。

面对游击队的进攻，1989年2月18日，纳吉布拉宣布：阿富汗全面进入战时状态，解除非人民民主党籍的7名政府部长和1名部长顾问的职务。2月19日，阿富汗成立了一个以纳吉布拉为首的二十人国防委员会，负责保护阿富汗"免遭外国干涉"。2月20日，纳吉布拉沙解除总理沙尔克的职务，由自己兼任总理。随后，他又亲自走向街头，对全体阿富汗人民民主党员和所有阿富汗民众进行战备动员，提出"全民参战，保卫家园"的口号，大力扩充军备，充实加强正规军，一支人数可观的民防队伍也迅速被建立起来。大规模的内战即将爆发，到2月27日，驻喀布尔的四十多个外交使团中已有三十五个撤离或仅留看守人员。

经过多方扩充，纳吉布拉宣称人民民主党政权拥有正规军、警察和保安部队12.7万人，以及忠于政府的部族武装和民兵17万人。苏联计划通过加强喀布尔政权的实力，迫使阿富汗游击队接受苏联的善后安排，在阿富汗保持一个亲苏的政府。

1989年3月6日清晨，也就是苏军全部撤出阿富汗后的第22天，一颗炸弹在贾拉拉巴德城南轰然爆炸。阿富汗游击队开始全力围攻贾拉拉巴德，从而拉开了阿富汗迄今尚未结束的长年冲突的序幕。

此时的阿富汗游击队已拥有约20万人的总兵力，仍不断得到以美国为首的外部世界不遗余力的武器援助，军事实力大增。阿富汗游击队控制了阿富汗境内的5座省城，切断了城市与城市之间的交通干线，包围了许多大城市。仅在喀布尔周围，游击队就有3万之众；在坎大哈和贾拉拉巴德周围，游击队兵力有1万多人。阿富汗游击队坚决反对纳吉布拉的阿富汗人民民主党参加政府，要求喀布尔政权交出全部权力。

然而，阿富汗游击队内部矛盾重重，派系斗争复杂，根本不能形成合力。总部设在巴基斯坦白沙瓦的穆斯林逊尼派抵抗力量组成的“七党联盟”——阿富汗圣战者伊斯兰联盟最为人熟知，但总部设在伊朗德黑兰的8个穆斯林什叶派抵抗力量组成的“八党联盟”实力同样不能小觑。各派内部也是派中有派，争执不休。喀布尔的政府雇员拉希德面对前来采访的外国记者，不禁感慨道：“我们面临的局面是，抵抗组织和人民民主党都拥有20万人的武装，双方都在外国的帮助下装满了自己的军火库。抵抗组织要人民民主党交权，而人民民主党则主张各派政治势力在平等的基础上分享权力。他们是否能够妥协呢？我是一个穆斯林，只能说因沙安拉——愿真主保佑！”

1989年2月初，“七党联盟”主席穆贾迪迪与“八党联盟”签订协议，规定后者在行将建立的协商议会和临时政府中分别占有100个（总计526个）和7个席位。然而，由于原教旨主义派的反对，“七党联盟”最终决定只给“八党联盟”80个议员席位并取消原定的内阁名额；于是，“八党联盟”拒绝参加协商议会，“七党联盟”即于2月23日选出了自己独家控制的临时政府。贾拉拉巴德之战就是在这种情况下开始的。

争夺贾拉拉巴德之战是阿富汗全面内战的开始。这既意味着阿富汗游击队与喀布尔政权之间的战斗，也意味着游击队内部各派系之间冲突的激化。贾拉拉巴德是阿富汗的第三大城市，位于巴基斯坦与喀布尔之间，是通往喀布尔的要冲，战略地位显而易见。苏联撤军后，该城一直被"七党联盟"的游击队包围着。阿富汗游击队原计划于1989年3月7日发起总攻，但希克马蒂亚尔的游击队武装提前数日赶到城南，居然无视联合作战计划，在其他游击队进行整编部署之际，独自提前向贾拉拉巴德发起了进攻。

一次进攻便引爆了阿富汗内战的火药桶，贾拉拉巴德城南的爆炸声催促着其他游击队顾不得等待命令，也相继投入战斗。希克马蒂亚尔乐观地估计，阿富汗政府军会望风而降。"两个月内，总统府就要换主人了。"他如此自信是有理由的。过去的8年中，阿富汗主要与强大的苏军交战，区区几千名阿富汗政府军完全不被放在眼中，况且贾拉拉巴德的城防工事有一多半没修好，许多碉堡只修了墙却没建顶盖。而从巴基斯坦出发的阿富汗游击队有2.5万人之多，他们还获得了美国提供的反坦克装备和迫击炮，配备大量丰田皮卡和骆驼作为交通工具。而且他们距巴基斯坦境内的后勤基地也不远，进可攻退可守。

尽管整个作战部署被打乱，但阿富汗游击队凭借着3比1的绝对优势兵力，在炮火的掩护下，频频向贾拉拉巴德发起攻击。游击队旗开得胜，攻占了该城南方边境公路边17个哨所中的12个，所有通向城内的道路都被封锁。部署在城市外围的阿富汗政府军第11步兵师非死即降，师长巴拉克扎伊少将也被游击队的间谍暗杀。之后，阿富汗游击队不断向城内倾泻炮弹和火箭弹。阿富汗政府军士兵龟缩在工事里，用大口径火炮不停地向游击队轰击。天空中不时出现阿富汗政府军银灰色的苏−27战机，呼啸着冲向游击队，扔下的集束炸弹像爆米花似的在阿富汗游击队的阵地上爆炸。

兵力的巨大差距让阿富汗政府军无法抵挡住游击队的攻势。局势危急，阿富汗总统纳吉布拉居然拿出了令世界惊奇的魄力，迅速改组国防部、内务部和国家安全部三大武装系统，确定了自己的垂直指挥关系。他还接受仍继续工作的苏军总参谋部驻阿作战指挥组组长瓦连尼科夫大将的建议，组建战略预备队，充当填补战场缺口的"撒手锏"。与此同时，纳吉布拉不顾苏联顾问的抗议，以近乎抢劫的姿态征用驻阿富汗苏军未及运走的军事装备。事实上，纳吉布拉敢这么干，就是抓住了苏联仍需要其抵抗阿富汗游击队的心理。

就在贾拉拉巴德战役最激烈的时候，纳吉布拉把政府军扩编到了30余万，全部装备与苏军一样的武器。不过，接下来的局面变得滑稽起来：苏联提供的武器越来越多，阿富汗政府军的装备程度却越来越低。原因是适合操作精密武器的人手不够，许多武器只能闲置在仓库里，甚至露天堆放。即便如此，阿富汗人的索取依然没有止境。阿富汗国防部长塔奈和国家安全部长亚库比一起前往莫斯科，提出高达12亿卢布的武器援助要求。戈尔巴乔夫居然全都答应了下来。

整个阿富汗在惊恐中进入1989年。1月12日至15日的贾拉拉巴德外围战，以阿富汗政府军的大败告终，贾拉拉巴德与喀布尔的陆地联系完全中断。代理城防司令贾马利打电话给纳吉布拉："如果48小时内得不到援助，我们将炸毁武器库，然后向敌人投降。"

纳吉布拉也马上向苏联提出最后通牒："我们已经全力以赴，如果莫斯科还需要我们，那么至少要帮我们把部队送进贾拉拉巴德，那里是我们双方共同的'斯大林格勒'！"

苏联终于还是为阿政府军提供了援助。从1月17日至24日，苏联航空兵向贾拉拉巴德密集运送了3000吨面粉，外加2500吨军火和20套大型军事器材，运来的援兵更是不计其数。到2月15日，也就是最后一名苏军离开阿富汗之时，阿富汗政府军在贾拉拉巴德前线已集结了近8000人，初步建立起完整的战线。尤其是在2月初的一次战斗中，阿富汗政府军主动出击，夺回了被游击队占领的拉格曼谷地出口。游击队从巴基斯坦获得补给的通道受到了威胁。

尽管阿富汗政府军一度勇敢起来，但时间一长，内部不合、片面保存实力的顽疾却再度发作。当时尚在城里的苏联顾问加列耶夫发现，区区8000人的阿富汗政府军却分成正规军、内务部队和安全部队三大系统，经常出现属于不同系统的20—30人驻守同一地段，另一处阵地却空无一人的情况。为了守住城市，加列耶夫做出了巨大努力。他请求阿富汗空军和远程炮兵的帮助，先用密集的轰炸和炮击将处于进攻准备阶段的游击队击溃，同时抓住时间空当全力加固工事和运送物资。由于陆地交通被切断，守军所需的弹药、燃料和食品全部依靠空投。阿富汗政府军曾试图打通陆路通道，但援兵始终被游击队远远地挡在城外。

据当时身处贾拉拉巴德的苏联记者弗拉基米尔·斯诺格里洛夫回忆，阿富汗政府军"像男子汉一样"拼死抵住游击队一轮接一轮的猛攻。尽管陷入重围，政府军将领们也不顾危险，与士兵一起守在战壕里。

游击队方面虽然也不断得到武器支援，但这些习惯游击的武装分子对攻坚战完全没有经验，往往在密集火力面前碰得头破血流。各游击队之间缺乏配合和联系，几次发生自己人打自己人的"误伤"事件。有的游击队攻进机场后却遭到其他游击队的炮击。攻城受挫的阿富汗游击队转而在多个省展开无差别袭扰，尤其是马苏德领导的游击队完全切断了海拉屯—喀布尔交通线在南萨兰戈的部分通道，试图牵制住阿富汗政府军的机动兵力，将贾拉拉巴德守军困死。

随着贾拉拉巴德战场出现相持不下的局面，美国向苏联发出照会，指责其暗中军援纳吉布拉，威胁要暂停对苏联的粮食贷款。无奈之下，戈尔巴乔夫指示苏联国防部在2月中旬停止供应武器，阿富汗政府军不得不启用之前储备的三个月应急物资。消耗储备无法持久，尤其是前线的阿富汗政府军官兵根本不讲武器开火程序和弹药消耗定额，他们常挂在嘴边的一句话是："敌人对着我们倾泻炮弹，我们还有什么定额可讲？"这一论调使弹药消耗达到了可怕的地步。

3月10日下午，贾拉拉巴德的旧城区和机场先后被阿富汗游击队攻占。纳吉布拉呼吁苏联立即恢复援助，尤其是加强贾拉拉巴德方向的防御力量。3月12日，苏联决定恢复军援，责成国防部组建6支车队，每队由100辆军用卡车组成，还动用运输机建立从塔什干到喀布尔的空中走廊，紧急调运军火，特别是几千套"什米尔"单兵云爆弹送抵贾拉拉巴德，顿时让那里的形势发生逆转。在阿富汗政府军精锐部队的反击下，游击队夺取的阵地不断丢失。3月12日，阿富汗游击队被迫放弃城中阵地，撤出城区，在外围继续包围贾拉拉巴德。

3月15日，阿富汗政府军动用苏联帮助组建的一个"飞毛腿-B"战术导弹营，对游击队基地和聚集地实施"斩首"。从没见过这种场面的阿富汗游击队员把来袭导弹当成演出，兴奋地观看导弹在天空中划出的弹道。最初的快乐过后，他们清醒过来——导弹会要了自己的命。阿富汗政府军的守城兵力渐渐增加到1.5万人，并在武器质量和兵员数量占优势的情况下开始发动反击。3月底，阿富汗政府军逐渐掌握了战场节奏。突入城内的游击队被逐渐肃清。来自空军的苏-17轰炸机和苏联民航的安-12、伊尔-76运输机的支援，让阿富汗政府军能够以火力优势粉碎游击队的集团进攻。

4月初，贾拉拉巴德战役基本宣告结束。阿富汗政府军守住了阵地，4500余名阿富汗游击队员阵亡。纳吉布拉趁机展开宣传攻势，宣布政府军从4月6日起停火，共度穆斯林斋月。他还约见了几个省的部落长老和宗教人士，阐明苏联撤军后游击队应停止"圣战"了，号召阿富汗全体民众支持民族和解政策。其实喀布尔政权内部已是众叛亲离，叛逃内讧时有发生。不过，在抵抗力量方面，各游击队组织也已经因宗教、政见和党派之争陷于严重的分裂境地。

抵抗运动内部的分歧不仅影响到军事行动的有效性，而且导致了各派间的火并。1989年7月，希克马蒂亚尔的伊斯兰党武装据称伏击了来参加军事会议的"潘杰希尔雄狮"马苏德游击队人员，打死30人，其中7人为指挥官。其后，两派之间爆发了大规模战斗，死亡人数达300人之多。由于在伏击事件上受到其他六党的谴责，伊斯兰党于8月断绝了与它们的联系，希克马蒂亚尔也于年底辞去了临时政府外长的职务。之后，临时政府曾呼吁伊斯兰党重返"七党联盟"，遭到后者的拒绝。

抵抗运动中的种种派系及其相互间的矛盾冲突反映出一个重要的事实，即第二次世界大战后阿富汗的社会经济变迁和国内潜在矛盾的表面化。对本身的社会经济乃至政治地位感到不满的阿富汗各个阶层、民族，都企图借助抗苏战争的契机来宣泄自己的愤懑，用行动来争取在未来阿富汗政治结构中的地位。考虑到阿富汗各地区间社会经济联系的薄弱和中央政府对地方事务的鞭长莫及，中下阶层及宗教、民族少数派的崛起意味着阿富汗内部分裂因素的增长。一些西方人士甚至公开预言，阿富汗将会四分五裂：东南部普什图人地区将并入巴基斯坦，北部少数民族地区将分别与前苏联的塔吉克斯坦、乌兹别克斯坦和土库曼斯坦合并，西部则将并入伊朗。这一前景当然是国际社会不希望见到的。

苏联撤军后喀布尔政权的继续存在和抵抗运动内部的火拼使国际社会感到震惊。美国开始考虑采用非军事手段解决阿富汗问题。1989年6月，巴基斯坦总理贝·布托访美期间，双方确认继续向阿富汗游击队提供武器，同时提出应通过政治方式鼓励在阿富汗建立一个有代表性的、和平的、不结盟的政府，以取代喀布尔现政权。这个方案实际上就是要求纳吉布拉把政权拱手让给"七党联盟"的临时政府。事实上，美国对"七党联盟"的运作方式也日益感到不满。

1989年9月3日，《华盛顿邮报》报道，美国和巴基斯坦决定改变援助阿富汗游击队的方式，以鼓励抵抗运动中"不同的地区权力中心群体的增长"。9月8日，一名美国驻意大利高级外交官会晤了隐居罗马的阿富汗前国王查希尔，显示了美国政策的微妙变化。苏联也想尽办法要维持一个对苏友好的阿富汗政府。1989年12月，苏联外交部长谢瓦尔德纳泽也去罗马拜会了前国王查希尔，希望他出任阿富汗国家元首。就这样，在国际大潮和国内军事进攻失利的影响下，阿富汗游击队也开始寻求政治解决的途径，巩固内部团结。

1990年6月16日，以伊朗为基地的"八党联盟"与另一个抵抗组织合并为"伊斯兰统一党"。这背后的推手自然是伊朗政府，伊朗此举旨在促进什叶和逊尼两派组织的联合，为一个新的阿富汗联合政府打下基础。6月下旬至7月中旬，"伊斯兰统一党"代表团与"七党联盟"在白沙瓦举行了为期三周的会谈。由于在大选时间和临时政府内阁部长名额分配问题上分歧太大，会谈最终以失败告终。

面对外部形势，喀布尔政权也没有停止动作。1990年6月26日，在喀布尔召开了阿富汗人民民主党第二次代表大会。纳吉布拉在大会上做报告，他承认人民民主党执政后由于对国内社会和国际形势缺乏全面了解，推行了一系列急躁冒进的政策，犯了错误。他承认苏军进入阿富汗不符合阿富汗民族的利益，是党和国家历史上痛苦的一页。这次大会上，纳吉布拉把"阿富汗人民民主党"改组为"祖国党"，他继续当选为祖国党主席。这次大会上，与会代表有60%是激进的社会主义者，主张党的"伊斯兰化"和主张捍卫"四月革命"成果的两派之间爆发了激烈的辩论。纳吉布拉的全国和解政策在全党尤其是在"旗帜派"遭到很多人的反对。纳吉布拉为了安抚党内反对派，强调自己不会放弃"四月革命"后取得的成果，相反会竭力维护它，不会放弃一党专政，或者去和"反动的毛拉们"合作。

不过这些都无济于事，喀布尔政权正在走向崩溃，因为苏联渐渐无力继续向纳吉布拉提供支持了。苏军撤离阿富汗之初，苏联外交部还曾强硬地表示——苏联不会对威胁阿富汗独立的活动或在那个国家发生的杀戮坐视不顾。但苏联不久就发现，自己也走到了崩溃的边缘。

当苏军从阿富汗撤退完毕后，苏联国内对阿富汗战争进行了深刻的反思。1989年12月24日，苏联第二次人民代表大会在这一天宣布：1979年苏联出兵阿富汗的决定，是由前领导层内一个由勃列日涅夫、乌斯季诺夫、安德罗波夫和葛罗米柯组成的小圈子在违背苏联宪法的情况下做出的，应该受到"道义上和政治上的谴责"。人民代表大会还建立了一个委员会来调查阿富汗战争的起因和结果。

阿富汗战争动摇了苏联的根基，所谓"剧变"开始了。1990年3月，戈尔巴乔夫改头换面，成为苏联总统。5月，叶利钦当选为俄罗斯联邦最高苏维埃主席。7月，苏共二十八大召开，戈尔巴乔夫修改党章，废除一党制，叶利钦宣布退出共产党。在整个1990年，苏联各个加盟共和国纷纷独立。1991年2月，叶利钦要求废除有名无实的苏维埃联盟。7月，叶利钦就任俄罗斯总统，并取缔了共产党。8月19日，苏联发生政变。12月21日，11个加盟共和国在阿拉木图发表宣言，宣布"苏维埃社会主义共和国停止存在"。1991年12月25日，戈尔巴乔夫宣布辞去苏联总统职务。当晚，镰刀锤头红旗从克里姆林宫降下，标志着有74年历史的苏联已不复存在。

从阿富汗撤退的苏军，竟然是回国为苏联送葬的。

随着苏联的轰然倒下，在内战中苦苦支撑了三年的喀布尔政权显然已是只有招架之功，再无还手之力了。1990年夏天，阿富汗政府军处于防御态势。至1991年年初，阿富汗政府仅能控制全国10%的地区。在莫斯科，只有苏联国家安全委员会主席克留奇科夫和外交部长谢瓦尔德纳泽主张继续援助纳吉布拉政府。克留奇科夫在1991年"8·19事件"失败后被逮捕，谢瓦尔德纳泽也在1990年5月辞去苏联外长职务，苏联领导层不再有任何亲纳吉布拉的人。

1991年末，美苏经过多次谈判一致同意，自1992年1月1日起，双方同步停止对纳吉布拉政权和抵抗力量的军事援助。这份貌似公允的协议实际上只对阿富汗游击队有利，因为当时沙特阿拉伯、埃及乃至伊朗都在援助阿富汗游击队，而纳吉布拉政权只能从苏联得到支持。终止军援的声明一经发布，喀布尔顿时陷入恐慌。

事实上，苏联在"8·19事件"后，陷入严重的政治和经济危机，根本无暇顾及纳吉布拉。随后苏联解体，叶利钦也不愿意继续援助纳吉布拉政府，他认为这是"苏联的遗物"。1991年秋天，纳吉布拉写信给谢瓦尔德纳泽："我并不想成为总统，是你说服了我，说坚持就可以了，并承诺给予支持。现在，你抛弃了我和阿富汗共和国的命运。"

与此同时，美国却从未遵守与苏联达成的协议，仍继续向阿富汗游击队提供援助。喀布尔政权的经济援助则被完全切断，阿富汗食品与燃料短缺，人民怨声载道。加之执政的祖国党分裂，反纳吉布拉的势力急剧扩大，甚至与游击队联系。在伊朗、巴基斯坦和西方国家的支持下，阿富汗游击队加强进攻，接连攻下几个省，对喀布尔形成南北夹击之势。此外，联合国关于政治解决阿富汗问题的和平计划也是纳吉布拉下台的催化剂，阿富汗政府军斗志瓦解。内外交困下，1992年3月18日，纳吉布拉向全国发表电视讲话，表示同意交权。1992年4月7日，他宣布已准备提前交权，将不等待在联合国主持下向阿富汗游击队交权的日程安排。

国防部副部长阿卜杜勒·拉希德·杜斯塔姆是纳吉布拉手下的实力派将领，深受纳吉布拉的新任。4月16日，阿富汗游击队战地司令马苏德与杜斯塔姆达成秘密协议，杜斯塔姆放马苏德通过了喀布尔外围防线。危急中，纳布吉拉用飞机将家属送到了印度新德里。他正式宣布，卸去阿富汗总统职务，由4名副总统和4名高级将领组成联合委员会接管权力，杜斯塔姆任委员会领导人。委员会无力控制局势，很快陷入瘫痪状态。阿富汗出现了实际上的权力真空，马苏德和伊斯兰统一党游击队希克马蒂亚尔两派力量迅速对首都喀布尔形成了包围之势。

在印度大使馆的安排下，纳吉布拉准备乘飞机流亡国外。他在赴机场途中被杜斯塔姆控制下的喀布尔当局民兵截回，只好躲进联合国驻喀布尔的办事处避难。拦截纳吉布拉出逃，被视为杜斯塔姆向阿富汗游击队做出的一种政治姿态。"七党联盟"知道纳吉布拉在国际上有一些声望，没有轻举妄动，只是将联合国办事处包围。

1992年4月24日，马苏德和伊斯兰统一党游击队希克马蒂亚尔两派开始向城内发起进攻。喀布尔市区各处响起了炮击声和轻武器的射击声。很快，马苏德的部队控制了总统府、喀布尔机场、国家电台、电视台。希克马蒂亚尔的部队则占据了内政部、国防部大楼等要地。当天晚上，马苏德的发言人在阿富汗国家电视台宣布："前政府已经垮台。根据阿富汗游击队委员会主席穆贾迪迪的指令，一个由'圣战者'领导人马苏德为首的战斗人员委员会已主持工作，接管了首都的治安工作。所有军事力量都必须置于'圣战者'组织领导下，共同维持喀布尔秩序和保护人民生命及财产的安全，维护喀布尔的和平与安宁。"

喀布尔的市民还没有来得及庆祝新政权的诞生，希克马蒂亚尔通过无线电台宣布，他拒绝接受新成立的游击队临时委员会，同时要求已归顺马苏德政权的前阿富汗政府军喀布尔卫戍部队向伊斯兰统一党游击队投降，否则将用军事手段解决问题。推翻前政权的战斗刚刚结束，游击队内部争权夺利的狼烟又升起。卫戍部队拒绝再次投降，希克马蒂亚尔如约开战，喀布尔市区再度战火纷飞。

双方动用大炮互相轰击，喀布尔自1979年苏联入侵以来第一次陷入大规模炮战。激烈的战斗中，马苏德的部队略占上风。以政治派系而论，马苏德属于"七党联盟"中由布尔汉努丁·拉巴尼领导的伊斯兰促进会。如此，拉巴尼的发言权日益增大，他成为新政权临时领导委员会的最主要成员。1992年6月28日，拉巴尼接替穆贾迪迪，出任"阿富汗伊斯兰国"第二任临时总统。

拉巴尼的地位上升，让局面更加不可调和。从1992年4月底到1992年年底，希克马蒂亚尔的伊斯兰党武装3次向喀布尔发动大规模的进攻。更多派系卷进了喀布尔的巷战，伊斯兰促进会武装、马苏德的部队以及与之结盟的杜斯塔姆武装与希克马蒂亚尔的伊斯兰党武装之间，前"七党联盟"主席萨亚夫的部队与什叶派联盟之间均多次发生恶战；交战各方使用了坦克、重炮、火箭炮、飞机等重型武器，居民纷纷逃离喀布尔，首都喀布尔成为一座"鬼城"。

看似永不停息的冲突中，阿富汗进行了"选举"。1992年12月29日，拉巴尼在"总统选举"中获胜，在决策委员会上当选为阿富汗过渡政府总统，任期两年。这场"竞选"引起了阿富汗国内多数党派的不满，战火被推到高潮。

1993年1月19日，马苏德的部队为了避免希克马蒂亚尔武装用火箭弹袭击喀布尔市区，决定主动出击，将希克马蒂亚尔的势力赶出郊区。但事不遂人愿，在郊外经过数日殊死相争，马苏德的部队不仅没有把希克马蒂亚尔武装赶走，反而损失了大量兵员和一些坦克之类的重装备，被迫向城中退却。激烈的战斗一直持续到2月上旬，始终不分胜负。

在国际舆论和巴基斯坦特使古尔的调停下，阿富汗各派于1993年2月13日宣布暂时停火，结束了这场历时近一个月、伤亡7000人的血腥战役。停火协定签订了，但问题并没有得到解决。1993年4月，阿富汗各派签署《伊斯兰堡协议》，确定由希克马蒂亚尔担任总理。但希克马蒂亚尔害怕遭到忠于拉巴尼的部队暗算，一直拒绝到任。1992年底过渡政府成立后，杜斯塔姆拒绝接受国防部副部长一职，而是控制着以马扎里沙里夫为中心的北方基地，成为阿富汗北方最大的政治、军事组织领袖。善变的他背叛了马苏德，选择与两年前的敌人希克马蒂亚尔合作。1994年初，希克马蒂亚尔联合杜斯塔姆，在喀布尔附近发动了一场推翻总统拉巴尼的未遂政变。随后，希克马蒂亚尔和杜斯塔姆以及阿富汗民族解放阵线、伊斯兰联盟结成了四党反政府联盟。就这样，阿富汗境内的激战再度开始。1994年8月，战斗更是达到高潮。

就在这些乌合之众为了苏联留下的残羹冷炙而混战不堪的时候，1994年10月，一支叫作"塔利班"的武装悄然崛起了。

"塔利班"（即"Taliban"），这个词是"talib"的复数，意为"伊斯兰信仰的学生"或"宗教学生"，也有人将其意译为"神学士"。塔利班的崛起很大程度上归功于创始人奥马尔不可思议的个人魅力。毛拉·奥马尔，人称"阿米尔·乌尔·莫米宁"（"信众的长官"之意），塔利班的创始人和最高领导人。1959年他出生在阿富汗坎大哈省诺德赫村一个贫困的农民家庭，父母是无地的雇农，都笃信伊斯兰教，很小时他就担起了养家糊口的责任。由于家境贫寒，奥马尔13岁之前甚至没有穿过鞋。1979年苏军入侵阿富汗后，奥马尔举家迁移到阿富汗中部的乌鲁兹甘省。当时还在上大学的奥马尔积极投身阿富汗伊斯兰革命党领袖迈哈迈德领导的反苏游击队，成为一名出色的RPG火箭筒射手。在战斗中，奥马尔身先士卒，表现勇猛，多次击毁苏军坦克，曾先后四次负伤，并在一次战斗中失去了右眼。如此，奥马尔以"独眼将军"的形象而闻名，还被提升为游击队副司令，但他当时还不算是显赫人物。在"圣战"的岁月里，他与后来大名鼎鼎的本·拉登并肩作战，结下了深厚的友谊。

苏军撤出阿富汗之后，奥马尔回到家乡，开设了一家伊斯兰宗教学校，自任校长。1994年春天，他的命运发生了改变。奥马尔的一位邻居向这位年轻而虔诚的毛拉求助，告诉他当地两名少女被一名部落军阀的手下诱拐，在营地中被剃发并遭受了惨无人道的侮辱。义愤之下，奥马尔率领匆忙召集的30名学生，不顾手中只有16支步枪，敌众我寡，发动了一次奇袭，结果大获全胜，成功解救出了那两名少女。此后，奥马尔和他的追随者们发动了一系列针对当地巧取豪夺的部落军阀的攻击，并反复声明自己索要的唯一回报即是民众追随他，建立一个公正、和平的伊斯兰社会体系。

1994年8月，奥马尔从坎大哈附近的难民营中的伊斯兰宗教学校里征招学生，组建了最初只有800余人的"塔利班"。奥马尔高喊铲除军阀、重建国家、反对腐败、恢复商业的口号，此举很得民心。1994年12月，塔利班兵不血刃地占领了阿富汗第二大城市坎大哈，缴获了苏制坦克、装甲车、大量轻武器以及苏联占领时代遗留下的6架米格-21战斗机和6架运输直升机。总数超过1.2万名在巴基斯坦边境难民营伊斯兰宗教学校中就读的阿富汗年轻人，以及巴基斯坦年青一代伊斯兰激进分子，争先恐后穿越边境前往坎大哈省参加这场突然兴起的"圣战"。阿富汗南方很多军阀也纷纷投奔到奥马尔的麾下。在他的领导下，塔利班逐渐发展成为阿富汗各派中最强大的一支势力，兵力达到5万多人。塔利班的骨干成员多来自宗教学校和受过培训的阿富汗普什图族难民，所以一度被外界认为是代表普什图族的利益。

在随后的3个月时间里，有来自巴基斯坦的记者记录下了自己在阿富汗目睹的情境："1995年3月，我亲眼看到了阿富汗历史改变的一幕。在坎大哈通向赫拉特、横贯'死亡沙漠'的公路上，挤满了装载塔利班战士的丰田皮卡。他们怀抱着AK-47冲锋枪和RPG火箭筒，以及成箱的弹药、袋装小麦拥挤在一起，大多数看起来非常年轻，在14—24岁之间。他们没有任何关于数学、历史、地理或者生物等现代教育能够给予的知识，只能用最平实粗浅的语言来解释先知穆罕默德的教诲和伊斯兰法律。"

就这样，塔利班在短时间内控制了阿富汗31个省份中的12个。1996年2

月，超过1200名来自阿富汗各地的毛拉与其他宗教领袖聚集在坎大哈。他们开了两个星期的大协商会议（普什图语称作"大舒拉"），会上一致推举奥马尔为"埃米尔"。奥马尔成为领袖，除了政治军事才能之外，更多是因为他虔诚地笃信伊斯兰教。在万众欢呼中，他披上了克尔卡-伊-穆巴拉克（即先知穆罕默德的斗篷，前文章节中有所提及），从而宣布他不仅是全体阿富汗人的最高领袖，更是全体穆斯林社团的导师。

1996年5月至6月间，塔利班发动了代号为"进军喀布尔"的战役，很快控制了阿富汗全境近40%的领土。塔利班乘胜向喀布尔发起全面攻击，1996年9月27日，塔利班攻占首都喀布尔。奥马尔指派6名来自坎大哈省、从未涉足现代化城市的毛拉组成喀布尔最高管理委员会，宣布在喀布尔施行有史以来最为严苛的伊斯兰法统治：所有妇女被禁止从事任何工作，这意味着几乎全部小学、医疗卫生机构和相当一部分公共事业的瘫痪。几十所女性教育机构被强制关闭，将近7000名学生被强行驱赶回家。电视、电影、录像厅、音乐以及包括博彩、棋类和足球等任何娱乐消遣迅速从喀布尔市民的生活中消失了，全副武装的塔利班战士在街头巡逻，逮捕那些胆敢不穿全套黑色长袍的妇女和敢于剃须的男子。窃贼的处罚是断手断脚，酗酒者将被判处鞭刑，而犯有"通奸罪"者则被乱石打死。

塔利班攻占喀布尔后，下场最为凄惨的当属前总统纳吉布拉。从1992年到1996年，纳吉布拉一直在联合国驻喀布尔办事处避难，并等待联合国通过谈判寻求到印度流亡的安全通道。穆贾迪迪、拉巴尼、马苏德等领导人多次表示，愿意赦免纳吉布拉和喀布尔政权的官员。塔利班即将攻入喀布尔时，马苏德曾两次为纳吉布拉提供离开的机会。尽管他们是政敌，但马苏德从幼年时便认识纳吉布拉，两人曾住在同一个街区。纳吉布拉拒绝了，他相信塔利班。普什图人喜欢纳吉布拉，同为普什图人的塔利班应该会饶他一命，也不会伤害他。就在纳吉布拉落入塔利班之手的前一天，有人找到纳吉布拉，劝说他一同逃离喀布尔。纳吉布拉拒绝了。后来的事实证明，这是无法挽回的错误。

而在塔利班看来，纳吉布拉这个"屠夫"必须严惩。当时联合国副秘书长古尔丁正在喀布尔，他希望能帮纳吉布拉离开喀布尔。古尔丁带着阿拉伯文版的《联合国宪章》面见塔利班领导人，希望他们能尊重人权，不要滥杀。塔利班领导人研究了《联合国宪章》，终究没有理会他的建议。

1996年9月27日当天，塔利班士兵找到了纳吉布拉的藏身之处，咆哮着冲进去将纳吉布拉抓住，并根据塔利班理解的伊斯兰教义进行了审判，判决纳吉布拉死刑。塔利班士兵先在众人面前将纳吉布拉口中塞满钞票，再把纳吉布拉的生殖器割下，然后把惨叫不止的纳吉布拉拴在一辆吉普车下，围着总统府拖了好几圈。直到纳吉布拉被折腾得奄奄一息，才最后用乱枪结果了他的性命。接着他的尸体被悬挂在城市广场的灯柱上示众。一周后，纳吉布拉腐烂得面目全非的尸体被扔进了臭水沟。他的兄弟也以同样方式遭到处决。

塔利班借残酷处死纳吉布拉向阿富汗公众显示一个新时代的开始。最初，塔利班以纳吉布拉兄弟的"罪行"为由，拒绝按"伊斯兰仪式"安葬他们。几经交涉，纳吉布拉兄弟的尸体后来被移交给国际红十字会驻帕克蒂亚省的派出机构，转交阿赫马德扎伊部落以传统仪式安葬。塔利班处决纳吉布拉遭到了国际社会，尤其是伊斯兰世界的广泛谴责，联合国发表声明强烈谴责这一残暴行径，并称这样的谋杀将进一步动摇阿富汗的局势。塔利班则以缺席判处拉巴尼、马苏德、杜斯塔姆死刑作为强硬回应。一贯支持纳吉布拉的印度公开谴责这一暴行，并开始支持马苏德的"北方联盟"以遏制塔利班势力的扩张。处决纳吉布拉成为导致塔利班政权和国际社会关系紧张的主要因素之一。

塔利班攻占喀布尔后，以总统拉巴尼为首的原政府迁往阿富汗北部。1996年10月，拉巴尼召集成立"保卫祖国最高委员会"，由拉巴尼、马苏德领导的伊斯兰促进会、杜斯塔姆领导的伊斯兰民族运动和哈利利领导的伊斯兰统一党及一些小党派组成了"反塔利班联盟"。由于拉巴尼和马苏德的势力集中在阿富汗东北部，杜斯塔姆势力范围在西北部，哈利利势力范围在中北部，所以人们从地理概念上称之为"北方联盟"。

在北方联盟中，拉巴尼、马苏德领导的伊斯兰促进会主要由阿富汗第二大民族塔吉克族组成，杜斯塔姆领导的伊斯兰民族运动主要由乌孜别克族组成，哈利利领导的伊斯兰统一党主要由哈扎拉族组成。北方联盟中多属伊斯兰教中的温和派，与原教旨激进派的、"代表普什图族利益"的塔利班正成对照。1997年6月，北方联盟成立"拯救阿富汗伊斯兰联合阵线"政府，以马扎里沙里夫为临时首都，任命拉巴尼为总统，马苏德为国防部长。从那时起，北方联盟承袭了阿富汗伊斯兰国驻世界各国的使馆和联合国席位。

北方联盟成立初期，在总体实力上与塔利班旗鼓相当，据守在喀布尔北部地区，拥有大约4万兵力。北方联盟控制着阿富汗约30%的领土，包括巴达赫尚省、卡比萨省、塔哈尔省，以及帕尔旺省、库纳尔省、努尔斯坦省、拉格曼省和昆都士省的一部分。但由于北方联盟是为了共同抵抗塔利班的进攻而成立的，各派之间的固有矛盾依然存在，内部派系林立，各自为政，难以形成合力对抗塔利班的进攻。在1998年夏季战役中，北方联盟遭到惨败，马扎里沙里夫落入塔利班之手。2000年9月，塔利班攻克北方联盟的新临时首都塔洛甘，并切断了北方联盟与塔吉克斯坦间的主要后勤补给线。杜斯塔姆、哈利利等领导人流亡国外，仅剩马苏德一支武装孤军奋战，据守在巴达赫尚省、潘杰希尔山谷及阿富汗中部一小块土地上，占阿富汗国土面积的不到10%。

塔利班的目标是在阿富汗建立"世界上最纯粹的伊斯兰国家"，一切按照1400年前的伊斯兰教义行事。1998年8月，当塔利班占领北方重镇马扎里沙夫后，一场针对乌孜别克族和哈扎拉族的报复性屠杀随即展开。奥马尔亲自下令，允许士兵在进入该城后可以横行无忌两小时，使暴行整整蔓延了两天。1998年7月20日，塔利班勒令所有国际人道主义救援组织撤离喀布尔，立刻使得120万严重依赖外来食品、医疗援助的喀布尔市民陷入恐慌。绝望的妇女和儿童手持空空如也的水桶和食品篮，向路上不时驶过的塔利班武装皮卡车求援，得到的回答却是："真主总会想到办法抚养他们的子民。"

可惜的是，塔利班用来代替真主"抚养"阿富汗人民的东西，居然是鸦片。毒品和走私，成为塔利班开动战争机器的两大经济支柱。

塔利班当然也想发展正当经济，但收拾20年战乱留下的烂摊子谈何容易。他们曾试图吸引外资，开发阿富汗的石油和天然气，但不息的内战与严酷的伊斯兰教法，使投资者望而却步；另外，忙于打击北方联盟也使塔利班无法集中精力顾及经济重建。于是，毒品和走私成为塔利班的经济命脉。

虽然《古兰经》明确规定伊斯兰教徒不能制造、服用麻醉药剂，但塔利班的指挥官们相信，相对于大麻，鸦片是可以容忍的，因为前者毒害穆斯林，后者的使用者是异教徒。在塔利班领导层的眼中，对鸦片这种特殊货物课以伊斯兰税并不违背教义，而税额一直高达20%。

塔利班把阿富汗经营成了世界最大的鸦片生产国。由于生活困苦，种罂粟有利可图，很多阿富汗农民改种罂粟。鸦片使得每个阿富汗农户可以在一个季度内获得大约1500美元的收入。1998年，阿富汗生产了2100吨鸦片，1999年阿富汗生产了4600吨鸦片。在20世纪90年代末，阿富汗生产的鸦片是世界其他地方的3倍，其中96%的鸦片产自塔利班控制的地区。

就这样，塔利班成了世界上最大的海洛因生产商。据说塔利班在赫拉特建立了示范农场，阿富汗农民在那里学习提炼海洛因的最佳方法。在塔利班的庇护下，毒品交易商经营着阿富汗唯一的银行系统，该系统为阿富汗农民种植鸦片提供贷款。塔利班最高领导人奥马尔把打击毒品与联合国对塔利班政权的承认挂钩，他曾威胁说："即使'阿富汗伊斯兰国'得不到联合国的承认，塔利班政府和人民也不会害怕经济问题。"

1996年9月攻下喀布尔后，塔利班在阿富汗建立了全国性政权，正式名称为"阿富汗伊斯兰酋长国"，实行严格的政教合一体制。塔利班政权仅被巴基斯坦、阿拉伯联合酋长国和沙特阿拉伯三个国家承认是代表阿富汗的合法政府，其中巴基斯坦对塔利班的支持最为重要。为获取抗衡印度的战略纵深、扩大对中亚的影响，巴基斯坦在战略谋划、后勤补给等方面曾大力扶植塔利班。在巴基斯坦国内，塔利班甚至有个绰号——"巴基斯坦情报部门和内政部长供养的孩子"。

反对塔利班政权的国际力量，包括伊朗、俄罗斯、印度和全体中亚国家。它们支持北方联盟，其中伊朗仍然明确承认被塔利班推翻的拉巴尼政权。在这些国家的支持下，北方联盟在1998年夏天进行了顽强抵抗，虽然失去了马扎里沙里夫，却顶住了塔利班的夏季攻势。对此，时任联合国秘书长的安南在1998年底如此评论："阿富汗已成为新的区域'大竞争'舞台，交战各派不能就政治解决阿富汗问题达成协议，既是外界持续不断干涉阿富汗事务的原因，也是这种干涉的后果。"

但是阿富汗内战久拖不决与巴基斯坦的战略意图相悖。1999年10月，巴基斯坦陆军参谋长穆沙拉夫上将通过军事政变上台后，由于内外交困和担心无法完全控制塔利班，巴基斯坦对阿富汗政策出现了微妙变化。巴基斯坦三军情报局的官员不再在战场上担任塔利班的军事顾问，1999年12月中旬，穆沙拉夫关闭了阿富汗在巴基斯坦的几家银行。与此同时，沙特也放弃了对塔利班的支持，撤走了驻塔利班的大使。而伊朗、俄罗斯和中亚国家则加强了对北方联盟的军事援助。

塔利班完全被外部世界孤立了。此时，塔利班唯一的"朋友"，就是本·拉登的"基地组织"。

基地组织的前身，正是1986年拉登在美国的支持下设立在阿富汗与巴基斯坦边境地区的圣战者训练营。1989年，苏联从阿富汗撤军后，拉登和他的追随者返回了沙特阿拉伯的家乡。1990年，伊拉克入侵科威特，海湾危机爆发。面对危机，沙特阿拉伯决定向美国寻求帮助。拉登向沙特王室进言，坚决反对美军进驻；他甚至提出，由自己和自己的追随者建立一支强大武装，来保卫伊斯兰祖国。但是拉登的要求遭到沙特王室的拒绝，沙特政府同意美军在沙特阿拉伯境内设立军事基地。

此举令拉登十分不满。为此，33岁的拉登给沙特国王法赫德写了一封"愤怒的信"，指责沙特阿拉伯背叛了伊斯兰教义，让西方人进来是"引狼入室"。如此，拉登无法再在沙特继续立足。他前往苏丹，重建圣战者训练营，基地组织在那里初具雏形。从苏丹开始，拉登频频对美国展开恐怖袭击。1992年12月，拉登策划了针对驻索马里美军的也门旅馆爆炸案。1993年2月，拉登第一次袭击美国本土，美国纽约世贸中心停车场发生汽车炸弹爆炸事件，致使6人死亡，数百人受伤。拉登第一次被锁定在美国政府的恐怖分子通缉令上，为此美国甚至对苏丹发动了空中打击，F-16战机摧毁了几处圣战者训练营，这却未能威胁到拉登本人的安全。

拉登的恐怖事业在继续。1993年6月，他策划暗杀亲美的约旦王储阿卜杜勒未遂；1995年1月，暗杀教皇保罗二世未遂；1995年6月，暗杀埃及总统穆巴拉克未遂；1995年11月，基地组织实施了沙特首都利雅得美军基地爆炸案，5人死亡；1996年，沙特阿拉伯宰赫兰美国空军基地军人公寓发生爆炸案，同样是拉登所为。美国持续对相关国家施压，坚持必须将拉登绳之以法。1994年4月，沙特阿拉伯剥夺了拉登的公民资格；1996年5月，苏丹政府迫于美国的压力，要求拉登限期离境。拉登选择返回阿富汗，那里是他"伊斯兰圣战"事业的起点，也是"圣战"最后的避风港。而同样拥有伊斯兰极端信仰的塔利班也欢迎拉登的到来。如前文所言，当时塔利班才刚刚崛起。

1996年5月，拉登率领他的众多追随者连同家眷，回到阿富汗；他首先定居在贾拉拉巴德，发布了第一份针对美国的"圣战宣言"。1997年，拉登正式移居坎大哈，与塔利班建立了联盟。

拉登为塔利班做了许多事：当塔利班缺乏军事经验的时候，拉登说服不少阿富汗地方军阀倒戈投奔塔利班；当塔利班与北方联盟发生激战的时候，拉登的训练营为塔利班提供了大量有经验的阿拉伯"圣战者"；当塔利班没有任何外来资金的时候，拉登出资为坎大哈修建了一些道路、供水基础设施。拉登与奥马尔建立了深厚的私人友谊。在坎大哈市中心的赫拉特大街上，拉登把自己的家建在奥马尔家附近，拉登常常到奥马尔家中的清真寺一起做祈祷；奥马尔发誓，无论如何都不会出卖拉登。

有了塔利班的庇护，拉登在阿富汗再度建立起十几处圣战者训练营，来自全世界的伊斯兰极端主义者到那里接受训练，准备投入摧毁美国的"圣战"。伊斯兰极端主义者们手持介绍信，从世界各地长途跋涉进入阿富汗。这些介绍信都是阿富汗以外的恐怖组织和激进组织领导人写给基地组织和塔利班的，以确保受训者绝对可靠。受训者进入训练营时，需要宣誓效忠"圣战"事业，效忠基地组织。宣誓内容一般是这样的："我叫某某，我当着真主的面发誓，我将把自己的一生奉献给消灭异教徒的事业。在真主的指引下，我将在某某的监督和指导下完成这些杀人行动。"然后，宣誓者接受一个内部名字，在宣誓书上签署姓名，最后发誓说："我的真主给了我完成这一誓言的力量。"

从90年代中期起，先后有2万多人在这些训练营接受了训练，训练内容包括学习伊斯兰原教旨主义教义，学习使用轻武器、反坦克和防空训练、基本爆破训练等。训练营在事实上充当了塔利班的"军校"，受训者投入前方为塔利班作战，大大加强了塔利班的军事力量。

在阿富汗，拉登的"圣战"事业风生水起。1998年2月，他组织了"伊斯兰反犹太人和十字军国际阵线"。拉登宣称：美国人是真正的"恐怖分子"，华盛顿在中东的驻军是"十字军"。拉登说，他毕生的目标就是使用暴力手段，将所有美国人赶出伊斯兰世界，不管是军人还是平民，是男人还是女人，是老人还是儿童。

1998年夏天，肯尼亚首都内罗毕发生爆炸，爆炸地点是美国驻肯尼亚大使馆，不久之后美国驻坦桑尼亚大使馆也发生了爆炸。两起袭击造成200多人死亡，上千人受伤，死伤者中有不少美国人。很快，身穿迷彩服，包着头巾，背后靠着一支AKS-74U步枪的拉登出现在互联网上，他宣布这是针对美国的"圣战"。拉登开始正式进入美国大众的视野，美国媒体不解地质问美国政府："这个曾在阿富汗反对苏联的大个子阿拉伯人，为什么在拿过我们的援助后，又反过来袭击我们？"

美国政府迅速为拉登开出了500万美元的悬赏，并向阿富汗发动了针对基地组织训练营地的空中打击，用"战斧"巡航导弹轰击了阿富汗境内的训练营地，拉登依旧安然无恙。美国不肯罢休，继续通过政治手段施压，要求塔利班交出拉登，自然遭到拒绝。1999年，联合国通过决议，对塔利班实施全面制裁，直至奥马尔答应交出拉登为止。

拉登的行动在继续。2000年10月12日，美国海军第5舰队"科尔"号驱逐舰在亚丁湾遭遇一艘载有大量炸药的橡皮艇的撞击，舰身被炸穿，船上有17名美军人员丧生。网络视频与录像带很快公布，这又是基地组织所为。

基地组织的恐怖袭击不断，塔利班同样没有停止在阿富汗境内的行动。2000年底，塔利班不理会联合国教科文组织及世界各国非政府组织的反对，颁令说阿富汗境内的世界第三大佛像——巴米扬大佛雕像是崇拜偶像的行为，为伊斯兰教所不容。而奥马尔早已发表公告，声称要"摧毁一切形式的偶像"，所以，塔利班决定摧毁有1500多年历史的巴米扬大佛。2001年3月12日，巴米扬大佛在经过近一个月的坦克炮猛烈轰击后，被炸药摧毁。破坏行动期间，塔利班的信息部长昆德拉图拉赫·贾马尔感叹："破坏工作并非如人们所想般容易，你不能以炮轰推倒那些佛像，因为它们是凿入山崖内的，它们牢牢地连接山岭。"

为了对付拉登，美国人想到了退守潘杰希尔谷地的马苏德，但是在美国人那里，"潘杰希尔的雄狮"马苏德一向记录不佳。马苏德同样有些许伊斯兰极端主义倾向，主张在阿富汗实行较严格的伊斯兰国家制度。由于民族和信仰，马苏德似乎有亲伊朗的倾向。马苏德一直说波斯语，每天除了祈祷外，他喜欢研读波斯古诗和伊斯兰教义。90年代中期，当马苏德的部队和塔利班进行浴血奋战的时候，美国和英国的缉毒机构一直指控他和他的手下涉嫌走私海洛因。美国五角大楼和克林顿政府将马苏德视为"恶棍暴徒的指挥官"，国务卿奥尔布赖特和参谋长联席会议主席谢尔顿认为马苏德这个反苏年代的盟友已经"沾染了污点"。然而此时，美国中央情报局将马苏德称为"捉拿拉登的最后一线希望"。马苏德虽说有缺点，可拉登对美国的威胁实在太大了。

就这样，从1999年底起，马苏德加强了与美国中央情报局的合作。2000年，马苏德决定扩大对塔利班和基地组织的军事行动，中央情报局为他提供了秘密军事援助。但是这些援助离马苏德要求的相去甚远，而且临近2000年11月美国大选，美国人根本顾不上马苏德。2001年初，乔治·沃克·布什成为新任美国总统，马苏德亲自写信给新任副总统切尼，要求美国新政府检讨对阿富汗的政策。马苏德告诉他的顾问们，他知道自己是打不败塔利班的，只要他们还能获得拉登的资助。他现在只想在阿富汗境内建立一个新的政治和军事联盟，挤压塔利班。他相信，这最终一定会获得美国政府的支持。

美国方面同样进行了努力。2000年，马苏德应邀访问法国，以"自由战士"的形象在欧洲议会发表了演讲。在巴黎，马苏德与美国代表会面。美国代表向马苏德保证，尽管由于政策的因素进展缓慢，但美国一定会支持他。马苏德也告诉美国人，他只能防守阿富汗北部，仅此而已。不过，美国人一定要支持他，不然的话就他就支撑不住了。马苏德说："如果布什总统不支持我们的话，这些恐怖分子一定会毁了美国和欧洲的，而且会很快。"

此时的美国人想不到，仅仅一年后，马苏德的警告就变成了现实。

2001年9月初，马苏德接到一项请求，两名来自叙利亚的阿拉伯记者准备采访他。马苏德答应了这项请求，同意与记者会面。9月9日早晨，马苏德接受这两名阿拉伯记者的采访。当一名记者面对马苏德打开摄像机时，隐藏在摄像机内的炸弹发生爆炸。这是一场预谋好的自杀性暗杀行动，纷飞的弹片划开了马苏德的胸膛，马苏德当场死去。数小时后，马苏德的情报助理打电话给美国中央情报局，几乎无法解释马苏德的情况。美国人问："马苏德呢？"马苏德的助手回答说："他在冰箱里了！"显然，他不会用英语表述"停尸房"。

"潘杰希尔的雄狮"没有死在与苏联人的战斗中，却成为一场暗杀阴谋的牺牲品。直到一周后，北方联盟才公布马苏德的确切死讯，其职务由副手穆罕默德·法西姆接替。事实上，马苏德倒在了胜利的前夜。只要再多活上几个月，他就能看到塔利班的崩溃和北方联盟的胜利了。直到今天，外界都坚信这次暗杀幕后的策划者是塔利班和基地组织。

马苏德遇刺身亡的消息并没有占据多少报纸的头版。在他死后两天，一件改变世界历史进程的大事发生了。这件事深深影响了整个世界，没有人清楚其影响将持续多少年。

这就是震惊世界的"9·11"事件。

2."9·11"之后的战争

"9·11"事件是人类历史上规模最大、策划最为缜密、实施最为成功的恐怖袭击行动。2996人死亡，纽约世贸中心双子楼坍塌，五角大楼遭飞机撞击受损，美国受到的打击前所未有。这次事件是自第二次世界大战中日本以大型潜艇搭载的水上飞机和"气球炸弹"空袭美国后，美国本土第二次遭受来自空中的袭击，也是继珍珠港事件后，历史上第二次外国势力对美国本土造成重大伤亡的袭击。"9·11"事件死亡的总人数，竟然比珍珠港事件还多593人。

虽然基地组织没有公开声明对"9·11"事件负责，但拉登公开赞扬这次袭击，并暗示基地组织曾经幕后策划过整个事件。2001年10月，"9·11"事件后两个多星期，卡塔尔半岛电视台播出了一盘基地组织寄来的录像带。基地组织的发言人在录像带中说："美国人应该知道，更多的飞机风暴将不会停止……在伊斯兰世界，有成千上万年轻人渴望牺牲，他们死的信念与美国人生的信念一样强烈！"

基地组织被认定是"9·11"事件的幕后元凶。事件发生后，整个世界都警醒了。9月12日，联合国大会召开会议，通过了谴责在纽约、华盛顿和宾夕法尼亚州发生的"令人发指的恐怖主义行动"的决议案，并紧急呼吁国际合作，将凶犯、组织者和支持者绳之以法。美国更加快了反恐的外交努力，在短短的几天里，就获得了大多数国家的支持和同情。所有英国军事基地提高警戒状态，一切途经伦敦市区的航班改为绕过市区飞行，而前往美国和加拿大的航班全部停飞。欧洲议会与北约总部进行紧急疏散，北约组织启动1949年的北大西洋公约第五条款，宣布如果恐怖袭击事件受到任何国家的指示，将被视为是对美国的军事袭击，因此也被认为是对所有北约成员国的军事袭击，这是北约历史上首次启动共同防卫机制。美国政府的民间支持度更是大幅度上升；美国人迫切需要复仇，向拉登的基地组织复仇。而拉登就藏身在阿富汗境内，受到塔利班的庇护。

2001年9月17日，美国总统布什召集国家最高安全官员会议，宣布组建"战争内阁"。9月18日，美国海军第5舰队"企业"号、"卡尔·文森"号、"罗斯福"号航空母舰战斗群、第7舰队"小鹰"号航母战斗群、英国皇家海军"卓越"号航空母舰战斗群迅速抵达波斯湾和阿拉伯海。9月19日，美国向波斯湾地区的军事基地增派100多架战机。印度和巴基斯坦都同意向美军开放领空和军事基地，短短几天之内，美国在阿富汗周边800—1500公里的地区以及西线和南线的十几个军事基地，部署了3.4万人，支援飞机120多架，直升机200多架，对阿富汗形成了围攻之势。

与此同时，美国方面通过驻巴基斯坦大使馆与阿富汗塔利班进行接触，要求塔利班交出拉登接受审判。但是塔利班最高领袖奥马尔却表示——拉登固然是塔利班的贵客，但塔利班决不容许他利用阿富汗国土从事任何的政治和军事活动。塔利班已经关闭了拉登的卫星电话，并且明确告诉拉登说，未经许可擅自与外界进行联系就触犯了塔利班的法律。而且，如果塔利班能获得明确的证据说明拉登组织了恐怖活动，那么他们愿意将拉登送上审判台。不过，拉登只能接受伊斯兰国家法庭的审判，而不会被送交给非伊斯兰国家。

9月20日，美国总统布什在美国国会对打击阿富汗塔利班政权发出了明确的信号，认定塔利班政权犯下了两大罪行：一是"通过支持和庇护恐怖主义分子，并向他们提供所需物品威胁着每一个地方的人"，二是"镇压自己的人民"。布什指责说，来自60多个国家的数以千计的恐怖主义分子，在各自的国家和邻近地区被招募后，被送到阿富汗的训练营地，接受基地组织有关使用恐怖手段的训练。尔后，"他们被派回原地或被送到世界各国躲藏起来，策划邪恶的破坏行径"。不仅如此，布什还提出了接近于"恐怖国家"的概念。在国会演说中，布什特别提到，基地组织头目在阿富汗有巨大的影响力，并支持塔利班政权控制了国内大部分地区。布什耐人寻味地说："在阿富汗，我们看到的是基地组织对世界的构想。"这两句话的潜台词是：基地组织与塔利班狼狈为奸，互为依托，塔利班借助基地组织巩固政权，而基地组织则正在以阿富汗为基地向世界各地扩张。从某种意义上说，塔利班统治下的阿富汗正在蜕变为一个恐怖国家，也就是说，塔利班培植恐怖、制造恐怖、输出恐怖。

"反恐战争"渐渐拉开了大幕。美国政府许诺，将向阿富汗人民提供3.2亿美元援助。同时布什坚称，这场战争的敌人不是阿拉伯世界，不是伊斯兰教，也不是任何国家的人民，真正的敌人是恐怖主义分子和庇护并支持他们的政权。布什向塔利班提出几点要求——把包括拉登在内的基地组织高层成员交给美国，释放阿富汗国内所有被监禁的外国人，保护在阿富汗的外国记者、外交人员和人道主义救援人员的安全，让美国方面的人员检查所有圣战者训练营，证实它们全部被关闭。这些要求遭到塔利班的拒绝，塔利班甚至拒绝与美国对话。奥马尔指出，与非穆斯林领袖对话是对塔利班的侮辱。

"9·11"事件发生时，美军联合作战司令部中央总部司令汤米·弗兰克斯上将正在巴基斯坦同巴基斯坦总统穆沙拉夫讨论一系列有关安全合作和反恐的事宜。"9·11"事件后，他立即回国。9月12日，在国防部长拉姆斯菲尔德的指示下，美军开始准备"反恐战争"。9月21日，弗兰克斯上将当面向布什总统进行汇报，提出作为美国全球反恐战略中的一部分，应当彻底摧毁阿富汗的基地组织及收留并保护他们的塔利班政权。军事行动的建议在10月1日得到了拉姆斯菲尔德的同意。10月2日，弗兰克斯再次向布什汇报了他的建议，布什指示他——美军的军事打击应当在10月7日务必开始，即在纽约和华盛顿遭到恐怖袭击后的26天后。

危机持续发酵，美军就将大兵压境，但是塔利班表示，决不会在这场危机中屈服。不过，塔利班并不支持"9·11"恐怖袭击事件。塔利班声称，他们和拉登的目标不一样。塔利班对阿富汗以外的世界没有任何兴趣，他们只想在阿富汗建立一个纯粹的宗教国家，而拉登却想凭个人与整个西方进行"圣战"。

这样的差别却不能改变塔利班将自己与基地组织绑在同一辆战车上的事实。离2001年10月7日的最后期限越来越近了，战争似乎无法避免。又一支外国军队即将到来，又一场大规模战争很快要再次降临到苦难的阿富汗土地上。

9月24日，布什签署行政命令，正式冻结和拉登有关的27个组织和个人在美国的财产。同一天，联合国安理会通过最新的反恐怖主义决议，授予美国对阿富汗境内的恐怖分子采取军事行动的权力。在美国的争取下，阿联酋和沙特决定断绝同塔利班的关系，而巴基斯坦也表示会支持美国的行动。由于有了联合国的授权，有了全世界绝大多数主权国家的支持和同情，美国得以在最短时间内建立起了一个广泛的"同情战线"，连一些长期与美国对立的伊斯兰国家也没有反对意见，这是美国有史以来所没有遇到过的。正是因为这样，有强大后援的美国与孤立无援的塔利班本就实力悬殊的对抗变得更加没有悬念了，美国得以空前从容地开始这场战争。

美国东部时间2001年10月7日下午1时，美国正式开始对阿富汗实施代号为"持久自由"行动（Operation Enduring Freedom）的军事打击，美军联合作战司令部中央总部司令、陆军四星上将汤米·弗兰克斯担任"持久自由"行动的总指挥。又一场战争在阿富汗爆发了。

当天，布什发表全国电视讲话："按照我的命令，美国军队正开始向阿富汗的塔利班政权发起攻击。主要袭击目标是基地组织恐怖主义分子的训练营和军事设施。这些目标明确的行动意在阻止恐怖分子把阿富汗作为他们的作战基地，打击塔利班政权的军事力量。"

布什说："两个星期之前，我向塔利班领导人提出一系列明确而具体的要求：关闭所有恐怖分子训练营，交出基地组织所有领导人，释放所有被非法拘留在你们国家的外国公民，包括美国公民。但这些要求都没有得到兑现。现在，塔利班要为此付出代价。"

最后，布什宣布："我们的军事行动意在为持久、全面、残酷的战争扫清道路，从而揪出本·拉登和他的恐怖分子，让他们接受正义的审判。"

这次美国对阿富汗军事行动的代号原为"无限正义"行动（Operation Infinite Justice）。"无限"（Infinite）一词在英文中亦有"持久战"的意思，暗示了一种战略上的调整，宣示美军将进行持久的斗争以消灭恐怖主义。但是这个代号犯了穆斯林的大忌，因为在伊斯兰国家，只有真主安拉才可以称为"无限正义"，这样的代号必定会触怒整个伊斯兰世界。所以，美国国防部长拉姆斯菲尔德宣布将军事行动代号改为"持久自由"，他声称，"持久自由"这个代号预示着美国这次军事行动"将不会速战速决，而要花费数年的时间"。更改后的代号，既说明了这场战争的持久性，同时又表明这是美国对"自由世界"的捍卫。

10月7日下午1时，美军和英军的空中打击全面展开。在第一波空袭中，美军出动了由沙特阿拉伯秘密进驻印度的8架F–117隐形战斗轰炸机以及分别部署在科威特、阿联酋的美国空军第4404混编联队。同时，美军还出动了驻扎在阿曼的第8航空队B–1B战略轰炸机、B–52重型轰炸机。除了"战斧"巡航导弹外，所有参战美军飞机都在KC–135和KC–10空中加油机的支援下，使用GBU–28激光制导炸弹和CBU–89集束炸弹，重点打击了阿富汗三大城市——首都喀布尔、塔利班指挥中心坎大哈和北部军事重镇贾拉拉巴德。

空袭主要目标是基地组织的训练营地和塔利班的防空体系、燃油补给站、临时军火供应站、机场和通信系统，以及他们的指挥中枢、拉登与奥马尔等人的住所。在第一波空袭中，美军仅"战斧"巡航导弹就发射了53枚，塔利班的大部分通信系统、交通设施、防空火炮、雷达设备基本被摧毁，仅有的高射炮和少数防空导弹无法准确攻击美军和英军战机。美军战机投下了大量GBU–28激光制导炸弹，这种制导炸弹带弹翼直径4.47米，投掷距离5000米，可穿透30米厚的土层、6米厚的加固混凝土层。美军用它空袭塔利班的隐蔽设施，给予塔利班难以想象的重创。

空袭开始时，奥马尔每天早上8点通过高频通信依然能同塔利班全国战场各部队保持着联系。这一通信系统是从巴基斯坦白沙瓦的商店买来的日本民用产品，包括一部大型天线和为数众多的固定、车载天线，在阿富汗全境有效。奥马尔不断鼓舞塔利班成员要保持忠诚，多做祷告。但是第二轮空袭过后，塔利班的通信联络全部中断，人在坎大哈的奥马尔已无法统一指挥各地军队。美国总统布什和国防部长拉姆斯菲尔德在10月10日均表示，经过4天的轰炸，美军摧毁了预定目标的85%。但塔利班声称，美军只摧毁了他们不到10%的作战能力。

从10月11日起，美军改变空袭战术，采取空中升级轰炸、低空准确轰炸手段，重点消灭塔利班与基地组织的地面有生力量。10月15日，美军出动50架次战机，打击了塔利班的18—20个地面移动目标。到10月17日，美军已经向阿富汗投掷和发射了2000多枚炸弹和导弹。

为了寻找要害目标，美军动用KH-11、KH-12"锁眼"军用侦察卫星，"长曲棍球""织女星"高清晰度卫星，U-2高空侦察机和E-3"哨兵"预警机，收集了一系列战场图像信息，其中包括辐射和热发射信息，以便寻找山洞、隧道和人员位置。10月5日，就在"持久自由"行动开始前两天，美国从位于本土加利福尼亚州的范登堡空军基地用"大力神-4B"运载火箭秘密发射了一颗任务高度机密的KH-11"锁眼"军用侦察卫星。这颗侦察卫星用以收集阿富汗的地面资料和电子信号，上面载有的数码相机可以拍到地面小至10厘米的物体，然后自动将照片传送到地面接收站及指挥中心。为确保侦察效果，美军将多颗"锁眼"卫星调集到了中亚地区上空。U-2高空侦察机在美军服役了四十多年，可以在21000米的高空飞行，既能拍摄地面照片，也能窃听地面通信。这些可以说是美军自1991年海湾战争以来的传统战场侦察手段。

不过，美军侦察卫星和高空侦察机要想在连绵不断的山脉中找出要害目标和人员车辆这样的活动目标，还是相当困难，况且有时卫星侦察只能发现人员的存在，无法准确判断其位置。为此，美军采取了近地面侦察手段，出动了为数不少的特种部队作战小组和中央情报局特工小组，深入阿富汗境内，利用当地线人广泛搜集情报。10月17日，美军出动RQ-1A"掠食者"无人机和RQ-4A"全球鹰"大型无人机，在阿富汗上空进行战场侦察、拍摄图像、搜寻塔利班和基地组织重要人物，为空袭作战提供目标指示。"全球鹰"大型无人机是美军首次投入实战的先进装备，全长13米，能在19500米的高空飞行，视力可以穿透云层，并可以在空中完成情报处理，实时传回照片。这有效弥补了传统战场侦察手段的不足。

"持久自由"行动后期，美军直接使用AH-64"阿帕奇"武装直升机和MH-53"低空铺路者"直升机直接对地面目标进行精确打击，掩护美军的地面力量。这些直升机都配备有激光光标定位仪，一般安装在武装直升机机鼻上。它包括一个热成像瞄准器，与飞行员头盔同步移动，基本上可以锁定战场上的一切目标。更不用说配置到每个美军特种兵手里的全球卫星定位导航系统（GPS），它能使美军特种兵不依赖气象条件在地球表面任何一点确定自己的坐标和精确时间，并获得相关导航信息。这些高科技信息技术犹如一张大网，昼夜监视着阿富汗全境，捕捉塔利班和基地组织的任何目标。

美军的空军飞机从巴基斯坦、印度甚至阿拉伯半岛、印度洋迪戈加西亚岛上的基地起飞，海军飞机则从北阿拉伯海上的航空母舰和两栖攻击舰上起飞。从航母上向阿富汗发起的空袭行动离目标的距离至少为600海里，舰载机平均飞行时间超过4个半小时，并至少要进行两次空中加油。而美军航母舰载机向阿富汗北部地区目标出击的最远距离为750海里，有时需要飞行10个小时。此次航母舰载机作战距离之远，在美国海军历史上前所未有。合计空军和海军，"持久自由"行动中美军飞行员的战斗飞行小时是美军建军以来最长的，平均每天15个小时。而美军用于空袭阿富汗的战机其实相当有限。在1991年海湾战争第一阶段的"沙漠风暴"行动中，美军平均大约用10架战机对付一个军事目标。而在"持久自由"行动中，美军平均1架战机要对付2个军事目标。

　　10月20日后，美军将空袭目标转移到阿富汗广大农村地区的军事设施，以便摧毁塔利班隐藏在城市之外的武装力量。一直到12月18日，自10月7日战争开始以来美军首次停止了轰炸，"持久自由"行动第一阶段空袭至此结束。在空袭中，美军战机共向阿富汗投放了18000个单位的炸弹，其中10000个单位是精确制导炸弹。此次军事行动中有一半以上的"战斧"巡航导弹由美军潜艇发射，而美军通过提高技术使得"战斧"巡航导弹的目标周期从1999年空袭南联盟的"联合力量"行动中的101分钟，降到了"持久自由"行动中的19分钟，这是非常成功而且惊人的。

　　"持久自由"行动中，美军飞机投下的除了炸弹，还有其他东西。成千上万张传单如雨点般撒在了阿富汗的土地上，传单还伴随着空投食品。美军不忘在传单上提醒阿富汗人——抓住本·拉登，美国政府将兑现2500万美元的悬赏。同时，美军的心理战部队在阿富汗共投放了5000万本宣传册，运输司令部向阿富汗人提供了2500万次人道主义的援助，包括空投1700吨小麦、328200条毛毯，另外还有5000多台收音机。这使得阿富汗人民在塔利班统治下6年多以来，首次听到了美军电台播放的音乐。

　　直到此时美军都没有在阿富汗部署地面部队。"持久自由"行动最重要的特点是——美军对塔利班和基地组织发动空中打击，在地面上美军特种部队与阿富汗本土的北方联盟一同作战，为美军的空中力量及时提供目标位置、目标识别及目标确认。换言之，北方联盟就是美军的正式地面力量，美国人准备在阿富汗打一场"代理人"战争，用阿富汗人去对付阿富汗人。

美军特种部队被直升机投放到阿富汗北部，与北方联盟进行联络，在行动中协作，指引美军空中力量攻击塔利班和基地组织。在非常困难的情况下，美军特种部队成功完成了任务。

承担这一任务的是美军"刺刀"特遣队。"刺刀"特遣队隶属于著名的"绿色贝雷帽"部队，它的任务是在阿富汗开展特别行动，支持北方联盟推翻塔利班。特遣队先后联络了北方联盟中的实力派——乌兹别克武装首领杜斯塔姆（他此时已经得到"北方屠夫"的绰号）、哈扎拉武装首领哈利利、"潘杰希尔雄狮"马苏德的继任人法西姆、北方联盟北昆都士地区最高指挥官达乌德等人，确定将向他们提供支援，保证他们可以在美军飞机的支援下打破僵局。美军的行动计划是让北方联盟在马扎里沙里夫和昆都士、塔卢坎等地实施反击，之后插入巴格兰、喀布尔一带，向基地组织盘踞的托拉博拉山区推进，最终的任务是攻克塔利班的活动中心坎大哈。

美军直升机从乌兹别克斯坦一处废弃的前苏联空军基地出发，"刺刀"特遣队于10月中旬派出第一组小队进入阿富汗。第一组小队包括12名人员，无线电代码为"老虎"，他们乘坐直升机于2001年10月19日渗透到阿富汗北部的马扎里沙里夫地区。"老虎"小队与阿富汗北方联盟杜斯塔姆的武装会合后，特遣队分成两组协同杜斯塔姆武装行动。

"老虎"小队携带有先进的无线电通信器材、激光指示设备和全球定位系统，他们能够给出六到八位数的坐标来为B-1、B-52轰炸机精确定位轰炸地点，可以直接要求美军的F-14、F-15、F-16、F-18战斗机进行低空支援，对杜斯塔姆的部队进行空中火力支持。在美军的空中掩护下，北方联盟开始反击，杜斯塔姆逐步向马扎里沙里夫北部移动。从10月22日起，北方联盟节节推进。塔利班随即增强兵力，向绍尔格拉夫、马扎里沙里夫和克尔姆派遣后备力量。这些行动只是给美军低空支援小组制造了更多的攻击目标，不少塔利班的指挥所、车辆、兵力聚集地和防空火炮被美军飞机摧毁。

事实上，2001年10月7日至12日，美国军方自我评估，认为空袭塔利班的效果并不算完美，空袭精度不算很高。这源于作战中面临着一些难题，比如飞行员有时难以找到目标，炸弹偶尔偏离目标，改变目标名单后空中与地面的调度联系相当复杂，等等。而在"老虎"小队的支援下，北方联盟建立起一条战线，迫使对面的塔利班将人力和物力集中起来，美军飞机只需要集中轰炸就足够了。

"老虎"小队后，更多美军特种部队士兵进入了北方联盟的部队。美军特种兵以5人或12人的行动小组分散配置，身穿与北方联盟士兵差不多的作战服或阿富汗民族服装，和阿富汗人吃一样的食物，讲一样的语言，甚至和阿富汗人一样留起了大胡子。他们直接参与北方联盟与塔利班的一线作战，对空袭目标的把握更加精确。空中打击力量造成了毁灭性的效果，大幅撕开了塔利班的防线。杜斯塔姆武装继续追击塔利班，塔利班被迫向马扎里沙里夫撤退。

塔利班也想尽了方法来应付北方联盟的进攻。塔利班成员分散成更小的战术单位，以躲避美军B-52轰炸机的地毯式轰炸和F-18"大黄蜂"战机的精确轰炸。这样做的弱点是人手分散，削弱了防御力量，有利于美军特种部队和杜斯塔姆部队配合，进攻塔利班防御薄弱的阵地。如前文所言，塔利班利用一切交通工具向喀布尔西北300公里的马扎里沙里夫增援部队和物资。由于山道崎岖漫长，运输效率低，大量人力暴露在公路线上，成为美军AC-130炮舰机的杀伤目标。就这样，塔利班的力量被一点一点耗光了。

至11月6日，北方联盟的攻击已接近马扎里沙里夫市区，美军动用了重达15000磅、威力居常规武器之冠的BLU-82"滚地球"巨型炸弹。惊天动地的爆炸声后，塔利班的坚固工事被大面积荡平，防线被迅速压缩，北方联盟的进攻节奏骤然加快。11月9日凌晨，双方在距马扎里沙里夫市区4公里处打成胶着状态。这时，北方联盟中的美军特种部队战斗小组指导北方联盟后撤至安全处，随即召唤来极为精确的美军空中打击。一阵猛烈的轰炸后，缺口立即呈现，北方联盟部队蜂拥而入。城内塔利班守军似乎早有准备，一支机动的精锐力量已经往这个方向移动，试图堵塞缺口，却又遭遇美军的战术轰炸；一颗颗精确制导炸弹落下，塔利班援军伤亡惨重。北方联盟立刻抓住战机分多路向市区发展进攻，不到1个小时，城区被完全突破。当晚，北方联盟杜斯塔姆的部队占领了马扎里沙里夫。

时任美军中央司令部副司令的海军陆战队中将迈克·德龙如此回忆马扎

里沙里夫之战：

杜斯塔姆将军和他的北方联盟部队缓慢地移到了该城的外围地区。马扎里沙里夫四面环山。杜斯塔姆正在这些小山的一个山顶上与我们的特种部队开会磋商。他身后有数千名士兵骑在马背上列成三队。他们都穿着传统的民族服装，看上去就像成吉思汗的兵马。这简直是21世纪与13世纪的一个汇合。攻城日终于来到了。

"我希望在我们冲下山的时候，那些坦克和大炮已经被消灭干净了。"杜斯塔姆将军对我们的特种部队说道。

我们的人站在一旁，准备就绪。

指定的时间一到，杜斯塔姆就发动了进攻，他那上千名士兵大声吼叫着跟随在他身后，冲下山去。我们的特种部队开始调集火力支援。杜斯塔姆的人骑着战马，勇敢地向城墙冲去，他们暴露在空地上，完全依赖我们的空中支援。

可是空中支援并没出现。

迎接他们的是马扎里沙里夫城墙背后发出来的猛烈攻击：坦克和大炮纷纷开火。杜斯塔姆的士兵一个接着一个地倒下了，转眼之间，他的士兵中就有100个人非死即伤。杜斯塔姆意识到情况不妙，把自己的人重新集结起来。最终他成功地指挥着自己的人马掉过头来，回到了山地的安全地带。

他不禁暴跳如雷，大步来到我们特种部队的军士和上尉跟前。

"我也不知道这是怎么回事，先生，"特种部队的人说，"我们叫了空中支援了。"

直到现在，我们也不知道到底出了什么问题。我们的战斗机接到信号了，但是不知是什么原因，他们以为要晚些时候再赶来。

"再叫一次。"杜斯塔姆说。

"什么时候？"

"现在！"

我们的特种部队人员又开始准备呼叫了。

"好的，将军，"他说。"等会儿看这些坏蛋怎么消——"

他那句"消失"还没说完，空中就炸开了花，马扎里沙里夫城就像雷区一样被炸成一片火海。

　　杜斯塔姆将军转身对他的人说："进攻!"

　　北方联盟的部队再次拼尽全力发起了进攻。几分钟后，他们就穿过城墙，冲进了城内。

　　塔利班被惊呆了，不到一个小时，8500名塔利班士兵就向仅有900人的杜斯塔姆部队缴械投降。但是基地组织的恐怖分子却拒绝投降，他们又顽抗了几个小时，直到最后我们把他们全部击毙或俘获。

　　按照阿富汗的传统，战败的8500名塔利班士兵现在被编入了我们的队伍。我们攻打马扎里沙里夫城的时候队伍只有900人，而当我们从该城出来的时候，队伍已经扩大到了9400人。

　　在那一刻，我们知道这场战争我们赢定了。

　　夺取马扎里沙里夫是美军在阿富汗地面战的首次重大胜利。由此，美军拥有了一个战略据点和一座阿富汗北部的机场。美军下一步的行动重点转向了塔卢坎—昆都士地区。11月13日，在美军的空中支援下，北方联盟达乌德的部队向塔卢坎发动了进攻，塔卢坎的塔利班武装不战而降。这是一次没有经过战斗就获得的胜利，让北方联盟对美国的支持和空中力量更有信心。

　　塔卢坎被占领后，美军特种部队继续利用空中支援协助达乌德的部队向西部的昆都士推进。在接下来的10天，美军不断请求空中支援，猛烈打击塔利班在卡纳巴德和昆都士的据点。低空支援的密集轰炸摧毁了一批坦克、装甲车、几十座掩体和大量其他车辆及供应地点，造成了塔利班和基地组织约2000人伤亡。

　　在低空支援行动的密集轰炸第11天，达乌德夺取了卡纳巴德附近的城镇并向昆都士发动进攻。当北方联盟挟连胜之势发起猛攻时，昆都士的塔利班守军虽然不敌，仍然进行了有力的节节抵抗。就在城区外围阵地将被拿下时，塔利班"圣战者敢死队"从两个方向发起了反冲击，北方联盟的攻击全面动摇。危急时刻，美军的精确轰炸如风而至，又一次挽救了局面，塔利班的反冲击被再度压倒。此时，达乌德同意与昆都士的塔利班指挥官谈判。对方意识到形势不妙，于11月23日向北方联盟投降。昆都士是塔利班在阿富汗北部的最后一个据点，现在它也处于北方联盟的控制之下。由于制空权和精确轰炸能力不对称，一系列战役的结果表现出一边倒的完全不对称。

昆都士有超过3500名塔利班人员投降，他们大部分被关进马扎里沙里夫的监狱。此时北方联盟已经攻下了马扎里沙里夫、梅曼那、萨雷普、希比尔甘、赫拉特、艾娜克、昆都士6个阿富汗北方城市和另外50座城镇。在这个过程中，"刺刀"特遣队和其他美军特种部队无一伤亡。意想不到的事却发生了。被关押在马扎里沙里夫恰拉江监狱的600名基地组织和塔利班成员突然暴动，负责审讯战俘的美国中央情报局特工麦克·斯潘落入敌手，惨遭杀害。此时美军主力部队已经踏上了阿富汗的土地，来自第87步兵师和第10山地师的美军参与了处理事态，与夺取了武器的暴动战俘激烈交火。在长达5天的持续交战中，5名美军和英军士兵受重伤，最终勉强将暴动镇压下去。战斗结束时，藏匿在监狱中的600名塔利班和基地组织成员有500人被打死，其余人员投降。

早在11月12日，北方联盟的兵锋已经逼近首都喀布尔的外围阵地。北方联盟曾在已经废弃的前苏军巴格拉姆空军基地同塔利班对抗了五年之久，塔利班始终不能跨越巴格拉姆。现在，美军特种部队在废弃的巴格拉姆空军基地航空信号塔旁边建立了一个观测点，从这个位置向空中的战机指示目标，以低空支援打击掩体中的塔利班。从2001年10月21日到11月14日，美军飞机对掩体中的塔利班发动了长达25天的连续攻击。持续的空袭削弱了塔利班的指挥和控制系统，瘫痪了他们的支援部门。北方联盟趁塔利班处于混乱时，对喀布尔发动了快速攻击。

由于塔利班在美军空袭中损失严重，所以在北方联盟于11月13日发动攻击当天，塔利班的力量就溃散了。这天早晨，北方联盟的部队进入喀布尔，塔利班几乎是不战而退，撤往南部重镇坎大哈。

喀布尔经历了20年的战争，土地经过反复的炮击与轰炸，仿佛已经被撕裂，到处是裂痕和弹坑。此时的喀布尔已经有"战争悲剧博物馆"之称，这座城市三分之二的建筑已在历次战火中倒塌，仍然能住人的房子也是弹痕累累。随着北方联盟进城，城区也渐渐热闹起来，各国记者、人道主义救援人员和外交人员云集喀布尔，给这里重新带来了生机。清晨，大批的阿富汗人聚集到喀布尔各个酒店门口，向外国记者提供翻译、驾驶、警卫服务。北方联盟也开始了在喀布尔市内的反攻倒算，至少数百名被俘的外籍塔利班和基地组织成员遭到公开处决，暴尸街头。

俄罗斯人也动手了。中亚和高加索的前苏联加盟共和国，居民主要信奉伊斯兰教，一直是苏联时代民族问题的根源。铲除拉登及其恐怖主义温床，既符合俄罗斯的当前利益，又符合长远利益。所以如前文所言，俄罗斯和乌兹别克斯坦、塔吉克斯坦等中亚国家一直积极支持北方联盟对抗塔利班。1995年塔利班崛起时，俄罗斯曾大力支持拉巴尼政府与塔利班作战。俄罗斯每天派出运输机飞抵阿富汗的巴格拉姆空军基地，为被围困的拉巴尼政府运送武器弹药、燃料以及在莫斯科印制的阿富汗货币——阿富汗尼。俄罗斯还在阿富汗与中亚国家的分界河阿姆河上修建桥梁，从陆地直接向阿富汗运送军火，并派出技术人员帮助拉巴尼政府维护导弹系统。甚至有时没有标记的俄罗斯轰炸机会帮助北方联盟轰击塔利班的军事目标。在美国发动"持久自由"行动后，俄罗斯立即向北方联盟（主要是杜斯塔姆的部队）提供了T-62坦克、"矢车菊"82毫米自动迫击炮、BMP步兵战斗车、ZSU-23自动高炮、D系列加农炮、米-24武装直升机等装备，外加5000万美元现金。

当CNN、BBC的电视新闻画面显示，几十辆保养完好的俄制BMP步兵战车、加装附加装甲的T-62改良型坦克加入了北方联盟的队伍时，西方电视观众大为震惊。与塔利班战斗的前线一次出现将近50辆北方联盟的坦克，它们都处于良好的维修状况。在重武器的压制下，缺乏补给、遭到四面孤立的塔利班只能以轻型武器实施抵抗。外界普遍判断，塔利班的失败已经指日可待，俄罗斯提供的全面军事援助成了美军的空中支援外的另一个重要因素。有媒体评论说：当年美军原子弹没有让日本即刻放弃抵抗，苏军出兵中国东北之后，日本赶紧宣布投降；眼下的阿富汗，也有几分这样的味道。

坎大哈是下一个攻击目标，也将是最难以攻克的目标。11月24日，当美军得到奥马尔和拉登仍在城内的情报后，立即向坎大哈市郊投放第101空中突击师和第82空降师，以加强前进突击兵力。美军同时于11月25日由海军陆战队第15和26远征旅派出1500名陆战队员，投放到坎大哈西南约140公里处的比比特拉临时机场，建立前方基地。迈克·德龙中将回忆："我们派遣了一批人数不多的特种部队进行了一次秘密的军事行动，用飞机把他们运到坎大哈南部60

英里外的、沙漠中的一个预定地点。他们在那里建设了一条沙子跑道。后来我们需要不断地对这条跑道进行修整，直到该跑道使我们终于可以用飞机将特种部队和海军陆战队的士兵运送到我们建成的代号'犀牛'的军事基地。到11月底，我们已经用C－130和C－17运输机（从阿曼起飞）以及H－53运输机（从我们的航空母舰上起飞）运送了上千名海军陆战队远征部队的士兵。"

美军以10人到100人不等的巡逻队日夜警戒坎大哈方向，试图截断城内塔利班守军的退路。迈克·德龙中将说："他们潜伏着，等待基地组织的恐怖分子深夜从坎大哈沿高速路逃奔而来。我们的士兵埋伏在夜色中，戴着夜视镜，在敌人进入犀牛基地15英里范围时从道路两边发起进攻，将他们的卡车炸得粉碎。随着越来越多的海军陆战队士兵的到来，我们也开始向坎大哈周边地区发起进攻。我们（海军陆战队、特种部队和其他的联军特种部队）在夜间出动，分为十几个行动小组，散布在不同的位置上。我们的部队从没有进到该城的内部。我们总是在夜间袭击塔利班或基地组织的护卫队，有时候是和我们的攻击性直升机协同作战。我们将所有的出口和所有的主干道都控制在自己手中。我们夜间用掠夺者（无人机）来监视他们的行动，白天则派地面部队来完成这个任务。这种战斗要求我们必须使用快速的机动车，并且在战斗过程中不能提供太多的支援；我们必须在夜间分小组完成任务。这具有高度的危险性，但这也恰恰是特种部队和海军陆战队的专长。他们表现得非常出色，常常打得塔利班和基地组织的武装分子措手不及，极大地削弱了他们的力量。这样坚持了一个星期后，敌人的军心已经严重地动摇了，迫使坎大哈投降的时机已经成熟。"

美军特种部队在11月14日就已经潜入坎大哈北部地区。这里由普什图族反塔利班武装领导人哈米德·卡尔扎伊控制，他答应与美军合作，一起向坎大哈发动进攻。迈克·德龙中将回忆："卡尔扎伊此前一直流亡在外，拥有大批的追随者，他在战争初期，坐着摩托车在没有携带任何安保人员的情况下，穿过巴基斯坦边境，重新回到了阿富汗。一进入阿富汗，卡尔扎伊就迅速地重新确立了自己反塔利班领导人的地位。他向我们寻求帮助，我们向他空投了设备、武器、食物以及补给。他打了一系列的小战役，逐渐靠近坎大哈，但我们想让他避免主要冲突，保存实力。颇有讽刺意味的是，他所遇到的最大威胁不是来自于别人，恰恰是来自于我们：我们的一架B-52轰炸机误投的一枚炸弹就在他附近爆炸，他的脸被炸弹的碎片划伤了。他简直气疯了，不过除此之外，他安然无恙。"

塔利班发现了卡尔扎伊的企图。11月16日，塔利班派遣一支500多人的部队向卡尔扎伊发动袭击。卡尔扎伊全力抵抗，3名卫兵战死，自己也受了轻伤；他依靠美军特种部队提供的空中支援做后盾，拼命坚持。美军飞机在地面指引下，对接近卡尔扎伊武装的塔利班发动猛烈攻击，终于击退了塔利班的突袭。稍作休整之后，卡尔扎伊武装迅速向坎大哈推进。卡尔扎伊的部队一路清除了据守在沿途村庄和山间的塔利班武装分子，但是未能夺取坎大哈城外一座防守严密的大桥。随后两天美军飞机虽然不停进行空中支援，塔利班依然守住了大桥；他们甚至发动几次反击，企图夺取卡尔扎伊武装控制的桥头。在美军特种部队的警惕下，每次都是由空中支援将塔利班击退。

12月4日早晨，卡尔扎伊武装做好了准备，向大桥发动全面攻击。美军特种部队和卡尔扎伊的士兵乘坐着丰田皮卡同塔利班展开战斗，并不断呼叫空中支援火力打击敌人。塔利班无法阻止美军特种部队和卡尔扎伊武装的进攻，只得放弃大桥，全部撤退。卡尔扎伊当晚命令自己的部队休整，第二天早上部队顺利通过了大桥。

12月5日，美军发生误伤事件。美军特种部队在大桥旁边一道山岭上的观测点内请求进行空中支援，一颗2000磅的制导炸弹误投到观测小组中间，3名美军特种兵死亡，另有12名美军和卡尔扎伊的士兵受伤。就在此时，卡尔扎伊的谈判代表同塔利班达成了一项协议，促使坎大哈方面的塔利班武装投降。12月6日，卡尔扎伊的部队得以继续向坎大哈进发。

11月18日夜，美军特种部队小组渗透进入坎大哈南部辛那赖山谷，联络上了反塔利班武装领导人、前坎大哈省长谢尔扎伊。11月22日早晨，谢尔扎伊的部队开始向坎大哈进发。经过两天半时间，谢尔扎伊武装抵达塔克特伯地区，这里距离阿富汗4号高速公路只有6公里，而坎大哈机场就在4号高速公路南边。谢尔扎伊决定派遣代表进入城市同当地塔利班组织谈判。美军特种部队派遣了两个空中支援小组随同谢尔扎伊的指挥官行动，以监视谈判进行状况；结果发现，塔利班试图突袭谢尔扎伊武装。美军特种部队迅即要求空中支援小组呼叫美军战机。塔利班的车辆从4号高速公路向北部移动，美军的空中火力很快消除了威胁。塔利班几乎是立刻就开始撤退，放弃了整个塔克特伯地区。

第二天早上，谢尔扎伊的部队进入了塔克特伯，控制了坎大哈和哈曼之间的主要交通要道。谢尔扎伊在自己部队周围设立了防御，并在高速公路南北两地设立了关卡，从北边的检查站可以看到坎大哈机场。美军的空中支援小组监视着机场动静，随时指示空中力量打击盘踞在山脉和机场的塔利班武装。塔利班还在顽抗，利用常规火炮和火箭炮攻击谢尔扎伊的部队。美军的空中支援小组不停呼叫空中火力，对塔利班武装持续攻击，打击机场中的敌人，同时为谢尔扎伊的部队发动全面进攻扫清障碍。塔利班武装开始向坎大哈城外转移，他们露出要撤退的迹象了。

11月28日，北方联盟、卡尔扎伊武装、谢尔扎伊武装在美军空中火力支援下快速推进，直指坎大哈城下，形成前后夹击之势。最终在12月7日，反塔利班各派力量武装对坎大哈机场发动了全面进攻，没有遇到任何抵抗。12月7日晚上，奥马尔宣布，同意交出坎大哈；确切地说，是以普什图人为主的塔利班愿意将坎大哈交给同为普什图人的卡尔扎伊武装。第二天，北方联盟、卡尔扎伊武装、谢尔扎伊武装相继进驻坎大哈。如此，反塔利班各派力量不废一枪一弹就占领了塔利班的权力中心，此时距战争爆发只有61天。

在这样的包围中，奥马尔、拉登等重要人物全部趁乱逃离坎大哈，不知所踪。2001年12月5日，在美国的运作下，出席阿富汗问题波恩会议的阿富汗各派代表一致推举卡尔扎伊出任临时政府主席。卡尔扎伊此前论实力和声望在阿富汗各派力量中都不够大，却在波恩会议上当选，算是爆出了阿富汗问题的一大冷门。无论如何，战事还未结束，阿富汗率先露出了一缕和平的曙光。

另一个出人意料的结果就是，阿富汗临时政府的30名内阁部长中出现了两名女性——苏哈拉·西迪克出任卫生部长，西玛·萨马尔出任副总理兼妇女事务部长。60岁的苏哈拉出生于坎大哈，普什图族人。她的父亲是当地一名极有权势的军事派别领袖，她自己则是阿富汗惟一被授予将军军衔的女性。不过，她的本职工作并不是打仗，而是治病救人。美军空袭喀布尔期间，作为外科医生兼喀布尔妇女儿童医院院长的苏哈拉一直坚守岗位，在医学界同事中备受尊敬。

45岁的女物理学家萨马尔更是阿富汗妇女从政的新起点。1982年，萨马尔成为哈扎拉族中第一位获得医学学位的女性；之后，她一直与丈夫致力于抵抗苏军侵略的事业。1984年她丈夫连同他的三个兄弟一起被捕，再也没有回来；萨马尔的家族中一共有64人在阿富汗抗苏战争中丧生。27岁那一年，萨马尔带着两岁的儿子越过边境来到巴基斯坦的奎达，在那里继续抵抗活动。1987年，利用从国际教会救援组织那里募来的一笔钱，她开设了第一家难民医院；此后的许多年里，萨马尔一直以巴基斯坦为基地在边境地区建造医院和学校。经过多年的努力，她一共建起了4家医院、10家诊所。在工作中，她深深体会到阿富汗医务人员的缺乏，于是她就在自己的医院里培养专业的医务人员。在她积极的活动下，阿富汗建起了44所女子学校。也正因为这样，她曾经遭到巴基斯坦当地亲塔利班组织的威胁，但她不为所动，继续工作。

她们的存在，让外界普遍相信，和平正在降临阿富汗。

攻下坎大哈后，美国人干的第一件事是派中央情报局特工到那里大力回收"毒刺"导弹。80年代提供给阿富汗游击队用来对付苏军直升机的"毒刺"导弹，现在却对美国人的自身安危构成了严重威胁。当年提供给阿富汗游击队的500枚"毒刺"，中央情报局估计在阿富汗南部地区仍遗留着50—100枚。为此，美国飞机白天一般不敢在坎大哈机场上着陆。一枚"毒刺"导弹造价3—4万美元，却可以击落美国人价值上千万美元的军用直升机和运输机，更不用说飞机上搭载的人员和装备。从90年代起，中央情报局便定期在阿富汗境内秘密回收"毒刺"，当时的收购价格为每枚10万美元。现在水涨船高，收购价格达到每枚15万美元，是实际造价的4倍。在美元的"物质刺激"下，美国人从坎大哈郊区的塔利班溃兵手里收购了一批"毒刺"，总算是解除了当年美国人自己留下的空中威胁。"毒刺"导弹回收后，全部被就地销毁。

坎大哈陷落后，塔利班与基地组织之间也出现了裂痕。从技术上说，他们的军事指挥系统分散，难以统一作战。塔利班本身是一种原教旨主义政治运动，在鼓舞士气中作用较大，不能代替军事指挥，更没有统一协调大规模战争的能力。夺取阿富汗全国政权后，塔利班的军队组织没有正规化，还是以部落民兵为基干。这种组织适合游击战，却无法在面对美军强大空中火力的情况下进行城市坚守。基地组织本身是一座恐怖主义军校，它与其说是为了打仗，更不如说是藏身。他们到底要保卫阿富汗（其实这个国家除了是他们的庇护所外，与他们并没有血缘上的联系），还是要保卫自己，连基地组织自己都搞不清。和平时期，基地组织与塔利班可以共享一套后勤系统，但地面战打到激烈时，谁都顾不上谁了。

反塔利班各派力量进攻坎大哈的同时，美军也一直在追击贾拉拉巴德附近的敌人。喀布尔陷落后，美军发现，约1000名基地组织和塔利班成员撤退到了巴基斯坦边界地区贾拉拉巴德南部的托拉博拉山区。根据情报，奥马尔和拉登也在其中。

托拉博拉在苏联入侵阿富汗的年代里就颇有名气。托拉博拉，普什图语中意为"黑寡妇"，它恰好位于东部接邻巴基斯坦的边境线上，海拔约4000米。山区的入口位于两条山谷交汇之处，通往山区的道路则处在一片荒漠中，只能以步行方式出入。俯视着这条道路的，是周围的山崖以及远近茂密的松树和橡树林。进入托拉博拉山区后情况更复杂，这里是世界上最崎岖的山地之一，基地组织在这里盘踞了多年。除了对这里的地形熟悉之外，他们还建造了大量的防御工事和军火库，为进行持久战做好了准备。核心工事有30—40个山洞相连，洞穴里面被扩大和连接成村落式，内部设施一应俱全，是天然藏兵之地。这些洞穴构筑成了地下与地上相结合的坚固防御体系，而且伪装和防守十分严密。基地组织善于利用这些防御工事和充足的武器供应，使得托拉博拉山区成了一个难以攻克的堡垒。

80年代，苏军曾对这里多次发动进攻，均损失惨重，无功而返。苏军甚至使用了化学弹，结果是损失直升机数十架，士兵数百人。苏联人最后得出结论：要想攻克这个地方，直升机必须能够在山顶上着陆，炮兵必须能爬山，医护人员必须在山中健步如飞才能将伤员抢救下来。但这些显然都是无法做到的。

2001年11月底，美军特种部队进入托拉博拉山区，同当地反塔利班武装指挥官哈萨特·阿里会面，表示将协助他利用美军的空中力量对基地组织盘踞的山洞进行攻击。12月初，反塔利班武装约3000余人进入托拉博拉山区，在外围建立起包围圈，切断了托拉博拉与外围的联系。约4500名美国海军陆战队员组成几百个"猎杀"小组，设立起封锁线。100多名美军特种兵进入托拉博拉进一步查明情况，为下一步的搜剿做好先期准备。

美军特种部队在基地组织据守的山谷附近制高点建立了观测点，一支北方联盟的部队负责保护他们的安全。12月4日，对托拉博拉山区的攻击正式开始了。美军空中支援小组一边直接观察山谷中的状况，一边呼叫精确轰炸。在地面的指引下，由激光束和预先编制的程序引导的炸弹对目标实施打击，空中打击一直持续了17个小时。与此同时，反塔利班武装的部队向山区展开进攻。当晚，基地组织和塔利班成员点起篝火取暖，美军空中支援小组利用热成像仪捕捉到他们的方位，美军飞机向他们投掷了更多的制导炸弹。美军的AC-130炮舰机同时对他们发动火力攻击，托拉博拉的夜空一时亮如白昼。

塔利班与基地组织顽固地抵抗，为此美军进行了几百次空中打击，投掷了几千吨炸弹。刚开始，反塔利班武装的部队每天都在美军空中力量的掩护下向山区进攻，到了晚上却不得不退回，第二天又要重新夺取昨天攻下的区域。后来，美军和反塔利班武装采取划区包围、重点搜索、空地协同方法，先由反塔利班武装对搜剿地域严密封锁，再以RQ-1A"掠食者"无人机、美军特种部队等侦察力量实施空地侦察。当发现塔利班和基地组织成员藏身洞穴时，立即呼叫空中火力进行精确轰炸，逼迫洞内守军出洞，然后以地面部队实施围歼。

美军的精确轰炸极见成效。他们一般先频繁对暴露的任何火力点进行攻击，然后美军特种部队率领的地面部队踩着冰雪、沿着山梁上下夹攻，将基地组织和塔利班成员逼进山洞里；等到山地表面被攻下，美军再重点轰炸洞口，并且使用"掩体克星"GBU-28钻地炸弹，对山洞里的敌人进行攻击。这些武装分子往往没有被逼出山洞的机会，因为威力巨大的钻地炸弹会径直将洞穴炸塌，将他们活埋在里面。

行动持续了8个日夜，塔利班和基地组织成员的活动范围一再缩小。持续多日的轰炸和扫清后，12月10日，美军向洞穴发动猛攻。强大的多角度火力之下，数百名残余武装分子被迫退出山洞；他们被逼出洞穴后退至一座高山上，不惜以自己的生命做最后的抵抗。至12月11日，他们被压缩在约2平方公里的狭小地区。战至12月16日中午，枪炮声逐渐沉寂，美军结束了战斗；塔利班和基地组织残部全线崩溃，托拉博拉山区被攻克。

此战虽然基本打垮了塔利班和基地组织残部，但仍然没有抓获奥马尔和拉登等人。这场攻洞之战的胜利是美军优良军事装备和悉心准备后的成果，打扫战场之后却发现，至少有数百人逃跑，拉登、奥马尔等重要人物更是毫无踪迹。事实上托拉博拉山区有多达几百个甚至上千个的洞口，美军根本无法全部发现和封闭。并且山的另一侧就是巴基斯坦，一旦进入，就如鱼入大海。基地组织和塔利班成员可以凭借各种关系，也可以用行贿的办法，轻易地在两边的封锁线打开逃跑之路，美军对此毫无办法。

不过，美国方面宣称，在夺取了喀布尔和坎大哈并摧毁了托拉博拉地区有组织的抵抗后，"阿富汗已经获得了实际意义上的解放"。

战争远远没有结束，也许仅仅意味着开始。塔利班和基地组织从此退守阿富汗和巴基斯坦边境地区更深的深山，并积极向巴基斯坦部落地区发展势力，开始了长期的游击战和洞穴战。美军进入了一个某种程度上不可测知的战争环境，美国也由此完全踏入了复杂的阿富汗问题。

3. "蟒蛇"与"红翼"

2002年2月，美军联合作战司令部中央总部密切关注着加德兹附近正在集结一支基地组织武装。这支武装已成为驻阿富汗美军和阿富汗临时政府的严重威胁。美军的侦察卫星和无人机在严密监视这些人员的行动，为更清楚地搞清这支武装的行踪，美军派出特种部队潜入加德兹地区。美国国防部长拉姆斯菲尔德在描述阿富汗的基地组织仍在构成危险时说："他们的目标是重新积聚力量，设法推翻阿富汗过渡时期政府和杀伤美军作战部队人员。此外，他们还试图重新将阿富汗作为恐怖活动的基地。"

此时正是阿富汗的初春时节，冰雪消融。加德兹位于首都喀布尔通往东部山脉的高原山地上，距离阿富汗和巴基斯坦的边境不远，周围的高山眼下是一幅植被稀少、岩石嶙峋裸露的景象。这里也曾是昔日抗苏的重要地方，基地组织进一步利用险峻地形和洞穴，将其改造成了具有四通八达地道和坚固隐蔽掩体的重要训练基地。2002年2月底，美军特种部队根据一个地方武装首领提供的线索，确定有150—200名基地组织武装人员在加德兹附近的阿马山区沙伊科特村一带集结，他们在此过冬，并为春季攻势做准备。情报基本确定无误了，美军随即决定调动兵力进行清剿，这次行动被命名为"蟒蛇"行动（Operation Anaconda），尽管行动开始后美军才弄清，这里的基地组织武装人员远远不止150—200人，而是多达500—1000人。

　　美军为"蟒蛇"行动进行了一系列准备工作。在霍斯特附近的一个基地内，美军对被选用的阿富汗临时政府军队士兵进行步兵战术授课和训练。美军特种作战部队按基本步兵技术要求，训练了大约1000名阿富汗士兵，旨在提高他们的作战能力并使他们适应协同进攻作战。除阿富汗士兵外，参加"蟒蛇行动"的还有200名训练有素的特种作战部队官兵，他们分别来自英国、加拿大、新西兰、澳大利亚、加拿大、丹麦、德国和挪威等国特种部队。法国空军的"幻影"2000D与美军飞机并肩作战，参加联合空中值勤。同时，美军第10山地师的一个营和第101空降师的一个旅也将参加行动。

　　此次美军联合作战司令部中央总部的计划是采取"活动中接触"战术。美军放弃了以往传统的前线作战战术，目的在于占领主要阵地，对已知的洞穴、设施和基地组织的其他据点形成严密包围。美军预计投入两支主要力量，分别代号为"铁锤"特遣队和"铁砧"特遣队。"铁锤"特遣队由阿富汗临时政府军队士兵和美军特种部队组成，任务是突袭基地组织藏身的沙伊科特山谷；"铁砧"特遣队包括美军第10山地师的一个营和第101空降师的一个旅，任务是建立封锁阵地，防止敌人逃跑。

　　总之，"蟒蛇"行动的重点就是利用"铁砧"特遣队建立一个围绕沙伊科特山谷的外部包围圈，然后沿着东部的山岭里侧利用空中打击组成内部包围圈，最后让"铁锤"特遣队堵住北部出口，同时"铁锤"特遣队进入山谷发动主攻。计划的目标是狠狠打击敌人，消灭基地组织成员并把残余敌人赶出山谷，在外围包围圈消灭。试图利用各种途径逃跑的基地组织成员会被侦察设备跟踪，最终被美军的精确空中打击消灭。为此，美军第10山地师师长指出——阿富汗战争是一个重大转折，由于空中力量的攻击精度远远超过了以往战争中的打击精度，因此空地协同作战能够取得更好的效果。

　　据估计，"蟒蛇"行动将是1991年海湾战争最后阶段的"沙漠军刀"行动之后，美军最大规模的一次地面作战行动。

　　2002年3月1日，1000名阿富汗临时政府军队士兵和80名美军第10山地师士兵组成的先遣部队分多路向沙伊科特山谷发起了攻击。这次进攻由于情报失误、情况不明，美军打得狼狈不堪，险些造成重大损失：情报完全错误，其中

80名美军士兵竟然降落在基地组织的头上；美军士兵刚下直升机，立刻遭到隐蔽四周的基地组织武装猛烈的火力袭击。基地组织利用有利的地形，使用各种轻型武器疯狂攻击。迫击炮、机枪、手榴弹和RPG火箭筒等武器响个不停，美军随即展开反击。双方激战两个小时，美军损失不小，27人相继受伤。

当时美军只能依靠巨石等物体做掩体，与基地组织殊死战斗；而对手却很"潇洒"，不但高声嘲笑被困的美军士兵，还不时从自己的掩体里探出头来，向美军士兵招招手，开几句玩笑。

美军紧急呼叫空中支援，数架A-10攻击机和AH-64"阿帕奇"武装直升机迅速，全力展开空中打击。然而，美军战机赶过来后才发现，空中打击很难展开。原来，地面双方短兵相接，美军战机稍有不慎，很容易造成误伤。为了不误伤地面的美军，A-10攻击机和"阿帕奇"武装直升机只得取消大范围地面攻击。基地组织成员一听到美军飞机的声音就往山洞里钻，飞机一走又出来战斗，甚至还有人在空袭时冒险还击。时间在飞快流逝，随着燃油使用告罄，A-10和"阿帕奇"不得不返航。

无法得到支援的美军已经难以支撑了，弹药越来越少。危急时刻，一架携带了两枚空对地导弹的RQ-1A"掠食者"无人机飞入战区；受困的地面美军急忙呼叫空军人员遥控无人机轰炸周围的基地组织阵地。作为美军的长航时无人机，"掠食者"主要为战区及联合部队指挥官的决策提供情报参考。一旦需要，它也可以像战斗机那样发射导弹，展开对地攻击。"掠食者"只有几百公斤重，全长8米多，最大速度超过每小时200公里，可以在8000多米的空域飞行，续航时间长达40个小时。"掠食者"进行了隐形化设计，雷达反射截面只有0.1平方米，对方防空雷达难以探测。它进行空中侦察时，可以使用多种设备，包括合成孔径雷达、光电相机和红外成像仪等。"掠食者"首次用于1995年波黑冲突，后来参加了1999年的科索沃战争。"持久自由"行动开始后，"掠食者"进入阿富汗上空作战。

按照地面美军的指引，"掠食者"无人机迅速飞到了周围基地组织的阵地，连续发射了两枚"地狱火"导弹。对于基地组织来说，"地狱火"导弹是致命杀手。"地狱火"导弹编号为AGM-114，属于反装甲利器，全长1.6米多，全重仅约47公斤，但能够使用8公斤的高爆弹头摧毁10公里范围内的地面坦克之类的点状硬目标，具有"发射后不管"的精确攻击能力。随着地面两声巨大的爆炸，疯狂射击的基地组织成员顿时一片死伤。其余基地组织成员立刻撤退，地面美军总算是坚持住了。

自凌晨至黄昏，美军被困人员几乎弹尽粮绝。18个小时后，在夜幕的掩护下，美军的夜视装备辨物清晰如白昼，基地组织没有夜视装备不敢轻动，一架MH-47"支奴干"运输直升机冒险分几批将被困人员接走。脱险后清点队伍，80名美军中有27人受伤，但无一阵亡，美军士兵称其为"奇迹"。

3月4日，美军制定了一个新的作战计划：动用"海豹"突击队，以"海豹"突击队占领沙伊科特山谷最高峰塔克噶尔峰；从基地组织上方发动攻击，将基地组织向下驱赶，将他们赶到已经张网以待的包围圈内，一举全歼。

3月4日凌晨3点，两架第160特种航空团的MH-47E改进型"支奴干"运输直升机搭载"海豹"队员们从加德兹起飞。两架直升机分别代号"剃刀3号"和"剃刀4号"，黑夜中缓缓接近沙伊科特山谷高处的着陆区。它们要将"海豹"队员们部署到山脊上，监视山谷里的情况。在1万英尺开外的地方，基地组织武装分子正屏息等待着他们的到来。基地组织成员躲进掩体，随时准备向飞来的美军直升机开火。

从加德兹的集结地起飞后，"剃刀4"在山谷西侧搭载了一支队伍。按照计划，"剃刀4号"要与"剃刀3号"分头行动，它们将在卸下机上人员后一小时内在指定地点会合。

"剃刀3号"减缓下降速度，降落在沙伊科特山谷东侧代号"生姜花"的着陆区。"海豹"突击队的一个6人雷达信号小组和一名空军战斗控制人员从直升机后舱门冲出，踩进了没膝的雪地。"海豹"队员尼尔·罗伯茨中士冲在队伍最前面。毫无征兆间，基地组织成员的轻机枪和RPG火箭筒从隐蔽的阵地中向他们开火。变故发生得太快，一枚火箭弹居然呼啸着穿透了"支奴干"直升机的机体，52英尺长的机体随之剧烈晃动。万幸的是，这枚火箭弹发射距离过近，弹头没来得及爆炸。"海豹"队员们立即意识到，3月1日发生在第10山地师身上的事情又重现了，他们正好处于一整窝基地组织恐怖分子当中。

那枚火箭弹的冲击力相当于一块以每小时几百英里速度掠过的砖头，直接穿透了黑色涂装的"支奴干"直升机。虽然没有爆炸，但是火箭弹击中直升机外壳时割断了直升机的液压油管线。随着直升机螺旋桨在稀薄的空气中发出怒吼，液压油像鲜血一样从这个大黑怪物的身体里喷涌而出。"支奴干"直升机的舷梯仍然垂着，"海豹"队员们都已经在雪地上；他们用轻武器以尽可能快的速度和尽可能猛烈的火力向基地组织武装分子还击。

"离开这里。我们着火了！快！快！快！"机组组长大声呼喊直升机飞行员。

"快走！快走！火力太猛了！"那名叫尼尔·罗伯茨的"海豹"队员大喊。

"海豹"小队撤回到直升机舷梯上，队员们同时向左、右、后三个方向开火还击，而基地组织武装分子的子弹仍不断射向直升机。直升机左舷舱门的12.7毫米重机枪射手朝黑暗中不停扫射，直至打光了他的所有弹药。

"他们上来了。走！走！"机组组长高声命令直升机飞行员。

"是时候了！起飞了！"直升机飞行员将油门向前推至最大，"支奴干"起飞了。"支奴干"直升机前后摇晃，机身抖动，使出全力向上爬升。那枚火箭弹和随后的连片机枪子弹已经摧毁了"支奴干"直升机的控制器和液压油压力装置电源，爬升动作相当艰难。

成片子弹不停打在机身上，液压油不断流失，"支奴干"直升机在这种情况下颠簸着起飞。罗伯茨中士仍站在机舱后门处，不停向外开枪还击。直升机尽力飞起，试图尽可能快地脱离基地组织武装分子射程。突然，机身颠簸了一下，罗伯茨从舷梯上被甩了出去，掉进底下无尽的黑暗中。

站在左后方的"支奴干"机组组长亚历山大扑向罗伯茨，试图抓住他，却在沾满液压油的舷梯上滑倒，摔出了直升机。亚历山大正好顺着直升机的舷梯滑下，紧跟在罗伯茨后面消失在暗夜里。

"该死，他们掉下去了，他们掉下去了！"右后方的机组组长喊道。就在这时候，他看到亚历山大的安全绳索还挂在机舱后门边上。他踩着滑溜溜的机油将亚历山大拉回严重受损的"支奴干"直升机，一边又大叫，"找到他了，找到他了！"直升机顺着山侧开始往下俯冲，一路颠簸甚至失去动力，直升机飞行员紧张起来——恐怕是一台引擎坏了。当直升机冲入黎明的晨光中时，直升机飞行员才意识到，两台引擎还都在运转，是液压系统失灵。机组人员拉平直升机，让"支奴干"一直飞得足够远，足以脱离这片死亡地带。这真是个奇迹。

机组组长告诉机上所有人，"海豹"队员罗伯茨被甩出去了。"海豹"队员们立即告诉机组组长，他们要回去。就算所有人都战死也不要紧，绝不能丢下任何人不管。必须将罗伯茨找回来，不论是死是活，这是"海豹"突击队的原则。

就在这时，由于液压油不足，直升机的控制系统开始失效。当直升机已几乎无法向前飞时，机组组长动手割开液压油罐，把液压油人工灌入"支奴干"直升机的循环系统。虽然控制系统逐渐恢复运行，但是直升机再也不能飞回山顶了。

由于液压油慢慢漏光了，控制系统最终还是失效，这架双水平旋翼直升机只好降落在下面的山谷里。"海豹"队员与机组成员试图回去援救罗伯茨的念头也成了泡影。他们只能通过无线电不断呼叫："'剃刀4号'，'剃刀4号'，这里是'剃刀3号'，完毕。"可这没有丝毫用处——无线电通信装置坏了。与此同时，"剃刀4号"也开始担心，"剃刀3号"迟迟没有前来会合，情况似乎不妙。"剃刀3号"在离最初交火地区4英里处艰难着陆，"海豹"队员冲出直升机，占据有利位置，等待着与"剃刀3号"的进一步联系。

"剃刀3号"上的"海豹"突击队员最终用卫星通信装置与总部取得了联系。总部将信息传送给"剃刀4号"，后者立即按方格坐标飞往"剃刀3号"所在地。40分钟后，"剃刀4号"再次着陆，搭载上"剃刀3号"的所有人员，飞回基地。

总部中的美军指挥官们正在紧张筹划。他们拿出三个预案。预案一，"支奴干"直升机搭载所有人员调头回去援救罗伯茨。这个预案很快被否定，原因很简单——如果"支奴干"直升机搭载了两支"海豹"小队和两拨机组人员，这架直升机就绝不可能爬升到1万英尺的高空。预案二，让"剃刀3号"的机组成员留在原地，两架直升机上所有"海豹"队员搭乘"剃刀4号"回去救罗伯茨。或者，预案三，两架直升机直接返回加德兹，组织更多的人员和直升机前去营救罗伯茨。

"剃刀4号"很快替总部指挥官拿定了主意。美军"掠食者"无人机侦察到，离"剃刀4号"着陆点不到一英里远的地方，大批基地组织武装分子正朝直升机逼近。无奈之下，"海豹"队员和机组成员丢下严重损坏的"剃刀3号"，所有人乘"剃刀4号"飞往加德兹。他们将在加德兹放下"剃刀3号"上的机组人员，而所有"海豹"队员将乘直升机再返回山谷，去营救罗伯茨。

与此同时，更多人员已经受命前去寻找罗伯茨。一架AC-130炮舰机早已升空进行搜寻，"掠食者"无人机也在飞往罗伯茨失事地点的途中，将拍摄下的图像传送回美军巴格拉姆空军基地。此时，代号"剃刀1号"和"剃刀2号"的两架"支奴干"运输直升机正从巴格拉姆空军基地起飞。这两架直升机搭载着一批"三角洲"和"游骑兵"队员和一组空军战斗控制人员，前去展开营救。

"剃刀4号"已经从加德兹再度起飞，前往罗伯茨失事地点。当"剃刀4号"逐渐接近"生姜花"着陆区时，"掠食者"无人机的红外灯发生故障，无法再向基地传送回图像。"剃刀4号"根本顾不上这些。第160特种航空团的严格训练使得"支奴干"直升机仅需着陆半分钟，12名"海豹"队员便可从机舱后门冲进雪地。沙伊科特山谷越来越近，所有人都希望罗伯茨还活着。

"剃刀4号"抵达着陆区，"支奴干"直升机在40英尺高的空中咆哮。透过机舱挡风玻璃，直升机飞行员看到了地面上基地组织武装分子向直升机射击时枪口喷出的火光。飞行员座舱中传来了诅咒声："真该死！"

伴随着直升机飞行员的咒骂，机枪子弹穿透了直升机前端，在机舱内四处跳飞。机舱挡风玻璃也被子弹击穿了，"支奴干"直升机仍继续穿过枪林弹雨，降落在雪地上。"海豹"队员们第三次从机舱后门冲了出去。没有人寻找掩护，也没有人退缩，"海豹"队员们只是一边开枪还击，一边跑向他们认为罗伯茨可能藏身的地方。

跟随"海豹"小队一起战斗的空军战斗控制人员约翰·查普曼技术军士找到了一处掩护物。他隐蔽在掩护物后面，像"海豹"队员一样，用M4A1突击步枪准确地射杀基地组织武装分子。附近一座掩体中的基地组织成员发现了他，用机枪向他疯狂扫射；查普曼军士被一串子弹击中，当场倒下了。查普曼军士阵亡的同时，"海豹"小队也遭到了来自左右两侧的火力袭击。

"剃刀1号"和"剃刀2号"已经出发，但是从巴格拉姆空军基地飞往沙伊科特山谷是一段很长的航程，必须途经横穿洛加和加德兹的崎岖山区通道。若非此前一架美军直升机曾发生故障在那里迫降，美军对那里的地形至今仍不甚了解。"剃刀1号"和"剃刀2号"的救援部队逐渐接近沙伊科特山谷，他们计划从东南面飞入山谷。正在这时，他们收到了一份最新情报。一支"海豹"小队在山谷中遭遇袭击，急待他们前去接应。毫无疑问，那就是"剃刀4号"。

巴格拉姆空军基地中的美军指挥官对当前发生的情况一无所知。无线电通信中断，"掠食者"无人机传回的图像断断续续，而地面上的"海豹"队员们正在通信联系完全中断、外无救援的情况下孤身奋战。

由于没有得到巴格拉姆空军基地总部的任何信息，"剃刀1号"上的"三角洲"队员进入了"生姜花"着陆区，"剃刀2号"准备在山脊的另一侧降落，却不知"海豹"小队已经撤退到山脊下面。3月4日清晨6点半，"剃刀1号"刚刚准备着陆，立刻被一枚RPG火箭弹击中引擎。"支奴干"直升机紧急降落，火焰和金属碎片喷涌而出。机上代号为"白垩–1"的10名"三角洲"队员冒着基地组织武装分子的猛烈火力滑下舷梯，寻找掩护。直升机右舱门的机枪手菲利普·斯威塔克军士中弹身亡，其他舱门的机枪手都被子弹射伤了腿。如雨的子弹穿透了直升机飞行员座舱的挡风玻璃，射穿了飞行员的双腿。

"剃刀2号"之前不久与"剃刀1号"失去了通信联系，便返回了加德兹。降落后，机上的"游骑兵"指挥官马特·艾沃斯曼上尉一把掐住机组组长的脖子，怒不可遏。

当时无线耳麦中传来"剃刀1号"直升机飞行员绝望的呼叫，还有密集的高射机枪声，机舱里面机枪手和"三角洲"队员的惨叫声。马特·艾沃斯曼上尉怒吼："立刻起飞！咱们要去救他们！"

机组组长脸色苍白地回答："我们联系不上他们！我们不能起飞！"

一名"游骑兵"叼着一根点燃的香烟，跟战友们一起，站在旁边冷冷地看着那个辩解的直升机飞行员。

艾沃斯曼上尉一把将他按到身后的"支奴干"直升机上，怒吼："我可不管你们的问题是什么，混账！'剃刀1号'上只有10个'三角洲'队员，该死的那只是执行此次特种作战任务的一半人数！他们现在还被击落了！立刻起飞！"

机组组长辩解："塔利班的防空火力太猛了！我们无法接近那里，会被击落的……"

　　"听着，你只是个运送勤务员！明白吗，该死的运输工？你们只运进去一半的部队，该死的只有一半人！咱们是让他们完整的另一半！"艾沃斯曼上尉的眼睛都在冒火，"我们跟那些同样该死的'三角洲'队员是一个编组的突击队！我们是他们的另外一半！你明白没有？假如他们死，我们要跟他们一起死！"

　　"但是我得到命令，假如碰到危险，咱们可以不起飞……"直升机飞行员还在辩解，"这样可以少损失一半人……"

　　那名抽烟的"游骑兵"队员猛然拔出匕首，扎向直升机飞行员。匕首带着风声，飞行员惨叫一声闭上了眼。匕首紧贴飞行员的耳边，一半刀刃扎进机身。飞行员睁开眼，不敢相信自己还活着，嘴唇都在哆嗦。

　　那名"游骑兵"队员说出了此次行动中足以传诸后世的一句话："让我们跟那些'三角洲'死在一起！"

　　他左手抓起飞行员的下巴，盯着他惊慌的眼睛，对着他的脸吐出一口烟，一字一句地说："我们宁愿死在一起，也绝不丢弃任何一个战友！这是我最后的忍耐限度——送我们去死！"

　　直升机飞行员匆忙点头。

　　"我们走！"艾沃斯曼上尉怒吼："那些该死的'三角洲'需要咱们，让咱们去把他们从塔利班的狼嘴里面捞出来！我宁愿他们死在跟'游骑兵'的橄榄球赛中，也不愿意他们死在塔利班手里！"

　　"游骑兵"们登上直升机。那名抽烟的队员恶狠狠地拔出匕首，把自己嘴里的半颗烟塞进直升机飞行员的嘴里，拍拍他的肩："出发！"

　　"游骑兵"组成的"白垩-2"分队最终得以搭乘"剃刀2号"升空，于上午8点半飞回那座山脊。"白垩-2"分队在低于山脊00英尺的地方着陆，现在他们只得往上杀一条血路，去接应他们的"三角洲"同伴。作为第二批突击队员，"游骑兵"在阿林·卡农上士的带领下向山顶前进。除了武器、弹药和水，他们扔下了一切可以丢掉的东西。在接下来的几个小时里，他们经历了一连串激战。

当晨光忽现时，早已在头顶的黑暗中盘旋多时的AC-130炮舰机因油料耗尽，被迫返航。"剃刀1号"上的"三角洲"队员失去了AC-130那105毫米榴弹炮的掩护，他们的夜视装备也不再具备地面作战优势。一个由基尔里·米勒技术军士带领的三人医疗小组正在处理伤员的伤口，却遭到基地组织武装分子的火力袭击。米勒军士从"支奴干"直升机的舷梯上拽下一挺M-60机枪递给一名机组人员，让他对基地组织成员全力还击。

两架代号分别为"扭曲者5-1"和"扭曲者5-2"的美军F-15E"战隼"战斗机此时正在几百英里之外，飞行员分别是小克里斯·肖特少校和柯克·潘泽·里克霍夫上尉。在"生姜花"着陆区受阻的空军战斗控制人员加贝·布朗上士正通过无线电求救："我们是一架被敌军炮火击落的直升机！"布朗反复通过无线电呼叫："我只需要火力支援！我只需要火力支援！马上就要！"布朗上士使用了代号"被击落的直升机0-1"，以便让F-15E战斗机飞行员确认。

这两架F-15E战斗机接收到布朗的呼救信号，以1000多英里的时速冲向"剃刀1号"失事地点。"扭曲者5-1"和"扭曲者5-2"以低空高速呼啸着俯冲到"支奴干"直升机坠毁处，同时时速减至575英里。其中一架F-15E战机的武器操控官已将拇指扣在"战隼"的20毫米加特林航空机关炮扳机上。加特林航空机关炮适用于空对空作战，旨在超音速空战中打击敌机。在此之前，飞行员从未在紧急近距离空中支援任务中使用过他的机关炮，但他愿意冒险一试。一架美军直升机被击落，人员受困，如果他没有击中敌人，受困人员会死掉，但如果他不试一下，受困人员无论如何也会没命的。在地面上，"被击落的直升机0-1"还在苦苦坚持，加贝·布朗上士正一边加紧朝步步逼近坠毁直升机的基地组织武装分子开火，一边用无线电通信引导F-15E战斗机飞过来。布朗上士清楚，"战隼"有三条线路可从正确角度攻击敌军阵地，火力支援就在眼前了。

基地组织武装分子就在坠毁的直升机前方8米开外，并且步步逼近。F-15E战斗机上16筒940发炮弹的加特林航空机关炮向基地组织武装分子发起猛烈扫射，血肉肢体和松树皮被炸得四处飞溅。着弹点太靠近了，非常危险，"扭曲者5-1"的武器操控官吉姆·费尔柴尔德中尉却丝毫没有伤及"被击落的直升机0-1"的人员,而是直接命中敌人。

10分钟后,这架F-15E战斗机的燃油即将耗尽。他们将在空中加油,仅20分钟后便能重返战场,再次向山腰的基地组织成员扫射。就在"游骑兵"和"三角洲"队员向敌人发起冲锋时,"扭曲者5-1"和"扭曲者5-2"耗尽了弹药。两名飞行员十分懊恼,他们不能再帮助地面上的伙伴,不过他们已经做得够多了。"游骑兵"和"三角洲"队员接下来也不会孤军作战,"扭曲者"飞行员通过他们的无线电向其他地区的战斗机和轰炸机发出简报。很快,从四面八方赶来的美军战斗机和轰炸机继续对"剃刀1号"进行支援。

两架F-16战斗机和一架载有激光制导炸弹的B-52"同温层堡垒"重型轰炸机赶来加入战斗。当所有的战机都将耗尽弹药和燃油时,基地组织武装分子仍然在开枪还击。现在只有将重任留给地面上的美军特种部队了。

四面八方都有子弹射来,情况竟然与10年前索马里的"黑鹰坠落"惊人相似。"海豹""游骑兵""三角洲"队员们并肩作战,在基地组织武装分子中杀出一条血路,最终抢占了一处目标掩体。他们在掩体里面发现了"海豹"队员罗伯茨和两具基地组织恐怖分子的尸体。其中一具尸体还穿着罗伯茨的作战夹克。

天已大亮,从"剃刀1号"到"剃刀4号"四支小队都有人员伤亡。激战已经趋于平息,这多亏了美军战机几乎持续不断的空中支援。"白垩-1"分队用无线电与总部联络,呼叫医疗撤运。总部用无线电传来命令:"我们需要一份搭载区的情况报告。""海豹"小队的空军战斗控制官凯文·万斯回答道:"搭载区天气严寒,我们伤亡惨重,请求紧急医疗撤运。"

当万斯与总部联络时,另一群基地组织武装分子出现了。他们开始向美军伤员发起猛攻。空军战斗控制人员詹森·坎宁安和其他医护兵一边拼命处理伤员的伤口,一边又拖来更多的伤员。基地组织成员继续向"生姜花"着陆区开火,在坎宁安倾尽医护技能抢救生命时,他自己却一直暴露在敌人的枪口下。幸运的是,坎宁安曾说服总部允许医护兵携带血浆包,这在以前的特种作战行动中是没有出现过的。坎宁安的血浆包了受伤的美军特种部队官兵的命。就在这时,26岁坎宁安中弹倒地,子弹击中了他的腹部,穿透了他的骨盆。坎宁安大量失血,他再也没有机会撤离这里了。

当坎宁安的队友拖着他寻找掩护的时候，雪地上留下一道刺眼的血痕。另一名第160特种航空团的医护人员也受了伤。坎宁安不顾自己的伤痛，在替自己止血后又继续去照顾其他伤员，如此一来他自己的伤情变得越来越严重。

下午5点，太阳落山了，天气变得更冷，刺骨的寒风从山间呼啸而过。队员们扯下坠毁直升机舱壁上的绝缘材料盖在伤员身上。因为空气稀薄、气温过低、脱水断粮，所有人都咳出了血。更可怕的是，弹药不足，美军特种部队已经难以继续战斗下去。

下午6点15分，坎宁安死在雪地，他的蓝眼睛永远地闭上了，他坚持了几个小时。"海豹""游骑兵""三角洲"，他们都在坚持。晚上8点15分，4架美军直升机飞来撤运他们。3架搭载了"游骑兵""三角洲"队员和"海豹"队员罗伯茨军士的尸体，最后一架在山脊的另一边搭载上"海豹"小队。

为营救一名不幸坠机的"海豹"队员，7名美军特种部队人员献出了生命，另有6人负伤。7个人为救1个人而送命，事后的新闻发布会上有记者对此提出疑问，他们并不了解特种作战行动中的兄弟情谊。

这次救援行动没有落下任何人。"力量和光荣"始终都是美军特种部队的信条。到营救结束时，基地组织的损失达200人，但是按照美军的伤亡人数来看，此次行动是整个阿富汗战争中代价最惨重的。这次营救，让外界对美军特种部队之间的关系有了新的认识。虽然"海豹""三角洲""游骑兵"等特种部队之间互有分歧，关系并不融洽，战场上他们却团结一致，愿意为其他特种部队不熟悉的战友赴汤蹈火。

连续两次进攻后，美军发现自己对敌情相当不明。基地组织武装分子人数不是情报上显示的150—120人，而是多达500—1000人，地形的复杂和工事的坚固也远远超出估计。此后美军连续增调兵力，当时驻阿富汗美军的地面作战人员共有8000—9000人，其中三分之一被调到这里。阿富汗临时政府国防部长法西姆也增派了一支由700名步兵和多辆坦克组成的部队，从喀布尔赶来参加战斗。美军同时极度强化空中攻击力量，对此地全力封锁，采取猛烈打击，战况十分激烈。空中打击的同时，美军也通过飞机向沙伊科特山谷散发新的传单。传单上，拉登被刮胡剃须，头发短了，身穿合体的米色西服，一改伊斯兰传统形象，一副西化模样。传单另一面是一幅印有基地组织成员尸体的图片，旁边的文字说明是：杀人犯和懦夫已经抛弃了你。传单试图向山谷中坚守的基地组织成员传达这样的信息：本·拉登已经放弃了他的下属，并且拒绝反思失败原因。难以评估这样的传单起了多大作用，直到3月18日，经过反复进行搜剿完毕，美军终于结束了战斗。

美军在原计划中预测，"蟒蛇"行动将只是一场3天之内即可结束的小规模战斗。它后来却持续了17天，而且前7天的交战都很激烈。最终结果，美军15人死亡、82人受伤。美军估计他们在战斗中至少击毙了500名基地组织成员，具体杀敌数大概在500—800之间，不过清点战果，仍然是没有能消灭重要目标，拉登和奥马尔依旧在逃。同时，至少有几百名基地组织成员逃脱。

这就是美军的阿富汗战争，与战果辉煌的城市攻坚战大相径庭。塔利班已经化整为零，基地组织也不再正面交战，拉登和奥马尔都失去了踪影。美军失去了一眼可见的敌人，但情报能力又不足以找到塔利班和基地组织的准确踪迹。阿富汗东部的地形极度复杂，像托拉博拉和阿马山区这样的地方在阿富汗还有无数。地形如此，民情更是复杂。这里是普什图人的兴起之地，普什图人有约90个部族，特殊的生存环境使得他们一直保留着传统的观念，比如荣誉和复仇，又比如绝对服从族长。在这种地方，塔利班和基地组织的隐藏和游击如鱼得水，美军原有的军事优势却受到了前所未有的挑战。

2004年，美军一度希望借助在伊拉克抓获萨达姆的经验，再度使用特种作战力量，出动多国部队1.35万人，使用所有空地军事技术能力，卷起一阵"山地风暴"，力图要在阿富汗南部和东部边境地区抓获拉登。不过在漫长的阿富汗和巴基斯坦边境线上，这些力量太过单薄，大范围搜索甚至没有可能。2004年3月16日，美军协同巴基斯坦军队7000多人，圈定一个情报显示有"重要敌踪"的50平方公里边境地区，同400多名基地组织武装和当地部落武装发生激烈交火。这里简直是一个国中国，战斗持续到3月22日，美军与巴基斯坦军队合计伤亡100人，取得"歼敌过己"的战果，但又一次计划落空了。

2005年6月底，美军动用"海豹"突击队，在阿富汗库纳尔省山区展开了著名的"红翼"行动（Operation Red Wings）。这场行动的真实细节是任何一部好莱坞电影都无法比拟的，其惨烈令人动容。在2011年之前，"红翼"堪称是"海豹"突击队40年历史上最黑暗的日子，执行任务的4名队员中有3

名阵亡，前去救援的美军士兵中亦有16人牺牲，其中的谜团至今仍有许多没有解开。

"红翼"行动是一次4人先期侦察和监视任务，时间是2005年6月底，由"海豹"突击队上尉迈克·墨菲现场指挥。根据事先预定的行动计划，"海豹"4人小队的任务是潜伏在阿富汗和巴基斯坦边境地区库纳尔省阿萨达巴德村西侧外围的山区，搜索塔利班武装一名高级指挥官的行踪。这名塔利班高级指挥官叫沙马克，多次策划针对驻阿富汗美军的恐怖袭击行动，位列美军的"高价值目标"。同时，"海豹"小队还要搜寻当地一支200人的基地组织和塔利班武装行踪。在确认发现目标动向后，"海豹"小队要第一时间向指挥部提供坐标，由驻扎在巴格拉姆空军基地的美军主力部队进行攻击。

"海豹"4人小队除了指挥官迈克·墨菲上尉外，还有马修·阿克塞尔森、马库斯·鲁特埃勒和丹尼·戴兹3名中士。鲁特埃勒是小队的医护兵，还为阿克塞尔森担任狙击观察手。阿克塞尔森是"海豹"小队的狙击手，丹尼·戴兹则负责无线电通信，小队由迈克·墨菲上尉统筹指挥。当行动需要时，将视当时的具体情况由马库斯·鲁特埃勒和马修·阿克塞尔森中的一人完成狙杀目标的任务。

由于情报显示降落区域的植被不少，"海豹"队员们可能会降落到一片树林里，他们都穿上了沙漠作战长裤和丛林作战夹克，马库斯还戴了一顶狙击手风帽。墨菲上尉和丹尼带上了加挂枪榴弹发射器的M4自动步枪，狙击手和狙击观察手则拿了MK12狙击步枪。他们四人都带了"赛格-索尔"9毫米手枪，不过决定不带M60机枪这样的重武器。因为装备已经十分沉重，如果再背上机枪，"海豹"队员们就无法攀登悬崖绝壁。任务只是先期侦察和监视，并非直接进攻，所以4名"海豹"队员选择头戴轻便的塑料伞盔，而非防弹MICH头盔。

"海豹"小队还携带了爆破索，准备到时炸掉一片树林供直升机降落，这样才能保证任务完成后顺利撤退，以及执行打击和抓捕行动的美军主力部队顺利到达。8个弹夹是标准的弹药携行量，但每名"海豹"队员都多带了3个弹夹；引导直升机降落的发光装置、望远镜、备用电池、电台、照相机和电脑同样必不可少；再加上单兵口粮，每名"海豹"队员大约负重45磅，这对"海豹"来说算是轻装上阵。

行动开始了。第160特种航空团的"黑鹰"直升机利用夜幕的掩护，将4名"海豹"队员送至目标区域外围，再由队员自己步行进入潜伏地点。"海豹"队员们顺利进入观察位置，但不久发生了完全出乎意料的事情——观察位置竟然被三个当地的阿富汗牧羊人误打误撞发现。"海豹"队员赶紧将这3个阿富汗人控制住，然后，他们就遇到了美军"绿色贝雷帽"特种部队在海湾战争中遇到过的相同难题——是否要杀死这三个牧羊人？

鉴于当时的形势，"海豹"队员们很难做出决定，最后不得不采取投票的方式来决定三个牧羊人的生死。

4名"海豹"队员中，马修·阿克塞尔森主张为了安全起见杀死3名牧羊人；迈克·墨菲上尉和马库斯·鲁特埃勒主张放三人走；丹尼·戴兹选择弃权。投票时，马库斯说了一句话："我可不想进监狱。"事后，马库斯却又感叹道："这是我人生中所犯的最大错误。"

一切都像是海湾战争中"绿色贝雷帽"部队经历的再现。三个牧羊人获释后，与海湾战争中被"绿色贝雷帽"放走的伊拉克人一样，马上背叛了对"海豹"队员们的承诺，将"海豹"小队的位置告诉了当地塔利班武装。塔利班武装立刻组织了150—200人的部队，对"海豹"小队潜伏的区域发起猛烈进攻。

"海豹"队员们发现，他们完全被塔利班武装分子包围了，战斗就此展开。战斗中"海豹"队员利用居高临下的地形作为掩护，奋起反击。双方力量相差过于悬殊，在交火后不久墨菲上尉便决定向基地请求支援。"海豹"小队要先转移到相对平坦的区域，再利用村庄和地形的掩护撤退。

由于四人小组的位置位于阿富汗山区，无线电信号接收很差。负责无线电通信的丹尼·戴兹一直位于小队中地势比较高的位置，不停地尝试和基地取得联系，都没有成功。他先后三次被子弹击中，身中5弹仍坚持作战，直到第6颗子弹直接击中他的头部；他的脑袋被打掉半个，当场阵亡。等增援的美军找到他的尸体时，他们发现戴兹的卡宾枪已经打完了所有子弹，P226手枪也打到了最后一个弹匣。

马修·阿克塞尔森最先胸部中弹，后来头部又受致命伤，在坚持向塔利班武装人员射击了2个弹夹后阵亡。指挥官迈克·墨菲上尉在战斗开始后不久就被击中腹部，子弹击穿胃部，受伤后他继续指挥小队进行反击。由于戴兹无法与基地取得联系，墨菲上尉毅然决定爬出自己躲藏的掩体，爬到山顶开阔处通过卫星电话向基地求救。虽然信号终于发出，由于暴露在开阔地带的塔利班火力之下，墨菲上尉又先后被子弹击中胸部和背部，阵亡在爬回掩体的路上。

马库斯·鲁特埃勒在战斗中被一枚在他身边爆炸的RPG火箭弹弹片击中全身多处，震落到山谷中，失去知觉，他也因此幸运地躲过了塔利班武装的追击。马库斯就这样成了"海豹"四人小队中最后的幸存，他在山谷中醒过来，忍着伤痛爬了一夜。筋疲力尽，极度缺水，马库斯不得不去添自己的汗液。第二天早上，他好不容易发现了一条小溪。就在他贪婪地喝水时，发现溪对面站着一个拿着AK-47自动步枪的阿富汗村民。那个阿富汗人看着他，伸出一个大拇指，直说："美国人，OK!"那个阿富汗人叫来几个村民，取走马库斯的M4自动步枪，将他抬到了自己的村庄里。

不久，塔利班像闻到猎物的狼一样来到这个村庄。躲在屋里的马库斯见到阿富汗村民与塔利班武装分子交谈。心中暗想自己一定会被村民们出卖。但结果让他大感意外，村民非但拒绝交出马库斯，还为他包扎伤口，喂他羊奶。

塔利班武装分子没有放弃，他们躲在村外的路口，等着美国人上钩。马库斯用"海豹"突击队的暗语写了一张字条，交给村里的长老，拜托他派人去向美军求救。他明白，恐怕这是他活下去的最后机会了。

6月28日傍晚，美军巴格拉姆空军基地接到了迈克·墨菲上尉用生命发出的求救信号。美军迅速展开营救，载着16名美军特种部队士兵的MH-47"支奴干"运输直升机飞往库纳尔救援。16人中的8人是"海豹"队员，来自"海豹"10队，另外8人来自第160特种航空团。与此同时，另一只"海豹"小队也前往库纳尔，进行地面接应。6月28日一整天，库纳尔连降暴雨，在天色微亮中到达营救地点的"支奴干"直升机还没来得及降落，就被早已埋伏在丛林的塔利班武装分子用RPG火箭弹击中。

被击中的"支奴干"直升机勉强飞行了1英里，最后在一个山坡上迫降。不幸的是，这个山坡十分陡峭，再加上暴风雨，"支奴干"直升机一头栽进旁边的沟壑中。直升机上的所有人当场被一团火焰吞没，包括8名"海豹"队员在内的16名美军特种兵全部遇难。

当时与"支奴干"直升机一同执行任务的另一架美军直升机马上向总部报告了这一坠机事件。巴格拉姆基地中一片沉默，从收到求救信号算起，仅仅4个小时，就有19名美军丧生。

6月29日，库纳尔继续暴雨倾盆。收到"支奴干"直升机坠毁的消息，美军马上派出大量直升机飞往坠机地点。然而，直升机群的起飞却被暴雨所阻，推后了24小时。又一个不幸的消息传来，塔利班发言人毛拉·哈吉米给美联社打电话，宣称他们活捉了一名"海豹"队员。

致电新闻机构宣称对袭击负责是哈吉米一贯的伎俩，事实证明他声明都包含很多夸张的成分，时常会谎报。负责营救行动的美军指挥官说："他为什么没有拿出证据，这家伙又在说谎。"无论如何，一连串的失败让美国人极为恼火。美军发誓要掀翻每一座山头，炸毁每一个据点，用所有"可能的手段"去寻找失踪的"海豹"队员。就在这个关键时刻，全球各大视频网站上竟然又出现了塔利班上传的"海豹"队员尸体视频。

暴雨一停，数十辆满载美军和阿富汗政府军的军车开往坠机地点附近，12架美军直升机盘旋在库纳尔上空，数百名美军士兵已经在坠机地点附近的山谷安营扎寨。美军对该地展开地毯式搜索，6月30日晚，他们终于找到了"支奴干"直升机的坠毁地点。16名烧得面目全非的美军特种兵尸体被找到。这16名特种兵最年轻的只有20岁，年纪最大的40岁，他们的尸体被运往巴拉格姆空军基地，随后被运回了美国多佛。

7月2日晚，最后幸存的"海豹"队员马库斯有了下落。他拜托的村民找到了驻守当地的美军哨所，向美军通报了马库斯还活着的消息。阿富汗村民告诉美军士兵，那个"海豹"队员在他们村里养伤，哨所的美军连忙将他送到巴格拉姆空军基地。负责营救的美军指挥官仔细核对了村民的话，断定他并不是说谎，想把美军引入陷阱。确认情报无误。美军立即开展营救行动。

7月3日晚，美军AC-130炮舰机猛烈轰炸了在这个村庄外围设伏的塔利班武装分子，当场炸死100多人。一架"黑鹰"直升机趁隙插入村外一个事先准备好的营救地点机降。直升机飞行员看到三个阿富汗人搀着一名美国人跑向直升机，赶忙举起枪大声问："你最喜欢的英雄是谁？"

那个美国人回答："蜘蛛侠！"

口令正确。他是"海豹"队员马库斯。

营救人员将马库斯拉上机舱:"欢迎回家。"

根据马库斯的口述,7月4日,美军又找到了两具"海豹"队员的遗体,他们是25岁的丹尼·戴兹和29岁的迈克·墨菲上尉。7月11日,美军又找到了最后一名"海豹"队员马修·阿克塞尔森的遗体。在"海豹"队员们倒下的战场上,同样躺着35具塔利班武装分子的尸体。

在历时10天的营救中,美军在库纳尔地区进行了猛烈空袭,多个被认为是塔利班武装分子据点的可疑地点都被炸得粉碎。美军共出动包括AC-130炮舰机在内的作战飞机约150架次,炸死600多名塔利班分子。

阿富汗库纳尔省省长阿萨杜拉·瓦法却告诉法新社记者说,美军的空袭共造成17名当地村民死亡,包括一些妇女和儿童。当时是7月1日,先有几名平民被空袭炸死;随后,几名村民前去察看,又被美军扔下的炸弹炸死。美军派人进村调查。到7月4日,美军终于不得不承认,在7月1日的行动中,有17名阿富汗平民被炸死。

塔利班的心理战却还在继续。7月3日,塔利班发言人哈吉米通过卫星电话对外界说:"他(被俘虏的'海豹'队员)健康状况良好,就和我们在一起,我们将在未来两到三天内公布他的一盘录像。"哈吉米威胁说,他们将处死这名"海豹"队员。不过自那以后就没了下文,人们既没有见到哈吉米宣称的录像带,也没有看到他扬言要公开的照片。五角大楼认为没有证据,对哈吉米的说法不予评论。哈吉米则说:尸体将是最好的证据,美国人等着收尸吧。哈吉米还扬言道,在包括8名"海豹"队员在内的16名特种兵全部阵亡前,塔利班武装分子还亲手处决了7名美国间谍,他们身上都带有卫星电话和地图,并一直试图同美军保持联络。两天后,哈吉米又宣布,塔利班已将被俘的"海豹"队员斩首。

为了营救1名"海豹"队员,美军共杀死了17名阿富汗平民和700多名塔利班武装分子。700人只为了一条命。后来,从"红翼"行动中幸存的马库斯·鲁特埃勒回到美国。退役之后,他写了畅销小说《最后的幸存者》,全面回忆了自己在"红翼"行动中的经历。该书中文译本名为《孤独的幸存者》,于2009年在国内出版。

至于阵亡的3名"海豹"队员，马修·阿克塞尔森和丹尼·戴兹被追授海军十字勋章，迈克·墨菲上尉则被追授美军最高荣誉——国会荣誉勋章。2008年，美国海军将一艘新近下水的导弹驱逐舰命名为"迈克·墨菲"号（USS Michael Murphy，DDG-112）以示对迈克·墨菲上尉的纪念。

2006年初，美军第10山地师开始了新的库纳尔作战计划——"山狮计划"。经过多个月的清剿，库纳尔地区所有村庄都已被阿富汗政府控制。随着当地经济发展和安全局势改善，当地1000多名塔利班武装分子有的投降，有的被击毙。残余的塔利班武装分子退入深山中的霍仁格尔谷，继续与美军对抗至今。

2002年7月底，美国国防部宣布："从某种意义上讲，美军在阿富汗的军事行动已经结束。美国今后在阿富汗实施大规模军事行动的可能性已经越来越小，取而代之的将是由小股特种部队和中央情报局特工参与的小规模行动。"

阿富汗有了新的希望，连几十年来一直流亡意大利的阿富汗末代国王查希尔都发表声明："我将很快回去为我的祖国服务，不是以一个君主的身份，而是以一个阿富汗公民的身份。"2002年4月18日，查希尔与20多名家眷、顾问在卡尔扎伊等阿富汗临时政府官员的陪同下返回阿富汗。当年6月11日，查希尔主持召开阿富汗各部落长老参加的大国民会议，以选举产生接替临时政府的阿富汗过渡政府。卡尔扎伊在阿富汗大国民会议投票选举中当选为阿富汗过渡政府总统，并于6月19日宣誓就职。

过渡政府建立了，阿富汗一度出现了新气象——阿富汗妇女获得了新生，国际社会的援助源源不断地到来。然而，在实现了自己的目标后，美国似乎已对阿富汗失去了兴趣。随着伊拉克战争的爆发，那里成了美国新的战略重点。尽管美国副国务卿阿米蒂奇2003年夏在喀布尔表示，美国能够"一心二用"，但阿富汗过渡政府明白，美国已经转而将目光完全投向了伊拉克。美国的精锐部队已经转移到伊拉克，美国把肩负搜捕基地组织领导人本·拉登任务的情报官员从阿富汗调到了伊拉克，布什政府的重建工作重点也向伊拉克转移。一些专家认为，美国已经将阿富汗的重建工作降到次要位置，它在阿富汗"显得一直不愿意投入足够的资源以填补持久的安全缺口"。

2003年10月9日，美国众议院拨款委员会以压倒多数批准了布什总统提出的为伊拉克和阿富汗重建追加约870亿美元预算的提案，其中用于伊拉克重建的达150亿美元（用于军事项目的达510亿美元）。相比之下，美国于2003年8月阿富汗发生一系列暴力事件后才决定在10月开始的财政年度中投入8亿美元用于阿富汗重建（另外110亿美元用于在阿富汗的军事行动），10月5日又承诺追加12亿美元，但显然难以弥补阿富汗重建所需的200—300亿美元缺口。

从军力上看，在阿富汗的美国驻军不到在伊拉克的6%，而且只是用来追剿塔利班和基地组织，不负责地方治安。美国外交学会和亚洲协会在2003年6月份公布的一份报告中断言："卡尔扎伊总统领导的过渡政府如果得不到更加有力的支持，阿富汗的治安状况就会进一步恶化，经济复苏的前景将趋于黯淡，而阿富汗也将恢复军阀统治的无政府状态。这一结果将大大损害美国在全球的信誉，并标志着美国反恐战争中的一次重大失败。"

2004年10月9日，阿富汗举行了历史上首次总统直选。11月3日，作为总统候选人的卡尔扎伊以绝对优势当选为阿富汗伊斯兰共和国首任直选总统，任期5年；12月，卡尔扎伊宣誓就职。但同时美国人在这一年也犯了一个巨大的错误。如前文所言，阿富汗是一个奇特的国家，喀布尔政权的政令很难在部族地区推行；各部族拥有自己的武装，部族长老行使着对部族地区的实际统治权威。在城市以外的地方，部族长老的态度决定着地区的归属，因此卡尔扎伊有个"喀布尔市长"的绰号。能够争取到部族势力支持的塔利班和基地组织拥有巨大的生存空间，而美国对此显然还没有好好研究过。这个错误就是——在他们指导下制定的2004年阿富汗宪法，竟然将部族领袖、宗教领袖和社会知名人士排除出了最高级别的大国民会议。部族势力随之站到了敌对面，塔利班和基地组织得到了源源不断的支持，而卡尔扎伊政府的各级政权等于被架空。

时间到了2006年，情况越来越严重。2006年10月17日，北约驻阿富汗安全援助部队指挥官、来自英国的戴维·理查兹中将对外界表示："2001年底，美军犯了一个严重的错误，认为推翻塔利班政权便大功告成，过早地采取了和平时期的路线，未能对塔利班残余势力乘胜追击，彻底歼灭，为塔利班死灰复燃创造了条件。"

理查兹中将道出了事情的真相。经过2003年到2005年的蛰伏，度过艰苦岁月的塔利班在2006年又重掌战场主动权。塔利班和基地组织的实力实际上已经恢复得非常强大，诸如外线作战、夺占整个地区、建立政权的情况在2003年就出现了；伊拉克式自杀式袭击和路边炸弹袭击则使用得越来越多，传统的游击战到2008年已经让美军难于应付。其他关于塔利班跟多股"圣战"武装力量合流重组，阿富汗塔利班与巴基斯坦境内"新塔利班"协作大肆破坏美军和北约后勤供应线，以及塔利班在阿富汗南部和东部呈现农村包围城市的状态、塔利班麾下的人体炸弹渗透到喀布尔的各个角落等此类消息层出不穷。

据粗略估计，塔利班人数从2006年初的7000人渐渐回升到5万人。从2006年初开始，塔利班和基地组织大量使用人体炸弹，使得当年发生的炸弹袭击比2005年增加了4倍，达到每月近600起的惊人程度，造成约4000人死亡，其中包括168名美军和北约军队士兵。暴力活动席卷阿富汗全国34个省中的32个，美国国防部认为，塔利班和基地组织的频繁袭击使得阿富汗处于"持久叛乱状态"。

乱局中的阿富汗，各种暗杀事件不断，总统卡尔扎伊更成为塔利班和基地组织的首要目标。2007年6月10日，卡尔扎伊在加兹尼一所学校向当地村庄长老和村民发表演讲时，塔利班武装分子向他发射了12枚火箭弹。好在RPG火箭筒准确度太低，火箭弹都落在了百余米远的地方。当时，爆炸声一响，在场听众惊慌得乱成一团，只见卡尔扎伊看了看不远处的爆炸，镇定自若地对村民们喊道："坐下，坐下，不要害怕，没什么事！我们继续说。"大家见总统都无所畏惧，也就很快平静了下来。最危险的一次袭击行动发生在2008年4月27日。当天，喀布尔举行抗击苏联入侵胜利16周年阅兵庆典。正当卡尔扎伊准备发表演讲时，埋伏在300米之外一栋楼里的塔利班武装人员发动猛烈的火箭弹袭击；4名议员当场死亡，10人受伤，而卡尔扎伊再次幸免于难。

2009年初，根据联合国安理会的统计，塔利班和基地组织平均每月发动1200次不同规模的袭击和恐怖行动，比上一年增长了65%，共有2412名阿富汗平民丧生。而美军与北约部队阵亡人数达到520人，增长了40%。塔利班已经成功渗入卡尔扎伊政府的阿富汗国防军和治安警察部队。在阿富汗全国34个省中，塔利班已经在其中33个中设置了秘密的"影子政府"。

美军原有的判断完全错误了，现有兵力已经不敷调用，虽然美军已经增加到了2009年的3.5万人左右，阵亡人数则不知不觉从2002年的100多人增加到2009年的4000多人，阿富汗渐渐显露出"帝国坟场"的可怕。

美国的阿富汗战争已经成了一场没有尽头的战争。按照"持久自由"军事计划来说，民间和军事行动转化为不定期行动一直没有结束。所以，直到今天阿富汗战争依然在继续。

4. 增兵演讲

2002年7月美国之所以在阿富汗匆匆结束，是因为把战略重点放在了伊拉克。2009年美国才逐步从伊拉克撤军，开始向阿富汗增兵。从军事角度看，阿富汗是一个比伊拉克人口更多、面积更大、部族民族问题复杂得多、地形尤其崎岖险峻，然而驻军要少得多的国家。美军从2001年至今已经使用了几乎所有的军事手段，但结果是被塔利班和基地武装缠绕式的攻击困住了。阿富汗战场看起来似乎又是一个泥潭，只不知深浅和大小。

美国《基督教科学箴言报》指出：近来，关于阿富汗的很多报道读起来就像20世纪80年代，再现苏联在阿富汗的历史故事一样。

经历过前苏联时代的俄罗斯退役将军们认为，当年阿富汗游击队控制了阿富汗的"广大农村地区"。而今天的塔利班和基地组织却已经占据了阿富汗72%的领土。尽管时间已经过去了20年，但美国在阿富汗面临的问题与当年苏联面临的局势如此相似。有军事分析员针对阿富汗形势提出警告——阿富汗已经变成两个国家了。这指的是阿富汗政府实际控制的范围只剩下以首都喀布尔为主的北方领土，而南面已渐次陷入塔利班之手。美军参谋长联席会议主席迈克尔·穆伦上将2009年更是表示："塔利班又回来了，暴力行动猖獗到官员和百姓不能离开城市半步，军队像武装保姆一样，需要为每家每户提供安全帮助。"他同时也证实，美国已经将军事重心从伊拉克转移到阿富汗战场。美国阿富汗事务外交特使霍尔布鲁克则在慕尼黑国际安全政策会议上表示——赢得阿富汗的胜利远比伊拉克还要艰难。

2009年2月17日，新任美国总统奥巴马授权国防部向阿富汗增兵1.7万人，总计美军在阿富汗的兵力达到5.1万人。这是奥巴马就任总统以来的第一个重大军事决定。

不过，要应对阿富汗局势，仅仅这一个决定还不够。

2009年12月1日，美国西点军校，穿着传统灰色服装的军校学生整齐地聚集在礼堂里。这一天警卫严密，由于安全措施的需要，他们提前四个半小时进入会场；由于课业繁重，他们携带了大量的书本和笔记进行阅读。这一天，美国总统奥巴马将在此宣布对阿富汗进行又一次大增兵的政策决定。这是美国历史上的一个重要事件。

当天晚上8点，面对西点军校学生和全体美国民众，奥巴马发表了电视演讲。这次演讲有十家媒体实况转播，吸引了4080万名美国民众收看。

奥巴马演讲的全文如下：

军校生们，美国武装部队成员们，美国同胞们，晚上好！今晚我将向大家谈一下美国在阿富汗的计划，我们对阿富汗的承诺、美国国家利益的范围和实现这场战争胜利结束的政府战略。今天能够在西点军校做这个演讲，我深感荣幸。这里有这么多男女学员已经随时准备好为我们的安全挺身而出，来展现我们国家最优秀的品质。

在谈阿富汗问题之前，有必要回顾一下美国及盟友为什么被迫投入这场战争。我们不是自己发起的。在2001年9月11日，19名男子劫持了4架飞机，最终屠杀了将近3000人。他们攻击的正是我国军事和经济的中心。那些无辜的男人、女人和孩子，有着不同的信仰或种族或身处不同地方，但都被残忍杀害了。如果不是其中一个飞机上乘客的英勇斗争，他们几乎要成功袭击了华盛顿象征民主的建筑之一，造成更多死伤。

众所周知，这些袭击者来自于基地组织，这个组织由极端分子组成，他们扭曲并亵渎了世界上影响力最大的信仰之一伊斯兰教，为他们杀害无辜的行为做辩护。基地组织的行动中心就在阿富汗，而且受到塔利班的庇护。而塔利班则是一个残忍的激进运动组织，在阿富汗遭受苏联多年侵略和阿富汗内战之后，塔利班趁美国和我们伙伴的注意力转向别处时开始兴起。

在9·11之后的几天，国会就批准可以使用武力打击基地组织及其庇护者，这个国会授权令一直持续到今天。当时美国参议院以98比0的比例通过参战决议，而众议院以420比1的比例通过参战决议。北约组织的第五条款在历史上就此首次付诸实行。根据第五条，对北约任何成员国的袭击就是对所有成员的袭击。联合国安理会也支持使用任何必要手段应对9·11恐怖袭击。美国、我们的盟友和全世界都行动起，联合成一体打击基地组织的恐怖网络，保护我们共同的安全。

当时在全国一致团结的旗帜下，在合法的国际名义下，而且在塔利班政府拒绝交出本·拉登之后，美国才出兵阿富汗。在几个月内，基地组织被打垮，很多基地分子被消灭，塔利班政府也被推翻。这片几十年来一直笼罩在恐惧中的土地，第一次可以梦想希望。在联合国召集的大会上，阿富汗临时政府在卡尔扎伊总统的领导下成立了。同时组建了国际安全援助部队，目的是帮助这个被战争弄得千疮百孔的国家实现长久和平。

之后在2003年初，我们决定向伊拉克发起第二场战争。有关伊拉克战争的痛苦争议尽人皆知，我就不在这里重复了。唯一需要指出的，就是在之后的六年中，美国大部分的兵力、资源、外交重心和国民焦点都集中在伊拉克。而且向伊拉克开战的决定在美国和其他国家之间制造了巨大的隔阂。

今日，在付出沉重代价后，我们终于负责任地将伊拉克战争带往结束。美国的作战部队将在明年夏末撤离伊拉克，并在2011年底全部撤出。这是美国军人品格的明证。正因为他们的勇气、智慧和毅力，伊拉克人民才有机会重塑未来，美国也成功把伊拉克留给了伊拉克人民。

在艰苦卓绝的奋斗之后，我们在伊拉克取得了里程碑式的进展；与此同时，阿富汗的状况却日渐恶化。在2001年到2002年间，基地组织的领导人逃脱追捕，穿过巴基斯坦边境，在巴基斯坦建立了另一个巢穴。尽管阿富汗人民选举出一个合法政府，该国却受到了腐败、毒品贸易、落后的经济和安全军力匮乏等问题的困扰。过去几年，塔利班分子与基地组织已在目标上达成一致，就是要推翻阿富汗政府。慢慢地，塔利班分子开始控制阿富汗一片片地区，并向巴基斯坦人民发动越来越多的毁灭性的恐怖袭击。

在这段时间里，我们在阿富汗部队的人数依然只是美军在伊拉克规模的一小部分。在我上任以后，只有32000名美国士兵在伊拉克服役。而伊拉克战争期间，美军人数最高时达到16万人。在阿富汗的指挥官们不断要求支援，来打击再次兴起的塔利班势力，但增援部队一直没到。这也是为什么我就职后不久，就批准了这个早已提出的要求的原因。在与盟友多次协商后，我现在宣布一个兼顾阿富汗战争和巴基斯坦极端分子巢穴的战略。我的目标更精确点说是摧毁、分解并打败基地组织及其极端分子团伙，并承诺更好地协调军队和民间力量。

从那以后，我们在一些重要目标上取得了进展。基地组织和塔利班分子的高层纷纷被消灭，我们也对全球范围内的基地组织施加更大的压力；巴基斯军队也发动了多年来最大的军事攻势；在阿富汗，我们和盟友共同挫败了塔利班分子意图阻止大选的阴谋。尽管阿富汗大选传出了舞弊丑闻，但新政府毕竟是按照阿富汗法律和宪法选举产生的。

但前面依然有挑战。阿富汗局势虽然没有完全失败，但经过这么多年，阿富汗局势退步了很多。虽然对于阿富汗政府来说现在没有明显被推翻的威胁，但塔利班势力已经抬头。基地组织虽然没有恢复到9·11之前的规模，但他们依然盘踞在边境处的巢穴里。我们的军队也没有得到足够的支援，无法更有效地培训阿富汗安全军队并开展合作，无法更好地保证阿富汗人民的安全。正像新任的阿富汗指挥官麦克里斯特尔报告说，安全形势远比他想象的严峻。一句话：现状岌岌可危。

作为军校学员，你们志愿在危急时刻参军服役，其中一些人还曾前往阿富汗执行战斗任务，许多人接下来也会被部署到那里。作为你们的总司令，我一直欠你们一个清晰的、值得为之付出的任务。所以，在阿富汗大选结束之后，我坚持要对我们的阿富汗战略进行重新评估。恕我直言：在我面前从未有过在2010年前增兵阿富汗的要求，所以也就没有所谓"战争所需的必要资源遭到否决或延迟"的说法。相反，这次评估使我能够向我的国家安全团队、我们在阿富汗的军事或文职长官，以及我们的关键盟友问一些尖锐问题，并共同寻找解决之道。鉴于此事事关重大，我不能再向美国人民和我们的军队拖欠一个清晰的任务。

目前这项评估已经结束。作为美军总司令，我决定向阿富汗增派3万名美军士兵，这是符合我们的国家利益的。18个月后，我们的军队将开始逐批撤离阿富汗回家。这是我们为了掌握主动权，以及培训阿富汗部队具备在我们撤出后担负起维护阿富汗安全所需的能力而必须付出的代价。

对我来说，做出这一决定并非易事。我一直明确地反对伊拉克战争，因为我认为，我们必须限制过度使用武力，并应时刻思考我们的行动产生的长远后果。我们已经陷入了长达八年的战争泥潭，并为此付出了沉重的人员和资源代价。我们国内围绕伊拉克战争和恐怖主义所展开的长达数年的辩论，使我们在国家安全方面的团结几近撕裂，并造成了严重的党派对立。在经历了大萧条以来最严重的经济危机后，美国人按理说应将努力焦点放在重建我们的经济上，放在使人民在国内安心工作上。

我知道这一决定更多的与你们有关——军队及其家属——你们已经承担了所有压力的大部分。作为总统，我向每个有亲人在这些战争中贡献出生命的军人家庭发去吊唁信；我曾阅读过被派往海外军人的父母或配偶写的信函；我曾前往瓦尔特-里德医院看望从战场回来的勇敢的伤员们；我曾前往丹佛迎接18位牺牲官兵的灵柩，接他们的英魂回到最后的安息地；我曾看到过第一手的令人震惊的战争代价。如果不是考虑到美国及其人民的安全与阿富汗的关系重大，我将非常高兴地命令我们所有军人明天立即回国。

所以，做出这样的决定非常不轻松。我做出这一决定，是因为我相信我们的安危与阿富汗和巴基斯坦息息相关。这里是基地组织制造策划实施恐怖袭击事件的中心。这里是我们遭受9·11袭击的策源地。这里是在我演讲时新的恐怖袭击正在谋划之地。这种危险并非空穴来风，这种威胁就在眼前。仅在过去的几个月里，我们就在境内逮捕了多名从巴阿边境地区派往美国的极端主义分子，他们试图在我们国内制造新的恐怖行动。如果这一地区的安全局势出现反弹，如果基地组织的行动不受到惩罚，我们面临的威胁将只会增加。我们必须对基地组织保持高压，为此我们必须帮助这一地区的合作伙伴增强稳定和行动能力。

当然，这些压力也不会由我们独自承担。这并非仅仅是美国的战争。自从9·11事件以后，基地组织的巢穴成为伦敦、安曼和巴厘岛等多起恐怖袭击事件的策源地。阿富汗和巴基斯坦两国政府和人民也处于危险当中。这对拥有核武器的巴基斯坦而言更是如此，因为基地组织和其他恐怖分子一直寻求获得核武器，我们完全有理由相信他们会使用核武器。所有这些促使我们需要与朋友和盟国一起采取行动。我们的目标是相同的：扰乱、消除并击败隐藏在阿富汗和巴基斯坦的基地组织，消除他们将来对美国和我们的盟友发动袭击的能力。

　　为此，我们必须在阿富汗国内实现以下几个目标：我们必须铲除基地组织的巢穴；必须扭转塔利班的再起势头，使其无力推翻现政府；我们必须帮助提高阿富汗安全部队和政府的能力，只有这样他们才能对阿富汗未来承担主要责任。我们将从三个方面实现这些目标。首先，我们将寻求在未来18个月瓦解塔利班组织的势头，并增强阿富汗安全部队能力的军事战略。

　　今晚我宣布向阿富汗增派的3万余名士兵，将于明年前半年部署到位——这已经是尽可能的最快速度——只有这样，我们才能迅速打击叛乱组织并保证重要人口中心的安全。新增士兵将增强我们培训更多阿富汗安全部队人员的能力，并与他们一起执行战斗任务。他们也将为美国未来向阿富汗移交安全责任创造条件。

　　因为这是一项国际性努力，所以我邀请盟国加入其中。现在，一些盟友已向阿富汗增兵。我们相信，在未来数天乃至数周时间内，我们会获得进一步的支援。我们的朋友曾与我们一起在阿富汗流血牺牲。现在，我们必须共同努力，结束这场战争。现在，处于危机中的不仅仅是北约的可信度，还包括我们的盟国以及世界的共同安全。

　　综上所述，向阿富汗增派的美国及国际部队将加速我们向阿富汗部队移交责任的进程，使我们得以在2011年7月开始撤离驻阿军队。正如我们在伊拉克所做的那样，我们会将战场情况变化考虑在内，以负责任的态度完成这一过渡。我们将继续为阿富汗安全部队提供建议与援助，确保他们能够获得长远胜利。不过，阿富汗政府需要明白——更重要的是，阿富汗人民需要明白——他们最终需要为自己的国家负责。

　　第二，我们将与我们的合作伙伴、联合国、阿富汗人民协同合作，共同谋求一个更加有效的非军事战略，以便政府合理利用已有所改善的安全环境。

　　这一努力必须基于实际行动。美国签发空白支票的日子已经一去不复返了。阿富汗总统卡尔扎伊就职演讲向人们传递了向新方向进军的正确信息。未来，我们将明确自己希望从受援者那里得到什么。我们将向那些打击贪污腐败、一心为民的阿富汗各政府部门、省长及地方领导人提供援助。我们希望那些工作无效或贪污受贿的官员为自己的行为负责。而且，我们还会将援助侧重点放在那些可对阿富汗人民生活产生直接影响的领域，比如农业。

几十年来，阿富汗人民一直饱受暴力的折磨。阿富汗的国土一直被别人占领，先是苏联，后是国外基地组织好战分子——这些好战分子将阿富汗视为达成自己目标的土地。今晚，我希望阿富汗人民明白一点，美国希望结束这个充斥着战争与苦难的时代。我们无意占领你们的国家。我们将支持阿富汗政府的努力，向那些放弃暴力、尊重同胞人权的基地组织成员敞开大门。而且，我们还在相互尊重的基础上，寻求与阿富汗建立合作伙伴关系：孤立破坏者、增援建设者、推进我们的军队离开阿富汗的进程、建立持久的友谊关系——在这种关系中，美国是你们的合作伙伴，而非赞助者。

第三，我们充分认识到，我们在阿富汗的成功，与我们和巴基斯坦的合作伙伴关系紧密相联。

我们要在阿富汗阻止癌症再次蔓延全国。不过，同样的癌症也在阿富汗邻国巴基斯坦的边境地区生根发芽。这就是我们需要制定一个对阿巴边境两侧都有效果的战略的原因。

过去，有些巴基斯坦人认为，打击极端主义分子不是他们的战斗任务，巴基斯坦最好少参与，或与那些好战分子和解。不过，近年来，从卡拉奇到伊斯兰堡，已有众多无辜的巴基斯坦人遇害，巴基斯坦人民是极端主义者最严重受害者的事实已经无可辩驳了。公众舆论已经转向。巴基斯坦军队已经在斯瓦特山谷及南瓦齐里斯坦发动攻击。毫无疑问，美国及巴基斯坦有着共同的敌人。

过去，我们对美巴关系的定义往往太过狭隘。那些日子已经一去不复返了。未来，我们将在共同利益、相互尊重及相互信任的基础上，与巴基斯坦建立关系。我们将提高巴基斯坦的能力，以应对那些对我们国家产生威胁的组织。而且，我们已经很清楚地说明了，我们不能容忍那些活动地区固定、意图明确的恐怖分子的巢穴存在。美国还为巴基斯坦的民主及发展提供大量支持。对于那些因战乱而颠沛流离的巴基斯坦人而言，我们是最大的国际社会支持者。未来，巴基斯坦人民必须明白一点：即便在枪声沉寂很久之后，美国仍将是巴基斯坦安全及繁荣的强力支持者。因此，巴基斯坦人民可以释放其潜能。

下面是我们新战略的三个核心要素：从军事方面努力为责任交接创造条

件，从非军事领域加强正面积极行动、与巴基斯坦政府确立有效的合作关系。

我承认，我们的新战略使人们产生了大量的关切和疑问。所以，请允许我在这里简单论述下自己听到的一些重要争论，我本人对此一直持非常认真的态度。

首先，一些人认为阿富汗是另一个越南。他们认为，阿富汗根本无法实现稳定，因此我们最好减少在阿国的损失，并尽快撤出那里。不过，这些所谓的论据是在误解历史的基础上得出的。与越南当时的情况不同，我们已经同43个国家组建了一个广泛的联盟，并且承认我们的行动是合法的。最为重要的是，不同于越南，美国人民曾经遭受到来自阿富汗极端分子的重创，而且目前美国仍是这些在阿富汗边境密谋发动叛乱之人的攻击目标。倘若现在放弃这一地区，仅仅依赖远程打击基地组织，那么这可能会严重削弱我们对基地组织施加压力的能力，并且引发我国及盟国遭受极端分子新一轮恐怖袭击的危险。

其次，一些人虽承认我们不能在阿富汗当前的状况下撤出那里，但建议仅只以现有军队继续在阿富汗的军事行动。倘若如此，我们所能做到的就只有维持阿富汗当前混沌的现状，并默许那里的情况缓慢地恶化下去。而其结果只能是，我们将在阿富汗耗费更多资金，并且延长驻扎时间，因为我们可能再也无法训练更多的阿富汗安全部队，并为他们接管整个国家提供所需的空间。

最后，还有一些人反对我们为向阿富汗移交责任制订时间表。确实，一些人曾建议大幅度且无限制地增大我们的战争努力——比如在当地实施一个可能长达十年之久的国家重建项目。我否决了这一建议，因为其设立的目标已经超过了我们耗费合理成本所能达到的水平，而我们也需要保障自身的利益。此外，移交时间表的缺失可能会降低我们与阿富汗政府共同开展工作的紧迫感。必须明确的是，阿富汗必须独自担负保护本国安全的责任，而且美国也无意在阿富汗境内打一场无休止的战争。

作为总统，我拒绝设立在我们责任、能力以及利益之外的目标。我必须权衡美国面临的所有挑战。我不敢只关注任何单个挑战。实际上，我一直谨记艾森豪威尔总统的话——在论述国家安全时，他说："我们必须从更广的范围权衡每一个提议，因为我们必须维持国家项目间的平衡。"

过去几年中，我们打破了这一平衡，也没有意识到国家安全和经济发展之间的联系。经济危机随之爆发，我们有太多的朋友及邻居失业，他们为支付账单而奋力挣扎；太多的美国公民都在为孩子们的未来而担忧。与此同时，全球经济的竞争也愈演愈烈。因此，我们完全无法承受忽视这些战争代价的后果。

总体而言，到我任职总统时，伊拉克和阿富汗战争的费用已经高达一万亿美元。未来，我将公开而坦诚地公布这些花费。今年美国在阿富汗的行动可能消耗美军300亿美元，我会与国会密切合作，公布这些花费，努力降低赤字。

但是，在结束伊拉克战争、承担重建阿富汗责任的同时，我们还必须恢复国家元气。国家的繁荣是国家实力的基础，它不但会为我们的军队支付账单，还会为国家外交提供保障，激发美国人民的潜能，促进国家在新型工业领域的投资。而且，国家繁荣还可使我们像过去那样，参与本世纪的竞争并顺利胜出。这正是美军在阿富汗的职责不会无限期延长的原因——我最想建设的是我们自己的国家。

现在，我郑重澄清一点：这些任务都很艰巨异常。打击暴力极端主义的任务无法在朝夕间完成，并且其势力范围早已不局限于阿富汗和巴基斯坦。这是对我们自由社会以及我们在世界范围内领导能力的持久考验。与上世纪大国冲突及势力范围划分不同，美国在21世纪的侧重点是援助混乱地区、打击广泛分布的敌人。

因此，美国必须展示足以结束战争和阻止冲突的实力，并灵活而准确运用军事力量。日后，无论基地组织及其盟友试图在哪里建立立足点——无论是在索马里，还是也门，或是其他地方——都需要面对逐日增加的压力及我们强大的合作伙伴。

我们不能仅依靠军事力量，还必须在国家安全领域内投入重资，因为我们无法捕获或消灭国外所有暴力极端主义分子。我们必须改善并协调情报机构，以便在黑暗网络蔓延前抢先行动。

我们必须削减大规模杀伤性武器。这就是我将之作为我国外交政策中心议题的原因所在。我们要预防恐怖分子获得核预材料，阻止核武器扩散，追寻无核世界。所有国家都非常清楚，永无止境的大规模杀伤性武器竞赛永远不会催生出真正的安全，只有拒绝这种竞赛，才能够迎来真正的安全。

我们必须利用外交工具，因为没有一个国家能够独自应对互相联系的世界的挑战。今年以来，我始终致力于重整同盟，锻造新的合作关系。我们已经在美国及伊斯兰世界间建立了一个新的开始——它承认我们的共同利益，打破冲突循环，并承诺兑现一个残害无辜的人将被坚守和平、繁荣及人权的人孤立的未来。

最后，我们必须利用价值观的力量——我们面临的挑战可能会发生改变，但我们坚信的事情却不会，这就是我们必须提倡价值观的原因。因此，我禁止酷刑，将会关闭关塔那摩湾监狱；这就是我们，这就是美国政府的道德源泉。

自富兰克林·罗斯福执政后，祖辈们无私奉献并默默牺牲，我们的国家在全球事务中一直担负着特殊的责任。迄今为止，我们已将美国人的热血撒在了几个大洲众多国家的领土上。此外，我们还与其他国家携手设立不少机构——从联合国、北约到世界银行——它们为人类的共同利益和世界繁荣做出了贡献。

不过，我们所做的这些努力并非总是赢得称赞，因为我们有时也会犯错。然而，在过去60年的时间里，美国为全球安全所做的贡献超过了其他任何国家——壁垒被打破、市场得以开放、数亿人脱离贫困、科学技术获得空前发展、人类自由的边界日益得到扩充。

与旧时的强国不同，我们并未致力于全球争霸。我们最初建国便是为了反抗压迫，因此，我们不会企图占领其他国家。未来，我们不会抢夺他国的资源，也不会因为他国人民的信仰或种族与我们存有差异而袭击他们。我们一直奋战并且将继续奋战的理由，只是为了能够为我们的子孙创造更好的未来；而且，我们相信如果他国子孙能够生活在一个充满自由与机遇的环境中，那么我们的子孙也会更加幸福。

作为一个国家，我们已不再年轻，而且可能不像罗斯福当政时期那样清白。然而，我们依旧是为崇高自由而战的继承人。现在，我们必须集中自身的力量和道德，从而应对新世纪的挑战。

最后，我们的安全及领导能力并不仅仅源于实力。它来自我们的人民，来自那些将重建我国经济的工人及商人，来自那些将引导新工业发展的企业家及研究员，来自那些教育我们下一代的教师，以及那些在社会中兢兢业业工作的人们，来自那些向国外传播希望的外交官及和平队志愿者，来自那些身着军装的男男女女。

自然，这些数量庞大、身处各行各业的公民不会在所有的问题上取得一致意见——实际上我们也不应该那样做。不过，我非常清楚，作为一个国家，如果我们因仇恨、讥讽以及党派纷争而分崩离析，那么我们就无法维持自己的领导地位，也无法领导人民应对当前挑战。

要忘记战争何时开始并不难。出于对恐怖袭击的鲜明记忆，出于保护我们国家安全和奉为挚爱的价值观，我们曾经非常团结。我拒绝承认我们不可能再重新团结起来的看法。我深信我们——美国人——仍将为了一个共同的目的走到一起。因为我们尊奉的价值不仅仅写在羊皮纸上，他们是将我们号召到一起的信念，使带领我们这个国家和民族走出最黑暗风暴的信念。

美国——我们正在经历一场时间的大考验。今天我在风暴中心传递的信息应当是清晰的：那就是我们的事业是正义的，我们的决心是不可动摇的。我们将怀着让美国和世界更安全的承诺，为着创造一个充满希望而不是恐惧的未来而矢志前行。谢谢你们！上帝保佑你们！保佑我们的军队！保佑美利坚合众国！

增兵从2010年初开始实施。增兵后的美军加紧了对塔利班盘踞的阿富汗南部地区的清剿。与此同时，美军和北约军队在塔利班活动中心坎大哈的军事策略有所调整——以重建优先，军事行动为辅。2010年9月，美军又展开大规模行动；到10月底，塔利班被迫从盘踞多年的坎大哈周边据点撤离。

美军还一改以往做法，不再固守一些传统战略要地，如首都喀布尔和大城市、交通要道、阿富汗和巴基斯坦边境地区等地，而是主动出击，派遣特种部队深入偏僻乡村清剿塔利班和基地组织。美军相信，仅依靠开火与杀伤，在阿富汗是不能赢得胜利的。美军争取对人口稠密地区和交通要道进行有效控制，并用15亿美元收买分化瓦解塔利班；奥巴马也在一次演讲中释放出善意，表示支持喀布尔"打开谈判之门，假如塔利班能够放弃武力，并且尊重阿富汗人民的权利"。美军的计划是，在塔利班武装力量被有效削弱后，卡尔扎伊政府将在美国主导下与塔利班开展和平谈判。较之伊拉克，阿富汗民众的态度对于美军较为有利。他们既对北约和美国未能及时建立稳定秩序、展开重建工作表示愤怒，同时也不希望看到政教合一的塔利班卷土重来。

新战术效果明显，联合国安理会报告指出，塔利班和基地组织控制的地区减少。由于在北部和西部省份的军事行动节奏加快，越来越多塔利班和基地组织武装希望加入当地整编计划。报告称，在首都喀布尔，阿富汗的安全部队在打击叛乱方面越来越有效率。比如塔利班赫拉特省司令阿克巴里被美军击毙后，该省塔利班立刻军心大落。一支40人的塔利班武装杀死自己的指挥官，向阿富汗政府投诚并上缴武器，这在从前是相当罕见的。

美军取得最大战果的时间是在2011年5月1日。这个战果震惊了世界，其震撼性却无法与10年前的"9·11"事件相比。

5. 以上帝和国家的名义——吉罗尼莫

2002年的"蟒蛇"行动后，本·拉登如同人间蒸发了，从全世界的视野中消失了。时间无论过去多久，美国人也不会忘记他。2008年总统大选前夕，在与竞选对手约翰·麦凯恩公开辩论时，尚是民主党总统候选人的奥巴马公开承诺："如果我们找到了本·拉登，而巴基斯坦政府又没有能力，或者不愿意采取行动来消灭他们，那么我认为我们必须采取行动来收拾他们。我们将干掉本·拉登。我们将粉碎'基地'组织。这是我们国家安全最为优先的任务。"

等到入主白宫后，奥巴马如约加强了对拉登的追踪力度。2010年8月，美国中央情报局局长莱昂·帕内塔给白宫带来了好消息：中央情报局的情报分析人员认为，他们已经盯上了本·拉登的信使，一个三十出头名为阿布·艾哈迈德·科威特的人。科威特开着一辆白色的SUV，备用车胎上印有一个白色犀牛的形象，非常显眼，美国中央情报局开始跟踪这辆车。有一天，间谍卫星拍摄到了这辆SUV驶入位于巴基斯坦西部边境城市阿伯塔巴德的一个混凝土结构院落的照片。中央情报局认为科威特就住在那里，于是开始使用空中侦察手段监视这个院落。这个院落造价高达100万美元，登记的屋主却是阿富汗人。这个院落有一栋三层的楼房，一栋客房，以及一些附属建筑。中情局注意到，这个院子里的主人行为非常诡异，并不像普通居民那样倾倒生活垃圾。主人平时总是焚烧垃圾，而不是打包送出让人收走。监视的结果还发现，这个院子里没有电话或互联网与外界连接。科威特和他的兄弟来了又走，但还有一名男子，居住在三楼，从来没有离开过。当这个三号人物偶尔下楼时，他也会靠着院子的围墙走，似乎不愿让自己暴露在阳光下。情报分析人员推测，这个三号人物就是本·拉登，中情局给他起了一个代号——"步行者"。

奥巴马很兴奋，并没有立即下令进行军事行动准备，他想得到进一步情报确认。当越来越多的证据显示"步行者"就是本·拉登时，2010年年底，奥巴马下令帕内塔研究对这个院落展开军事打击的可能。帕内塔联系了美国海军中将比尔·麦克雷文，他是美军联合特种作战司令部下属的"海豹"特种部队指挥官。这些年来，"海豹"突击队已经在美军的各种特种作战行动中占据了突出位置，就连此时的美军联合特种作战司令部司令官埃里克·奥尔森海军上将都曾经是"海豹"突击队的指挥官。2011年1月，联合特种作战司令部向白宫提交了特种作战方案——动用"海豹"突击队中最精锐的"海豹"6队，突袭阿伯塔巴德的那座住宅，击毙本·拉登。

3月14日，奥巴马将他的国家安全顾问们召集到白宫情报室，审核列举出的对阿伯塔巴德那个院落可能采取的行动方案。奥巴马最先与幕僚们在一个重要问题上取得了一致——不通知巴基斯坦军方，不与其展开合作，击毙本·拉登将由美国人单独完成。

此时，除了动用"海豹"突击队进行突袭的特种作战方案外，尚有一套空中打击方案。美军参谋长联席会议副主席詹姆斯·卡特莱特将军更倾向于派出B-2隐形轰炸机实施空中打击。但空军随后进行的计算表明，一次挂载32枚精确制导炸弹，每枚制导炸弹重2千磅，击中目标时将会穿透到地面以下30英尺，可以确保摧毁任何掩体。但那样重的炸弹丢下去后就跟一场地震类似，足以摧毁整个阿伯塔巴德。这让奥巴马不得不喊停，放弃了由B-2隐形轰炸机进行攻击的选择，而是指示继续准备派遣"海豹"突击队实施突袭的计划。

3月29日，"海豹"突击队指挥官比尔·麦克雷文中将带着行动计划向奥巴马进行汇报。计划中明确指出了具体突袭手段——直升机绳索垂降作战。直升机直接把"海豹"队员放到目标住宅的屋顶上，并在院子里降落。尽管国防部长罗伯特·盖茨出于谨慎表示反对，奥巴马却对此首肯。

4月10日，24名"海豹"队员接到通知，到美国北卡罗来纳州一个密林环绕的地点参加演习训练。这里建起了一个本·拉登藏身院落的复制品，有围墙和铁链栏杆表示出整个院子的布局。"海豹"队员们花了5天的时间练习如何展开行动。4月18日，"海豹"队员们飞往内华达州展开为期一周的另一场演练。这次的训练点位于一片沙漠中，其海拔和阿伯塔巴德周围地区差不多。那里也有一栋本·拉登藏身的住宅。空勤人员绘制出一条模拟从阿富汗东部城市贾拉拉巴德前往阿伯塔巴德的飞行路线。每个傍晚太阳落山后，训练就开始了。"海豹"队员们登上黑鹰直升机，直升机飞行员在黑暗中飞行，抵达那座模拟的院落，然后悬停，"海豹"队员快速索降，进入住宅，展开突袭，找到本·拉登，消灭他。经过反复训练，"海豹"队员们自信满满，他们将这次行动命名为"海神之矛"。

4月26日的晚上，这支"海豹"突击队在美国本土的奥西安纳海军航空站登上了一架波音公司的C-17"全球霸王"运输机。在德国的拉姆施泰因空军基地降落加油后，这架C-17运输机继续飞向阿富汗首都喀布尔以北的美军巴格拉姆空军基地。"海豹"队员在巴格拉姆空军基地过夜，并于第二天转移到了贾拉拉巴德。

当天在华盛顿，中央情报局局长帕内塔招来十几名中央情报局高级官员和情报分析专家，召开了一场最后的行动准备会议。翌日傍晚时分，帕内塔以及国家安全团队的其他成员与奥巴马见了面。在接下来的几个晚上，阿伯塔巴德的夜空黯淡，没有月光，对于突袭行动来说这是最理想的条件。事情拖得越久，泄密的风险就越大。

4月29日清晨，前往亚拉巴马州视察龙卷风灾区前，奥巴马正式决定批准"海豹"6队的突袭行动，由麦克雷文中将选择具体的行动时间。此时已经来不及在星期五这天展开行动了，而周六当地是一个多云的天气。4月30日，星期六，下午，麦克雷文中将和奥巴马通了电话。麦克雷文中将告诉奥巴马突袭行动定在周日的晚上。奥巴马回答他说："祝你和你的官兵们一帆风顺。请向参加此次行动的人员转达我个人的感谢，感谢他们挺身而出，并且告诉他们，我将与他们并肩完成这一使命。"

5月1日，星期天，白宫官员取消了预定的日程安排，把白宫情报室改成了一个作战室。上午11点，奥巴马的高级顾问聚集到一张大会议桌周围，美国中央情报局局长帕内塔和多名高官在弗吉尼亚州中情局总部兰利大厦即时监视整个行动。视频将奥巴马与帕内塔局长以及身在阿富汗的麦克雷文中将联系到一起。白宫情报室只能接收到实时的任务执行视频画面，视频画面的来源是一架RQ170"掠食者"无人机从阿伯塔巴德上方1.5万英尺高空拍摄的。

美国与阿富汗有15个小时的时差。当白宫作战室中的一切准备妥当之后，地球另一端的"海神之矛"行动开始了。

5月1日晚上11时后不久，两架美军MH-60"黑鹰"直升机从位于阿富汗东部的贾拉拉巴德空军基地升空，开始执行越境进入巴基斯坦追杀奥萨马·本·拉登的特别任务。机舱内有23名来自"海豹"6队的特种兵，这支"海豹"小队的正式名称是"海军特种作战开发组"（Naval Special Warfare Development Group，简称DEVGRU）。机舱内还有一位美籍巴基斯坦裔的翻译，化名"艾哈迈德"，以及一条名为"开罗"的比利时马林诺斯犬。这是一个没有月亮的夜晚，直升机飞行员戴着夜视镜，在没有灯光的黑夜里抵近了巴基斯坦边境的山区。无线电通信被控制在了最低限度，机舱里是令人感到不安的沉默。

15分钟后，"黑鹰"直升机编队躲进了阿富汗边境的高山峡谷中，并下降高度，在没有引起任何人注意的情况下进入了巴基斯坦的领空。每架"黑鹰"直升机上有两名来自第160特种航空团的直升机飞行员及一名机组成员，第160特种航空团也被称为"夜行者"。现在"夜行者"的这两架"黑鹰"直升机已经进行了隔热、降噪、加强机动性的改装，"黑鹰"的外形变得棱角分明，并且涂上了一层可以吸收雷达波的"皮肤"。

"海豹"6队的目标是阿伯塔巴德市下面一个小镇里的一栋房子，大约距离巴基斯坦边境120英里。阿伯塔巴德位于巴基斯坦首都伊斯兰堡以北克什米尔高原的山脉，是一个躲避巴基斯坦南方夏季酷暑天气的旅游度假胜地。1853年，一个名叫詹姆斯·阿伯特的英国人创建了这座城镇；1947年，一所巴基斯坦军校在这座城镇上建立。根据情报，拉登躲藏在比拉尔镇上距离卡库尔公路不远的一座住宅内，住宅内有一栋三层楼房，还有一个面积约1英亩的院落，一个当地的中产阶层住宅区就在距离院落不到1英里的地方。如果一切按计划进行，"海豹"队员将从直升机上垂直索降到院子里，消灭本·拉登的警卫，击毙他本人，最后带着本·拉登的尸体返回阿富汗。

美国人此次压根没有考虑过生擒本·拉登的可能性。

"黑鹰"直升机飞过巴基斯坦7个部落地区之一的莫赫曼德，然后从白沙瓦北边掠过，继续向正东方向前进。"海豹"6队下属的"红队"[①]指挥官詹姆斯坐在机舱地板上，其他10名"海豹"队员，还有"艾哈迈德"和"开罗"，也是这样挤在一起。詹姆斯年近四十，身材魁梧。那天晚上他穿的是美国海军陆战队制式MCCUU三色数码沙漠迷彩服，携带一把"西格·绍尔"P226无声手枪和大量弹药，一个驼峰水袋，还有口香糖。他的主武器是一支短管带消音器的M4自动步枪，其他"海豹"队员选择了HK公司的MP7冲锋枪。詹姆斯身上的小背包里塞了一个战场创伤治疗用的急救包，一个口袋里放着目标院落的坐标地图，带有目标人员照片和体貌特征描述的一本小册子则在另外一个口袋里。他戴着隔音耳机，除了心跳声，其他一切声音都被挡在了外面。

90分钟的漫长飞行过程中，詹姆斯和他的队员们在脑海中一遍遍进行着行动演练。从2001年秋天起，他们就在阿富汗、伊拉克、也门还有非洲之角执行各种任务。这些"海豹"队员当中有三人参加过2009年4月在索马里海岸的人质行动。他们击毙三名索马里海盗，成功救回了遭海盗劫持的美国船长理查德·菲利普斯。"海豹"6队也曾有过惨痛的失败。2010年10月，"海豹"6队的一组队员前往营救在阿富汗东部被塔利班绑架的苏格兰志愿者琳达·诺格罗芙。在突袭塔利班藏身处的行动中，一名"海豹"队员在与塔利班交火时掷出一枚手雷，没有想到诺格罗芙就在附近不远处，她也死于手雷爆炸；这个错误终结了这些"海豹"队员的前程，3名队员随后被"海豹"6队除名。

阿伯塔巴德的突袭行动不是"海豹"6队在巴基斯坦的首次行动，他们此前已经悄悄潜入过巴基斯坦境内10—12次。这些任务大多是对南、北瓦济里斯坦地区目标的突袭，那些目标都是美军情报部门和中央情报局认定的本·拉登与"基地"组织其他领导人可能的藏身之处。阿伯塔巴德是到目前为止"海豹"6队深入巴基斯坦境内距离最远的一次行动，也是到目前为止"海豹"6队

---

① 红队是"海豹"6队下属的4个中队之一，整个"海豹"6队大约有300名官兵。

最为看重的一次行动尝试。自从2002年冬天从阿富汗东部托拉博拉地区的清剿行动中逃脱后，本·拉登就从美国人的追踪视野中消失了。虽然中央情报局几乎可以确定本·拉登就藏身于此，他究竟是如何来到阿伯塔巴德藏身的，至今仍然是一个谜。

"黑鹰"直升机编队出发45分钟后，从贾拉拉巴德机场又起飞了4架美军MH-47"支奴干"运输直升机。其中的两架飞到了巴基斯坦边境，停留在了阿富汗一侧；另外2架飞入了巴基斯坦领空。部署这4架"支奴干"运输直升机的决定是在最后一分钟做出的，来自"海豹"6队其他小队的25名支援力量，从驻阿富汗的一个中队中抽调出来，就在边境的"支奴干"运输直升机里。这支"快速反应部队"会在出现严重情况时迅速投入。第3架和第4架"支奴干"运输直升机上都各自装备了两挺威力强大的M134加特林航空机枪。它们沿着"黑鹰"直升机潜入的飞行路线前进，预定在巴基斯坦西北部一个无人山谷的干涸河床上降落。降落后，直升机的旋翼将不会停止转动，机上人员将监视附近山区是否有巴基斯坦军方的直升机出现。一架"支奴干"运输直升机上还携带了备用油箱，以应对其他直升机可能需要紧急加油的情况出现。

与此同时，2架"黑鹰"直升机正在从西北方向快速接近阿伯塔巴德，并且隐藏在了这座城市最北端的群山后面。然后直升机飞行员开始向右转，沿着山脊向南飞向阿伯塔巴德的东边。随着这些山脊不断消失，飞行员又开始右转，朝着城镇中心前进，直指最终目标。

此时，帕内塔通知奥巴马——"黑鹰"直升机编队已经抵达阿伯塔巴德。椭圆形办公室里的奥巴马站了起来。"我要去看看。"他说，然后穿过大厅来到作战室，找了个地方坐下。副总统拜登、国防部长盖茨，还有国务卿希拉里·克林顿跟奥巴马一起进了作战室，这样一来小小的作战室里再容不下更多的人了。在情况室那个中等尺寸液晶屏的黑白画面上，"黑鹰"直升机出现在本·拉登藏身的院落上方。

巴基斯坦，阿伯塔巴德。在接下来的4分钟里，"黑鹰"直升机的机舱里活跃了起来，连续不断地响起了子弹上膛的金属摩擦声。马克是一级军士长，也是此次行动中级别最高的士官，他正半跪在"黑鹰"直升机1号机打开的机舱门边。他和其他11名在"黑鹰"直升机1号机上的"海豹"队员一样，戴着手套和夜视镜，正准备快速索降到本·拉登的院子里；他们在等直升机飞行员发出可以抛出绳索的信号。随着"黑鹰"直升机飞临院落上空，直升机飞行员开始拉起减速悬停，准备降低高度，马克突然感觉到自己和直升机出现了明显的失重现象。一刹那间他怀疑是不是要坠机了。

直升机的确有失去控制的迹象。飞行员正在向后拉起，这个操作将调整直升机上旋翼面的俯仰角度，就在这个时候飞行员发现直升机变得反应迟钝。院子的高墙和直升机发动机喷出的高温气流导致了"黑鹰"直升机陷入了自己旋翼造成的一个下沉气旋当中——即空气动力学上被称为"废气吸入"的危险状态。在北卡罗来纳州，这个潜在的问题并没有显现出来，因为演习时用来模拟围墙的铁链栏杆允许气流自由通过。没有其他办法了，飞行员放弃了抛下速降索的原定计划，集中精力让直升机迫降。

直升机飞行员选定了院子西侧的牲畜圈为迫降地点。机舱内的"海豹"队员在直升机尾部旋转的过程中努力抓牢把手，不让自己被甩出去，不被机舱内的设备撞伤。飞行员把机头砸入地面卡住机身，来防止机身倾覆带来更大的人员伤亡。牲畜圈内的奶牛，小鸡，还有兔子四下奔逃。"黑鹰"直升机最终以机尾架在围墙上呈四十五度的姿态迫降成功时，机组立刻向作为预备队的"支奴干"运输直升机发出了紧急信号。

"黑鹰"直升机2号机上的詹姆斯和其他"海豹"队员在院子东北角上空悬停的过程中目睹了这一切的发生。"黑鹰"直升机2号的飞行员，无法确定自己的同伴是被击落了还是出现了机械故障，于是也放弃了继续到楼顶上悬停的原定计划。他把直升机直接降落到了街对面的草地上。

直到这一刻，仍然没有一名"海豹"队员进入到本·拉登藏身的院落。马克和他的队员被挤在迫降直升机的机舱一角，詹姆斯和他的队员则在他们对面的街道另一侧。"海豹"6队到达目标位置还不到一分钟，任务的进展就已经和计划完全不一样了。白宫作战室里的要员们看到了现场的实时航拍画面，焦急地等待着军用通信频道里的声音。奥巴马的一名高级顾问谈到这一刻时，将其比喻为"电影的高潮部分"。

几分钟后，"黑鹰"直升机1号机上的12名"海豹"队员从意外中调整了过来，冷静地在无线电中报告说他们将继续执行突袭任务。在过去的9年中他们已经执行过无数次的特种作战任务，没有什么事情能让他们乱了方寸。

马克和其他队员开始从黑鹰直升机的侧舱门里鱼贯而出。当他们沿着10英尺高的牲畜圈围墙奔跑时，军靴上沾满了烂泥。一个三人破拆小组迅速朝牲畜圈边上的一个金属大门靠上去，从背袋里取出C4炸药，固定在门把手的铰链上。一声巨响过后，门开了。其他9名"海豹"队员立即冲进门去，大门的后面是一个两面高墙夹成的巷子。他们穿过这个巷子，加装了消音器的突击步枪抵在他们的肩上。马克面朝队伍前进的相反方向警戒，同时负责与另一个小组的通信联系。在巷子的另一头，"海豹"队员又搞定了另外一扇大门。进入院子后，迎面就是客房，本·拉登的信使阿布·艾哈迈德·科威特，还有他的妻子和四个孩子，就住在里面。

最前方的3名"海豹"队员破门而入之后将负责清理客房，其余的9人则会炸开另一扇门进入内院，他们负责清理院落主人的三层楼房。当前面这个三人小组沿着墙边走到角落里，面朝客房准备行动时，他们发现科威特正在客房内向他的妻子孩子大声嚷嚷。"海豹"队员从夜视镜里看到的一切都带着绿色的荧光，只见科威特身上穿着白色的伊斯兰长袍，手里抓着一件武器。当他拉开房门准备冲出来的时候，"海豹"队员的子弹准确击中了他的身体。

其他9名"海豹"队员，包括马克在内，组成三人战斗队形冲进了内院。中央情报局认定内院的三层小楼内有以下几个男人：科威特33岁的兄弟阿伯拉，本·拉登的两个儿子哈姆扎和哈立德，还有就是本·拉登本人。"海豹"队员从大门进入内院天井后几乎马上与阿伯拉碰了个照面——他个头矮胖，大胡子，身上穿着白色的伊斯兰长袍，手里拿着一支AK-47自动步枪。"海豹"队员毫不犹豫地开火了，阿伯拉胸部中弹而亡时，他的妻子就站在他的身边，手里没有武器。

在院墙外，翻译艾哈迈德正在本·拉登家门前的泥路上来回巡视，就像一名巴基斯坦便衣警察。他也身穿伊斯兰长袍，外面套着一件防弹背心。他与4名"海豹"队员以及那条名为"开罗"的比利时马林诺斯犬，要在詹姆斯和其他6名"海豹"队员进入院子后负责在外围建立起一道警戒线——按计划，詹姆斯他们本来应该是从楼顶上进攻的。住在附近的邻居们听到了直升机发出的声响，还有迫降时的轰隆声、破门时的爆炸声以及随后交火的枪声。一些好奇的巴基斯坦人走出家门来打听院落里边发生了什么事情。"回到你的房子里去，"艾哈迈德用普什图语回答说，"开罗"也在一边虎视眈眈，"这里正在执行一个治安任务。"于是当地人就回家了，他们当中没有人怀疑到自己是在和一个巴基斯坦裔美国人交谈。

与此同时，红队指挥官詹姆斯已经炸开了一面围墙，穿过了搭着顶棚的院子，然后炸开第二道围墙，与"黑鹰"直升机1号机上的"海豹"队员会合。直到这一刻，行动过程都通过"掠食者"无人机的视频传送呈现到白宫作战室中的奥巴马等人眼前。"海豹"队员没有携带头盔摄像头，所以接下来20到25分钟之内发生的事情，奥巴马等人并没有亲眼看见。

当阿伯拉的孩子们四下躲藏的时候，"海豹"队员开始一个房间一个房间地清理主楼的第一层。这栋楼的安全防范措施相当到位，一道上了锁的金属门出现在通往二楼的楼梯口，这使得整个楼梯间就像是一个笼子。在用C-4炸药炸开那扇门之后，3名"海豹"队员冲上了楼梯。

在上楼梯的过程中，他们遇到了本·拉登23岁的儿子哈立德。哈立德在墙角探了一下头，然后他就拿着一支AK-47自动步枪出现在了楼梯上方。哈立德穿着白色T恤，领口很松，短头发，胡须修剪过，他朝上楼的"海豹"队员拼命射击。两名"海豹"队员开枪射击，当场击毙了哈立德。根据发给"海豹"队员的小册子上的描述，这个院子里应该居住着至少5名成年男子。现在其中的三人已经被击毙，名单上的第四个，本·拉登的儿子哈姆扎，并没有在这栋房子里。所以，楼房里的最后一个人无疑是本·拉登。

三名"海豹"队员跨过哈立德的尸体，炸开了另一道金属门，那道金属门位于二楼到三楼的楼梯间。在黑暗中跃上楼梯转角后，他们开始搜索三楼的楼梯间。冲上三楼楼梯间后，最前面的"海豹"队员开始向右转。透过夜视镜，他看见了一个高个、四肢瘦长、胡子有一拳头长短的人正打开卧室的门探头向外张望，两人的距离不过十英尺；这名"海豹"队员立刻意识到这个人就是本·拉登。十年来，他在中央情报局追踪名单上的代号一直是"曲轴"。

任务开始前，"海豹"队员用美洲土著部落的名称拟定了一系列代表任务进度的暗语代码。每个暗语代码代表的是任务进行的一个阶段：比如离开贾拉拉巴德，进入巴基斯坦，接近的目标院落，等等。现在，"海豹"队员在无线电中说出了本阶段的暗语代码："吉罗尼莫"。意思就是——找到了本·拉登。

"海豹"队员迅速朝卧室门冲了过去，最前面的"海豹"队员用力把门撞开。本·拉登的两个妻子出现在他的面前。阿迈勒·法塔赫是本·拉登的第五个妻子，她用阿拉伯语发出了尖叫声。她摆出的姿态像是要冲上来，这名"海豹"队员把MP7冲锋枪的红外瞄准线压了一下，朝她的小腿开了一枪。

这名"海豹"队员担心本·拉登的两个妻子穿着自杀炸弹背心，所以他奋不顾身大步跨上前去，把她们两个抱在一起，压倒在了一旁。自杀炸弹引爆时他将必死无疑，但爆炸的能量会被自己的身体吸收一部分，身后的"海豹"队员就可能得救。幸运的是，"海豹"队员随后发现这两个女人身上都没自杀炸弹背心。

第二名"海豹"队员冲进房间，M4突击步枪上的红外激光点指在了本·拉登的胸膛上。基地组织的首领，穿着棕褐色的伊斯兰长袍，头上戴着伊斯兰头巾，纹丝不动。他手里没有武器。在这些"海豹"队员心中，从来就不存在拘留还是逮捕他的问题，这根本不需要花哪怕一丁点的时间来做出决定。第一发5.56毫米口径的子弹，射入了本·拉登的胸膛。就在他向后倒下的过程中，开枪的"海豹"队员把第二枚子弹打进了他的额头，就在左眼上方不远处。

随后，开枪的"海豹"队员通过无线电报告："以上帝和国家的名义——吉罗尼莫，吉罗尼莫，吉罗尼莫。"几秒钟之后，他补充说："吉罗尼莫E.K.I.A.目标在行动中被击毙。"

此时，据2001年的"9·11"事件过去了9年7个月零20天。

白宫作战室中，奥巴马郑重其事地喃喃自语："我们干掉他了。"

压在本·拉登两位妻子身上的"海豹"队员放开了她们，随后冲进房间的"海豹"队员用塑料手铐扎带把她们铐起来，带到楼下。与此同时，两名队员带着尼龙尸袋上了楼，他们用白布把本·拉登的尸身包裹起来，然后跪在本·拉登尸体两侧，把他放进袋内。此时距离"海豹"6队降落的时间差不多为18分钟。在接下来的20分钟里，任务的重点转移到了收集情报上。

4名"海豹"队员来到二楼，手里拿着塑料袋，收集U盘，移动硬盘，

DVD光盘，以及房间里的各种电脑硬件。二楼的这个房间曾经充当过本·拉登的临时摄影棚，本·拉登拍摄录影带时经常穿的带黄金线的长袍，就挂在临时摄影棚的隔帘后面。接下来的几周里，以中央情报局情报分析师为首的专门小组审阅了收集到的文件资料，结果发现本·拉登对基地组织运作活动的影响远远超出此前美国人的想象。最有趣的是，"海豹"队员们还找到了一堆色情影碟。事后有"海豹"队员打趣道："我们总能在这些家伙呆的地方找到这样的东西，无论是索马里，伊拉克，还是阿富汗。"

楼房外面，"海豹"队员把妇女和儿童集中到一起。每个人都用塑料手铐扎带铐了起来，他们被要求背靠院墙坐下，正好面对着外面那架完好的"黑鹰"直升机2号。"海豹"6队红队里唯一一名能流利地讲阿拉伯语的队员对他们进行了简单讯问。所有的孩子都不到10岁。他们看上去并不了解房子主人的思想与追求，在他们的眼里他只不过是"一个老人"。没有一个女人站出来证明那个男人就是本·拉登，她们当中只有一个人称他为"酋长"。

提供支援的"支奴干"运输直升机抵达了。一名军医走下直升机后跪倒在尸体旁边，他把一枚针管插入本·拉登的尸体，提取了两份骨髓样本。然后他用棉花棒收集了更多的DNA样本。一份骨髓样本被送到黑鹰直升机上，另一份则被带到了"支奴干"运输直升机上，与本·拉登的尸体放在一起。

接下来，"海豹"队员们要做的是摧毁那架坠落的"黑鹰"直升机。直升机飞行员取出专门为这种情况准备的铁锤，砸烂了仪表盘、电台以及驾驶舱里其他的涉密设备。然后破拆小组上场了，他们把C4炸药布置在了航电、通信、发动机、旋翼头等设备的附近。"海豹"队员在机舱下面放了特别多的C4炸药，然后朝"黑鹰"直升机机身里丢了一枚铝热剂手雷，转身后退。就在破拆小组登上"支奴干"运输直升机的时候，"黑鹰"直升机1号机腾起了一团大火。那些被留下给巴基斯坦政府处理的妇女和儿童，用迷惑、恐惧和震惊的目光看着"海豹"队员们登上直升机。之后，一个巨大的火球从院墙上腾空而起，"海豹"6队的直升机在火光中飞走了。

白宫作战室，奥巴马说："我要等到他们安全返回才会觉得是大功告成。"在经历了行动的38分钟后，"海豹"6队开始了返回阿富汗的长途飞行。"黑鹰"直升机的燃料已经不多了，需要在靠近阿富汗与巴基斯坦边境的加油点跟接应的"支奴干"运输直升机会合。这个加油点还是在巴基斯坦境内，补充燃料花了20分钟。加油过程中，白宫作战室中的副总统拜登对参谋长联席会议主席马伦说："今晚我们都应该去做弥撒。"

凌晨3点左右，"黑鹰"直升机降落在了贾拉拉巴德。"海豹"突击队指挥官麦克雷文中将和中央情报局在当地的主管官员站在停机坪边迎接他们。两名"海豹"队员抬下尸袋，打开让麦克雷文和中央情报局官员亲眼看见本·拉登的尸体。本·拉登的遗容被拍了照，然后是整具尸体。本·拉登被认为身高大约6.4英尺，但现场没有卷尺可以准确测量这具尸体的身高。有趣的事又出现了——一名身高6英尺的"海豹"队员与本·拉登并排躺下：这具尸体确实比他要长出大约4英寸。几分钟后，麦克雷文出现在白宫作战室的视频对话画面上，证实尸袋里装着的是本·拉登的尸体。这具尸体随即被送往巴格拉姆空军基地。

下一个问题就是如何处理本·拉登的尸体。美国中央情报局立即与沙特阿拉伯情报部门进行了热线联系——本·拉登的亲属在沙特阿拉伯仍然是一个很有地位的家族，他本人也曾经是一名沙特阿拉伯公民。但沙特方面明确表示拒绝接收本·拉登的尸体。于是，美国方面开始按计划对本·拉登的尸体进行海葬处理。

这不是美国第一次对基地组织领导人实施海葬了。2009年9月，"海豹"6队在索马里的突袭行动中干掉了萨利赫·阿里·萨利赫·纳罕——基地组织东非分支领导人之一。纳罕的尸体被空运到了印度洋的一艘美国军舰上，在举行了必要的穆斯林仪式后，抛入大海。现在，轮到本·拉登了。

天亮时分，本·拉登的尸体被装入一架美国海军陆战队V-22"鱼鹰"可倾斜旋翼机的机舱，同行的还有美军联合特种作战司令部的一名联络官和一队负责安全细节的美军宪兵。"鱼鹰"向南飞行，目的地是"卡尔·文森"号核动力航空母舰的甲板。此时，"卡尔·文森"号航母正航行在阿拉伯海上，距离巴基斯坦海岸不远。需要指出的，这是美军飞机又一次未经许可飞越巴基斯坦领空。

"卡尔·文森"号航母甲板上，本·拉登的尸体被冲洗干净，用白色的葬袍包裹起来，加上了压重物，然后装入了一个袋子。美国人表示，整个过程是在严格遵循伊斯兰戒律和习惯中完成的。联合特种作战司令部的联络官，护送尸体前来的宪兵，还有几名水兵把包裹起来的尸体放到了一个露天升降机上，把升降机下降到底部，即舰载机机库的位置，从这个位置到海面大约有20到25英尺，他们从这里把尸体送入了阿拉伯海。

晚上9点40分，奥巴马给身在达拉斯的前总统小布什打去电话，告诉了他这个消息。10点20分，美国有线电视新闻网（CNN）援引白宫官员的话发布了一条震惊全世界的消息，9·11恐怖袭击的元凶、基地组织领导人本·拉登在巴基斯坦被击毙。

晚上11点15分，奥巴马在白宫东厅发表电视讲话，向全世界宣布了他就任以来在国家安全上最大的胜利。简短的讲话全文如下：

晚上好。今晚，我可以向美国人民和世界报告，美国执行了一次军事行动，击毙了基地组织的头目——杀害了成千上万无辜男女和儿童的恐怖主义分子奥萨马·本·拉登。

近10年前，九月的一个晴朗的日子由于美国人民遭受历史上最惨痛的袭击而变得黑暗。9·11的画面深深地烙在我们民族的记忆中——被劫持的飞机划破九月的晴空；双塔倒塌在地；黑色浓烟从五角大楼滚滚冒出；宾州尚克斯维尔散落着93号航班的残骸，英勇的公民以自己的行动避免了更多人的心碎和毁灭。

然而，我们知道，最悲惨的画面并不为世界所见。饭桌前的空位子，那些在成长过程中被剥夺了母亲或父亲的孩子们，那些永远无法再体验到被孩子拥抱的感觉的父母。近3000名公民从我们身边被夺走，在我们心中留下一个巨大的空洞。

2001年9月11日，在悲伤时，美国人民团结在一起。我们向邻居伸出援手，为伤者献出鲜血。我们重申我们之间的亲情以及我们对社区和祖国的热爱。在那一天，不管我们来自哪里、信奉何方神明、出身于什么种族或族裔，全体人民团结成一个美国大家庭。

我们也团结一心，决心保护我们的国家，把犯下这桩滔天罪行的那些凶手绳之以法。我们很快了解到，9·11袭击事件是由基地组织所为——这个以奥萨马·本·拉登为头目的组织已经公开向美国宣战，并发誓在我国和世界各地残杀无辜。因此，我们向本·拉登开战，以保护我们的公民、我们的朋友和我们的盟友。

在过去10年中，由于我们的军人和反恐人员不懈而英勇的努力，我们已经取得了长足的进展。我们挫败了恐怖分子的袭击，加强了我们的国土防御；在阿富汗，我们铲除了向本·拉登和基地组织提供庇护和支持的塔利班政权；在世界各地，我们与我们的朋友和盟国共同努力，抓获和击毙了众多基地组织恐怖分子，其中包括参与策划9·11阴谋的数名人员。

然而，本·拉登逃脱了追捕，跨越阿富汗边界逃入巴基斯坦。与此同时，基地组织沿该边界继续活动，并通过在全世界的分支机构继续活动。

因此，我上任后不久即指示中央情报局局长莱昂·帕内塔，在我们继续全面摧毁、瓦解和击败本·拉登网络的同时，把击毙或捕获本·拉登作为我们与基地组织作战的首要任务。

后来，去年8月，经过情报机构多年的艰苦工作，我得到汇报说查到了本·拉登的可能线索。当时远远不能肯定，经过许多个月才把线索落实。随着我们就本·拉登在巴基斯坦内地藏身的可能性得到更多情报，我多次与国家安全团队开会。最后，在上周，我决定我们有足够的情报采取行动，并下令采取行动抓获本·拉登以伸张正义。

今天，在我的指示下，美国对巴基斯坦阿伯塔巴德的那个院落采取了有针对性的行动。一个美军小分队以非凡的勇气和能力执行了这一行动。美国人无一伤亡。他们谨慎行事，避免平民伤亡。经过交火后，他们击毙了奥萨马·本·拉登并缴获了他的尸体。

在超过二十年的时间里，本·拉登一直是基地组织的首脑和象征，并持续策划对我国以及我们的朋友和盟国的袭击。本·拉登之死标志着我国迄今为止在击败基地组织的努力中所取得的最重要的成就。

然而，我们的努力并没有随着他的死亡而终止。毫无疑问，基地组织还将继续伺机攻击我们。我们必须也必定在国内外保持警惕。

当我们这样做的时候，我们必须重申，美国没有也绝对不会对伊斯兰教发动战争。我早就明确宣布——布什总统在9·11事件发生后不久也曾宣布——我们的战争并非针对伊斯兰教。本·拉登并非穆斯林领袖，相反，他是大规模屠杀穆斯林的凶手。事实上，基地组织在美国和许多其他国家屠杀了众多穆斯林。所有爱好和平并相信人类尊严的人们都应当为他的寿终正寝而感到欣慰。

在过去几年中，我一再重申，如果我们确认本·拉登在巴基斯坦境内栖身，我们将采取行动。我们这次就是这么做的。在此，我必须指出，我们与巴基斯坦在反恐事业上的合作帮助我们找到并确认了本·拉登及其藏身之所。事实上，本·拉登早就对巴基斯坦宣战，并下令袭击巴基斯坦人民。

今晚我已经同扎尔达里总统通了电话，我的团队也与巴基斯坦同行交换了意见。他们一致认为今天对美巴两国人民来说都是一个值得纪念的历史性日子。未来，巴基斯坦继续与美国一起与基地组织及其分支机构进行斗争至关重要。

美国人民并不想打这场战争，它源于对我们国土的侵犯和对美国公民的无端残杀。经过将近10年的奉献、斗争和牺牲，我们深知战争的代价。作为美国三军统帅，每次在给阵亡士兵家人的信上签名时，每次看着身受重伤的军人的眼睛时，我都感到沉重的压力。

美国人民明白，战争会有代价。但是，作为一个国家，我们绝对不能容忍有人威胁我们的安全，也不能坐视我们的人民被杀害。我们将坚持不懈地保护我们的公民、朋友和盟友；我们将永远忠实于我们的核心价值观。在今天晚上这样的时刻，我们能够对那些在基地组织恐怖袭击中失去亲人的家庭说：正义得到了伸张。

今晚，我们要感谢为取得这一成果而不懈努力的无数情报和反恐人员。美国民众看不到他们的工作，不知道他们的姓名；但在今晚，他们体会到这些努力的实效和追求正义的成果。

我们要感谢执行这次行动的人员，他们代表了所有为国效力者所具有的敬业精神、爱国情怀和无与伦比的勇气。他们属于自9月的那个日子以来承担起最艰巨责任的一代人。

最后，我要告诉在9·11事件中失去亲人的所有家庭，我们从未忘记你们的损失，我们的决心也从未动摇，我们将采取一切必要措施防止另一次袭击在我们这里得逞。

今晚，让我们回顾9·11时那种万众一心的感觉。我知道，这种感觉时而受到过干扰，但是今天的成果表明了我们国家的伟大和美国人民的决心。

保障我们国家安全的使命没有终结。但是今晚，我们再次看到，美国人民能够实现我们所致力于达到的目标。这是我们历史的写照——无论是追求人民生活繁荣，争取全体公民的平等权利，勇于在海外维护我们的价值观，还是为增进世界安全做出牺牲。

让我们牢记，为我们带来这些成就的不是财富或力量，而是我们的立国之本：一个受上帝庇佑的国家，不可分割，全民享有自由与公正。

谢谢。愿上帝保佑你们。愿上帝保佑美利坚合众国。

5月6日，基地组织证实了本·拉登死亡的消息。基地组织发表声明，发誓美国人的"欢乐将会变成悲哀，他们的泪水将和血水混合在一起"。同日，美国总统奥巴马前往肯塔基州的坎贝尔堡，在第160特种航空团基地接见了执行此次突袭行动的"海豹"6队队员和直升机飞行员。这些"海豹"队员几天前刚从阿富汗返回美国。

麦克雷文中将在停机坪上迎接奥巴马。几天前他们就已经在白宫见过面了，奥巴马当时还开玩笑送了一把卷尺给麦克雷文。麦克雷文中将把奥巴马和他的团队带入基地另一头的一栋单层建筑。在那里，麦克雷文中将、第160特种航空团的直升机飞行员，以及"海豹"6队下属红队的指挥官詹姆斯依次向奥巴马做了任务执行情况的汇报。

他们把本·拉登的院子做成了三维实体模型放在地板上，用红色激光笔讲解他们的行动过程。墙上挂着一张院子的卫星照片，上面描绘有进出巴基斯坦境内的航线。汇报过程进行了大约35分钟。奥巴马对艾哈迈德是如何不让当地人靠近院子产生了兴趣，他还询问了那架坠落的"黑鹰"直升机的情况，以及阿伯塔巴德的平均气温是否是导致坠机的原因之一。

当轮到"海豹"6队下属红队指挥官詹姆斯发言时，他先列举了所有用阵亡在阿富汗的"海豹"队员名字命名的作战基地。"我们在过去十年所做的一切，为我们这一次的成功奠定了坚实基础。"他对奥巴马这样说。奥巴马随即向这些阵亡的"海豹"队员"表达了敬意"。"海豹"队员知道奥巴马为此次行动赌上了他的总统任期,奥巴马也知道"海豹"队员为此次行动将自己的生死置之度外。

当詹姆斯谈到这次突袭行动时,他提到了比利时马林诺斯犬"开罗"的作用。"还有一只狗也参加了行动?"奥巴马插话说。詹姆斯点点头,说"开罗"就在隔壁房间,按白宫特勤局的要求,还戴上了嘴套。

"我要去见见这只狗,"奥巴马说。

"如果您想要去看这只狗,总统先生,我建议您给它带点吃的,"詹姆斯开玩笑说。奥巴马过去逗了逗"开罗",但"开罗"的嘴套一直没有被取下。

随后,奥巴马和他的顾问们穿过大厅走进了第二个房间,房间里面是参与了此次突袭行动的其他人员——包括保障、指挥以及担任预备力量的"海豹"队员,他们已经在此等候多时。奥巴马授予参加此次行动的部队以总统集体嘉奖,并且说:"我们的情报专家完成了一些令人鼓舞的工作。我对本·拉登就在那里只有一半的信心,但我对你们有百分之一百的信心。字斟句酌地说,你们是这个世界上到目前为止最为优秀的小规模特种作战部队。"

"海豹"队员随后将一面美国国旗送给了奥巴马,这面国旗曾经跟随担任支援任务的"支奴干"运输直升机一起参加行动。这面星条旗的大小为5英尺宽、3英尺高,此前已经精心平整过,并且用熨斗熨过,用镜框装裱好。这面星条旗背后有"海豹"队员和直升机飞行员的签名,前面是一行铭文:

以上帝和国家的名义,吉罗尼莫。——"海神之矛"行动联合特遣队。2011年5月1日。

奥巴马承诺将把这个礼物"放在离他最近也是最有意义的地方"。在奥巴马返回华盛顿之前,他提出与参加行动的每名"海豹"队员拍照留念,并与他们当中的许多人进行了谈话。但有一件事他没有提起,他一直没有问是谁射出了那枚子弹,"海豹"队员们也一直没有主动说起。

拉登死后,全美各地都举行了庆祝活动。然而,即便是拉登被击毙,始于反恐的阿富汗战争也远远没有终止。在拉登被击毙的同一天,塔利班还对驻阿富汗美军发动了代号"巴达尔"的攻势。拉登死后，阿富汗暴力事件飙升，整个2011年5月间共有961名阿富汗平民伤亡，成为2007年以来最血腥的一个月。

不过击毙拉登毕竟是阿富汗战争的里程碑，形势对美国人而言好起来了。2011年6月22日，美国总统奥巴马宣布，将在2011年底前从阿富汗撤军1万人，2012年夏季结束前从阿富汗撤军3.3万人，届时驻阿富汗美军将恢复2009年增兵前的规模。同时奥巴马承诺，从2011年7月份开始，在2014年之前将把阿富汗的安全责任全部移交给阿富汗政府安全部队。

2011年8月6日，奥巴马宣布撤军才一个多月，一架美军"奇努克"运输直升机在阿富汗登吉山谷遇袭坠毁，31名美军"海豹"突击队成员丧生。三个月前，正是来自"海豹"突击队的特种兵在巴基斯坦击毙了本·拉登。这一天是美国2001年10月7日发动阿富汗战争以来，美军阵亡人数最多的一天。

就在奥巴马宣布撤军不过三个月，2011年9月20日，阿富汗前总统、阿富汗伊斯兰促进会主席布尔汉丁·拉巴尼在家中遭遇自杀式炸弹袭击身亡。拉巴尼归国后，于2010年当选为阿富汗和平委员会主席，致力于阿富汗政府与塔利班的和平谈判。当他在家中接见塔利班谈判代表时，"塔利班代表"取出藏在头巾中的炸弹，引爆炸弹与他同归于尽。

连续不断的自杀性炸弹爆炸声中，驻阿富汗美军持续撤出。毕竟，2009年提出"改变"口号的奥巴马，入主白宫之路很大程度是由其撤军主张铺就的。2014年，奥巴马再度宣布了美国从阿富汗撤军的时间表。他表示，驻阿富汗美军计划在2016年底与他本人一同"离任"。"美国耗时最长的战争将负责任地结束。"奥巴马不无自豪地说。结束两场战争（还有伊拉克战争），从两个战场上撤军，一直被奥巴马视为自己的"核心外交遗产"。他就此断言："美国外交政策从此将翻开新的一页。"不过，美国国内对奥巴马及其政府的外交政策却一直给出的是"软弱"的评价。

按照奥巴马的计划，驻阿富汗美军2014年后减少至9800人，2015年再减半，到2016年底，美国在阿富汗只会保留不到1000人的兵力，用来保护使领馆。然而，塔利班近年来有卷土重来之势，在阿富汗控制范围甚至渐渐达到2001年阿富汗战争开始以来的顶峰。同时，更恐怖的极端组织"伊斯兰国"势力也渗入阿富汗，并不断壮大。奥巴马只得承认，鉴于阿富汗的安全形势依然"危险"，阿富汗安全部队尚未"足够强大"，美国在2016年一年间连续三次暂缓撤军。塔利班对此的回应是，这只会延长这场旷日持久的战争。"14.9万兵力都没能实现的事，奥巴马用8400人更做不到。"

阿富汗至今仍处在走向和平的漫漫长路中。美国坐困阿富汗僵局的这些年间里，中国的崛起渐渐开始重塑世界格局。2014年，"一带一路"（"丝绸之路经济带"和"21世纪海上丝绸之路"）的提出令全世界看到了中国的宏大理想，也让阿富汗看到了和平与复兴的崭新希望。

人们想起，位于亚洲中部的阿富汗在古老的历史中曾扮演着非常重要的角色。古代的丝绸之路上，阿富汗是一条连接东西方交流的纽带。阿富汗的地理位置非常优越，却是一块被现代文明远离的土地。阿富汗希望能恢复和平，重拾当年的地位，中国的"新丝绸之路"正是阿富汗可以借助的重要契机。商人们发现，通过"一带一路"，中国的货物将向西穿越中亚，从南亚的港口出海，这意味着处于中亚运输走廊中心位置的阿富汗将迎来一轮新的繁荣。阿富汗的各派政治家明白，要采取补救措施，让阿富汗尽快拥有进行安全快速货物运输的基础设施，将阿富汗与中国、欧洲乃至世界联系起来。更有有识之士看到，得益于地理优势，阿富汗在"一带一路"中另外一个重要角色是能源运输中转站。阿富汗有很多潜在项目，天然气管道就是关键的一项。阿富汗除了可以从能源运输中获得急需的能源，这些能源还能在进一步促进阿富汗经济发展上发挥作用。阿富汗的民众开始理解，他们未来的和平与繁荣取决于阿富汗在"一带一路"中扮演的角色。

2016年，作为"一带一路"倡议的重要金融主体，中国国家开发银行将向超过900项计划投资8900亿美元。中国还宣布了一项400亿美元的"丝绸之路基金"为"一带一路"计划进行投资。这项慷慨的计划将覆盖超过60个国家——其中包括阿富汗。全世界都明白，中国正在西望。中国一直积极参与阿富汗事务，从庞大的投资计划，到作为协调方支持阿富汗政府与塔利班的和平谈判，中国一直为阿富汗的和平与未来贡献力量。中国的努力，让越来越多的人有了勇气重新去面对阿富汗这个动荡国家的现状，去期待阿富汗的未来。

阿富汗的未来，所有人拭目以待。

后记

　　1989年2月15日，一支由70辆坦克和装甲车组成的苏军车队驶过阿富汗—苏联边境的阿姆河大桥，驻阿富汗苏军总司令格拉莫夫中将从最后一辆装甲车上跳下来，面对记者们宣布："我是最后一名撤出阿富汗国土的苏军人员。在我身后，再也找不到一名苏军士兵了。"战争结束多年后，曾参与指挥入侵阿富汗军事行动的前苏军第39集团军司令员谢勉洛夫少将在回忆录中写道："我们到达的第二天，一场暴风雪猝然而至，当地的阿富汗山民传说：'俄国人来到这里，带来了冰雪。'"事实上，千年以来阿富汗一直是为战争和杀戮的冰雪所覆盖的悲剧国度。贫穷的阿富汗人在战斗中除了生命之外再没有可以失去的东西，而阿富汗的敌人往往经受不起失去太多的代价。比如古代在阿富汗的土地上兴衰起伏的那些灿烂文明和辉煌帝国，比如近代的英国和现代的苏联，再比如今天的美国。

　　勃列日涅夫曾称阿富汗为苏联一个"流血不止的伤口"。面对战争与杀戮，阿富汗这片土地往往释放出惊人的能量。英国人面对失败，及时抽身，尚可保全；苏联在阿富汗消耗了无可弥补的金钱和生命，阿富汗战争成了苏联剧变的先兆，从阿富汗撤返的苏军回国竟然是为祖国送葬；至于美国人，"持久自由"行动的成功有目共睹，外界曾欢呼——美国人只用了61天时间和一两万地面部队，就在阿富汗的崇山峻岭中打赢了一场近两百年间英国人和苏联人都未曾打赢的战争。然而，阿富汗战争恰恰变成了美国历史上持续时间最长的对外战争。阿富汗战争的困难性和复杂性并非现代高技术武器可以解决，英国和苏联曾碰到的难题，同样让美国束手无策。对于大国来说，赢得一场持久战争的胜利，最重要的不是武器，而是政治和经济因素，军事的棋局向来被盘外的因素所决定。崛起中的大国，更应以之为殷鉴。

自远古以来，战争从未改变过它的本质。每个人都想知道，战争在阿富汗将何时才能真正结束。阿富汗人愿意为自己国家的安定发展付出努力，也欢迎大国提供帮助。但是，阿富汗人强调，他们不乞求"国际社会的施舍"；愿意帮助阿富汗重建的大国，应该尊重阿富汗人的尊严和利益，而不是利用所谓的帮助或援助将阿富汗再次卷入地缘政治和大国竞争的漩涡。能做到这一点的，相信只有中国。

世界主要经济体还没有走出经济危机的阴影，只有中国能成为阿富汗重建秩序的希望所在。中国提出的"一带一路"计划也会成为阿富汗和平复兴与经济重建的伟大机遇。只有中国会让阿富汗没有任何担忧，让千年前的丝绸之路要冲再现辉煌，与东方的大国同享文明的荣光。人们所盼望的，已经不仅仅是阿富汗的和平，还有阿富汗的复兴与辉煌。

参考书目

[1] 彭树智,黄杨文.中东国家通史:阿富汗卷.北京:商务印书馆,2000.

[2] 王凤编.列国志:阿富汗.北京:社会科学文献出版社,2007.

[3] （英）珀西·塞克斯.阿富汗史.张家麟译.北京:商务印书馆,1972.

[4] 沙伊斯塔·瓦哈卜,巴里·扬格曼.阿富汗史.杨军,马旭俊译.北京:中国大百科全书出版社,2010.

[5] 王新中,冀开运.中东国家通史:伊朗卷.北京:商务印书馆,2002.

[6] （伊朗）阿卜杜·侯赛因·扎林库伯.波斯帝国史.张鸿年译.上海:复旦大学出版社,2011.

[7] （伊朗）志费尼.世界征服者史.何高济译.内蒙古:内蒙古人民出版社,1980.

[8] （美）路易斯·杜普雷.阿富汗现代史纲要.黄民兴译.西安:西北大学中东研究所,2002.

[9] 彭树智.阿富汗三次抗英战争.北京:商务印书馆,1982.

[10] （法）弗朗塞斯希.山国烽火.北京:军事译文出版社,1985.

[11] （俄）A·利亚霍夫斯基.阿富汗战争的悲剧.刘宪平译.北京:社会科学文献出版社,2004.

[12] 刘温国,郭辉.强弩之末:前苏联入侵阿富汗秘闻.北京:社会科学文献出版社,2001.

[13] （白俄罗斯）斯特韦兰娜·阿列克西耶维奇著.锌皮娃娃兵.乌兰汗,田大畏译.北京:昆仑出版社,1999.

[14] （阿富汗）阿卜杜勒·萨拉姆·扎伊夫.塔利班高级领导人自述.李文文译.北京:人民日报出版社,2015.

[15] （美）迈克·德龙 诺亚·卢克曼.我在指挥中央司令部:阿富汗和伊拉克战争的真相.张春波,潘守永译.北京:东方出版社,2006.

[16] 郑守华,何明远等.第一场国际反恐怖战争:阿富汗战争.北京:军事科学出版社,2008.

[17] （美）罗宾·摩尔.搜捕本·拉登.韩旭东译.北京:世界知识出版社,2004.

[18] 闫亮.撕裂的天堂：聚焦阿富汗战争10周年.北京：人民日报出版社，2012.

[19] （美）鲁斯蒂·布莱德利，凯文·莫勒.坎大哈之狮：阿富汗战争"美杜莎"行动中的美国陆军特种部队.小小冰人译.北京：中国长安出版社，2013.

[20] （美）肖恩·帕内尔，约翰·R·布鲁宁.亡命排：阿富汗战争中的英雄、叛徒、异见者和手足情.小小冰人译.北京：人民日报出版社，2012

[21] （美）马库斯·鲁特埃勒，帕崔克·罗宾逊.孤独的幸存者.赵宏涛译.武汉：长江文艺出版社，2009.

[22] （美）马克·欧文，凯文·莫勒等.艰难一日：海豹六队击毙本·拉登行动亲历.杨保林，张宝林，王蕾等译.北京：中信出版社，2012.

[23] David C.Isby.The War in Afghanistan 1979–1989. Concord Publications,1990

[24] David C.Isby.Russia`s War in Afghanistan. oxford:Osprey Publishing Ltd,1986.

[25] Leigh Neville.Special Operations Forces in Afghanistan. oxford:Osprey Publishing UK.

[26] Leigh Neville.US Army Green Beret in Afghanistan 2001–02. oxford:Osprey Publishing UK.

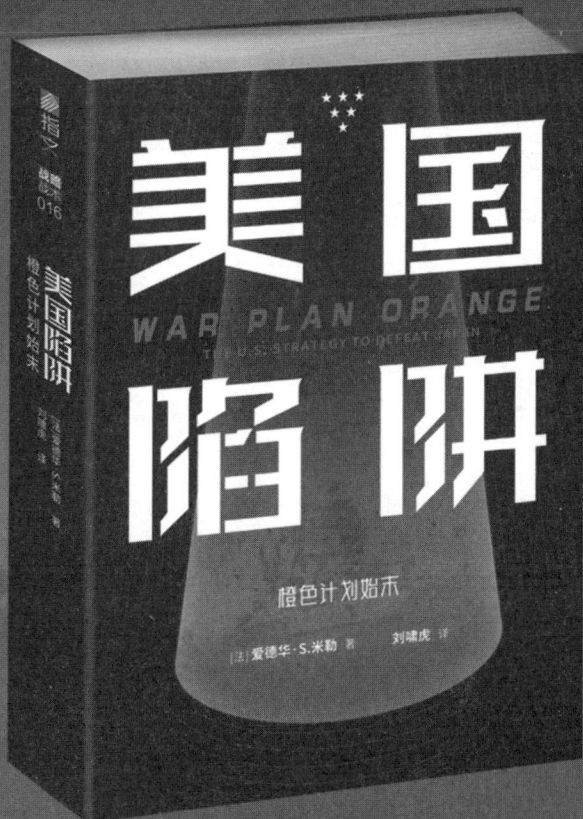

战略大师

利德尔·哈特经典力作

畅销世界近 **100** 年 × 有趣、有料、有段子 ←

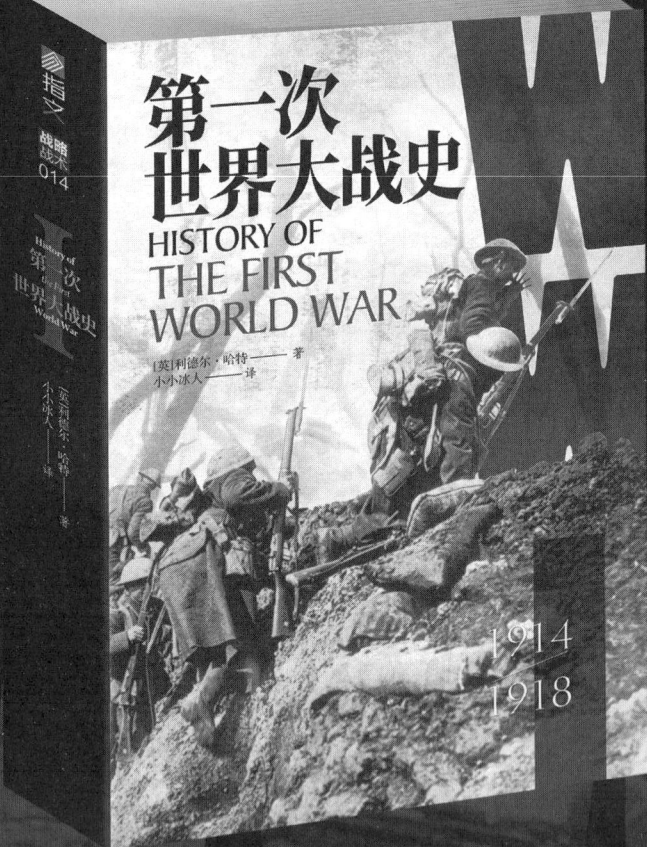

指文
战略
战术
014

第一次
世界大战史

HISTORY OF
THE FIRST
WORLD WAR

［英］利德尔·哈特——著
小小冰人——译

1914
1918

| 勾心斗角的欧洲列强 | 轮番登场的新式武器 |
| 鲜为人知的战争真相 |